井筒俊彦全集　第九巻
コスモスとアンチコスモス　1985年–1989年
（講演音声CD付き）

2015年2月25日　初版第1刷発行

著　者――――井筒俊彦
発行者――――坂上　弘
発行所――――慶應義塾大学出版会株式会社
〒108-8346　東京都港区三田2-19-30
TEL〔編集部〕03-3451-0931
〔営業部〕03-3451-3584〈ご注文〉
〔　〃　〕03-3451-6926
FAX〔営業部〕03-3451-3122
振替　00190-8-155497
http://www.keio-up.co.jp/
装　丁――――中島かほる
印刷・製本――萩原印刷株式会社

Printed in Japan ISBN978-4-7664-2079-1

索　引

○類似項目は「自同律；同一律」のように並記し，部分的な差異の表示には（　）と［　］を用いた。たとえば「ガレ（ー）ノス」は「ガレノス」と「ガレーノス」に，「占星学［術］」は「占星学」と「占星術」に対応する。
○〔　〕内は補足または参照指示。「→」は関連項目を，「↔」は対になる事項を示す。
○著作名は，本文では「著作名」となっているものも『著作名』とした。ただし詩集，短篇集の収録作品などは「作品名」とする。
○強調のための鉤括弧（「キーワード」）には省略したものが多い。
○子項目や孫項目は「親項目‖子項目｜……｜子項目¦孫項目¦孫項目」のように区分した。
○地名は，主なものを採用するにとどめた。
○本文中の読点「、」は省略し，あるいは中黒「・」に置き換えた。

ア　行

アートマン　357
アーラヤ〔→アラヤ識〕　157
アイスキュロス　321
合庭惇〔岩波書店〕　105, 424
アヴィセンナ〔→イブン・スィーナー〕　191, 237
アウグスティヌス　356
アジア‖中央ー　13–14｜西ー　285
アシュアリー派神学　129‖ー者　128｜ーの原子論（哲学）　128, 130
アズハル大学　191
アダム‖霊（性）的ー；天上のー〔グノーシス派〕　199, 258
アッバス朝　203
アテナイ　284, 295, 322
アトム〔→原子〕　52, 95, 128
アブー・イーサー（・アル・ムルシド）　252, 254, 256, 258‖『論考』　252, 254
『アブー・イスハークの七章』（*Haft Bāb-e Abī Isḥāq*）〔アブー・イスハーク・クーヒスターニー〕　234, 240
アブー・ターヒル　203
アフラ・マズダ〔ゾロアスター教〕　12
アフリカ　211, 216‖北ー　191–192, 204
アメリカ　4, 267, 355, 359
アラビア　6‖ー沙漠　416, 419｜ーの預言者〔ムハンマド〕　418｜南ー　205
アラビア語　82, 85, 88, 104, 107, 115, 136–137, 142, 190, 196–198, 220, 222, 229, 239, 246, 252‖ーの文献〔イスマイル派〕　222–223｜ー訳　187｜普通のー　62, 76,

134, 257, 260, 262
アラブ　189, 195, 205, 418 ‖ —系正統派〔スンニー派〕　116｜伝統的(な)—方式〔カリフ選挙〕　194
アラムート　192, 205, 207, 213–215, 220, 224, 226–227, 232, 237–238, 242, 248–249, 263 ‖ —・[の]イスマイル派；—・イスマイリズム　208, 218, 221, 226, 229–230, 234, 236, 239, 264–265｜—河　206｜—陥落　221｜—山；—の岩山　206, 213, 215｜—(の)城砦；—城　186, 192, 205–206, 210, 212, 216, 221, 223–224, 226–227, 249｜—伝説　221｜—の暗殺者　225｜—の至聖所　233｜—(城砦の文化)記号論的トポロジー；—の記号論的システム　186, 212, 217｜—の(信仰, 秘教的信仰)共同体　207, 212, 219｜—の秘教　229｜マルコ・ポーロの…—描写；西洋側の—観　220｜山の老人　186, 190, 210, 216, 219–225, 228, 234–237, 242
アラヤ識〔→アーラヤ〕　28–31, 157–160, 290 ‖ —(を)「薫習」　159–160｜—の「空」化　30｜—を「無垢識」に転成　31｜意識の—的深層レベル　30
アリー〔カリフ〕　194–196, 201 ‖ —直系；—…の直系の子孫；—＝[と]ファーティマの直系の子孫[直系血統]；—＝ファーティマの血統[血筋]　195, 201, 235, 242–243｜—党〔シーア派〕　196｜—の内に生きているイマーム性　196
アリストテレス　50, 284, 287–288, 290, 294, 304, 308, 316 ‖ —系のギリシャ哲学　191｜—的思惟パターン[な考え方]　50, 153｜プラトン・—的「本質直観」　288｜『形而上学』　287｜『自然学』　294, 308, 316
アレクサンドリア　11, 284
暗殺〔→イスマイル派〕‖ —者　188–190, 192, 205–206, 211–212, 219, 221–223, 225, 228｜—団(組織)　186–190, 192, 200–201, 203, 205–206, 210–212, 216–221, 223–226, 228, 265｜—にたいする[は一つの強烈な]宗教的情熱；—への…情熱　200, 211, 219｜—(計画)の対象　212, 218｜—のテクニーク　211, 227
アンチコスモス　217, 295–297, 313–314, 321, 323–326, 329, 332, 341–342, 423–424 ‖ —的思惟　318, 342｜—的存在解体　340｜—的哲学　328｜—的なコスモス　343｜—のきわめて東洋的な表現形態　298｜—の自己表現[現われ方]　325｜—の破壊的エネルギー　323｜カオスが—に変貌　295｜現代という時代そのものの—的性格　326｜コスモスと—の相克　324｜コスモスの崩壊をねらう—　313｜西洋思想の—的傾向[動向]　296｜ディオニュソス的—　295｜人間存在の—的深層　322｜反「コスモス」　423
イエメン　205
如何なるか是れ祖師西来の意　402, 409
意識〔→深層意識〕‖ —(の)「空」化　26–27, 30–31｜—の深層(領域, レベル)；—の深み[底]　28–29, 38, 104, 157, 160, 251, 273–274, 298, 325, 335, 343｜—フィールド；—のフィールド性；禅[「無心」的]—のフィールド構造　355, 360, 373, 385, 394, 398｜—「無」化　64｜—論　20, 29, 67, 160, 296, 377, 391｜宇宙(的)—　134, 136, 388, 396｜神の[的]自—　37, 67, 75｜観想者の—；観想的—主体；冥想意識〔→観想意識〕　9, 114, 139｜「空」—　31, 33｜(セム語の)言語—　137｜時間

性の—次元〔→時間意識〕 155｜時間の彼方なる存在・—の領域〔→時間意識〕 123｜実存的— 348｜シャマン— 280｜純粋—の極限に還元〔フッサール〕 274｜神的—〔=観想意識〕 120｜スーフィー的— 62｜禅(的)— 360, 373–374, 385, 389–390, 410｜第六—〔唯識〕 157–158｜日常[経験, 常識](的)— 24, 26–27, 29, 35, 65, 112, 158, 163, 176, 272, 274–275, 286, 364, 388｜日常—の存在肯定；—の素朴実在論的凝固性 35, 66｜表層— 21, 28–29, 114, 157–160, 273, 338｜分別[存在分別的]— 24, 27, 31, 333｜本源的「無」— 37｜ミュトス形成的— 251｜無— 21, 276｜無差別の根源— 388｜「無心」的—；「無心」の意識論・存在論 377, 398｜唯識哲学の措定する—の構造モデル；—の機能構造理論 28, 159｜「我」(の)— 356, 358, 363, 406｜禅定—；(海印)三昧— 10, 21, 70, 285
意識・存在‖—的機能磁場 397｜—的緊張のエネルギー 403｜—のこの相互矛盾的二次元性 395｜—の根源的リアリティ 403｜—フィールド；—の全領域；—の全体的領野 398, 401, 404–406, 409｜—リアリティの[…]フィールド構造；禅的—のこのフィールド性 406, 410–411
意識と存在 119‖—に関わる華厳哲学的構想 7｜—[存在(および意識)]のゼロ・ポイント 297, 339｜—の前言語的あり方〔空〕 29
イスマーイール〔ジャアファル・サーディクの息子〕 201–202
イスマイル 251, 259‖—教徒 241｜—研究所 187｜—主義の支配圏 216｜—的カッバーラー 259｜—的思想の極限形態〔ドルーズ派〕 246｜—的秘教(システム) 219, 262｜古—思想の重要なテクスト 187｜ハサネ・サッバーハの新生—構想 206
イスマイル派〔→アラムート；→暗殺；→伝教〕 186–193, 197–205, 208–210, 213, 216–218, 220, 222, 225–237, 240, 242–249, 259–261, 265‖—(信仰)共同体(システム) 187, 210–211, 241, 263–264｜—的秘教システム 216｜—伝教師 260｜—伝来のイマーム神化の傾向；—がイマームを神化 230, 242｜—特有の「内的解釈」 260｜—のイマーム；—的イマーム制度 231, 246, 262｜—のイマーム観[像]；—全体の思想を基礎づけるイマーム論；—成立の根基 199, 243, 247, 249｜—のイマーム中心的共同体 261｜—の王朝〔ファーティミー朝〕 191｜—の神 253｜—(屈指)の思想家 255, 258, 260｜—の成立 193｜—の哲学の基礎 240｜—の反律法主義〔→律法〕 231–232｜—の秘儀 211｜—の「秘めたる教え」 228｜—を特徴づける預言者観 262｜グノーシス的— 253｜古—の論書 252｜新生—；新—運動 206｜西方— 204｜東方—〔ニザール派〕 204–205｜ニザール系— 226, 232｜反—(的異端領域) 219–220
イスマイル派の世界像[的世界ヴィジョン] 214, 218, 261‖イスマイル派元来の宇宙論的体系 252｜イスマイル派の(グノーシス的)宇宙(生成)論[神話]；イスマイル派のミュトス 249–252, 254, 256–257｜上位(の)五体 259, 261–262, 264

¦クーニー　256–259, 261 ¦ カダル　257–259, 261 ¦ ジャッド　259–261 ¦ ファトフ　259–261 ¦ ハヤール　259, 261 | 下位（の）五体　262, 264 ¦ ナーティク　262 ¦ アサース；ワシー　262–263 ¦ ムティンム　263 ¦ ホッジャ　263 ¦ ダーイー　209, 263
イスラーム ‖ ―・フェスティヴァル〔1976 年〕　5 | ―教徒　61, 88, 192, 200, 205, 217, 220, 223, 239, 247 | ―共同体　186, 195, 217, 219 | ―思想（史）　6, 109, 119, 128 | ―思想の構造分析　6 | ―神学　63, 67–68, 70, 77, 88 | ―的グノーシスの極致〔スフラワルディー〕　15 | ―的時間論　109, 185 | ―的信仰；―の一神教的（・人格神的）信仰　61, 108, 121, 196 | ―哲学　7, 14, 61, 129–131, 142, 187, 191, 285, 352 | ―の神　15, 50, 62, 109 | ―の思想家　15, 108–109 | ―の［・ユダヤ教的］スコラ哲学；ギリシャ系―哲学　50, 61, 131 | ―の哲学者　8, 63, 122 | ―法からの「自由」；―的律法廃棄；―律法完全廃棄〔イスマイル派〕　217, 232, 238 | 前―（的異教）時代；前―的文化パラダイム　417–419 | 無道時代から―への根源的な文化史的転換　419
イスラエル　355 ‖ ―軍　246
異端　197–198, 217, 229, 245–246 ‖ ―思想　230, 265 | ―審問　119 | ―性　198, 230–231 | ―分派イスマイル派；―的過激派　186 | ―領域；―の世界　217, 219
一元論 ‖ 人類文化の―的統合主義　298 | ヨーロッパ的―的価値システム　271
一挙開顕　124, 127, 137, 154 ‖ 全存在界（世）界の―　153–154 | 万物（の）―　113, 154, 176 | 非時間的―　173
一切皆空　23–24
一者　336 ‖ 純粋―性　334 | 絶対（的）―（性）　72–73, 76, 138, 336 | 統合的―（性）〔イブヌ・ル・アラビー〕　71–73 |（絶対）無分節的―　139 |「理」的―　78, 81
溢出　75, 132 ‖ 至聖―〔イブヌ・ル・アラビー〕　75, 77–78
一神教 ‖ ―的イスラーム；イスラームという典型的な―；人格―的宗教運動　109, 146, 418 | ―的思惟形態　147 | イスラームの―的（・人格神的）信仰　108, 121
井筒俊彦 ‖ 自分の三田時代　97 | 杉並〔旧宅〕　346 | 私の『学問以前』　413 | 私の小さな「思想史」　100 | イスラーム・フェスティヴァルの講演〔“Mutual Interpretation of All Things”, 1976〕　5 |『イスラーム生誕』　416 |『イスラーム哲学の原像』　62, 138 |『意味の深みへ』　119, 424 ¦「スーフィズムと言語哲学」　119 |『叡知の台座』　104 | エラノス講演 ¦ “The Absolute and the Perfect Man in Taoism” (1967)　3, 266 ¦ “The Structure of Selfhood in Zen Buddhism” (1969)　354, 365 ¦「禅における時間のフィールド構造」(1978)　110 ¦ “The Nexus of Ontological Events: A Buddhist view of Reality” (1980)　5 ¦ “Celestial Journey: Mythopoesis and Metaphysics” (1982)　279–280 | 三カ月の講義〔イスマイル研究所, 1984〕　187 |「事事無礙・理理無礙」　6, 162 |『禅仏教の哲学に向けて』(*Toward a Philosophy of Zen Buddhism*)　164 | テヘラン（大学での公開）講演〔「新創造」1972〕　110 |「東西の哲学」　101 | 日本学士院の例会での研究報告〔1986 年 5 月 12 日〕

186｜『マホメット』　416
イデア‖ー的な世界構図　257
イニシエーション；イニシエート〔奥義伝授〕　205, 211, 227
イブヌ・ル・アラビー；イブン・アラビー　6–7, 15, 61, 63–69, 71–77, 79–88, 90–95, 104, 107, 109–110, 112–116, 118, 127–147, 149, 330–333, 338‖ー独特の「顕現」説　92｜ー独特の「顕現」説；神的実在の「自己顕現」　92, 138｜ーにおける「理法界」　87｜ーの形而上学　138｜ーの根源的直覚　114｜ーの「事」的世界　95｜ーの［的］「新創造」；新しい創造　107, 116, 118–119, 127, 132–133｜ーの「神名論」体系；「神名論」的比喩　74, 88–89｜ーの存在一性論　8, 20, 60, 74, 79, 95, 138｜ーの「存在幻想」論　296｜ーの存在論（体系）　6, 37, 107, 142｜ーの（哲学［イスラーム］的）時間論　111, 119, 185｜ーの「内的解釈」　137｜ーの「理理無礙」→「事事無礙」的構造　7｜有・無境界線上の実在　67, 69, 76–77, 91｜感性的認識の世界　65｜完全な人間；完璧な人　134, 136, 352｜心〔カルブ〕　134–139, 141, 147｜慈愛［神］の息吹；慈悲　66, 87–88, 113, 132, 139, 143, 147｜至聖溢出　75, 77–78｜唱名の秘義　90–91｜絶対一者（性）　72–73, 76, 138｜統合的一者（性）　71–73｜秘めた宝〔神の自意識〕　37, 79｜法蔵とーとの思想構造的パラレリズム　6｜「幽微」性；「幽微」関係［構造］；幽微なもの　85, 90, 94–95｜『叡知の台座』（*Fuṣūṣ al-Ḥikam*）　82–83, 86, 104, 331｜『メッカ啓示』　82–83, 85
イブン・スィーナー〔→アヴィセンナ〕　191, 237
イマーム〔→イスマイル派〕　186–187, 195–200, 202–206, 208–211, 215–217, 220, 228, 230–232, 235, 237–238, 242–245, 247–248, 250, 262–264‖ー位継承　236｜ー概念　247, 251｜ー学〔アンリ・コルバン〕　247｜ー系列；ーの血統　196, 201｜ー神化；ーを神格化　197, 232, 242, 245｜ー信仰　196–197, 200, 202, 231｜ー性　196, 242–243, 245｜ー（を）僭称　232｜ーの姿を映し出す鏡〔ホッジャ〕　263｜ーの直接［神聖な］教示　230, 264｜ーは神の自己顕現　245｜ー論　199, 230, 243, 245, 247｜七ー派〔イスマイル派〕　202｜十二ー派　202, 205, 217｜隠れ身のー　208, 219, 232, 242｜シーア的ー理念　197｜第一代ー　201｜第六代目のー〔ジャアファル・サーディク〕　201｜第十八代ー〔ムスタンシル〕　204
今道友信　101
意味‖ーエネルギー　28–30, 158｜ー可能体　29–30｜ー喚起作用　296｜ー形象（喚起作用［機能］）　29–30, 104, 253, 339, 366, 381｜ー幻想；ー的虚構　35, 296, 335｜ー（的）種子；ー胚芽　38, 157, 290｜ー多層構造理論〔ハマダーニー〕　119｜ー単位　289, 294, 300–301, 314–315, 326, 335｜ー的分別機能　296｜ー内実　89, 245｜ー論　28, 115, 119, 134, 137, 294｜記号化されたものの存在論的ー構造　56｜「元型」的ー　89｜深層的ー（解釈, 次元, 構造）　36, 116, 119, 262–263｜深層（意識）的ーエネルギー　28, 36｜潜在的ーのトポス〔アラヤ識〕　28｜存在の言語的ー秩序崩壊〔サルトル『嘔吐』〕　99｜多重的ー構造　289

｜哲学的―論　372｜内含的―構造 287｜有―的存在秩序；有―的（秩序）構造　17, 294, 300–302, 310, 313–314, 316, 319, 321, 325, 342
意味（的）分節〔→分節〕　32, 41, 48, 63, 71, 297, 314–315, 338–339 ‖ ―以前　41｜―機能［作用］　21, 335, 379, 389｜―的多者 341｜―理論　99, 318
意味連関　136–137, 272, 290 ‖ ―構造 272｜―の網；―の［的］網目構造 137, 294, 300, 315
イラク　238
イラン　12, 110, 192, 202, 204–205, 221, 234, 260 ‖ ―革命　193｜―系シーア派　116｜―人　15｜（古代）―文化　13–14｜北―（地方）　206, 216｜古代―の「光」の宗教；古代―的「光」のメタファ　13｜深層意識的―性〔法蔵〕　13
入矢義高　291 ‖『自己と超越』　291
イワーノフ, V. V.　213 ‖『宇宙樹・神話・歴史記述』〔トポローフとの共著〕　213
岩波書店　101, 105, 119, 129, 213, 291 ‖ 岩波新書　62, 138｜『思想』　101, 424
インド〔→古代インド〕　11, 267–269, 272, 275, 277, 317, 402 ‖ ―系宗教　268–269｜―系仏教　397｜―系文化　269｜―人 269, 276｜―人の魂の深層〔ヨーガ〕 269｜―体験〔エリアーデ〕　267–268, 270, 275, 278｜―哲学；―の宗教・哲学 11, 284, 336｜「聖」なるものの―的体験形態〔ヨーガ〕　269｜西北―　13｜全―宗教思想史〔エリアーデ〕　268
ヴァーチャスパティミシュラ　268
ヴァレンティヌス　252
ヴィアーサ　268
ヴィジュニャーナビクシュ　268
ヴェーダ　250 ‖ ―時代　317
ヴェーダーンタ（哲学）　250, 296, 318, 333
ウェーバー, マックス　223 ‖ 魔法の園　223
有時〔道元〕　107, 109–110, 140, 148–149, 152, 156, 161, 170–171, 173–176, 178–185 ‖ ―経歴　146, 149–150｜―（の）現成　183｜―（の巻）〔『正法眼蔵』〕　123, 169, 170｜―の而今　173, 181, 183–184｜吾［わが］―　140, 177, 179, 181–182
宇田川眞人〔講談社〕　419
宇宙 ‖ ―（的）意識；―的自己　134, 136, 388, 394, 396｜―山　215｜―（的中心）軸　214–215, 306, 311, 328｜―樹；―的柏樹　328, 403｜―生成（論, 神話）；―神話　187, 226, 249, 251, 254, 256, 258–259, 307–308, 312｜―創造［生成］　146, 258–259, 307–308, 312｜―（的）知性　240, 244｜―的生命（エネルギー）　113–114｜―的存在エネルギー　87–88, 138–139, 256｜―的なロゴス；―（的）理法 315–317｜―的人間（の「心」, の「心臓」） 134–135, 137–138｜―的「光（の殿堂）」〔スフラワルディー〕　54｜―的鞴［ふいご］〔老子の「橐籥」〕　36, 297, 339｜―的理法　315–317｜―霊魂　240–241｜―論　188, 211, 214–216, 226, 229, 240, 250–252, 256, 259, 265, 307｜天使的―空間 261｜ピタゴラスの―調和　304
于闐；ホータン　13
雲門文偃　144, 369, 390
永遠 ‖ ―性〔神の属性〕　151｜―不動〔アリストテレスの神〕　175, 256
英語　106, 190, 210, 354 ‖ 英文法　386
エウリピデース　321–322
エク（・）スタシス〔→エンスタシス〕　268, 275–276, 320 ‖ エクスタシー　320, 322｜

エクスタティック　295, 325
エクリチュール　294, 300 ‖ 禅的―　366
エジプト　191–192, 204–205, 245 ‖ 古代―宗教思想　355
エソテリシズム〔→秘教〕　197 ‖ エソテリックな精神　237
エチオピア　194
慧忠国師　372
『淮南子』　310
慧能　380
エラノス(学会)　3–5, 266–267, 269, 278–281, 354–355 ‖ ―学会五十周年記念〔1982〕279 | ―講演　110, 247, 267, 279, 354, 365
エリアーデ, ミルチャ　266–272, 274–281, 301 ‖ ―の宗教学(体系, 的思想)　268–269, 275, 278 | ―の宗教的原初体験〔ヨーガ〕270 | ―の「聖」概念　269 | ―のヨーガ学習　268 | エラノス講演〔「闘争と休息のミュトス」1967〕　266, 279 | ヨーロッパ的意識の危機　271, 275 | 『シャマニズム――脱魂の古代的テクニーク』　276 | 『聖と俗』　301
エルサレム　189 ‖ ―のラテン王国　212
縁起　47–49, 51–52, 55, 368 ‖ ―性　368 | ―的思惟パターン　49 | 鏡灯的―　55
圜悟克勤　379, 390, 408 ‖ 『語録』　408 | 『碧巌録』　369, 374, 377, 379, 395, 400
エン(・)スタシス〔→エクスタシス〕　268, 275–276
円融　49, 55, 87 ‖ ―無礙　54 | 三種―81 | 万有―; 全体的―　80, 95
奥義　382 ‖ ―伝授　205, 209–210, 219, 227–228
黄檗希運　373–374, 409 ‖ 『伝心法要』373
応無所住(而生其心)　380–381
黄龍慧南　396 ‖ 『語録』　396
オーストリア　220
大橋良介　291 ‖ 『「切れ」の構造』　291
オットー, ルドルフ ‖ ―のいわゆる「聖なるもの」　267 | ―のいわゆる「ヌーメン的なもの」　305
オランダ　355
オルタイザー, トマス ‖ ―的「神の死」360

カ　行

カアバの神殿　203
海印三昧　10, 21, 112–114, 134, 136, 152, 176 ‖ ―的(観想)意識　135 | ―的存在ヴィジョン　153
解釈 ‖ 外的―(学)　115–118 | 拡張―29 | 深層(的意味)―　116, 129 | 聖典―学　115 | 内的―(学)　115–116, 119, 130, 133, 135–137, 180, 211, 229, 260, 264 | 内面的―　262–263 | 文化記号論的―214 | 霊的―　237
解体〔→存在解体〕　23–25, 32–33, 35, 272, 296–298, 336, 340–343, 360, 364–365, 373, 419 ‖ ―以前の素朴な日常意識の存在肯定　35 | ―されたコスモス　297, 341 | ―操作　335 | 存在秩序―の時代326 | 脱中心主義的―工作　423 | 秩序―　294 | デリダの―哲学〔思想〕296, 326, 328 | 東洋の―主義的哲学342 | 人間主体の自我的構造の―; 構造―　364 | ポスト・モダン的―　359 | 「有」の―　337
カイロ　191, 252
ガウダパーダ　331 ‖ 『マーンドゥーキヤ頌』331
カオス〔→渾沌〕　294–295, 299–301, 303,

307–310, 312–314, 320–324, 327–328, 421–424 ‖「—・ノモス・コスモス」という三項一体的構造体　422 | —の時代　294, 326, 421–422 | —は無意味性・非合理性の世界　312 | アンチ・—主義［的体制］　319, 324 | コスモス・［と］—の対立（関係）; —と「コスモス」との対立　296, 329, 341, 421 | 根源的—　298 | 存在の—化　313 | 天地創造以前の—のあり方　309
拡散〔ファルク〕　20 ‖ 収斂の後の— ; 収斂・即・—　20
廓然 ‖ —として一物も無し　406 | —無聖　25, 152, 364
風巻景次郎　349 ‖『中世の文学伝統』　349
可視〔↔不可視〕　244, 397 ‖ —的（経験）世界　208, 216 | 存在の—的次元　232
カスピ海　206
ガタリ, フェリックス　100 ‖ ドゥルーズ＝［と］—　296, 326–328
夾山善会　393–394, 407
カッバーラー ; カバラ　14, 256, 258 ‖ イスマイル的—　259 | グノーシス的・—的宇宙論・宇宙生成論 ; グノーシス的—的性格〔イスマイル派〕　187, 265
可能 ‖ —態　37 | —的　131–132 | —的存在者　131 |「意味」—体　29–30 | 存在（論的）—性　28, 37 | 本質的—性〔ラーヒジー〕　130–133
カフカ, フランツ　272
鎌倉　345–347, 425 ‖ —の自然（の歴史性）　347–348
神 ‖ —形象　62, 88 | —殺し　361 | —自体〔ザート〕　63–64, 68–70, 74, 79 | —的「彼」性　141 | —的言語の存在喚起力　244 | —的「有」　64, 94–95 | —の家〔ベート・エール〕　306 | —の息吹き〔イブヌ・ル・アラビー〕　66, 113, 143, 309 | —の［的］（自己）顕現　76, 95, 138–139, 142, 146–147, 245, 254 | —のコトバ［言葉］　116, 197–198, 231, 309 | —の［的］自意識 ; —が自意識を…〔イブヌ・ル・アラビー〕　37, 67, 69, 75 | —の時間　75 | —の属性（論）　68, 245 | —の普遍的臨在性　123 | —の［的］「無」〔玄虚〕　63–64, 87 | 生ける— ; 信仰の—　68, 71, 88 | 知られざる— ;（絶対）不可知の—　199, 251, 253–254, 256–257 | 第二の—　199, 215, 253–254, 256 | 哲学者の—　61, 71 | 人間—化　141 | 不可視の—　215, 244 | ほとんど—〔イマーム〕　198–199, 206, 208, 215, 231, 244–245
仮現　199–200, 341 ‖ —説　336 | 宇宙的霊性の地上的—〔イマーム〕　200 |「無」の自己分節的—　297
カリスマ（性）　232, 235, 242–243 ‖ —的人物［人間］　215–216, 235 | 霊性的—の歴史的継続　201 | 唯一絶対の宗教的—〔預言者ムハンマド〕　201
カリフ　194–195, 201, 204, 245 ‖ —選出の原理　195
カルカッタ大学　267
カルマット, ハムダーン　203 ‖ —派　191, 202–203
感覚 ‖ —・知覚的認識主体［能力］　92, 386 | —器官　65, 411 | —的（存在）世界 ; —的事物の事象の領域　138, 338 | 日常的—知覚　387
環渓惟一　408
寒山詩　345
感性　65, 395, 398 ‖ —的経験　395 | —

的認識の世界〔イブヌ・ル・アラビー〕65｜時間的・―的動　395
観想　19-20, 141, 167, 176, 278‖―者；観想（的人間［意識］）主体　114-116, 135, 139, 141, 143｜―者の心〔イブヌ・ル・アラビー〕　112, 140-141｜―心　134｜―的時間意識　151, 173｜―的「我」；―者［主体，的主体性として］の「我」　140-141｜グノーシス的―体験　15｜根源的存在―　130｜スーフィー的―（の修行）道；スーフィー的―体験　66, 73｜万物の一挙開顕の―的風光　113｜仏教の―道　72
観想意識〔→意識〕　12, 66, 112, 114-115, 118, 120, 128, 136, 139, 141, 150, 153, 155, 276‖―主体としての「心」　134｜―的に深層解釈　129｜―の鏡面　153｜―の［的］主体性　61, 134, 277｜イブヌ・ル・アラビーの―　95, 113｜華厳（の「海印三昧」）的―　135, 163｜『コーラン』の―的「読み」　115｜（非）時間的―　136｜スーフィズムの―；スーフィー的―　114, 118｜ヨーガによる―現成の意義　277
カント，イマヌエル　361
漢訳（仏典）　29, 42, 49, 157
危機　271-272, 274, 294, 359, 361, 414‖―意識；―感　270-272, 275｜―的意識体験〔サルトル『嘔吐』〕　99｜ヨーロッパ（的）意識の―〔エリアーデ〕　271, 275, 277
記号　240, 327, 387, 389, 393, 406‖―学　28, 56｜―構造　56｜―主義〔『コーラン』〕　240｜―的機能性　56｜華厳的―学　56｜言語―　28｜自己閉鎖的―体系［組織］　295, 320｜存在を―化　56｜メタ―　388-389, 393, 395, 406
記号論　28, 213-214, 216-217‖（文化）―的トポロジー　186, 212-214｜文化―；文化記号学　187, 213-215, 328
義湘　6
『起信論』→『大乗起信論』
北岡誠司　213
虚堂智愚　409
紀伊國屋書店　291
紀貫之　288
客体　286, 297, 331, 367-368, 371, 374, 376-378, 386, 388, 390-391, 395, 399, 401-405, 407-409‖（純粋）―性　403-404｜主体と―との相関性　370-371｜対―的（な）認識主体；―認知的に機能する主体　371
隔法　161, 163‖（十世）―異成（門）　161-162, 167, 172
客観‖―的対象　290, 342, 375, 383, 386｜―的（な）対象界；―的外界　378-379｜―的なもの（自体）　27, 381｜存在の―的な様相　120
旧約（聖書）〔→聖書〕　74, 108, 244, 253-254, 306, 308, 423‖―的宗教　265｜―の宇宙開闢　308｜―の預言者　417｜現代―学の第一人者〔関根正雄〕　349｜「創世記」　244, 253, 294, 306, 309-311, 349, 423
境界　22, 25, 49, 421‖―線［枠］　17-18, 20-22, 25, 278, 296, 314, 318, 333, 336, 357, 359｜―領域〔イスマイル主義の支配圏〕　216｜有・無―線（上の実在）〔イブヌ・ル・アラビー〕　67, 69, 76-77, 91｜存在（論的）―線　17, 296, 333, 335｜存在の―差別〔『老子』〕　19｜忘絶―〔『信心銘』〕　25｜無―説；存在無―論　318
鏡清道怤　377-378‖鏡清雨滴声〔『碧巌

録』第四十六則〕 377
鏡像 ‖ —的「客」 375 | —的「我」 363–364 |「事」は「理」の感覚・知覚的— 92 | 対自［他］的— 364
鏡中 ‖ —無一物 364 | 山河不在—観〔雪竇〕 374
鏡灯 ‖ —的「縁起」 55 | —の比喩 53–54 | 華厳の—の世界 54
凝念〔東大寺の凝然〕 48
挙体 40, 130 ‖ —顕現 407 | —現成 168 | —性起 39 | —全動 109, 182
虚無 297, 337, 339 ‖ —の恐怖 313 | 存在の—化 297
虚妄 31, 333 ‖ 三界— 27, 31
ギリシア［ャ］; 古代— 8, 295, 321, 323, 327, 337, 422–423 ‖ —語 128, 212, 286–287, 294–295, 303–304, 307, 317, 319 | —人 286, 305, 313 | —（の）神話 307, 322 | —的な存在感覚 422 | —哲学 191, 285 | —悲劇 295–296, 322–324 | —文化（史） 13, 303, 324 | —文学史 307 | 古代—の思想家 303–304
キリスト教 212, 218, 263–264 ‖ —徒 189, 192, 212, 218 | 十字軍（の）— 192
近代 ‖ —的人間（の）主体（性） 357, 359 | —的ヨーロッパ意識 277 | —的「我」; 西洋的「我」の—哲学的イマージュ 357, 362 | —哲学 356–357, 361 | 前—的（性格）〔東洋的「我」の捉え方〕 357–359
空 6, 18, 22–24, 29, 31, 33–39, 41, 43–44, 48, 65, 78, 99, 176, 178, 296, 329, 342, 368–369 ‖ —意識 31, 33 | —化以前の日常的意識 26 | —即「不空」 36 | —的主体 41 | —哲学 35, 48, 318 | —の窮極的実相 72 | —の［が］「妙有」的側面 37, 76 | —の「有」的側面〔妙有〕 55, 63 |「アラヤ識」の—化 30 | 意識（の, が）—化 26–27, 30–31 |「縁起」と—の同定 48 | 存在（を, が完全に）—化 22, 24–27, 30–31, 33, 36, 44–45, 51, 64, 73 | 存在の絶対的—化体験 33 | 万象—化〔無垢識〕 31 | 不— 31, 33, 36 |「有」的様態における［原理に転換した］—〔理〕 35, 38
クウィスペル, G. 355
屈原 280 ‖『楚辞』 280
グノーシス（主義） 198–199, 244, 251, 253, 257–258, 265, 355 ‖ —（派の）神話 257 | —的観想体験 15 | —的思想家; イスラーム的—の極致〔スフラワルディー〕 15, 54 | —的神話形象; —特有の神話的形象 134, 136 | —派 199 | イスマイル派の—的宇宙論・宇宙生成論; —的・カッバーラー的宇宙論; —的宇宙像 187, 249, 261 | イブヌ・ル・アラビーの—的形象空間 138 | 新—主義 247 | 天上のアダム; 霊［霊性］的アダム 199, 258
クラチコフスキー, I. Y. 413
薫習 14, 157, 159–160 ‖ 種子— 276
慶応義塾大学 ‖ —の通信教育部 413 | 慶応人 97
経験 ‖ —的意識（主体）; 日常的—意識 176, 179, 275, 286, 364, 388 | —的現実の非現実化 335 | —的［界の］事物 6, 44, 69, 71, 78, 93–94, 342 | —的主体 274, 397, 399 | —的認識 149 | —的「有」; —的・現象的「有」の世界 126, 297, 341 | 可視的—世界 208 |「事」［「理」］的—の世界 393 | 純粋—〔西田幾多郎『善の研究』〕 349 | 存在—

147–148, 185｜普遍的・統合的—〔神名アッラー〕　77–78
顕現‖イブヌ・ル・アラビー独特の—説；(神の, 神的)(自己)—　64, 75–80, 92–93, 95, 136, 138–142, 146–147｜イマームは神の自己—；神の地上的—形態　199, 245｜神の自己—としてのコトバ　254｜全フィールドの(挙体)—　399, 407, 409｜「無心」的主体の自己—　409
言語‖—意味的分節；—本来の意味分節機能　63, 389｜—学　98｜—慣用(の規制力)　286｜—脱落　99｜—的意味(形象)　90, 379, 381｜—にたいする根深い不信　27｜意識と存在の前—的あり方　29｜神的—の存在喚起力；創造的—　244｜セム語の—意識　137｜東洋の哲学伝統の—理論的読み直し　346｜唯識派の—哲学　27
原子〔→アトム〕　128‖—物理学〔サンブルスキー〕　4, 355｜アシュアリー派神学の—論(哲学)　128, 130
現象‖—界；—(的)世界；—的存在世界　6, 31, 38, 48, 55, 158, 199｜—形態；—的(存在)形態　37, 143, 158–159, 289, 379｜—的差別；—的存在の差別界　41, 369｜—的時間(性)　175, 184｜—的事物(事象)　93, 120｜—的存在(の)次元；(経験的)—的次元　39, 48–49, 58｜—的存在分節　67｜—的「多」；—的多者(性)　139, 297｜—的「有」の世界[システム]　297
現象学‖サルトルの実存主義的—　100｜フッサールの—　274
見聞覚知〔黄檗『伝心法要』〕　373–374
公案　374, 386, 401–402‖—史　400
康居国→ソグディアナ
興善惟寛　371
講談社‖学術文庫　416, 419
弘文堂　412, 416–417‖アテネ文庫　416–417
ゴーヴィンダ〔シャンカラの師〕　331
コーラン　68, 70, 115–116, 133, 196, 198, 217, 223, 240, 256, 264, 418‖—的世界像　265｜—の神；—の神形象　50, 61–62, 70｜—の観想意識的「読み」　115｜—の「徴」主義　240｜—の魂〔神的啓示の息吹き〕　115｜—の内的解釈；—の象徴的解釈学　115–116, 229｜—の念誦　114｜*27:90*　129, 141｜*31:15*　94｜*50:14[15]*(「カーフ」)　117, 141
『古事記』　310
牛頭法融　403
コスモス　217, 294–295, 297–309, 311–324, 328–329, 338, 340–343, 421–424‖—・[と]カオスの(対立)関係　296, 321, 329｜—形成者ヌース〔シンプリキオス〕　316｜—形成の基本原理〔ロゴス〕　316｜—(の)成立；—という存在秩序空間の成立；—生成思想　307, 310, 312–313, 338, 340｜—成立以前の[に先行する]状態；—成立に先立つ空虚な「場所」〔カオス〕　294–295, 312｜—的存在秩序　343｜—の自己防御体制；—の存在秩序の基盤〔ノモス〕　323｜—の崩壊をねらうアンチコスモス　313｜—のロゴス的根拠づけ　295｜—は一つの「ヌーメン的空間」；「ヌーメン的空間」としての—[存在秩序]　295, 307, 311, 328｜—への[に対する]反逆　294, 296｜解体された—　297, 341｜カオス・ノモス・—という三項一体的構造体　422｜柔軟な—　298, 343｜儒教の[的]—論；—肯定[信仰, 至上主

義〕 317–319｜人間経験としての― 299｜プラトンの―観 316｜ロゴス［有］中心的― 340
古代インド〔→インド〕 267, 274, 357‖―人 276–277｜―的精神性 268｜―におけるヴェーダからヴェーダーンタ哲学への展開過程 250｜―の哲学思想〔イスラーム哲学に摂取〕 187｜―の「リタ」 317｜―文化の基底〔ヨーガ〕 270
コトバ 27, 29–32, 103, 106, 112, 115–116, 139, 157, 253–256, 339, 372, 379, 389, 417‖―以前 30, 36, 339｜―の意味形象喚起機能の神格化〔イスマイル派の神〕 253｜―の意味分節機能［作用］ 21, 379｜―の深層的意味エネルギー 36｜―の創造力 253, 256｜―の内部分裂 257｜神の― 116, 198｜神の自己顕現としての― 254｜聖なる― 115, 253
コルバン, アンリ 4, 247, 260–261, 355‖『アンリ・コルバン記念論文集』 110
『金剛経』 380
渾沌；混沌〔→カオス〕 25, 296–297, 304, 308–311, 336–338‖―七竅に死す〔『荘子』〕 337｜原初の― 311｜根源的存在の― 309｜実存主義的―のヴィジョン〔サルトル『嘔吐』〕 99｜荘子の―（思想） 8, 422｜存在の無定形的・無限定的―状態 423

サ　行

サーディク, ジャアファル 201
差異 24, 28, 44, 58, 80, 228‖―性 26, 44, 47–48｜階層的―性〔真空と妙有〕 78｜「自性」的― 45｜存在論的―性 57
佐藤通次 385–386‖『仏教哲理』 385
沙漠‖―的な人生観；―抒情 418｜―の砂の一粒 113｜アラビア― 416, 419｜記号テクストの―〔デリダ〕 327
差別 18, 40, 162, 379, 383‖―界；―の世界 19, 369, 388｜現象的― 41｜（非）実体的―性 368｜事物間の存在論的無―性 18｜存在（の）―相 18, 26, 40｜存在の境界―〔老子〕 19｜万物［万象］― 6, 38｜分節― 38｜無―（性, 平等, 不分）；絶対［平等］無―（性） 6, 18, 38, 41, 78, 81, 334–335｜無―相 19｜無―の根源意識 388
サラセン帝国 194
サルトル, ジャン＝ポール 98–100, 313‖―的存在論 99｜―の実存主義（的現象学） 98, 100｜―の哲学 97, 100｜下へ向う神秘主義〔ジルソン〕 99｜『嘔吐』 98, 313｜『存在と虚無』 98, 100
山河 180–181, 374, 379, 409‖―不在鏡中観〔雪竇〕 374
三界‖―虚妄 27, 31｜―唯心 33, 390, 392
三綱五教〔儒教〕 319
三種円融〔華厳〕 81
サンスクリット 42, 187, 268, 380
三頭八臂 177, 180
サンブルスキー, シュムエル 4, 355
三昧 59, 66, 112, 141, 276‖―意識 21, 70｜海印―（意識, 的存在ヴィジョン）〔華厳〕 10, 21, 112–114, 134–136, 152–153, 176, 285
事〔→理〕‖―原理［の意味構造］…微妙な二重性 43, 66｜―的世界は神の第二次的「（自己）顕現」の場 92｜―的存在秩序［世界］ 22–23｜―的存在の根源的関連性〔縁起〕 49｜―と―の間の相互無礙性；―と―の間も「無礙」 70, 92｜―の「自性」喪失 43｜―は存在の差別相　40｜—は「理」の感覚・知覚的「鏡像」　92｜イブヌ・ル・アラビーの—的世界　95｜第一［二］次的—　44｜「理」（と）—（の，との）関係　40, 48, 92｜「理」が—に自己分節　46｜「理」の—的顕現［分節］〔性起〕　39, 81
シーア派　116, 193–194, 196–198, 201–202, 205, 217, 229–233, 235, 242, 247 ‖ —の一分派；—の異端分派イスマイル派　193｜—の起源［成立］　186, 193–194｜—の精神的中核をなすイマーム信仰；シーア的イマーム理念　197｜シーア〔党派〕　196–197｜タアリーム派〔シーア派の貶下的呼称〕　229｜反律法主義　233
自意識 ‖ 神の［が，的］—；神における—の生起〔イブヌ・ル・アラビー〕　37, 67, 69, 75
子音　137, 256 ‖ —結合（体）　256, 259｜—の創造力　256｜—文字　259｜三［四］—　137
自我　357–358 ‖ —意識を無化［が消滅］；—が徹底的に無化　64, 358, 364｜—と他我との区別［間の境界線］　357–358｜—の主体的確立　357｜—論　362｜デカルト的—観念　361｜人間主体の—的構造の解体；解体された実存的主体の—構造　364
止観　112, 114
時間〔→非時間；→無時間〕‖ —・即・存在；存在・即・—；存在と—の（この完全）同定　107, 109, 148, 167, 169–170, 182｜—・存在の源泉〔我〕　109｜—元型　114｜—（の）構造　161–162｜—性　123, 153–155｜—的観想意識　136｜—的存在秩序　127｜—的体験　152–153｜（存在の）—的秩序　122, 157, 176, 392｜—の（窮極的）ゼロ・ポイント　154｜意識深層における—生起　157｜仮想的—　122｜神による世界の—的創造行為　121｜神の—　75｜観想意識の—的側面　155｜形而上的—性　154｜現象的—性　184｜「心」の—的側面　136｜金剛界マンダラの—的構図法　155｜「時々刻々」的—　150｜時時無礙的—現象　167｜「新創造」的—（・存在）元型　129–130｜絶対—〔ニュートン〕　107｜前後際断的—観念　158｜道元の—哲学　109｜東洋的—体験［哲学］の元型　108–109｜非常非断的—性　160｜「有時」的—フィールド　181｜我＝存在＝—　182
時間意識　109, 111, 114, 127, 151–152, 155, 160, 178 ‖ 観想的—　151, 173｜「時々刻々」的—　155｜「創造不断」的—　140｜大乗仏教の—；華厳的—　110, 172｜東洋的—　109–110, 118, 146–148, 185｜日常的—　155｜唯識の説く—　161
時間論　107, 111, 119, 147, 156, 158, 160–162, 166, 169, 184 ‖ —的原理　161｜イスラーム的—　109, 185｜イブヌ・ル・アラビーの（哲学的）—　111, 119｜「時々刻々」的—　162｜存在論即—　161｜道元の（この，構想する，「有時」的，「創造不断」的）—；道元の時間哲学　109, 148, 156, 168–169, 179, 184｜仏教的［大乗仏教の］—（的思想）　109
ジクル→唱名
四元素　129, 258
自己分節〔→分節〕　36–39, 46, 69, 71, 77–78, 81, 139, 340, 382, 388 ‖ 神の—　69｜神的存在の—的変化　140｜無「自性」的に—　399｜「無」…の—（的仮現）

297｜（絶対）無分節者の―　38, 57, 138, 147｜（無分節的）「理」の―　44, 80
シジスターニー, アブー・ヤアクーブ　260–261‖『誇らかな言葉』　260
事事無礙〔→理事無礙；→理理無礙〕　6–10, 16, 18, 21, 25, 33, 42–45, 48–49, 51–53, 58–60, 66, 81, 89, 91–93, 95, 162–164, 167‖―＝［は即］時時無礙（の原理）　167, 171｜―的存在ヴィジョン　54｜―的存在論　15, 60｜―法界　42–43, 53, 285｜神の世界の―的実相〔イブヌ・ル・アラビー〕　95｜「理事無礙」→―〔華厳〕　6–7, 59｜「理理無礙」→―〔イブヌ・ル・アラビー〕　7, 15, 59｜「理理無礙」→「理事無礙」→―　91
時時無礙　167, 172‖事事無礙＝［は即］―（の原理）　167, 171｜―的時間現象　167
自性　23–27, 35, 43–45, 48, 52, 364, 376–381, 385–386, 389, 401‖―固着的　398, 401, 403｜―清浄心〔華厳〕　31｜（非）―的同一律　385｜―的分節態；有―的に分節　389｜―妄想　27｜「事」の―喪失　43｜脱―（的主体性）　320, 364｜非―固着的な「我」　403｜非―的「花」; 非―的主・客の世界　389, 398｜無―（性）　24, 33, 45, 364, 369, 377, 379, 397–398｜無―的に（自己）分節　384, 399
思想‖―的原点　99｜―的戦略　96｜―的創造力　282｜―的独自［独創］性　169, 179｜―的反逆　328｜―風土　186, 352, 360｜異端［危険, 過激］―　197, 230, 265｜現代の―（的）状況；現代―の世界的状況；現代の世界―的状況；世界―の現代的状況　106, 247, 285, 292, 424｜哲学的―形成のプロセス　102｜普遍的［世界］―パラダイム　8, 352
思想史　100, 129, 156, 186, 356‖イスマイル派の―　245｜イスラーム―　82, 119, 128｜人類の―；世界―　83, 283, 313｜西洋―　294｜（中国）禅―　367, 392, 399｜全インド宗教―的規模の研究〔エリアーデ〕　268｜東洋―　332
思潮社　291
実在　76, 129, 331‖―性　25, 67, 305, 329, 331–332｜―転義　12, 15｜―の真相　19｜真［絶対的］―　62｜神的―　138, 140｜唯一絶対の―〔ブラフマン〕　334｜唯一の―者　257｜有・無境界線上の（恒常不変の）―〔イブヌ・ル・アラビー〕　67, 69, 76–77, 91
実存　99, 267, 270, 275, 283, 299, 313, 351‖―全体の霊性　208｜―体験　411｜―的意識の充溢　348｜―的恐怖　313, 361｜―的「死」の体験　278｜―的主体（性）　358, 364｜―の深み［深層］　320, 350, 414｜―の問題　275｜意識の―的深化　290｜意味分節理論の―的基底　99｜個的―　356, 360｜スーフィー的―体験　62｜人間―　324｜「人間」イマージュの―的ダイナミクス　355
実存主義　296, 325‖―的渾沌のヴィジョン　99｜サルトルの―（的現象学）　98, 100
実体　24, 26, 43, 65, 128, 130, 142–143, 164, 342–343, 398‖―運動〔モッラー・サドラー〕　130, 133｜―化　255–258, 381｜―体系；―的システム　163, 342｜―的凝固性　327, 335｜―的事物　66｜―的主・客　398｜―的存在性　130｜―的非連続

性；非連続的—（性）　65–66｜—否定論〔イブヌ・ル・アラビー〕　142｜窮極的—〔原子〕　128｜聖なる男［女］性—〔イスマイル派〕　258｜超越的—390｜無—的［性］　332｜無—の自照性387｜霊性（的）—（群）〔イスマイル派〕259
実体性　24, 33, 35, 130, 369, 390, 398‖（非）—的差別性　368｜（非連続的）—の夢66｜自己同一的—　27, 33｜自立的—296
質料　309‖—的不透明性　12｜—の［的］マッス　304, 311
シナイ山　215
シニフィアン　28–30, 56‖——シニフィエ関係　30｜——シニフィエ結合体　28
シニフィエ　28, 30, 56‖潜在的・暗在的—29｜複合的—　56
四（種）法界〔華厳〕　42
下村寅太郎　352‖『下村寅太郎著作集』351, 353｜『ライプニッツ』　352
ジャーヒリーヤ〔→無道時代〕　418
シャフラスターニー（Shahrastānī）　230‖『宗教上の学派及び哲学上の学派に就いて』（*Kitāb al-Milal wa-al-Niḥal*）　230
シャマニズム　268, 275–276, 280, 320‖—研究〔エリアーデ〕　276
シャマン‖—意識；—的「魂」　280｜古代中国の偉大な—詩人〔屈原〕　280
シャンカラ　296, 333–334, 336, 338‖—の師〔ゴーヴィンダ〕　331｜有相のブラフマン336｜マーヤー（説）　296, 318, 333–334, 338, 341
ジュヴァイニー　221, 233‖『成吉思汗伝』〔『世界征服者年代記』〕　221, 233
宗教‖—革命〔第一のハサン，第二のハサン〕　239｜—感情；—意識　200, 417｜—共同体　260｜—（的）体験；—的存在［原初］体験　91, 151, 270, 305, 328｜—的カリスマ〔ムハンマド〕　201｜—的実践道〔禅〕　366｜—的情熱〔暗殺〕211, 219｜—的人間　267, 277｜—文化207, 419｜—法　233, 237, 241, 262｜インド系—　268–269｜人格一神教的—運動〔イスラーム〕　418｜「光」の—　13, 15｜保守主義的—改革〔第三のハサン〕248｜預言者的—　262
宗教学　269, 278, 305, 355‖—者　266–267｜エリアーデの—（体系）　268, 275, 278｜近代—のいわゆる「ヌーメン的空間」　294｜国際—会　267｜「聖・俗」—〔エリアーデ〕　278
十玄〔→『華厳十玄（門）』〕　161–162
種子　28, 157–161‖—薫習　276｜—生現行　158, 160｜意味（的）—　38, 290｜現行薫—　160｜唯識の—理論　28
十字軍　187, 189–190, 192, 210, 212, 218, 221, 224‖—的キリスト教徒　205｜第三次—の「編年史」　221
終末　327‖—の日　117–118, 233, 327
終末論‖—的概念〔新創造〕　117｜—的形象［イマージュ］　118, 130｜『コーラン』の—的ディスクール　133
収斂〔ジャムウ〕　20‖—の後の拡散；—・即・拡散　20
主客；主・客‖—間の相互他者関係377｜—合一　373｜—（の）相関性；—の必然的相関関係　367, 370–371｜—（の）対立（関係，的関係，的立場）；—的二項対立　369, 372, 374–376, 378, 382, 409｜—対立的主体　384｜—対立的認識（状況，関係，構造，機構）；—と

いう認識論的対立二項　368, 372, 374–375, 378–379, 381, 385–386, 397｜━転換　401｜━の必然的相互依存性〔「縁起」性〕　368｜━の別［区別］　121, 297, 339｜━未分　286, 373–374, 391, 406｜実体的━　398｜非「自性」的━　398
修行‖━上の段階；禅定━の段階　20｜━的上昇道〔掃蕩門〕　152｜実践的━〔ヨーガ〕　267｜スーフィー的観想の━道　66
儒教（思想）　303, 317–319‖━のコスモス論　318｜━倫理の原則〔三綱五教〕　319
十世　162, 176‖━隔法異成（門）　162, 167, 172
主伴（の，的存在）論理　53–54, 57, 89
須弥山　215
ジュラン，ジルベール　355
性起　37, 39–40, 44, 47–48, 55, 57, 78–81, 87‖挙体━　39｜第一次━　79–80, 87｜第二次（的）━　80
趙州　381, 401–403, 407‖急水上打毬子　381｜庭前（の）柏樹子；柏樹子　401–403, 407｜『趙州録』　402
聖人　19, 22, 32
肇法師　375‖『肇論』　32, 375
唱名〔ジクル〕　90–91‖━の秘義〔イブヌ・ル・アラビー〕　90–91
消滅〔ファナー〕　64‖━の━；消融の消融　64, 73｜（自己）━；自己消融　64, 73
『成唯識論述記』〔窺基〕　100
ショーレム，ゲルショム　4, 355
女性‖━（的）原理　255–256, 258｜━名詞　255｜━命令形　256, 258｜聖なる━実体　258
白井浩司　98
シリア　192, 204–205, 216
「四料簡」〔臨済〕　404–406, 409‖奪境不奪人　404–406｜奪人不奪境　404–405, 407｜人境倶奪　405–406｜人境倶不奪　405, 408
シルヴェストル・ド・サシ，A. I.　220, 222, 246
シルクロード　13
ジルソン→ヂルソン
心　369, 372, 381, 387, 390, 392, 395, 397, 401, 407–408‖━の変転〔イブヌ・ル・アラビー〕　137｜心法　369, 387, 390, 394, 397, 411｜心法（は）無形　345, 387, 394, 396, 411
畛〔荘子〕　17, 19, 21‖（存在の）━的枠組み　18, 21–22
人格‖━一神教的宗教運動　418｜━（的）神（的信仰）　50, 61, 87, 108｜（超越的）━性　61｜観想意識的主体性の象徴的━化　61｜根源的「光」の━化　12｜ミュトス的に━化　255
真空　19, 35, 63, 72, 78–79‖━（・）妙有　34, 78, 176
真言密教；密教　113, 154
尽時〔道元〕　168, 172–173‖━尽有　168, 171, 173–175, 177, 183–184
『信心銘』〔僧璨〕　25, 29, 367, 380
心臓　134, 136–137, 139‖宇宙的人間の━（の鼓動，の脈搏）　137–138
深層意識〔→意識〕　13, 21, 157, 161, 274‖━的意味エネルギー　28｜━的イラン性〔法蔵〕　13｜唯識的━論；唯識の━的存在・時間論　100, 156
新創造〔→創造不断〕　107–110, 114, 117–119, 127–130, 132–134, 139, 141, 144, 146, 149‖━

的時間（・存在）元型　129–130｜—の先駆〔ハマダーニー〕　119｜—の内的構造　133
真人　410‖無位（の）—　355, 410–411
神秘主義　99, 373‖—的体験　9, 151｜—的な主客未分　373｜下へ向う［呪われた］—〔ジルソン〕　99｜ユダヤ（教）—　4, 14, 355
新プラトン主義；ネオ・プラトニズム〔→ネオ・プラトニスト〕　244, 285‖—者シンプリキオス　316｜—的思考［思惟形態］　63, 252｜—的流出論；—の発出論的存在論［思惟パターン］；流出論的—　75, 240, 244, 251｜—の始祖プロティノス　8
シンプリキオス　316
人文書院　416
シンポジウム‖学際的—　4｜国際—〔天理大学, 1986〕　293, 298
神名　67–71, 76, 79–80, 85–92‖—アッラー　78–80, 86–87｜—的顕現　80｜—論（体系）　67–68, 70, 74, 84, 87–90｜最大の—　70｜哲学的—　72
『新約』‖—のパウロ的体験　410–411
真理‖—の窮極の源泉〔イマーム〕　208｜—論　286｜ギリシア的—概念〔アレーテイア〕　287｜絶対の［的］—　208, 227, 230–231｜秘教的—　208, 228
心理学‖深層—　66, 274, 276｜フロイト的深層—　361｜ユング（の深層）—　274, 355
尽力〔道元〕　109, 182–184‖—経歴　183｜—（して）現成　183
神話　250, 259, 306–308‖—学　66｜（根源的）—素　250, 310｜—的形象（性）　139, 250, 259–260｜—的思惟パターン　258｜—的長篇叙事詩〔ヘーシオドス〕　307｜—的ナラティヴ（文学）　251, 349｜—形成的思惟［想像力］　295, 312｜（イスマイル派の）宇宙（生成）—　251｜ギリシャ（の）—；古代ギリシアの原初的—形象　322｜グノーシス（派の）—；グノーシス的［特有の］—（的）形象　257｜古代中国の—　310｜思想［概念］—　250｜シャマン意識の—創造的機能　280｜日本—（思想）　310–311
スイス　3, 266, 355
スーフィー　20, 72, 112, 115–116, 135, 143, 212‖—たちの「内的解釈」　116｜—的（観想）意識　62, 118｜—的実存［観想］体験　62, 73｜—哲学者〔イブヌ・ル・アラビー〕　37｜—道；—的観想（の修行）道　66, 72
スーフィズム　9, 14, 20, 59, 64–65, 73, 112, 114, 141, 147, 237, 265‖—の観想意識　114｜—の思想家　128｜—の（代表的）哲学者〔イブヌ・ル・アラビー〕　296, 330｜—哲学；—の哲学思想　6–7｜神形象の—的変貌　62｜初期—　119
スコラ哲学‖—的概念〔本質的可能性〕　132｜イスラームの—；イスラーム・ユダヤ教的—　50, 61｜スコラ的考え方　130｜中世—哲学〔西洋〕　50
鈴木大拙　348, 355, 365
スターン（Stern）, S. M.　252
スフラワルディー　15–16‖—の存在ヴィジョン　15｜—の「光の哲学」　54｜『黎明の叡知』　15
スンナ　196
スンニー派　196–198, 201–202, 207, 217–218, 227, 229–230, 234–235, 247, 265‖—の共同体　207

182｜—可能性　28, 37, 131｜—（の）源泉　109, 125–127, 131–132｜—深層　69, 89, 93, 306, 338｜—の「畛」的枠組み　18｜「可能的」—者　131
存在一性論〔イブヌ・ル・アラビー〕　8, 15, 20, 60–64, 70, 72, 74, 78–79, 81, 87, 91, 95–96, 138‖—の華厳的読み替え　61, 96｜—の構造的始点　74
存在エネルギー　35, 45–46, 87–88, 113, 132, 136, 138, 143, 147, 155, 183, 306‖—の脈動　155｜宇宙的—　87–88, 138–139｜本源的—　38, 65｜無分節の—　37｜「理」の［的］—　39, 46
存在解体〔→解体〕　5, 23–26, 32–33, 35, 41–44, 48, 51, 73, 96, 297, 326, 329, 338–339, 341–342‖—後の存在論　33｜—的概念〔無, 空〕　99｜—の神〔ディオニュソス〕　322｜アンチコスモス的—　340｜東洋哲学的な［的］—　332
存在体験　152, 290‖宗教的—　305｜非日常的—　62
存在秩序　23, 78, 150, 187, 277–278, 294, 297, 303, 305, 307–308, 311, 313–314, 320–323, 325–326, 338, 340–342‖—解体の時代　326｜—空間　301, 313, 328｜—構造としてのコスモス　294｜華厳的—　78｜コスモス的—　343｜時間的—　127｜「事」的—　22｜有意味的—　17, 294, 300–302, 314, 316, 319, 321, 325, 342｜ロゴス（中心, 中心主義）的—　295–296, 340
存在分節〔→分節〕　36, 39, 41, 48, 57, 67, 69, 74, 298, 306, 314, 338, 343, 372, 381‖—以前　339｜—の窮極的源泉〔神名アッラー〕　71｜—の原点〔神の家〕　306｜第一次的—　67
存在論‖—即時間論　161｜—的境界線　17｜—的差異性　57｜—的「自由」　19｜—的（柔軟性と）透明性　70, 94, 164｜—的「本質」〔自性〕　381｜—的「無」　64｜—的無差別性　18｜イブヌ・ル・アラビーの—（体系）　6, 37, 107, 142｜華厳（の, 的, 独自の）—　6, 8, 32, 35, 42–43, 45, 60, 162｜サルトル的—　99｜「事事無礙」的—　15, 60｜存在解体後の—　33｜ネオ・プラトニズムの発出論的—　240

タ　行

タアリーム　229–230‖—派　229｜—論〔→聖教論〕　230, 264
帝釈天；インドラ神　54, 215
大珠慧海　358
『大乗起信論』;『起信論』　148, 179, 182
大乗仏教〔→仏教〕　11, 22, 32, 48, 64, 73, 109–110, 151, 284, 296, 318, 332‖—諸派　366｜—哲学；大乗哲学　23, 369
太平洋戦争　97‖終戦（後）;（大）戦後　97, 100, 325, 417｜戦前・戦中・戦後　350
大陽山楷　144
ダイラム地方［地帯］　206, 238
タクシス　304
タクラマカン　13
脱落‖—身心的主体性　364｜言語—　99｜身心—　364
魂　115–116, 276, 280‖インド（人）の—〔ヨーガ〕　269, 275｜宇宙霊魂　240–241｜シャマン的—　280｜病める—〔エリアーデ〕　272｜ロシア人の—　414
達磨　402
智儼　5
知性〔→ヌース；→理性〕　120, 316‖宇宙

的― 244｜神的― 295, 322
地中海 11, 284
中央公論社‖『中央公論』 414｜中公文庫 414
中国 6, 13–14, 310–311, 330, 355, 397, 402‖―華厳（宗） 14, 42｜―人 14｜―禅思想史 399｜―唐宋時代の禅文献 291｜―仏教 8, 13–14｜古代―；―古代 8, 251, 280, 317, 422｜古代―の神話 310
中東 187, 189‖中近東 189, 191, 203, 205, 211, 223
長安 13–14
澄観 5–6, 42
長沙景岑 409
ヂルソン, エチエンヌ 99
ディオニュソス 322, 325‖―神の祭礼 322｜―的アンチコスモス 295｜―の［的］精神を体現〔ニーチェ〕 296, 325｜―はエクスタシー［存在解体］の神 322
テイラー, マーク 106, 359, 362‖―の説くナルシシズム 363｜『さまよう』 359｜『自己への旅路・ヘーゲルとキルケゴール』 359
デーミウルゴス 257
デカルト, ルネ 356–357, 360‖―的（コギトの）「我」; ―的自我観念 356, 358–359, 361–362
デリダ, ジャック 100, 296, 326–328, 337, 340‖―の「解体」思想 326, 328｜ロゴス中心主義；ロゴス中心（主義）的（存在）秩序［コスモス］ 296, 328, 337, 340
テロリズム 188–189, 192–193‖国際的―のはしり〔イスマイル派暗殺団〕 186
伝教（活動, 運動）〔→イスマイル派〕 209–210, 217–218‖―師 205, 209–210, 227–228, 237, 239, 242, 252, 260, 263–264｜最高―師; すべての―師のなかの―師 206, 209–210, 216, 234, 263｜上級―師 210
天山南路 13
天使 95, 238, 260, 306‖―的宇宙空間 261｜―としてはミカエル〔ファトフ〕 260｜啓示の―ガブリエル 260｜至高―〔ケルビム〕 259｜ハヤールの―形象〔セラフィエル〕 261
『伝燈録』〔道原〕 371
天理大学 293
ドイツ 11, 355‖―語 190｜―語学・―文学の専門家〔佐藤通次〕 385
同一律 163, 333, 376–377, 382, 385, 389‖―変転 382｜（非）「自性」的― 385
道元〔→有時〕 47, 107, 110, 123–124, 140, 144, 146–152, 156, 161, 163, 165, 168–175, 177–185, 358, 384‖―的「創造不断」（的時間論） 145｜―的レトリック 169｜―の華厳的時間意識 172｜―の（この, 構想する）時間論；―の時間哲学 109, 148, 156, 169, 184｜―の「内的解釈」 180｜活鱍鱍地 171–172｜上山渡河の時 124, 183–184｜千峰万峰 123–124, 177｜「坐禅箴」 384｜『正法眼蔵』 148¦「有時」 123, 169–170¦「現成公案」 148, 174¦「山水経」 144¦「梅華」 47
同時炳現 112, 114, 134, 136, 152–156, 167, 176, 179, 183–184
東洋‖―的時間意識［体験, 哲学］（の元型） 108–110, 118, 146–148, 185｜―的世界像 363｜―的無（の哲学） 298, 332, 337, 343｜―的「我」 357, 359｜―の［的］哲人 18–20, 34, 99, 108
東洋学 220‖―者（界） 220, 246, 260｜ソ連― 413

東洋思想　3, 5, 32, 96, 101, 106, 186, 299, 303, 316, 318, 340, 348, 357 ‖ ━史　332｜━の（諸, 普遍的な）元型　106, 108｜━の中心問題〔我〕　357｜━の「無」的性格　341
東洋哲学　3–5, 7, 27, 32, 96, 101, 280, 296, 299–300, 329, 333, 336–338, 341–343, 350, 424 ‖ ━特有の自己矛盾的命題　297｜━の根源的（思惟）パターン　22, 60｜━の［的（な）］存在解体；東洋の解体主義的哲学　296, 332, 335–337, 341–342｜━の（諸）伝統　3, 22, 33, 96, 299, 325, 366, 424｜━の「無」　339
ドゥルーズ, ジル　100 ‖ ━＝［と］ガタリ　326–328｜━＝ガタリの「リゾーム」理論［思想］　296, 327–328
トーラー　265
ドストイェフスキー, フョードル　413
トポローフ, V. N.　213 ‖『宇宙樹・神話・歴史記述』〔イワーノフとの共著〕　213
ドルーズ派　246–247 ‖ ━の（秘教的）思想　246｜━の論客；━内部の学者　246｜欧米での━研究　246｜ドルーズ教徒　246
トルストイ, レフ　413

ナ　行

ナーガールジュナ→龍樹
中沢新一　291 ‖『野ウサギの走り』　291
中村元　9
ナシーレ・フスロウ（Nāṣir-e Khusrow）　241 ‖『ワイヘ・ディーン』（*Waih-e Dīn*）　241
ナスル（Nasr）, セイイド・ホセイン　110, 192
ナッジャール, A.　246
ナラティヴ　250–251, 307 ‖ 寓話的━　251｜神話的━（文学）　251, 349
南泉普願　374–376 ‖ 南泉一株花　374, 386
ニーチェ, フリードリヒ　296, 322, 325, 337, 361
ニザール〔イマーム〕　204–205 ‖ ━系イスマイル派　226, 232｜━時代　209｜━の孫　206｜━派　205
西田幾多郎　348–350 ‖ 西田哲学　350｜『善の研究』　349
西谷啓治　282–283, 417 ‖『西谷啓治著作集』　283｜『ロシアの虚無主義』　417
日本　3–5, 48, 98–99, 101, 147, 188, 193, 280, 283, 285, 350, 355, 357, 365 ‖ ━学士院　186｜━語　4–5, 104, 110, 280, 288｜━古来の天地開闢伝承；古代━本のミュトス的思惟　311｜━詩人　290｜━思想界；現代━の思想風土　100, 352｜━人　98, 286, 289–290, 356｜━神話（思想）　310–311｜━精神［文学］史　349｜━的意識構造　290｜━的精神文化；美的━文化　290–291｜━的な文人文化伝統　352｜━（の）哲学（者, 界）　350, 352, 356｜━のイスラーム学界　419｜━の知識人　100, 285, 350｜━の知的文化の再建　417｜近代［ポスト明治］━　348, 350
『日本書紀』　310–311
ニュートン, アイザック　107
如来蔵　36, 62
認識 ‖ ━論　286, 368, 373｜主・客対立的━（関係, 構造）　372, 374–375, 378–379, 381, 385｜第一［二］義的━　333｜「無心」的存在━　383
認識主体　24–25, 41, 379, 398 ‖ 感覚・知覚的━　386｜素朴実在論的━　40, 43｜対客体的（な）━；主・客対立的━

371｜人間的ー　64
認識対象　374, 398‖「自性」固着的なー　401
ヌース〔→知性；→理性〕　295, 316–317, 322‖コスモス形成者ー〔シンプリキオス〕　316
ヌーメン　306‖ー的空間　294–295, 305–307, 311, 328｜ー的（なものの）体験　305
ネオ・プラトニズム→新プラトン主義
念々起滅　108, 155‖有のー　107–108｜時のー　107–108
野鴨　400–401‖「野鴨（子）」；「百丈野鴨子」　400–401, 403
ノモス　319, 323–324, 422, 424‖ーに対する反逆　324｜ーは「ピュシス」の対概念　323｜「カオス・ー・コスモス」という三項一体的構造体　422

ハ　行

ハーキム, マンスール〔カリフ〕　245–246‖『イマーム・ハーキム伝』　220
ハイデッガー, マルティン　302‖後期ー哲学　287｜手もと存在性　302
パウロ‖『新約』のー的体験　410–411
『バガヴァド・ギーター』　39
袴田茂樹　415
バグダード　203
ハサン（第一の）; ハサネ・サッバーハ　205–207, 209, 214, 226–227, 230–232, 234, 236, 239, 249‖『（イマームについての）四つの基本命題』　230
ハサン（第二の）　234, 236–243, 245, 248, 263‖復活（の）祭典；「大復活」の式典　216, 238, 240–242, 248, 263, 265
ハサン（第三の）　247–249
ハシーシュ　221–223‖ー常用（者）; ー中毒（患者）　222–223｜ハシーシー　223, 225
バスターミー, バーヤジード　135‖『酔言』　135
馬祖道一　399–401‖『馬祖語録』　400
パタンジャリ‖ーの古典（的）ヨーガ（哲学）　268
発出論（的存在論, 的思惟パターン）〔→流出論〕　240, 244
ハディース；聖伝承　135–136, 141, 330
ハマダーニー, アイヌ・ル・コザート　119–128, 133, 143, 178‖『ズブダト・ル・ハカーイク』（*Zubdat al-Ḥaqā'iq*）　125, 143｜第十九書簡　122
ハマダーン　119
パリ　98
ハルナック, アドルフ・フォン　250
ハルム, ハインツ　260
パロール‖ー能力；ーの潜在的創造力　102｜言語のー的側面　101
盤山宝積　384, 406
般若（の知）　387, 410
『般若経』　22
ハンマー＝プルクスタル, ヨゼフ・フォン　220–221‖『暗殺団史』　221
ビールーニー　187
光‖ーあれ〔「創世記」〕　244, 254, 309｜ーがーを貫く〔貫流〕　9, 12｜ーのー〔スフラワルディー〕　15｜ーの神〔アフラ・マズダ〕　12｜ーの経典；『華厳経』のーの世界像　13–14｜ーの多層空間；ーの多層（的・段階的）構造；多層的光明世界　15–16, 54｜ーの殿堂〔スフラワルディー〕　15, 54｜ーの仏〔毘盧舎那〕　12, 15｜ーのメタファ　11–14｜ーのメタファの形而上的展開〔カッバーラー〕　14

｜一万象を呑む〔盤山宝積〕　384｜「空」の覚知の一；万象「空」化の一　24, 31｜光明十方を照らす〔葉県帰省〕　406｜古代イラン［ゾロアスター教］的一　13–15｜神的一〔古イスマイル派〕　252｜存在の一〔ハマダーニー〕　127｜内面の一〔ハマダーニー〕　120｜人人自ら光明有るなり〔雲門〕　390｜プロティノスの語る一燦々　12
秘教　197, 210–211, 219, 227, 229, 237, 246, 249‖一システム；一的信仰体系　209, 216, 249, 262–263｜一的（信仰）共同体　187, 207, 249, 264｜一的真理　208, 228｜一的存在リアリティ　242｜一的伝統　187｜一的能力　260｜一的閉鎖性　187
非時間〔→時間；→無時間〕　136, 154–155, 157, 167–168, 171, 176, 178–179‖一性　153–154, 176｜一的一挙森列　136｜一的観想意識　136｜一的（存在）空間　124, 155, 178｜一的時間（性）　154–155｜一的妥当性　288｜一的な（存在）領域　122–123｜一的 totum simul;totum simul の一的「一挙開顕」　167–168, 171, 173｜形而上的「同時炳現」の根源的一性　184｜万象「同時炳現」の一マンダラ；一的（存在）マンダラ　178–179, 183｜万物の一的「同時炳現」; 一的・万象「同時炳現」的存在フィールド；万象「同時炳現」的一フィールド　155, 167
ピタゴラス‖一の宇宙調和の観念　304
『秘密開顕の書』〔ジャアファル・イブン・マンスール・ル・ヤマーン〕　250
百丈惟政　400
百丈懐海　399–401, 407
ピュシス　323
平林孝〔中央公論社〕　414
毘盧舎那（仏）　12, 15, 61
ヒルマン, ジェイムズ　355
ヒンドゥー‖一教の聖典『バガヴァド・ギーター』　39｜一哲学　331
ファーティマ〔預言者ムハンマドの娘〕　194–195‖アリー＝［と］一の直系の子孫［直系血統］; アリー ＝ 一の血統［血筋］　195, 235, 242–243
ファーティミー朝；ファーティマ朝　191, 199, 204, 217, 229, 245–246, 252
フーコー, ミシェル　100
プーシュキン, アレクサンドル‖一の「全人」　352
ブーラーク版　83
不可視　37, 58, 75–76, 232, 396, 403–404‖一界［的世界］; 一不可測の領域　63, 183, 216, 238｜一の神　215, 244｜一の存在次元　208
複眼の士　20, 34, 41, 58
藤原敏行　289
ブズルグウミード　227, 234, 236, 239‖一の孫〔ムハンマド・ブズルグウミード〕　242
復活　117–118, 233–234, 239–240, 242‖一（の）祭典；大一の式典　216, 238, 240–242, 248, 263, 265｜霊的一　233, 240, 263
仏教〔→大乗仏教〕　4, 13, 19–20, 22–23, 25–27, 34, 37, 39, 58, 60, 62–65, 72, 76, 78, 88, 114, 125, 129, 147, 161, 169, 180, 276, 332–333, 342, 358, 372, 376, 386‖一学　4, 14, 385｜一コミューニティー〔アレクサンドリア〕　11｜一的思惟形態　147｜一的時間論　109｜一的世界像［ヴィジョン］　215, 363｜一哲学（史）; 一思想　4, 24–25, 63, 109, 151, 156, 166, 185｜一の観想道　72｜インド系一　397｜格義一　375｜中国

井筒俊彦全集

第九巻
月報第9号
2015年2月

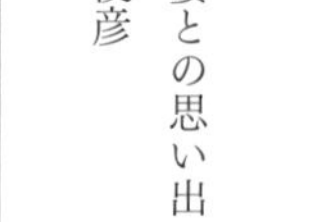

慶應義塾大学出版会

本当の事

吉村萬壱

私にとって井筒俊彦の最大の魅力は、その文章の厳格さ、筆の厳しさにあるように思う。

井筒の文章には、常に水量豊かに流れる大河の趣がある。一旦頁を開いて活字を追い始めるや、忽ちその論理の流れに呑み込まれる。淀みも音もない整然たるコトバの奔流。時に轟轟と渦を巻く危険な場所が現れる。気が付くと、深淵が口を開けていたりする。この流れに終わりはなく、どこまでも連れて行かれる。本を閉じた瞬間に流れは滝となって落ち、私は中空へと放擲される。この間、一点の有情もない。

私は独り部屋にいる。古今東西の偉大な精神が経巡った流れの痕跡は、どこにもない。ただ机上に一冊の水色の書物が置かれているだけである。井筒俊彦の読書経験とは、私にとってこのようなものである。それゆえに、何度も立ち戻りたくなる。何故なら、どこまで行ってもその流れそのものを手に入れる事が出来ないからだ。何が書いてあるかは、表面上は分かっている。しかし全く分かっていない。どうしても、自分のものにならない。

私が初めて読んだのは人文書院版『神秘哲学・第二部』である。二十一歳だった。

「プロティノス程の観照道の達人にしてしかも上に描写されたような窮極の境位に入り得たのは全生涯に僅か数回であったと伝えられている事実を人は憶うべきである」

この本の最後の箇所である。私は「観照的生の絶頂」という「窮極の幸福」に憧れを抱き、自分の生涯の内に是非とも一度はこれを味わってみたいと思った筈である。そして現在五十三歳の私は、この間一歩も進歩していない。未だに観照の「か」の字も持たず、「詩的」と言い得るような経験すら皆無と言ってよい。何と鈍感な人生か。従って私には詩が分からない。「詩における花は、世界の他の一切の事物へと自身を開いている」（『禅仏教の哲学に向けて』原著 *Toward a Philosophy of Zen Buddhism*）。分かるが分からない。

井筒俊彦の著作を読んで悲しくなるのは、自分は「経験」していない、という事実を思い知るからだ。「経験」のない人間には分からない、と言わんばかりの突き放した文章に、私は胸を刺されて本を閉じてしまう事が度々ある。

「親しく形而上的覚体の境位を味識した者だけが真に形而上学者たるの資格を賦与されるのである」（『神秘哲学』）

「自分で本当にディオニュソスの不気味な叫び声を心の耳に聴いたことのある人だけにわかるのである」（『ロシア的人間』）

井筒俊彦の読者諸氏が、この「経験」という壁をどのように超えているのか、私は知りたい。読むなら本当に読みたい。

四十歳で小説家としてデビューする前から私は自分が何を書きたいのか明瞭に分からず、常に自分に問うてばかりいる。しかも、問いそのものが少しも深まっていかない。

「ぼくの心に浮かんでくるすべてのものが、ぼくの根から浮かんでくるのではなく、どこかせいぜいその中程のところから浮かんでくるのだ」

『日記』の中のこのカフカの苦しみに満ちた言葉は、二十代の頃からずっと心に木霊している。自分の魂は余りにも低級で、およそ小説などを書く資格などないのではないかと思う事がある。何か書く度に、「嘘を書かないで下さい」という声なき声がどこかから聞えてきて不安になり、では「本当の事」とは何なのかと問えば「それは経験した者にしか分からない」という答が返ってくる。その声は誰のものでもない。万人の声だろうか。そして井筒俊彦の著作が「本当の事」を語っている事は、私のような人間にも直観的に分かる。分かるからこそ、辛い。焦って座禅の真似事をしても、妄念の世界は何一つ変わらない。井筒ははっきりこう書いている。

「絶対者（超越者）の体験とは、絶対者（超越者）を体

験することではなくして、絶対者（超越者）が体験することなのである。超越者を体験することは被超越者にはその本質上不可能であり、限定された相対者が無限な絶対者を体験することはできない」（『神秘哲学』）

求めれば求めるほど何も手に入らない。しかし私は「本当の事」が書きたい。でっち上げを書くのは余りにも詮無いからだ。筆が一箇所でも「本当の事」に届けば、それでよいと思っている。水色の全集は美しく、そして高く聳える壁である。読めば読むほど「嘘を読むな」「嘘を書くな」の声は大きくなり、やがて大合唱となって、いずれは書けなくなってしまうかも知れない。恐ろしい事である。しかし、どうやらこの辺りにしか自分の踏ん張る場所はないような気がする。本当は、しがみ付いた手を放さなければならないのだろうが、それもまた怖い。

「ただ人間にのみ、忽然としてこの実相が開示される瞬間が来る。そのとき、人は自己の、そして自己を囲繞する万物の没落しつつある無の深淵の怖るべき裂罅をのぞき見て、思わず絶望の叫喚を発するとともに、それと同時に、落下する自己と万物とをどこかで優しくうけ止めてくれる不思議な愛の腕のあることに気づくのである」（『神秘哲学』）

もし一度でも実相が顕現するなら、それは恐ろしいものに見えるだろう。その時私は井筒の不思議な愛の腕を感じるかも知れない。そして、その時初めて気付くのだ。自分が井筒俊彦の筆の厳しさに否応なく惹かれてきたのは、井筒俊彦を読むという事それ自体が修行であり、その一見非情で冷徹なコトバが実は愛に満ちた警策だった事に。

しかしその気付きの時は恐らく死の瞬間だ、という漠然とした予感がある。

（小説家）

井筒俊彦先生ご夫妻との思い出

澤井義次

一九八四年の秋、私は鎌倉の井筒俊彦先生宅をはじめて訪問させていただいた。ハーバード大学大学院に留学していたときの恩師のお一人で、世界的に有名な宗教学者、ウィルフレッド・C・スミス先生のご紹介によるものであっ

た。井筒先生のことは、スミス先生からいろいろとお聞きしていた。その井筒先生にお会いするということで、とても緊張したが、井筒先生と豊子奥様はとても温かく迎えてくださった。

私は一九七七年七月から一九八四年九月までの七年間、ハーバード大学大学院に学ばせていただいた。学位（Ph.D.）を取得して帰国する前に、スミス先生ご夫妻にご挨拶に上がった。そのとき、スミス先生から「日本に帰ったら、ぜひ井筒さんに会いに行きなさい。君が研究しようとしていることは、井筒さんの研究とよく似ているので、いろいろと学ぶことが多いと思う」との助言をいただいた。スミス先生は二〇世紀後半、シカゴ大学の宗教学者ミルチャ・エリアーデとともに、アメリカの宗教学界ばかりでなく世界の宗教学界をリードされた。スミス先生は一九六四年、ハーバード大学の世界宗教研究所長に就任されるまで、モントリオールのマッギル大学で教えておられた。井筒先生は一九六二年に慶應義塾大学を離れて、マッギル大学の客員教授に迎えられた。お二人はおよそ二年間、大学の同僚として親交を深められた。

井筒先生と奥様にお会いして、スミス先生ご夫妻の近況をお伝えすると、「スミスさんと奥さんには、しばらく会っていないので、機会があれば、ぜひお会いしたいですね」と言われた。それから二年後の一九八六年一二月、井筒先生とスミス先生が天理大学主催の国際会議に招かれた際、ご夫妻で久しぶりに再会されることになった。

ところで、私はハーバード大学大学院では、とりわけ、インド宗教思想の意味構造を宗教現象学的に研究した。学位論文の作成のために一年間、ハーバード大学からの派遣で、インドへ留学させていただいた。インド最大の哲学者といわれるシャンカラのヴェーダーンタ哲学のサンスクリット文献を、パンディット（伝統的な教師）の教導を受けながら読む機会を得た。南インドのシャンカラ派僧院では、少しばかりフィールドワークもおこなった。ハーバード大学の学位論文テーマは、シャンカラ派の思想と信仰に関する宗教学的研究であった。

井筒先生に私の学位論文の意図や内容をご説明すると、とても興味深く聞いてくださった。シャンカラの哲学にも精通しておられ、すぐに専門的な質問をされたのには驚いた。お礼を申し上げて帰らせていただくとき、井筒先生は「今日はとても楽しかった。上京するときには時間を作って、またぜひいらっしゃい」と言ってくださった。その後、お言葉に甘えて上京するたびに、井筒先生のご自宅を訪問させていただくようになった。訪問する時間はたいてい夕方で、いつも豊子奥様は前もって夕食を準備してくださっ

ていた。私にとって、それはいつも充実した研究会のようで、実に数多くのことを学ばせていただいた。

言語哲学や東洋哲学など、井筒先生の壮大な「東洋哲学」の構想について直接、ご教導いただいた。サンスクリット語のテキスト読解について、議論をすることもあった。井筒先生が奥様とご一緒に京都へ来られたときには、わざわざ時間を作ってくださって、家内と子供たちも一緒に、夕食に招いてくださった。

先に少し触れた天理大学主催の国際会議とは、天理国際シンポジウム'86「コスモス・生命・宗教—ヒューマニズムを超えて—」のことで、一九八六年一二月、天理大学が天理教の教祖百年祭を記念して開催したものである。その会議の趣旨は、現代の「知のパラダイム」の転換期において、人間中心主義としての「ヒューマニズム」の再検討によって、人間存在の本来的なあり方を探究することにあった。私はおよそ二年間、シンポジウム事務局次長として、開催準備からプロシーディングスの編集出版にいたるまで、多忙な中にも貴重な体験をさせていただいた。

井筒先生にはご無理をお願いして、公開講演をお引き受けいただいた。この国際会議では、井筒先生のほか、スミス先生とジョゼフ・ニーダム先生（ケンブリッジ大学・生化学者）という三人の世界的な碩学が公開講演をされた。井筒先生の公開講演テーマは「コスモスとアンティ・コスモス—東洋哲学の立場から—」であった。ニーダム先生の講演テーマは「人間生命の宇宙的環境」、スミス先生の講演テーマは「二十一世紀—世俗的か宗教的か—」であった。先生がたが講演を終えられた後、しばらく聴衆の拍手が鳴り止まなかったことを覚えている。

公開講演を受けて、シンポジウムは「生命と宗教」「コスモスと宗教」「二十一世紀と宗教」という三つのセッションから構成された。第一セッションでは、河合隼雄先生（臨床心理学）が基調講演「生命と宗教」をされ、第二セッションでは、ジェームス・ヒルマン先生（臨床心理学）が「たましいのコスモロジー」のテーマで基調講演をされた。さらに第三セッションでは、ニニアン・スマート先生（宗教学）が基調講演「二十一世紀への宗教的世界観」をされた。このように国内外から科学、哲学、宗教学、心理学、人類学などの著名な研究者三二人が一堂に集まり、白熱した討議が展開された（詳しくは『コスモス・生命・宗教—ヒューマニズムを超えて—』天理大学出版部、一九八八年刊を参照）。

井筒先生はほぼ一年の歳月をかけて、公開講演の準備をされた。先生にお会いするたびに、講演の内容をいろいろと話してくださった。豊子奥様のお話によれば、「井筒は

講演原稿を早くから準備し、少なくとも三カ月前には、講演原稿を仕上げるんです。そして直前になって、最終的に自分の原稿に手を入れるんです」とのことであった。公開講演において井筒先生は、人間の存在空間の原点には、「空」あるいは「無」が据えられており、存在の秩序構造を根底から揺るがそうとする。東洋思想でいう「コスモス」は、存在秩序でありながら、その秩序は初めから内的に解体されていることを強調された。井筒先生の講演原稿は、まもなく、『思想』（一九八七年三月号、岩波書店）に掲載され、多くの研究者に大きな影響を与えてきた。

それからしばらくして、私の家族は住まいを天理市から五條市へ移した。引っ越しに際して、井筒先生と奥様には、いろいろとお心遣いをいただき、わざわざ拙宅にまで足を運んでくださった。温かいご配慮が、とても有難くうれしかった。井筒先生と豊子奥様とのとても懐かしい思い出の一つになっている。

その後、井筒先生の思いを継承した「井筒ライブラリー・東洋哲学」が発足した。その編集委員会では、いつも豊子奥様にご教導をいただいてきた。編集委員会のために、鎌倉のご自宅を訪問するたびに、井筒先生が言われたことを鮮明に想い起している。

（天理大学教授・宗教学）

文人哲学者　井筒俊彦

山本芳久

西洋中世哲学を専門としている筆者が大学に奉職しながら他の専門領域の研究者と知り合う機会に、自分が現在のような研究を志すようになったきっかけについて語っていると、自ずと、井筒俊彦の名前が口をついて出てくる。そうすると、それまではお互いの専門領域のあいだにどのような接点を見出すことができるのか探り合っていたところに、一挙に共通の土俵ができあがったかのような錯覚、いや、はっきりとした手応えが感じ取られる。

イスラーム学、ユダヤ思想、ロシア文学、中国哲学、印度哲学、などなど、実に多様な領域の研究者とのあいだに、全く同じような経験を繰り返し持ってきた。そして、ほぼすべての人が、井筒が自らに与えたインパクトの強さを語ると同時に、専門家として或る程度の研鑽を積んできた今となっては、自らの専門領域について井筒が語っているこ

とのすべてを鵜呑みにすることはできないが、それでも井筒の著作を読むことによって灯された探究への情熱と、この世界を見る基本的な視座に対して井筒から与えられた影響の強さは一向に弱まることなく持続している、と言葉を揃えるかのように語ることに、筆者は強い印象を受けてきた。

専門分化の激しくなった研究状況のなかで、人文系の諸学問のあいだのみでも、有効な仕方での対話や相互理解が成り立ちにくくなっている現状を克服するために、領域横断的な研究を新たに立ちあげる必要性が喧伝されている。だが実は我々は、幸運にも、井筒の構想した比較哲学的な知の営み――東洋思想の共時的構造化――という形で、既にそのような領域横断的な探究の土台を有しているのではないか。我々に既に贈り与えられている共通の土台に、あらためて万人が立ちやすくなるように編年体で編纂された井筒俊彦全集の出版は、その意味で、我が国における人文的な知の全体を活性化する可能性を秘めた文字通りの快挙だと言えよう。

私が初めて通読した井筒の著作は、大学二年のときに東大駒場の書籍部で手に取った『コーランを読む』であった。ソ連邦が解体した年に大学に入学した私は、哲学、宗教、心理学、文学といった領域に漠然とした興味関心を抱きつつも、専門として何を選ぶか決めかねていた。そのような私にとって、この書物は、これら複数の分野を領域横断的に統合する知的営みが可能であるという悦ばしい驚きを与えてくれるものであり、また、何よりも、「読むこと」の持つ力を教えてくれるものであった。人類の豊かな知の伝統を「読みなおすこと」は、単なる抽象的な知性の営みに過ぎないのではなく、混迷に満ちた現代世界を「読みなおすこと」であり、世の喧噪と一見かけ離れた哲学・神学という人間知性の最前線の営みが、いまここで迷いながら手探りで一日一日を生きている自分の日常に力を与えてくれるものであることをありありと味わわせてくれた。自分も、このような仕方で多様な知の伝統から力を汲み取り、汲み取ったものを他者に伝える、そういう人生を生きたいという思いが強く涌き上がってきた。

本郷の文学部に進学してからは、イスラーム哲学ではなく、西洋中世哲学（トマス・アクィナス）を専門として選び、卒論・修論・博論は全てトマスについて書いた。トマスについては数えるほどしか言及していない井筒の著作を直接的な参考文献として挙げることはなかったが、井筒の著作群は、隠れた参考文献であり、インスピレーションの最大の源として留まり続けてきた。筆者は、二〇一四年九月に、これまでのトマス研究の一つの集大成とも言える書

籍を上梓したが、『神学大全』を新たな角度から読みなおしつつ、日常的な「感情」を深く捉え直すことを試みたこの著作を書き上げてみてあらためて痛感したのは、古典を「読むこと」に対するこだわりといい、哲学・神学を単なる抽象的な営みではなく、我々の日常に力を与えてくれるものとして捉え直す観点といい、井筒の影響がいかに強く自分の中で働き続けているかということであった。もっと言えば、最大の知的満足がそのまま心理的・精神的な活力ともなるという井筒的な世界を目指してのささやかな試みとして、二十年におよぶ自分の歩みは存在していたのだということに、今更ながら気づかされた。

井筒の著作群は、英文で書かれた研究書的な色彩の強いものも含めて、単に普通の意味での研究書であるのみではなく、それ自体が一つの作品である、というところにその大きな特徴の一つがある。研究書や研究論文というものは、或る意味、乗り越えられていくことにその存在意義があるとも言える。先人の業績を丹念に踏まえつつ、その土台のうえに、小さいものながらも新たな認識を付け加えていく。それは或る意味、後続者達が更に新たな認識を進めていくことができるための踏み台を築き上げることである。

だが、作品とはそのようなものではない。伊勢物語よりも源氏物語の方が優れた作品だと語ることがもしも可能だとしても、だからといって、源氏物語の登場によって伊勢物語の役割は終わった、ということにはならない。それぞれの作品には他の作品に還元することのできない固有な存在意義が内在しているからである。井筒が「文人哲学者」と言われることの真の意義は彼の著作のそのような意味における作品性にこそ見出されるであろう。単に彼が文学にも深く関心を抱いた哲学者であったという謂いではない。

テレビやインターネット、twitterなどで、流れては消えていく言葉が氾濫しているなかで、読者の心の中に永遠に留まり活力を与えてくれる言葉の群れを豊かに残してくれた井筒の著作群ほど、いまや廃れつつもある「全集」という形態に相応しいものはないであろう。そのような意味において、本全集の出版をあらためて心から言祝ぎたい。

（東京大学准教授、西洋中世哲学・イスラーム哲学）

●編集部より

次回（第十回）の配本は、第十巻　意識の形而上学　一九八八年―一九九三年です。ご期待下さい。

井筒俊彦全集

第九巻

コスモスとアンチコスモス

1985年―1989年

慶應義塾大学出版会

1986年12月13日、天理大学主催・天理国際シンポジウム'86「コスモス・生命・宗教──ヒューマニズムを超えて」にて。井筒俊彦は、第一日目に公開講演「コスモスとアンティ・コスモス──東洋哲学の立場から」をおこなった（会場：都ホテル大阪）。

写真提供：天理大学

ウィルフレッド・C・スミスと談笑する井筒俊彦。右から、スミス、井筒俊彦、奥に井筒豊子夫人（天理国際シンポジウム'86の会場にて。1986年12月14日）。

写真提供：天理大学

凡　例

編集方針について

一　本全集は、井筒俊彦の英文著作・翻訳をのぞくすべての日本語著作を、第一巻から第十巻にわたり執筆年月日、または発表年月日順に収録した。
例外として、『意味の構造』は巻割の都合により第十一巻に収録した。
二　欧文や外国語を多数含むため横組みを要する『アラビア語入門』などの著作は、第十二巻に収録した。
三　別巻には、「補遺」として未発表原稿や各巻刊行後に発見された著作、ならびに「著作目録」「年譜」「総索引」を収録する。
四　複数の版本が存在する著作については、最終版のみを収録した。それ以外の版本および翻訳著作に附された序文や解説などは、執筆年月日順に収録した。
五　版本については解題に記した。

底本について

一　原則として著者生前の最終版を底本とした。例外的に最終版以外の版本を使用した場合は解題に記した。
二　本全集で採用した底本については解題に記した。
三　各著作の末尾に初出、および発表年月を記した。

本文校訂について

一　明らかな誤植はとくに断ることなく修正したが、特筆すべき修正箇所については、解題に続けて修正表に記した。

二　原則として新字体・現代仮名遣いとするが、可能なかぎり底本の用字・用語を尊重した。例外は解題に記した。

三　送り仮名には不統一が見られるが、底本の通りとした。

四　人名・地名については、今日一般的でない表記や不統一が見られる場合でも、原則として底本の通りにした。ただし、同一著作内に不統一が見られる場合は、適宜統一した。巻末索引はその種の不統一を考慮して作成した。

五　諸外国語とそのローマ字化における明らかな綴りの誤りは、とくに断ることなく訂正した。

六　アラビア文字、ギリシア文字、キリル文字などのローマ字化の方式は、とくに誤解を招くものでないかぎり統一していない。

七　ルビ（ふりがな）は原則として底本通りとし、さらに難読字には適宜ルビを振った。

八　本文中の編集上の註記は、著者による註と区別するため、〔　〕に入れ本文よりも小さな文字で示した。

九　本文中に、今日の人権意識に照らして不適切と思われる語句や表現があるが、時代的背景と、作品の歴史的価値にかんがみ、加えて著者が故人であることから、底本のままとした。

第九巻　コスモスとアンチコスモス　一九八五年—一九八九年　目次

凡例

一九八五年

事事無礙・理理無礙——存在解体のあと 3
三田時代——サルトル哲学との出合い 97
『叡知の台座』まえがき 101

一九八六年

創造不断——東洋的時間意識の元型 106
イスマイル派「暗殺団」——アラムート城砦のミュトスと思想 186
エリアーデ哀悼——「インド体験」をめぐって 266
『西谷啓治著作集』推薦 282
「開かれた精神」の思想家 284

一九八七年

「気づく」——詩と哲学の起点　286
『みすず』読書アンケート（一九八六年）への回答　291
コスモスとアンチコスモス——東洋哲学の立場から　293
風　景　345
『図書』「私の三冊」への回答　349
いま、なぜ、「西田哲学」か　350

一九八八年

下村先生の「主著」　351
禅的意識のフィールド構造　354
『ロシア的人間』後記　412

一九八九年『マホメット』「学術文庫」版まえがき

『コスモスとアンチコスモス』後記 421

索 引 1

解 題 木下雄介 427

附 録
井筒俊彦講演音声CD
コスモスとアンティ・コスモス──東洋哲学の立場から

第九巻　コスモスとアンチコスモス

一九八五年―一九八九年

事事無礙・理理無礙

——存在解体のあと

大勢の聴衆を前にして喋るということが上手でもなく、また生来、好きでもないが、一九五九年、日本を出て外国の大学や研究所で仕事をするようになってからの二十余年、公開講演を頼まれることが自然に多くなった。特に一九六七年、エラノス学会の講演者の一人に選ばれてからは、一九八二年までほとんど毎年、夏のスイス、マッジョーレ湖畔で東洋哲学のあれこれを主題とする講演を行うことを、むしろ楽しみとするようにさえなってきた。それら全部を合わせると、草稿や筆録が手元に残っているものだけでも、かなりの量にのぼる。

たまたまこの時期は、東方への憶いが私の胸中に去来しはじめ、やがてそれが、東洋思想をもう一度、この時点で、ぜひ自分なりに「読み」なおしてみたい、そして、できることなら、東洋哲学の諸伝統を現代世界の思想の現場に引き入れてみたいという希求（野望？）にまで生長していった二十年でもあったので、とにかくこの辺で、一応、全体を整理しておくことが、自分の今後の進路をきめる上にもいいのではなかろうか、と思い定めた次第なのである。

専門家だけが一堂に会して、共通の学問領域における各自の業績を語り合う、いわゆる学会は勿論だが、近頃流行の学際的シンポジウムなどでも、参加者相互の間には、少くとも主題的に相当程度のまとまりがある。ところが公開講演、それも西欧諸国での、東洋哲学についての一般公開講演ということになれば、事情がまるで違ってくる。話の内容も、表現上のレトリックも、おのずから特殊な制約を受けざるを得ない。

例えばエラノス学会。私自身が参加した頃のエラノスでは、講演者常連の側は、生物学のアドルフ・ポルトマン、イスラーム学のアンリ・コルバン、ユダヤ神秘主義のゲルショム・ショーレム、西洋哲学のジャン・ブラン、原子物理学のシュムエル・サンブルスキーといった人たちが、それぞれ自分の専門領域内での最先端的問題について語る。一方、聴衆はアメリカとヨーロッパの高度の知的教養を身につけた人たちが大部分である。しかし、講演者の話す事柄について、この人たちは専門的知識をほとんど何ひとつもっていない。東洋哲学ともなれば、ますますそうである。例えば、仏教哲学というものが、現代に生きる自分たちにとって、一体どんな意義をもち得るであろうか、それをぜひ理解したいという強い意欲と好奇心とはもっているが、仏教について正確なことは何も知らない。そういう聴衆に向って語りかけるのである。こちらが何をどう語るべきかは、もうそれだけで技術的に、あるいは戦略的に、ある程度まできまってしまう。仏教なるものについて少くとも常識的な知識をもち、そうでなくとも生活気分的に仏教に日頃親しんでいる聴衆を相手とする日本での公開講演とは、まるで調子が違う。華厳哲学についてのこの講演にも、日本語に移した場合、そういう特異性がはっきり出てくることは避け難いと思う。それが良いことであるか悪いことであるかは別問題として。

要するにこれは、非常に特殊な情況下での一つの講演の記録なのであって、仏教学専門家の披見に価するような学術的研究論文ではない。文献学的に何か新しい問題を、新しい資料を使って解明したわけでもないし、また華厳哲学全体を組織的に叙述したのでもない。従来、華厳といえば誰もが読ん

できた華厳教学の古典的書物、特に法蔵を中心として時代的にその前後に位置する智儼、澄観らの著作の幾つかを読みなおし、私自身の主体的関心の指し示す方向に向って問題を取捨選択しながら、そこに一本の筋を通してみただけのことである。

それでも、もし本論になんらかの取り柄があるとすれば、それは私が、華厳哲学の古典的テクストを、一貫して、現代というこの時代の哲学的プロブレマティークへの関与性において解釈しようとしたということであろう。もっとも、この試みにおいて、自分が果して成功したか、また仮に成功したたにしてもどの程度までか、それは私自身には知る由もない。しかしとにかく、自分の態度としては、「存在解体のあと（後《あと》、跡《あと》、後始末）」という副題が示唆するとおり、華厳哲学の、ひいては東洋哲学一般の、内含する現代哲学的展開可能性の射程を探るという観点からの、これは、一種の「読み」の試みなのである。

またこの意味では、この拙い小論も、これから東洋哲学の研究に入っていきたいと考えておられる方々に、入門あるいは序説の役を果すことができるのではないかと、ひそかに、考えている。現在、日本だけでなく、世界のいろいろなところで、東洋思想にたいする興味が澎湃として起りつつあると聞く。だが、茫洋たる大海のごとく涯なく広い東洋思想に、どこから、どうやって乗り出していったらいいのか。この小論、及びこれに続く一連の講演の記録が、このような問題に直面しておられる人々のために、いささか役立つところがあれば、と私は願う。

華厳哲学については、この二十年間に二回講演する機会があった。第一回目は一九七六年ロンドンで開催された、イスラーム・フェスティヴァルの講演シリーズの一つとして。第二回目は一九八〇年度のエラノス学会。今度、日本語に翻訳するに当っては、両者を一つに合わせ、全体を統一ある形に書き改めてみた。

これら二つの講演は、華厳自体に関するかぎり大同小異だが、ロンドンでのものは、イスラームとの関連ということもあって、華厳哲学の叙述に続けてスーフィズム哲学に目を転じ、法蔵とイブヌ・ル・アラビーとの思想構造的パラレリズムを指摘したのであった。本稿の表題「事事無礙・理理無礙」の後半「理理無礙」がイブヌ・ル・アラビーの思想を論じた部分に当る。無論、アラビアの哲学者が「理理無礙」などという表現を実際に使用しているはずもないので、これはたんに私の側で、華厳的用語法をイスラーム思想の構造分析に応用した、あるいは適用したものにすぎない。

事実、我々が普通に知っている華厳哲学では、「理理無礙」は耳慣れない表現である。全然使われていないというわけではない。例えば法蔵の同門で、朝鮮の華厳教学を代表する新羅の義湘（六二五—七〇二）のような注目すべきケースもある。しかし、中国で発達した華厳哲学では、特に澄観以後、「理事無礙」→「事事無礙」が本筋であって、「理理無礙」という考え方はあまり、しない。

本論で詳しく説明するつもりだが、「理」を「空」そのものと同定し、現象的世界における万物差別の存在論的所依として、それ自体は絶対無差別、平等一味、と考えるかぎり、「理」と「理」の間の無礙関係などということは始めからあり得ない道理である。いかに千差万別する経験的事物の存在論的所依として機能するとはいえ、「理」（＝「空」）自体が千差万別するわけではない。華厳好みの比喩で言いなおすなら、海面に立ち騒ぐ波浪は様々でも、結局それらはすべて水の動揺なのであり、水そのものはどこまでも湛然として無差別平等、というわけである。

だからもし、敢えて「理理無礙」を主張するからには、「理」そのものの考え方の内部に、ある微妙な変化が起っているのでなければならない。事実、イブヌ・ル・アラビーの存在論体系には、まさしくそのような事態が看取されるのである。だが、これ以上その詳細を論じることは、ここではしない。ただ、論述の予想される筋道として、次のことだけ確認しておこう。すなわち、華厳的存在論は、「理事無礙」（あるいは「事理無礙」）から「事事無礙」に展開し、イブヌ・ル・アラビーの存在論は「理

理無礙」から「事事無礙」に行く、と。

だが、それにしてもなぜ今、スーフィズムの哲学思想を、ことさら華厳哲学的術語に移し変えて提示しようとするのか。それは、ひとえに意識と存在に関わる華厳哲学的構想が、決して華厳だけの独占物ではなくて、むしろ東洋哲学の、あるいは東洋的哲学の、根源的思惟形態の一つであると考えるからであって、このような見方からすれば、法蔵の華厳哲学もイブヌ・ル・アラビーのイスラーム哲学も、それぞれこの根源的思惟形態の特殊な現われとして理解されることになるのである。以下、本論を二部に分け、第一部では華厳の「理事無礙」→「事事無礙」的構造を、第二部ではイブヌ・ル・アラビーの「理理無礙」→「事事無礙」的構造を考察してみることにする。

一　「理事無礙」から「事事無礙」へ

一

この講演のテーマとして私が選びました「事事無礙」は、華厳的存在論の極致、壮麗な華厳哲学の全体系がここに窮まるといわれる重要な概念であります。しかし「事事無礙」という考え自体、すなわち経験的世界のありとあらゆる事物、事象が互いに滲透し合い、相即渾融するという存在論的思想そのものは、華厳あるいは中国仏教だけに特有なものではなく、東西の別を越えて、世界の多くの哲学者たちの思想において中心的な役割を果してきた重要な、普遍的思想パラダイムであります。今日、後ほどお話しようと思っておりますイスラームの哲学者、イブヌ・ル・アラビーの存在一性論もその典型的な一例ですし、その他、中国古代の哲人、荘子の「渾沌」思想、後期ギリシャ、新プラトン主義の始祖プロティノスの脱我的存在ヴィジョン、西洋近世のライプニッツのモナ

ドロギーなど、東西哲学史に多くの顕著な例を見出すことができます。これらの哲学者たちの思想は、具体的には様々に異なる表現形態を取り、いろいろ違う名称によって伝えられてはおりますが、それらはいずれも、華厳的術語で申せば「事事無礙」と呼ばれるにふさわしい一つの共通な根源的思惟パラダイムに属するものであります。

わけても、プロティノスが『エンネアデス』の一節で彼自身の神秘主義的体験の存在ヴィジョンを描くところなどに至っては、まさしく『華厳経』の存在風景の描写そのままであります。『エンネアデス』と『華厳経』の異常なまでの類似は、我が国でも、中村元教授によって夙に指摘されているところではありますが、「事事無礙」をめぐって華厳とスーフィズムとの思想構造的対応性を論じようとする今日の私の主題に近づくための好適な第一歩として、ここにプロティノスの一節を引用し、それを考察することによって、事物の相互滲透ということを、哲学的に分析し始める前に、予め一種の形而上的存在風景として、イマージュ的に捉えておきたいと思います。

この引用箇所で、プロティノスは深い冥想によって拓かれた非日常的意識の地平に突如として現われてくる世にも不思議な（と常識的人間の目には映る）存在風景を描きだします。「あちらでは……」と彼は語り始めます。「あちら」（*ἐκεῖ*）、ここからずっと遠いむこうの方――勿論、空間的にではなく、次元的に、日常的経験の世界から遥かに遠い彼方、つまり、冥想意識の深みに開示される存在の非日常的秩序、ということです。「あちらでは、すべてが透明で、暗い翳りはどこにもなく、遮《さえぎ》るものは何一つない。あらゆるものが互いに底の底まですっかり透き通しだ。光が光を貫流

する。ひとつ一つのものが、どれも己れの内部に一切のものを包蔵しており、同時に一切のものを、他者のひとつ一つの中に見る。だから、至るところに一切があり、一切が一切であり、ひとつ一つのものが、即、一切なのであって、燦然たるその光輝は際涯を知らぬ。ここでは、小・即・大である故に、すべてのものが巨大だ。太陽がそのまますべての星々であり、ひとつ一つの星、それぞれが太陽。ものは各〻自分の特異性によって判然と他から区別されておりながら（従って、それぞれが別の名をもっておりながら）、しかもすべてが互いに他のなかに映現している」（*Plotini Opera* II, ed. P. Henry et H. -R. Schwyzer, Paris, p. 384)。

すべてのものが、「透明」となり「光」と化して、経験的世界における事物特有の相互障礙性を失い、互いに他に滲透し、互いに他を映し合いながら、相入相即し渾融する。重々無尽に交錯する光に荘厳されて、燦爛と現成する世界。これこそ、まさに華厳の世界、海印三昧と呼ばれる禅定意識に現われる蓮華蔵世界海そのものの光景ではないでしょうか。とにかく、華厳仏教の見地からすれば、今ここに引用したプロティノスの言葉は、「事事無礙」的事態の、正確な、そして生き生きとした描写にほかならないのでありまして、もしこの一節が『華厳経』のなかに嵌めこまれてあったとしても、少しも奇異の感を抱かせないことであろうと思います。

プロティノスと華厳とのこの著しい類似は、一体どこから来たのでしょうか。一つの考え方としては、先ほど一言しましたように、「事事無礙」を普遍的な根源的思惟パラダイムとして説明することです。そうすれば事は簡単ですし、危険も少い。私自身も、少くとも今のところ、そういう立

場に傾いているのですが、学者のなかには、もっと積極的に、プロティノスが華厳的思想を直接知っていて、その影響を受けたのではないかと考えている人もある。そう考えたくなるのも当然です。なにしろプロティノスが、インドの宗教・哲学にたいして、憧憬に近い関心を抱いていたことは周知の事実ですし、それに彼がアレクサンドリア、ローマで活躍していた西暦三世紀は、インドにおける大乗仏教の活力あふれる興隆期であったということも、今問題としていることに無関係ではなさそうです。いや、それればかりではありません。この方面の権威の一人であったドイツの故エルンスト・ベンツ（E. Benz）教授が、数年前、私に個人的に話してくれたところによると、その頃の地中海の大国際都市アレクサンドリアには、すでに相当有力な仏教コミューニティーが存在していたらしいとのことで、もしそれが本当だとすれば、あれほど烈しくインドに惹かれていたプロティノスが、彼らに接触していなかったとは到底考えられません。

私は今、この問題に早急に判定を下そうなどとは全然思っておりませんし、またその能力も資格もございません。しかし、とにかく、プロティノスと華厳との間には、たんに偶然の一致ということ以上に、何か不思議な縁《えにし》があるような気がしてなりません。両者を結ぶその縁の具体的な形は、「光」のイマージュ、「光」のメタファの氾濫ということです。

『華厳経』が、徹頭徹尾、「光」のメタファに満たされていることは、皆様ご承知のとおりですが、先刻引用した『エンネアデス』の一節も、終始一貫して「光」のメタファの織り出すテクストでした。華厳もプロティノスも、ともに存在を「光」として形象する、あるいは、「光」として転義的

に体験する。「光」のメタファとはいっても、ここでは、たんに表現形式上の飾りとしての比喩ではありません。観想意識の地平で生起する実在転義そのものとしての比喩なのです。質料的不透明性を脱却して完全に相互滲透的となった存在は、「光」的たらざるを得ない。そのような様態における存在は、おのずから、実在転義的に「光」となって現われる。だからこそ、二つのものがある時、「光が光を貫く」ということが、そこに起るのです。プロティノスの語る「光燦々」（ἡ αἴγλη）とは、このような意味で実在的に転義し、メタファ化した存在世界の形姿にほかなりません。

プロティノスと華厳。両者を、今申しましたように、「光」のメタファでつないでみますと、その延長線上に、いろいろ興味あることが見えてきます。先ず第一に『華厳経』自体。このお経の展開する存在ヴィジョンが、隅から隅まで「光」のメタファの限りない連鎖、限りない交錯、限りない重層の作りなす盛観であることは、ちょっとでも『華厳経』を開いたことのある人なら、誰でも知っているはずですが、この「光」の世界全体の中心点が、眩いばかりに光り輝く毘盧舎那《びるしゃな》仏であることに、特に注目したいと思います。「毘盧舎那」、原語はヴァイローチャナ Vairocana（語根 RUC「燦然と輝く」）、万物を遍照する太陽、「光明遍照」、「光」の仏、を意味します。華厳的世界の原点、『華厳経』の教主が、このように根源的「光」の人格化としての太陽仏であるという事実に、私はなんとなくイラン的なものを感じます。ゾロアスター教の「光」の神、アフラ・マズダの揺曳する面影を、どうしてもそこに見てしまうのです。

古代イランの「光」の宗教が、華厳の存在感覚の形成に影響したのではないか――直接の影響とまではいわないにしても、深層意識的に両者を結びつける何かがあったのではないか――というのは、今のところ、たんなる推測にすぎませんけれど、だからといって、まったく無根拠な憶測だとも言いきれないところもあるのです。

『華厳経』が、現在我々の手にあるような一大経典の形に編纂されたのは西北インドまたは西域においてであり、特に天山南路の仏教の拠点、于闐《うてん》（ホータン Khotan）が、おそらくこの大事業の中心地だったのではないかといわれております。いずれにしても、この地域はギリシャ文化とイラン文化との交流するところ、わけても西域は、その全体がイラン文化の圧倒的支配圏だったのでありますす。ですから、ここで華厳がゾロアスター教と深密な関係に入ったとしても、なんの不思議もございません。また、そうでなくとも、中央アジア、タクラマカンの縹渺たる砂の海に照りわたる太陽の光の実感が、華厳経の本尊を、無限の空間に遍満する「光」の源泉として形象させたとしても、これまたいささかも不思議ではないのであります。

とにかく、こうして出来上った仏教の「光」の経典、『華厳経』は、シルクロードを通って、今度は中国の国際都市、長安にもたらされたのでした。ここでもまた、古代イラン的「光」のメタファの潜勢力が、奇妙な経路で中国仏教の深みに沁みこんでいきます。今、私は中国における華厳哲学の中心人物、法蔵という人の深層意識的イラン性を想像しているのです。

賢首大師、法蔵（六四三―七一二）。中国華厳宗の第三祖。華厳哲学の大成者。まぎれもない中国の思想家です。が、純粋な中国人ではない、少くとも人種的には。より正確には、漢族ではない、というべきでしょうか。とにかく、中国人として中国に生れ、中国で育ち、中国仏教の中心地、長安で仏教学の研鑽を積んだ法蔵は、実は西域人だったのです。彼の祖父は中央アジア康居《こうきょ》国、ソグディアナ、で高位を占めていた人で、彼の父の代に一家が中国に移って来たのでした。ですから、中国に生れ育ったとはいえ、法蔵はソグド人。この天才児の肉体のなかには、古代イラン文化のこころが色濃い血となって流れていたはずです。とすれば、『華厳経』の「光」の世界像にたいする彼の、あの異常な傾倒を、ゾロアスター教的「光」の情熱のひそかな薫習に結びつけて考えることも、あながち荒唐無稽な想像とばかりはいえないでしょう。

それればかりではありません。先に私は、プロティノスが華厳の影響を受けていたかもしれないという考えをご紹介いたしましたが、もしそれが本当だとすれば、華厳は、プロティノスを通して、イスラーム哲学にも、中世ユダヤ哲学にも深く関わってくることになるのです。イスラーム哲学、特にスーフィズムは、プロティノスの強い影響の下に発展した思想潮流ですし、タルムード期以後のユダヤ哲学の史的展開もまた、プロティノスをぬきにしては考えられません。なかんずくユダヤ教神秘主義の主流をなすカッバーラーなどに至っては、それの基礎経典である『ゾーハルの書』の「ゾーハル」（zōhar）がもともと「光暉」を意味する語であることからもわかるとおり、根本的に「光」のメタファの形而上的展開です。また、イスラームのほうでは現にこの講演の第二部で主題

的にお話することになっているイブヌ・ル・アラビー（Ibn al-'Arabī または Ibn 'Arabī, 1165–1240）の「存在一性論」も、プロティノスの影響を受けております。彼の「理理無礙」→「事事無礙」的存在論が、華厳哲学といかに類似しているかは、後で詳しく主題的に取り上げます。

しかし、「光」の世界という点で、『華厳経』にもっと近いイスラームの思想家としては、イブヌ・ル・アラビーと同時代のイラン人、スフラワルディー（Suhrawardī, 1153–1191）の名を挙げるべきでしょう。彼の主著『黎明《しののめ》の叡知』（*Ḥikmat al-Ishrāq*）は、グノーシス的観想体験を通じて「存在」を「光」に実在転義し、それに基づいて、全存在世界を多層的な「光の殿堂」として表象するものでありまして、唯一絶対の神的光源である「光の光」（nūr al-anwār）から刻々に発出する無数の「光」が、互いに映発し合い、同時に「光の光」の反照を受けつつ一段また一段と重層的に現出していく光彩陸離たる「光」の世界。まさしく、『華厳経』の世界像そのままであります。「光の光」という形に実在転義されたイスラームの神、アッラーの姿に、華厳の毘盧舎那仏、あの宇宙的「光」の仏、の分身を見ることも、決して考えられないことではないでしょう。

こう申しましても、イスラーム的グノーシスの極致といわれ、ゾロアスター教的「光」の宗教のイスラーム化といわれるこのスフラワルディーの存在ヴィジョンに華厳の影響がある、と言うわけではございません。ただ、両者の間には、なんらかの形での、少くとも間接的な、ひそかなつながりがあるのかもしれない、と思っているだけのことです。ちなみに、「光の光」から発出した「光」が次第に純粋度を失って、ついに最下層の経験的世界の物質性の「闇」に消えていく、「光」の多

層的、段階的構造の理論的構成において、スフラワルディーは、明らかにプロティノスの流出論の影響を蒙っております。

以上、想像とも推測ともつかぬ事柄をいろいろと申し述べてまいりました。先に一言いたしましたとおり、華厳の「事事無礙」的思想を、一つの普遍的思惟パラダイムと考えますならば、それが東西の哲学の至るところ、歴史的になんの親縁関係のないところにも、様々な形を取って現われてくるであろうことは、当然、予想されるわけでありますけれど、なおそのほかに、華厳をめぐって、史的親縁性の複雑に錯綜する網が、それこそ「事事無礙」的に、張りめぐらされているのではなかろうか、その可能性は確かにある、ということを、申し上げてみたかったのであります。

しかし、こうしたことは、学問的には、ほとんどすべて仮説の域を出ません。いったんこういう方向に進みだせば、想像は想像を生み、興に駆られて何処まで行くかわかりません。この辺で、推測に基づく考え方は切り上げて、以下、もっと具体的に華厳哲学そのものの考察に取りかかりたいと存じます。

二

日常的経験の世界に存在する事物の最も顕著な特徴は、それらの各〻が、それぞれ己れの分限を

固く守って自立し、他と混同されることを拒む、つまり己れの存在それ自体によって他を否定する、ということです。華厳的な言い方をすれば、事物は互いに礙《さまた》げ合うということ。AにはAの本性があり、BにはB独自の性格があって、AとBとはそれによってはっきり区別され、混同を許さない。AとBの間には「本質」上の差違がある。Aの「本質」とBの「本質」とは相対立して、互いに他を否定し合い、この「本質」的相互否定の故に、両者の間にはおのずから境界線が引かれ、Aがその境界線を越えてBになったり、Bが越境してAの領分に入ったりすることはない。そうであればこそ、我々が普通「現実」と呼び慣わしている経験的世界が成立するのであって、もしそのような境界線が事物の間から取り払われてしまうなら、我々の日常生活は、それの成立している基盤そのものを失って、たちまち収拾すべからざる混乱状態に陥ってしまうでありましょう。

森羅万象――存在が数限りない種々様々な事物に分れ、それぞれが独自の「名」を帯びて互いに他と混同せず、しかもそれらの「名」の喚起する意味の相互連関性を通じて有意味的秩序構造をなして拡がっている。こんな世界に、人は安心して日常生活を生きているのです。

つまり、事物相互間を分別する存在論的境界線――荘子が「封」とか「畛《しん》」(原義は、耕作地の間の道)とか呼んだもの――は、我々が日常生活を営んでいく上に欠くことのできないものでありまして、我々の普通の行動も思惟も、すべて、無数の「畛」の構成する有意味的存在秩序の上に成立しているのであります。

このように、存在論的境界線によって互いに区別されたものを、華厳哲学では、「事《じ》」と名づけ

ます。とは申しましても、華厳思想の初段階において、第一次的に「事」と名づけておく、ということでありまして、もっと後の段階で、「理事無礙」や「事事無礙」を云々するようになりますと、「事」の意味もおのずから柔軟になり、幽微深遠な趣を帯びてきますが、それについては、いずれ適当な場所で詳しくお話することといたしまして、とにかく今の段階では、常識的人間が無反省的に見ているままの事物、千差万別の存在の様相、それが「事」という術語の意味である、とお考えおき願いたいと思います。

ところが、事物を事物として成立させる相互間の境界線あるいは限界線――存在の「畛」的枠組みとでもいったらいいかと思いますが――を取りはずして事物を見るということを、古来、東洋の哲人たちは知っていた。それが東洋的思惟形態の一つの重要な特徴です。

「畛」的枠組みをはずして事物を見る。ものとものとの存在論的分離を支えてきた境界線が取り去られ、あらゆる事物の間の差別が消えてしまう。ということは、要するに、ものが一つもなくなってしまう、というのと同じことです。限りなく細分されていた存在の差別相が、一挙にして茫々たる無差別性の空間に転成する。この境位が真に覚知された時、禅ではそれを「無一物」とか「無」とか呼ぶ。華厳哲学の術語に翻訳していえば、さっきご説明しました「事」に対する「理」、さらには「空」、がそれに当ります。

しかし、それよりもっと大事なことは、東洋的哲人の場合、事物間の存在論的無差別性を覚知し

ても、そのままそこに坐りこんでしまわずに、またもとの差別の世界に戻ってくるということであります。つまり、一度はずした枠をまたはめ直して見る、ということです。そうすると、当然、千差万別の事物が再び現われてくる。外的には以前とまったく同じ事物、しかし内的には微妙に変質した事物として。はずして見る、はめて見る。この二重の「見」を通じて、実在の真相が始めて顕《あらわ》になる、と考えるのでありまして、この二重操作的「見」の存在論的「自由」こそ、東洋の哲人たちをして、真に東洋的たらしめるもの（少くともその一つ）であります。

常無欲以観其妙
常有欲以観其徼

「常無欲、以て其の妙を観、常有《ゆう》欲、以てその徼《きょう》を観る」——絶対的無執著（存在無定立）の心をもって、（聖人は）存在を無差別相において見、同時にまた、絶対的執著（存在定立）の心をもって、存在の境界差別を見る、と老子が言っています。『老子』のこの文の読み方については、昔から異論がありまして、「常無、以て其の妙を観んと欲し、常有、以て其の徼を観んと欲す」とも読まれておりますが、「常無」「常有」は大体において、仏教の「真空」「妙有」に当ると考えてよかろうと思いますので、結局、意味するところは同じです。

要するに、たった今お話しました東洋的哲人の、「畛」的限定をはずして事物を観想し、はめて

観想する自由無礙の意識と、この二重操作に応じて顕現の相を変える存在の真のあり方とを、この文は述べようとしたものにほかなりません。

ただ、二重の「見」とか二重操作とか申しましても、これら二つの操作が次々に行われるのでは、窮極的な「自由」ではない。禅定修行の段階としては、実際上、それも止むを得ないかもしれませんけれど、完成した東洋的哲人にあっては、両方が同時に起るのでなければならないのです。境界線をはずして見る、それからまた、はめて見る、のではなくて、はずして見ながらはめて見る、はめて見ながらはずして見る。決して華厳だけ、あるいは仏教だけの話ではありません。例えばイスラームのスーフィズムでも、意識論的に、また存在論的に「拡散《ファルク》」(farq)――「収斂《ジャムウ》」(jamʻ)――「収斂の後の拡散」(farq baʻda al-jamʻ) という三「段階」を云々いたしますが、ここで「収斂の後の(baʻda) 拡散」というのは、修行上の段階を考えてのことでありまして、本当は、「収斂・即・拡散」の意味でなければならない。そういう境位が、最高位に達したスーフィーの本来的なあり方であるとされるのです。だからこそ、スーフィズムの理論的伝統はそのような人のことを、「複眼の士」(dhu al-ʻaynain) と呼んでいる。どんなものを見ても、必ずそれを――さきほどの『老子』の表現を使っていえば――「妙」と「徼」の両側面において見ることのできる人という意味です。しかし、すぐおわかりになると思いますが、事物を「妙」「徼」の両相において同時に見るということは、とりもなおさず、華厳的にいえば「理事無礙」の境位以外の何ものでもありません。しかも、華厳哲学においても、イブヌ・ル・アラビーの存在一性論においても、「理事無礙」はさらに進ん

で「事事無礙」に窮極するのであります。

「畛」すなわち事物相互を存在論的に分別している境界枠を、はずすとかはめるとか、口で言えば、すこぶる簡単なことのようですけれど、実際には非常にむつかしい。特に、はずすことがむつかしい。とても普通の人に出来るようなことではありません。ましてや、はずしてはめる、しかも両方を同時に行うことなど、問題外です。もともと、華厳哲学の基礎となった『華厳経』の存在風景は、法身仏の、海印三昧と呼ばれる禅定体験のさなかに顕現した形而上的ヴィジョンだ、といわれていることからもわかりますように、透徹しきった三昧意識の所産であって、普通の人間の表層意識的事態では全然ないからです。普通の人間の場合には、意識の表層だけでなく深層次元が働くことがあるといっても、その意味での深層意識――いわゆる潜在意識とか無意識とか――はコトバの意味分節機能の、ますます根源的な支配下にあって、依然として、あるいは表層意識におけるよりもっと烈しく、事物を分別していきますので、到底、「畛」的枠組みを取りはずすことなどできるはずがありません。どこまでも「畛」的枠組みをはずさないで、はずすことができないで、ものを見ていく、それが常識的人間のあり方であって、日常的・浅層的な「事」が、「事」だけが、彼の現実であるのです。

それでは、華厳的な意味で、事物間の境界枠を取りはずして存在世界を見たら、それは、一体、

どんなふうに見えてくるのでしょうか。また、取りはずした境界枠をもう一度はめて見たら、事物はどんな姿で現われてくるのでしょうか。二つの操作は同時に行われなくてはならない、と先刻申しましたが、それは「聖人」や「仏」の立場でありまして、我々としては、やはり便宜上、全体を二段階に分けて理解するしかありません。

事物間の境界枠を取りはずすという第一段の操作、それが哲学的にどういう操作であるのか。説明の順序として、それを先ず、もう少し厳密な理論的分析の対象としてみることにいたしましょう。

三

仏教に限らず、ひろく東洋哲学の諸伝統は、非常に多くの場合、思惟の窮極処において、「無」あるいは「無」に相当するもの、をその思想のなかに導入してくることを顕著な特徴とします。「無」の導入は、東洋哲学の根源的パターンの一つと考えてよろしいかと思います。「無」に当るものを、『般若経』系統の大乗仏教では「空」と申します。

上来、私は、事物間の境界を取り払う、「畛」的枠組みをはずす、というような表現をさかんに使ってまいりました。それは、要するに、存在ヴィジョンのなかに「空」を導入してくるということ、つまり、存在を「空」化するということなのであります。ここで存在と申しますのは、前にご説明いたしました「事」的存在秩序を意味します。簡単に言えば、存在論的に見た日常的「現実」

の世界のことです。そういう世界の存在秩序を「空」化する、「空」によって破壊する。ですから、存在ヴィジョンのなかに「空」を導入するというのは、これをもっと現代風に言いなおせば、存在解体ということになりましょう。「事」的存在世界の秩序を解体する、それが仏教の説く「空」の第一の意味です。

ところで、「事」的存在世界とは、前述のごとく、無数のものが、それぞれ（相対的に）他から独立し――つまり、互いに相異しながら――自立している分別の世界。様々に異なる事物が、緊密な相互連関性において日常的存在秩序をなしている。この存在秩序の成立根拠は、それを構成しているものが、それぞれ自立しているということです。AとBとが、互いに相異して、AはどこまでもAであり、BはどこまでもBであってこそ、AとBとの結びつき、存在秩序、というものが考えられるのですから。

ものそれぞれの自立性。AをAたらしめ、AをBから区別し、Bとは相異する何かであらしめる存在論的原理を、仏教の術語では「自性《じしょう》」(svabhāva) と申します。「空」の導入は、まさに存在のこの「自性」的構造の中核を破壊します。その意味での存在解体なのであります。『華厳経』のいわゆる「一切は、本来、空なりと観ず」とはそのこと。我々なら存在解体とでもいうところを、仏教は「一切皆空」と表現するわけです。

「一切皆空」という。やたらに使われすぎて、今ではまるで空念仏のように耳に響きますが、実は、この一句、もともと、大乗哲学の最も根本的な立場を宣言したものであったのです。一切のも

のは、ことごとく空である、という、その「空」の語が、すべての存在者の「自性」の否定を意味することは、さきほどの簡単な説明からも明らかでありましょう。裏から言えば、すべてのものが「無自性」(niḥsvabhāva)であるという主張です。

我々の日常的意識は、元来、素朴実在論的です。目の前に見えているすべての事物が、それぞれ、そのまま、そこに、そのもの自体として実在していると思っている。さっきもちょっと申しましたように、AはどこまでもAというものである。すなわち、このように存在を見ることに慣れている認識主体にとっては、AはAとして、自己同一的に自立する実体だ、ということです。Aのこの実体性、すべてのものの実体性、を徹底的に否定するのが、「一切皆空」という命題の意図であり、それがまた、存在「空」化、存在解体、の仏教哲学的意味であるのです。

存在は、常識的には、それぞれが自己同一的に自立する無数の事物からなる「世界」という形の、がっしりした構造体として表象されているのですが、そこに「空」の覚知の光が射しこむと、今まで恒常不変であるかのごとく見えていたこの存在の分別的秩序が揺らぎだし、解体してしまう。もともと、AなるものをA性において把持し、BなるものをB性において把持し、そうすることによってAとBとの間に分け目をつける(と考えられていた)「自性」が、AとBだけでなく、すべてのものについて一様に否定されるわけですから、事物間の差異が消えてしまうことは当然です。ここで「自性」の否定というのは、今問題としている仏教思想のコンテクストでは、「自性」が実在するものではなく、「妄念」すなわち人間の分別意識(存在を千差万別の事物に分けて見る、分け

て見ずにはいられない認識主体）の所産にすぎない、ということ。「自性」の実在性が否定されれば、ものとものとの間の境界線がなくなってしまう。『信心銘』にいわゆる「忘絶境界」（境界を忘絶す）というわけであります。そして、「境界を忘絶」され、お互いの間の分け目を消されたすべての事物は、おのずから融合して「渾沌」化し、ついには、存在世界全体が「一物もない」無的空間に変貌してしまう。この無的空間を指して、禅が「廓然《かくねん》無聖《むしょう》」などと言っていることはご承知だろうと思いますが、とにかくこれが存在「空化」、すなわち仏教的意味での存在解体プロセスの、一応の、終点です。

存在解体の一応の終点と、今、申しましたが、事実、解体にはそのあとがあるのでして、実は、そこでこそ華厳哲学はその独自性を発揮するのであります。「理事無礙」も「事事無礙」も、すべて存在解体のあとの問題、存在解体の、いわば華厳的な後始末なのです。しかし、この後始末を主題的に取り上げる前に、存在「空」化のもうひとつの側面、つまり、認識主体とのそれの関わりという重大な問題がある。それを次節でご説明しておきたいと存じます。

四

前節で私は、存在「空化」、すなわち仏教哲学の考える存在解体が、どんな内的構造をもつもの

であるかということについて概説的なお話をいたしましたが、このような存在解体は、我々が何もしないでじっとしていても、自然に起ってくるわけではない。存在を「空」的に見るためには、それを見る主体、つまり意識の側にも「空」化が起らなくてはなりません。意識の「空」化が、存在「空」化の前提条件なのであります。ここで「空」化されるべき意識というのは、普通、仏教で「分別心」と呼ばれている我々の日常的意識のこと。「分別心」という表現そのものが示すごとく、そしてまた私が前節で縷々述べてまいりましたように、様々な事物のひとつ一つに「自性」を認めて分別し、存在を差異性の相において見ようとする日常的主体に深く沁みついた認識傾向を意味します。このような意識が「空」化されなければならない、というのであります。

法蔵の用語で申しますと、日常的意識は「空」化されて「無礙心」になる。「無礙心」にしてはじめて存在世界を「無礙境」として見ることができる。「無礙心」と「無礙境」とは表裏一体。それを「心境無礙」と申します。

ところで、「無礙心」とは、文字どおり、なんのさまたげもない心、要するに、ひっかかりのない心、ということですが、もしそうとすれば、「空」化以前の日常的意識のほうは、ひっかかりのある心であるはずです。日常的意識が、一体どこにひっかかるのか、といえば、それは、すでにお話したことからすぐおわかりいただけるように、存在の差別相に、そして存在差別相の中核をなす事物の「自性」に、であります。本当は実在しない「自性」を実在すると思いこみ、それを中核として自己同一的な実体としてのものを立て、それにひっかかって動きがとれない、これが仏教の見

た日常的意識のあり方です。それを「分別心」とか「妄念」とかいうのであります。

「妄念」、すなわち存在分別的意識は、一体、どこから起ってくるのか。この意識の成立の基盤をなす事物の「自性」妄想は何によって惹き起されるのか。先に私は、意識の「空」化が存在「空」化の前提条件であると申しましたが、意識の「空」化は、この問いにたいする正確な答が突きとめられないかぎり、実現不可能であるはずです。もし「自性」なるものが実在せず、従って事物の自己同一的実体性も存在論的虚像にすぎないとすれば、そもそも何に唆されて意識はそのようなものを分別し出すのか。それが重大な問題となってくるのであります。

この問いにどう答えるか。答え方のいかんによって、哲学が決定的に性格づけられてしまいます。仏教にかぎらず、一般に東洋哲学には、言語にたいする根深い不信があることは皆様ご承知のことと思いますが、この場合、華厳も、ナーガールジュナ（龍樹）以来の伝統に従って、言語を「妄念」の源泉と考えます。人間の意識の働きは、コトバによって根源的に支配されている。コトバというより、もっと正確には、「意味」の支配です。この点で、華厳哲学は、唯識派の言語哲学に全面的に依拠しております。

『華厳経』（十地品）の、あの有名な「唯心偈」に「三界虚妄《さんがいこもう》、但是《たんぜ》一心作《いっしんさく》」（存在世界は、隅から隅まで虚像であって、すべてはただ一つの心の作り出したもの）と言われ、また法蔵は、「一切法皆唯心現、無別自躰」（すべてのものは、いずれも、ただ心の現われであって、心から離れた客観的なもの自体などというものは実在しない）と『華厳旨帰』の一節に言っておりますが、これらの

言葉は、これと同趣旨の無数の他の言表と同じく、いずれも要するに、唯識派の根本テーゼである「万法唯識」の展開にすぎません。

「万法唯識」。一切の存在者は、根源的に、識の生み出すところである、という。この識は、詳しく言えば、唯識哲学の措定する意識の構造モデルにおける第八層、いわゆる「アラヤ識」のこと。「アラヤ識」の原語 alaya-vijñāna は「蔵識」、すなわち内的貯蔵庫の働きをする意識の深層レベル。意識の奥処にひそみ、一切の存在者のもととなる「種子《しゅうじ》」を貯えている深層領域として形象されます。様々な存在者の形を生み出す「種子」とは、もっと近代的な言葉になおすなら、潜在的、あるいは、暗在的状態における意味エネルギーとでもいったらいいでしょう。「アラヤ識」は、つまり、潜在的意味のトポス。太古以来、個人を越えて、人類全体の経験してきたあらゆることが、意味エネルギーに転生して、奔流のごとく波立ち渦巻く、暗い、存在可能性の世界——比喩的イマージュで描いてみれば、まあ、そんなことだろうと思います。

この深層意識的意味エネルギーは、全体が一様に等質的な存在可能性の流れではなくて、いわば、強弱いろいろに度合の違う凝固性の差異によって区切られているのが特徴です。なかでも特に凝固度の高いところは、「名」によって固定されて独立し、記号学のいわゆる「シニフィアン」—「シニフィエ」結合体となって、表層意識で正式の言語記号として機能する。

今日の記号論の常識からすれば、「シニフィアン」に裏打ちされない「シニフィエ」などというものは、理論的にあり得ないわけですけれど、唯識の「種子」理論を意味論的に読みなおすために

は、それをいささか拡張解釈して、まだ「シニフィアン」を見出すに至っていない、潜在的、暗在的「シニフィエ」というようなものを措定して考えたほうがいい。要するに、まだ「名」によって固定されていない、凝固しかけの「意味」可能体が、「アラヤ識」のなかに、たくさん揺れ動いている、というわけです。

　このように有名無名の形で、意識の深層領域に貯えられている意味エネルギーの働きで、様々な存在形象が表層意識の鏡面に立ち現われてくる。存在形象は、すなわち、意味形象。「夢幻空華《くうげ》(虚華《こけ》)、何ぞ把捉《はしゃく》を労せん」と『信心銘』の言う、まさに「夢幻空華」のごとき意味形象を、常識的意識は実在するものとして認識するのであります。コトバのこのような意味形象喚起作用、すなわち、実在する(かのごとく見える)事物を、至るところに喚び起し、撒き散らしてやまぬ作用を、唯識派の出現より前に、龍樹は「プラパンチャ」(prapañca)と呼んでいました。漢訳仏典では「戯《け》論《ろん》」という面白い訳語が当てられておりますが、「プラパンチャ」とは、元来、「多様性」「多様化」、何かが種々様々な形で現われること、を意味します。龍樹はこう言います、「すべての(存在)分別はプラパンチャによる」。そして、さらにそれに加えて、「プラパンチャのこの働きは、人が空を覚知する時にのみ消滅する」と(『中論』十八、五)。「プラパンチャ」とは、ほかならぬ「空」そのものの「多様化」であったのです。

　こう考えてみますと、「空」は本源的に意識と存在の前言語的あり方であり、意識論的にも存在

論的にも、「コトバ以前」でなければなりません。そして「コトバ以前」が、ここでは、第一義的に「意味以前」として理解されなければならないということは、すでに述べたところから明らかであろうと思います。

ですから、本節の冒頭で問題としました意識の「空」化とは、「離言」すなわちコトバを超え、意味の存在喚起エネルギーの支配から脱却することであります。いわゆる「言語道断」（コトバの道の断絶）の境に踏みこむことです。このことを華厳は、「世間施設の仮名字を捨離する」（日常世界において、人々が社会契約的に取りきめて立てた仮の名を捨て去ること）などと表現しております。これは「名」によって固定され、「シニフィアン」—「シニフィエ」関係がすでに顕在的に成立している語の、はっきり限定づけられた「意味」形象を頭においての発言ですが、勿論、さっきお話申し上げたところによれば、そういう「意味」ばかりでなく、まだ一定の「シニフィアン」を見出していない浮動的「意味」可能体までも含めて、一切の、存在形象の源泉となる「意味」エネルギーそのものが捨離されなければならないわけです。そのような形で、コトバを超え、意味の支配を超脱する、それが意識「空」化ということなのであります。

存在「空」化の前提条件である意識「空」化は、従って、唯識哲学のコンテクストで申しますと、「アラヤ識」の「空」化ということになります。意識の「アラヤ識」的深層レベルにおける意味形象（＝存在形象）の生成機能をぴたっと停止させてしまうこと。まごうかたなき「アラヤ識」の「無」化、「空」化です。唯識哲学では、しかし、これを「アラヤ識」の「空」化とはせずに、「ア

ラヤ識」を「無垢識」に転成させること、あるいは、「アラヤ識」のさらに奥底に「無垢識」と呼ばれる絶対的深層レベルを拓くこと、というふうに考えます。

「無垢識」(amala-vijñāna)——華厳の「自性清浄心」に当る——は、文字どおり、けがれなきこころ。「妄念」が生み出すものの影さえない意識。「無垢識」は「空」意識であり、「空」そのものであって、この意識空間の形而上的清浄性を穢すものは一つもない、というわけです。

ところが、意識の「空」化がここまで来て、存在が完全に「空」化されますと、そこに突然、実に意外な事態が起ってくる。つまり、今まで「三界虚妄」などといわれていた分別的存在世界が、逆に虚妄ではなくなってくるのです。

元来、「無垢識」は「空」そのものであり、いわゆる根源的「無分別智」なのでありまして、もしこの識が何かを見るとすれば、「空」だけしか見ないはずです。ところが、この「無分別智」が、「無分別」的でありながら、しかも、様々に「分別」された存在世界を見る、ということが起る。前に私は、二重の「見」というようなことを申しました。まだご記憶のことと思いますが、「空」でありつつ「不空」を見る、「空」と「不空」を同時に、いわば二重写しに見る、ということでありまして、「不空」すなわち参差《しんし》たる事物の世界が、「空」を透き通して、また現われてくるのであります。「無垢識」本来の万象「空」化の光を、分別意識の平面に反映させ、一切事物を「無」化しつつ「有」化する、そういう目で現象世界を見なおす、といってもいいでしょう。コトバ(意味)を超えたところに立ちながら、コトバ(意味)の現出する多彩な事実世界を見なおす、という

こともできるでしょう。『肇論』の、聖人を叙した有名な一節に、「処有名之内、而宅絶言之郷」という言葉がありますが、それこそ、まさに、今お話している二重の「見」の実相です。「有名の内に処《お》いて、しかも絶言の郷に宅《やど》る」、すなわち、「名」の支配する世界、コトバの世界、意味的に分節されたものの世界、に身をおきながら、しかもコトバを絶した境位を離れない、ということ。「分別」と「無分別」、存在の意味的分節と無分節との同時成立。ここに、まったく新しい存在の地平が拓け、以前とはまるで違う存在風景が見えてくる。華厳独自の存在論は、そういうところから始まるのです。

五

存在解体にはあとがある、と私は申しました。存在解体の後。前にも言ったことですけれど、大乗仏教にかぎらず、一般に東洋哲学の主流をなす思想伝統の根柢には、多くの場合、存在解体がありまして、それがいろいろな形で現われてきます。しかし東洋思想の立場から申しますと、存在解体そのものよりも、むしろ、存在解体の後で、一体、何が起るのか、ということのほうがもっと大事なのです。勿論、哲学的な存在ヴィジョンとして、ということですが。存在解体の後、存在解体の後始末。存在を解体してしまったあとの、その後始末のつけ方が、時代により、場所により、文化の性格によって、大きく違ってくる。私の今日の話、第一部、の主要テーマである華厳哲学の

「事事無礙」も、その典型的な一例なのであります。典型的な一例というより、華厳哲学こそ、数ある東洋哲学の諸伝統のなかでも、存在解体の後始末を、哲学的な意味で、最も見事につけることに成功した場合である、と言うことができようと思います。存在解体後の存在論、それが華厳哲学の本領であります。

存在解体のあとは、存在解体の跡を意味する、とも私は申しました。存在解体、すなわち存在「空」化は、禅定体験上の事実として、極限的境位においては、文字どおりの「空」（虚空）であり、一物の影もとどめぬ絶対「無」であるにしても、一瞬の閃光にも比すべきこの存在の絶対的「空」化体験に続いて成立する「空」意識にとっては、解体されつくした存在の残す崩れ跡が、ありありと見えてくるのであります。破壊され、粉砕され、無に帰した（はずの）ものたちの姿が、その傷痕を負ったままで、つまり、「無」化されながら「有」化するという形で、ふたたび立ち昇ってくる。もともと、存在の「空」化と申しましても、ある意味では、前にもご説明しましたように、事物の自己同一的実体性が否定されることにすぎませんので、それらの事物が、実体性を奪われたまま、つまり無「自性」的に生起してくるということが充分考えられるわけであります。

「空」の立場から「不空」を見る、「無」を見てきた目で、そのまま「有」を見る、「無」と「有」とを二重写しに見るという、あの二重の「見」がここに現成するのです。「我、諸法の空相を見るに、変ずれば即ち有、変ぜざれば即ち無。三界唯心、万法唯識」（『臨済録』）と臨済が言っています

が、この意味では、普通の人は片目で世界を見ている、東洋の哲人は「複眼」で世界を見る、とも言えるでしょう。華厳哲学は、まさしく、「複眼の士」の見る存在ヴィジョンの存在論なのであります。

このような見地に立って、「空」をもう一度見なおしてみますと、「空」が決して単純に存在否定的ではなくて、存在肯定的であることがわかってまいります。「空」は、元来、字義そのものからして、何もない、がらんどう、ということで、存在の全面的否定です。しかし「空」には、同時に、存在肯定的側面がある。絶対的な「無」には、絶対的であるだけにかえって「有」に向う顔がある、とでも申しましょうか。『老子』の一節に言われているとおりです。「天地の間は、其れなお槖籥《たくやく》のごときか。虚にして屈《つ》きず、動いて、愈《いよいよ》出づ」（天地之間、其猶槖籥乎。虚而不屈、動而愈出）、と。天と地の間（全宇宙）にひろがる無辺の空間は、ちょうど（無限大の）鞴《ふいご》のようなもので、中は空っぽだが、動けば動くほど（風が）出てくる、というのです。

仏教の「空」の構想にも、この点では、これとまったく同じ考え方が働いています。「無一物」、からっぽで、それ自体は何ものでもないからこそ、逆に何ものでもあり得る。絶対的「無」であるからこそ、無限に「有」の可能性を秘めている。「空」概念そのものに内在する「無」「有」のこの微妙な構造的両義性を、仏教で古くから使われてきた「真空妙有」という言葉がよく表わしています。「空」は、勿論、ものではないのですから、側面などというのも本当はおかしな話ですが、敢

えて、構造モデル的に、「空」に二つの相反する側面、すなわち、「有」的側面（「妙有」）と「無」的側面（「真空」）とがある、とするわけです。

だから、当然、同じ「空」哲学でも、「真空」的側面に力点をおくか、「妙有」的側面を前方に押し出すかによって、存在論の構図が著しく変ってきます。華厳哲学は、その中心部分をなす存在論において、後者の立場を取る、つまり、根本的に「有」的であり、存在肯定的であります。但し、存在肯定的とはいっても、一度完全に「空」化され解体された存在の肯定しなおしなのであって、解体以前の素朴な日常意識の存在肯定とは、まったく思惟レベルが違います。意味的虚構としての「自性」を取り去られ、実体性を奪われた事物がどんな新しい秩序を構成するか、それが華厳的存在論のテーマなのでありまして、要するに、さっきお話した「存在解体のあと」の存在論です。

「妙有」的側面が脚光を浴びて前に現われ、「真空」的側面が背後の闇に隠れる場合、当然のことながら、「空」は、思想的に、強力な存在肯定的原理として機能しはじめます。「空」が、本来的には、否定性そのものであり、存在否定的であったことを、あたかも忘れてしまったかのように。すなわち、元来、存在「無」化のプロセスの終点として現成した「空」が、今度は、かぎりない存在エネルギーの創造的本源として、積極的に働きだすことになる。そのような形で、否定から肯定に向きを変え、「有」的原理に転換した「空」を、華厳哲学は「理」と呼びます。「理」は「事」と対をなして、華厳的存在論の中枢をなす重要な概念です。

しかし、たとえ「理」という仮面をつけて哲学的思惟の舞台に登場しても、「空」は依然として「空」。そして、「空」は「空」であるかぎり、存在否定的性質を失うことはないはずです。「理」における「空」のこの否定的契機は、存在論的無分別（無分節）という形で保持されます。すなわち、「空」は、ここでは、「コトバ以前」、つまり、コトバの深層的意味エネルギーによる存在分節の前、という資格で現われてくるのです。

「コトバ以前」ということ自体は、前に存在「空」化のプロセスをご説明した時、触れました。が、あの場合と今の場合とでは、その方向性が根本的に違います。前のコンテクストでは、「無分節」は「無」を意味した。絶対無分節、一物も分別、分節されていない、従って何ものも無い。ところが、今の場合では、無分節は、すなわち、分節可能性です。絶対無分節は、無限の分節可能性。先刻、『老子』の宇宙的鞴の比喩に関連して申し上げたことを思い出していただきたいと思います。それ自体が完全に中空で、からっぽだからこそ、動けば動くほど、かぎりなく風が出てくる。「空」（＝「理」）は、絶対無分節であるからこそ、無限に自己分節していく可能性でもある。まだ何ものでもないから、かえって、何ものにでもなれるのです。

「無」が（「無」であるが故に）かえって「有」。「空」が（「空」であるが故に）かえって「不空」。「空《シューニャ》」（śūnya）即「不空《ア・シューニャ》」（a-śūnya）という、常識的にはまことに奇妙な事態がここに起ってきます。この考え方の底には、「如来蔵」系の思想の影響があるのだと思いますが、とにかく、こういう考えが進展しますと、「空」（すなわち「無」）が「有」の極限的充実に転成し、ついには、

ありとあらゆる存在者を可能態において内包する「蔵《くら》」（「胎」）、一切の存在論的可能性の貯蔵庫のごときものとして形象化されるに至ります。

そう言えば、この講演の第二部でお話する予定のスーフィー哲学者、イブヌ・ル・アラビーの存在論でも、「秘めた宝」（kanz makhfī）という鍵概念がありまして、ここでも貯蔵庫のイマージュが重要な働きをしております。「秘めた宝」、地中深く埋め隠されて、地上の人には絶対に見えない宝物――神がその本源的「無」意識から一歩立ち出て、自らの意識に目覚めた状態、その神的自意識の形而上的構造を描くに用いた有名な比喩。それ自体においては、絶対的一であり、無分節でありながら（すなわち、不可視の、秘めた宝でありながら）、無限の現象的形態に自己展開していく存在論的可能性（すなわち、秘めた宝）である「無」的真実性の「有」的あり方を、神の自意識として描いたものでありまして、仏教的に申しますならば、まさに「空」の「妙有」的側面に当ります。

このように考えられた「空」が、すなわち、華厳哲学の「理」。無限の存在可能性である「理」は、一種の力動的、形而上的創造力として、永遠に、不断に、至るところ、無数の現象的形態に自己分節していく。無分節の存在エネルギーが自己分節することによって成立するそれらの現象的形態のひとつ一つが、それぞれもの（「事」）として我々の目に映じるのです。「空」（「理」）の、このような現われ方を、華厳哲学の術語で「性起」と申します。

六

「理」が、すなわち、「有」的様態における「空」、本源的存在エネルギーとしての「空」、を指示する華厳哲学の術語であることは、ただ今、見たとおりです。そしてまた、このように理解された「理」が、存在論的には絶対無分節者であって、それの様々な自己分節が、我々のいわゆる存在世界、万象差別の世界を現出するもの、つまり、一切存在の根基であり根源であるということも。

絶対無分節者の自己分節などと申しますと、あたかも「理」が無数に分裂してばらばらになるかのように聞えるかもしれませんが、無論、そんなことはあり得ません。もともと「分節」とか「(妄)分別」とかいうのは、すでにご説明しましたように、窮極的には、我々の意識の深層領域にひそむ様々な「意味」的「種子」の喚起する虚構の区別にすぎないのですから、現象界にどれほど多くの事物の形姿が分節し出されましょうとも、その源《もと》になる「理」そのものにはなんの変化もない。前にもちょっと出しましたが、仏典でよく使う通俗的な比喩で申しますなら、海面に立ち騒ぐ波浪と海水そのものとの関係のようなもの。どんなに多くの波が、現に、水面上で分節差別されていても、水それ自体は常に平等一味、というわけです。この意味で、「理」は、虚空が一切処に遍在しながら無差別不分であるごとくに、「遍一切処、恒常不変」といわれます。

「分節」ということを、以上のように理解した上であれば、我々は安んじて、こう言うことがで

きると思います。「理」は、本来、絶対無分節であるが、しかも現象的には千差万別に分節されて現われる、と。仏教ではありませんけれど、ヒンドゥー教の聖典『バガヴァド・ギーター』の一節を、私は思い出します。「無始なる至高のブラフマン」のあり方を叙した箇所です。「(かのブラフマンは、それ自体は)無分割であるが、しかも、様々な事物のなかに、あたかも分割されているかのごとくに、存立する」(Avibhaktaṃ ca bhūteṣu vibhaktam iva ca sthitam, XIII, 16)。存在分節の機微を捉えて間然するところなき短文と言えるでしょう。

このように、本来は絶対に無分節である(すなわち「空」である)「理」が、一切のもの、ひとつ一つのものという形で、自己分節的に、現象してくる。そこに、我々が通常、「現実」とか経験的世界とか呼び慣わしている現象的存在次元、森羅万象の世界が生起する。要するに、「理」の「事」的顕現です。それを華厳では「性起」という術語で表わすのであります。

「性起」の意味を理解する上で、華厳哲学的に一番大切な点は、それが挙体「性起」であるということです。つまり「理」は、いかなる場合でも、常に必ず、その全体を挙げて「事」的に顕現する、ということ。だから、およそ我々の経験世界にあるといわれる一切の事物、そのひとつ一つが、「理」をそっくりそのまま体現している、ということになります。どんな小さなもの、それがたとえ野に咲く一輪の花であっても、いや、空中に浮遊する一微塵であっても、「理」の存在エネルギーの全投入である、と考える。これが華厳哲学の特徴的な考え方であります。さきほども申しまし

たが、「理」の「分節」とはいっても、何か「理」というものがあって、それが幾つかの部分に分割され、それら部分のひとつずつが、別々の「事」的個物を作り出す、というようなことではありません。いつでもどこでも、「理」は挙体的にのみ「性起」する、と考えるのであります。「遍一切処」――「理」が一切処に遍在する――というのは、このことを空間的表象で表現したものにすぎなかったのです。世界に存在する無数の事物のどの一つを取り上げて見ても、必ずそこに「理」がある、いや、それがそのまま「理」である、ということです。

以上で、「理」と「事」の関係がどのようなものか、ほぼおわかりいただけたことと存じます。今お話したような形而上的プロセス、あるいは出来事、によって、存在の「事」的次元が現象する。「事」は存在の差別相であり、事物分節の世界。この分節の世界は、「分節以前」としての「理」を、己れの現出の本源として反照する。この「理」「事」関係を、より華厳哲学的な言葉に写し取ってみれば、次のようなことになるでしょう。すなわち、「理」はなんの障碍《さまたげ》もなしに「事」のなかに透入して、結局は「事」そのものであり、反対に「事」はなんの障碍《さまたげ》もなしに「理」を体現し、結局は「理」そのものである、と。「理」と「事」とは、互いに交徹し渾融して、自在無礙。この「理」「事」関係の実相を、華厳哲学は「理事無礙」という術語で表わすのです。

凡夫、すなわち素朴実在論的認識主体、の目で見られた世界には差別しかない。互いに相異する無数のものが見えるだけです。前にも申しましたように、それらのものには、一々「名」がついて

いる。「名」がついていないまでも、少くとも有「意味」的である。「名」をもっていても、いなくても、およそ「もの」と認められるかぎり、それらは、いわば様々に違う度合における「意味」凝固体であります。ものが「意味」凝固体であるということは、それらがそれぞれ自己主張的であるということ。つまり、ものはみな存在論的に不透明なのです。だから、それを見る人間の視線は、そこに突き当って止ってしまって、それを透過することはできない。例えば、花を見る目は、ハナという「意味」分節の壁に突き当って、その向う側に「理」(すなわち「意味」分節以前)を見ることができない。このような認識主体にとっては「事」から「理」への通路が塞がれている。「事」と「理」の間は障礙されているのです。

これに反して、仏、すなわち一度、存在解体を体験し、「空」を識った人は、一切の現象的差別のかげに無差別を見る。二重の「見」を行使する「複眼の士」は、「事」を見ていながら、それを透き通して、そのまま「理」を見ている。というよりも、むしろ、「空」的主体にとっては、同じものが「事」であって「理」である、「理」でありながら「事」である、と言ったほうがいいでしょう。「事」がいかに千差万別であろうとも、それらの存在分節の裏側には、「虚空のごとく一切処に遍在する」無分節がある。分節と無分節とは同時現成。この存在論的事態を「理事無礙」(「事理無礙」)というのであります。

以上で大体、「事」、「理」、「理事無礙」という華厳哲学の三つの鍵概念を説明いたしました。こ

の三つに、これからお話する「事事無礙」を加えて、「四法界」とか「四種法界」とか申します。これら四つの概念を基礎として、その上に華厳的存在論を整然たる形で構造づけたのは、法蔵自身ではなくて、その後継者、中国華厳第四祖、清涼《しょうりょう》大師、澄観（七三八—八三九）であります。この「四法界」の思想は、法蔵およびその先行者たちによって展開されてきた思想潮流を、実に見事に体系化し、構造化したものでありまして、その後、大変有名になり、ついには、華厳といえば一般の人はすぐ「四法界」「四種法界」を憶う、というほどになりました。法蔵自身の作り出した体系ではないとはいえ、彼の思想はそこに充分生かされており、私の考えております「存在解体のあと」の存在論としての華厳哲学を、典型的な形で呈示するものであると考えます。

　ところで、「四法界」という名称の示すとおり、ここでは、華厳的存在論の四つの基礎概念が、「事法界」、「理法界」、「理事無礙法界」、「事事無礙法界」というふうに、それぞれ「法界」を付して呼ばれております。なぜ、わざわざ「法界」などという言葉を付加するのか。なんでもないことのようですが、これがなかなか難問でして、特に「法界」の「界」の字が何を意味するかについては、異説があって容易に決定できません。しかし、今、この問題の詳細に入っても仕方がございませんので、私自身の考えを簡単に申し述べて、早く先に進みたいと思います。

　「法界」という漢（訳仏典の）語は、サンスクリットの原語に戻してみますと、dharma-dhātu《ダートゥ》でありまして、「存在（者）の根拠」というような意味。諸法《ダルマ》を法として成立させる所以のもの、存在を存在たらしめる根拠、つまり、存在解体の後で存在を再び、新しい形で、成立させる存在論的

プリンシプル、ということになりましょう。存在解体によって一切のものが「空」化され尽した空間に、またものの姿が現われてきて新しい構造を作り出していく、そのプロセスを分析的に把握するための基底概念ということです。

従って、このコンテクストでは、「事」は、前にもちょっと言いましたが、特に「事」原理が、微妙な二重性を帯びることになります。「事」は、第一次的には、常識的、素朴実在論的認識主体の見る事物、「自性」を存在論的中核として自立する実体でありました。それが、今、存在解体後のコンテクストでは、第二次的に、「自性」を喪失しながらも、しかもなおものであるようなものとして現われてくる。それがここでの「事」でありまして、またそうであればこそ、「事事無礙」というようなことが成立するのです。「自性」すなわち本質を失った「事」は、常識的人間の立場からすれば、もはや「事」ではあり得ない。そこに、第二次的意味の「事」の異常な性格があります。「事」の「自性」喪失が、存在論的にどれほど根本的に重大なことであるか。それは次節で明らかになるでしょう。「事事無礙法界」が次節の主題です。

七

華厳存在論は、「事事無礙法界」のレベルに至って、その展開の窮極に達する。このことは前に申し上げました。「事事無礙」が、なぜ華厳存在論の終点なのか。華厳の哲学的思惟は、素朴実在

論的意味での「事」の否定から出発して、「空」に至り、そこから返って、「事」の復活に至る。第一次的「事」から第二次的「事」へ。哲学的思惟の展開の轍跡が、一つの存在論的円を描く。構造的には、「理事無礙」は完結の一歩手前、「事事無礙」は最終段階です。その意味でも、「理事無礙」は「事事無礙」の思想根拠でありまして、「理事無礙」の基盤がなければ、絶対に「事事無礙」ということはあり得ないのであります。

ところで、「理事無礙」の概念をご説明したさい詳しく申し上げましたとおり、無分節的「理」の自己分節として「性起」する「事」は、「有」でありながら、しかも同時に「無」であるという矛盾的性格を帯びています。「事」的世界、すなわち経験的事物の世界を構成するかぎりにおいて、それらの事物のひとつ一つは、たしかに、そこにある。しかし、「理」的実相においては、それらはすべて「空」であり、ないものである。ないとは、ここでは、「自性」なし、の意味です。存在解体を経たあとの事物の、それが本当のあり方なのです。

だが、しかし、「自性」のない事物が個々のものである、というようなことが、一体、あり得るでしょうか。もともと、「自性」とは、事物相互の差異の原理です。AはAであり、BはBであって、AとBとは違うものであるというのは、AにはA性という「自性」があり、BにはB性という「自性」があるからではないでしょうか。AにもBにも「自性」がなければ、AとBとは差異性を失って、そのまま融合して一つになってしまうはずです。そして、そう考えることこそ、実は存在

「空」化の第一歩であったのです。

ところが華厳存在論は、「事事無礙」のレベルに至って、ものには「自性」はないけれども、しかもものとものとの間には区別がある、と主張する。つまり、Aは無「自性」的にAであり、Bは無「自性」的にBであり、同様に他の一切のものが、それぞれ無「自性」的にそのものである、というのです。どうしてそんなことが可能なのでしょうか。AがAである所以のもの（「自性」）を失って、どうしてAであり得るのか。この時点で、存在論的関係性という、華厳哲学で一番重要な概念が登場してくるのです。

すべてのものが無「自性」で、それら相互の間には「自性」的差異がないのに、しかもそれらが個々別々であるということは、すべてのものが全体的関連においてのみ存在しているということ。つまり、存在は相互関連性そのものなのです。根源的に無「自性」である一切の事物の存在は、相互関連的でしかあり得ない。関連あるいは関係といっても、たんにAとBとの関係というような個物間の関係のことではありません。すべてがすべてと関連し合う、そういう全体的関連性の網が先ずあって、その関係的全体構造のなかで、はじめてAはAであり、BはBであり、AとBとは個的に関係し合うということが起るのです。

「自性」のないAが、それだけで、独立してAであることはできません。それはBでもCでも同様です。「自性」をもたぬものは、例えばAであるとか、Bであるとかいうような固定性をもっていない。ただ、かぎりなく遊動し流動していく存在エネルギーの錯綜する方向性があるだけのこと。

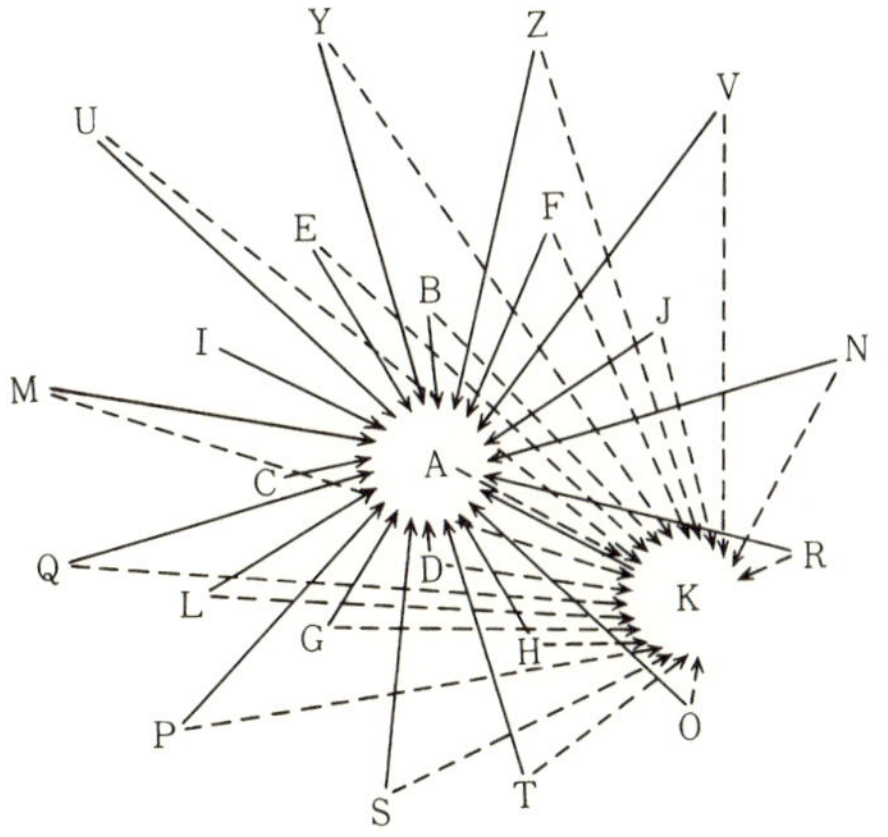

「理」が「事」に自己分節するというのは、ものが突然そこに出現することでなくて、第一次的には、無数の存在エネルギーの遊動的方向線が現われて、そこに複雑な相互関連の網が成立することだったのです。

この状態においては、ものはまだ無い。ものは無くて、関係だけがある。ＡＢＣＤ……というような、いわゆるものは、すべて「理」的存在エネルギーの遊動する方向線の交叉点に出来る仮の結び目にすぎません。出来上った結果からいえば、だから、ＡＢＣＤ……等すべてのものは、相依り相俟って、すなわち純粋相互関連性においてのみ、それぞれがＡであり、Ｂであり、Ｃ……であるのです。

従って、例えばＡというもののＡとしての存立には、ＢもＣも、その他あらゆるものが関わっている。Ｂというもの、Ｃというもの、その他一切、これとまったく構造は同じです。結局、すべてがすべてに関わり合うのであって、全体関連性を無視しては一物の存在も考えることができない。あらゆるものの、この存在論的全体関連構造を、仮に図式的に視覚化すれば、大体、上のような形になるでしょう。もっとも、この図は、すべてのものが相互に関わり合う有様を、ある一瞬に捉え

て図式化したものにすぎません。いわば共時的《サンクロニック》な構造です。しかしこの存在関連においては、ＡＢＣ……などのうちの、ただ一つが動いても、もうそれだけで全体の構造が変ってくるわけでして、従って、一瞬一瞬に違う形が現成する。つまり、全体を通時的《ディアクロニック》な構造としても考えなければなりません。前頁の図式は、通時性を補って見ていただきたいと思います。

しかし、とにかく、どの瞬間においても、例えばＡという一つのものは、他の一切のものとの複雑な相互関連においてのみ、Ａというものであり得る。ということは、Ａの内的構造そのもののなかに、他の一切のものが、隠れた形で、残りなく含まれているということであり、またそれと同時に、反面、まさにその同じ全体的相互関連性の故に、ＡはＡであって、ＢでもＣでも、Ｘ、Ｙでもない、という差異性が成立するのです。

ただ一つのものの存在にも、全宇宙が参与する。存在世界は、このようにして、一瞬一瞬に新しく現成していく。「一一微塵中、見一切法界」（空中に舞うひとつ一つの極微の塵のなかに、存在世界の全体を見る）と、『華厳経』に言われています。あらゆるものの生命が互いに融通しつつ脈動する壮麗な、あの華厳的世界像が、ここに拓けるのです。路傍に一輪の花開く時、天下は春爛漫。「華開《けかい》世界起の時節、すなわち春到《しゅんとう》なり」（『正法眼蔵』「梅華」）という道元の言葉が憶い出されます。

ある一物の現起は、すなわち、一切万法の現起。ある特定のものが、それだけで個的に現起するということは、絶対にあり得ない。常にすべてのものが、同時に、全体的に現起するのです。事物のこのような存在実相を、華厳哲学は「縁起」といいます。「縁起」は、「性起」とならんで、華厳

哲学の中枢的概念であります。

「縁起を見る者は空を見る」という龍樹の有名な発言からもわかりますように、「縁起」は、「空」哲学としての大乗仏教の、そもそもの始めから、決定的に重要な働きをしてきた鍵概念であったのです。「縁起を見る者は空を見る」。すなわち、「縁起」と「空」の同定です。「空」といっても、勿論、純粋否定性としての「空」を、それ自体の形而上的抽象性において考えれば、「縁起」と同定することはできません。しかし経験界あるいは現象界からひるがえって、そこに具体的に作用しつつある様態において見る時、「空」は「縁起」としてしか現成し得ない。つまり、前に申しましたように、存在解体的に「自性」を「空」化され、もはや自分自身ではない事物は、ただ相互連関性においてのみ存在し得る、ということです。要するに、現象的存在次元に成立する事物相互間の差異性、相異性(分別、意味分節、存在分節)を、その本来の「空」性の立場から見たものを「縁起」とするのです。

こう考えてみますと、「性起」と「縁起」、これら華厳哲学の二つの重要な術語が、ほとんど同じ事態を指示するものであることにお気づきになるでしょう。同じ一つの存在論的事態を、「性起」は「理事無礙」的側面から、「縁起」は「事事無礙」的側面から、眺めるというだけの違いです。日本における華厳哲学の代表的思想家、東大寺の凝念(一二四〇—一三二一)が、このような観点から見た「理」と「事」の関係を、こう説いています。「分と分と相対して互いに障礙あり。しかれ

ども理を以て事事を融通す。理、融するを以ての故に、事事相融す」(『華厳法海義鏡』)と。現象的存在の次元における様々なものは、それぞれ己れの境界のなかに閉じこもって対立し、互いに礙げ合っていて、それらが互いに滲透し合うということはない(普通の人の目には、そう見える)。だが、考えてみれば、ものとものとが相互にどれほど違って見えようとも、実は、それらすべてを通じて唯一不可分の「理」が遍在しているのであって、そのために、ものとものとの間の境界は透過可能なのであり、結局、すべてのものは「理」を通して互いに円融し、相即相入しているのだ――と、まあ大体、そんな意味であろうと思います。「理事無礙」と「事事無礙」との表裏関係を叙して、すこぶる明晰かつ周到、というべきでありましょう。

ついでながら、「縁起」は、原語では pratītya-samutpāda、文字どおりには、「(他者)のほうに行きながら、(他者)のもとに赴きながら(pratītya)、現起すること(samutpāda)」という意味です。「他者のほうに行く」とは、他者に依拠する、ということ。自分だけでは存在し得ないものが、自分以外の一切のものに依りかかりながら、すなわち、他の一切のものを「縁」として、存在世界に起ってくる、ということです。漢訳仏典では、これを簡単に「縁起」と訳すのです。すべてのものが、互いに依りかかり、依りかかられつつ、全部が一挙に現成する、という。前にお話した、「事」的存在の根源的関連性を、この語はよく表わしております。

華厳哲学の、このような「縁起」的思惟パターンは、事物の生成現起を、原因・結果の関係で説

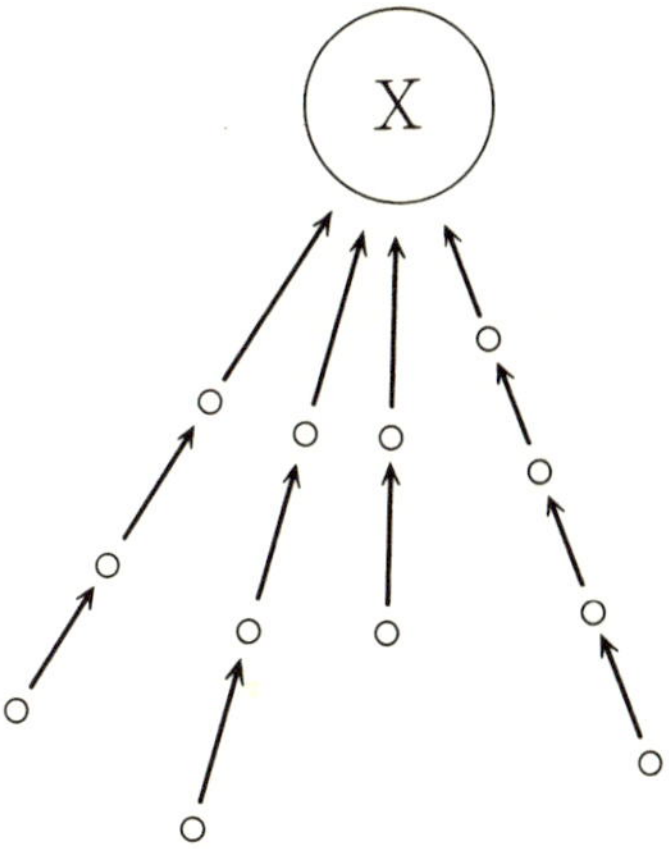

明するアリストテレス的思惟パターンとは、全然その性質を異にするものです。後者、すなわち因果律的な考え方は、西洋では中世スコラ哲学、東洋ではイスラームの神学で支配的な位置を占めました。簡単に言えば、ものを、その原因によって説明しようとする思惟形態です。すべて、ものの存在には、必ず原因がなければならない。例えば、Aというものが存在するとしますと、それはAの原因であるBの結果として説明される。そして、そのBはまた、それの原因であるCによって、というふうに原因から原因へと遡っていって、最後にもうこれ以上は原因―結果系列が辿れない窮極の原因（X）に達します。どんなものの、どんな原因―結果系列を考えても、必ずXに行きついて終る。Xは、あらゆる原因―結果系列の線の終点、つまりすべてのものの最終原因でありますが、それ自体は原因をもたない自己原因的原因なのであって、「第一原因」（ἡ πρώτη αἰτία――アリストテレス）と呼ばれます。

あらゆる存在者の窮極的始源として、「第一原因」は、当然、全存在界の中心点の位置を占め、これが、西洋の中世哲学やイスラーム・ユダヤ教的スコラ哲学のコンテクストでは、『聖書』あるいは『コーラン』の神と同定されて、生ける人格神、万有の創造主の哲学的代理とされるのであり

ます。

結果から出発してそれの原因に至り、そこからまたその前の原因に、という上昇的コースを取るにせよ、逆に「第一原因」から出発して結果から結果へ、という下降的コースを取るにせよ、いずれにしても、この思惟形態は一本線的な考え方です。これに反して華厳の「縁起」は、複線的。というより、かぎりなく重なり合い、かぎりなく錯綜する無数の線の相互連関的網目構造を考えるのです。すでになんべんも言いましたように、Aという一つのものの存在を説明するのに、A以外の一切のものの同時的参与を考えるのです。

従って、また、こうして現起する存在世界には、中心というものがない。無中心的、または脱中心的世界です。もし「中心」というなら、どこにでも中心のある世界、と考えてもいい。Aを取ればAが宇宙の中心、Bを取ればBが宇宙の中心、というふうに。あるいは、全体がそっくりそのまま中心である世界、とも言えるでしょう。しかし、それは、結局、無中心と同じことです。もともと、存在解体、存在「空」化、とは、存在の無中心化ということでもあったのです。そんな無中心的純粋関連性の、力動的《ダイナミック》で遊動的な構造体として、華厳は存在世界を見る。そして、そのような形で見られた存在世界の構造的特徴を、「事事無礙」という言葉で記入し、存在テクスト化するのです。

「事事無礙」。上来、私はこの語を、特に主題的に取り上げることなしに、自由に使用してまいり

ました。「事事無礙」がどんな存在論的事態を指すものであるか、これまで申し上げてきたことだけでも、大体のところはおわかりになったのではなかろうかと思いますが、ここで改めて、それを、もっと華厳的存在ヴィジョンに密着した形で叙述しなおしてみることで、この講演の第一部を終らせていただきたいと存じます。

すべてのものは、相依相関的に、瞬間ごとに現起する。存在のこの流動的関連性は、無限に延びひろがって、一塵といえどもそれから外れることはない。と、簡単に言えば、これが「縁起」ということであります。一一のものが、すべてのものにつながっている。このことをイマージュ的に表現するために、一塵起って全宇宙が動く、などと申します。ただ一個の微塵が、かすかに動いても、その振動は、全体的存在連関の複雑な糸を伝って、宇宙の涯まで伝わっていく、というのです。

しかし、ここで華厳が考えている存在関連は、たんにすべての事物が相互につながっている、というだけのことではありません。もっと重要なことは、すべてのものが、相互滲透的に関連し合っている、ということなのです。

この講演の最初に引用したプロティノス『エンネアデス』の一節に、ひとつ一つのものがすべてのものであり、すべてのものが一つのものであり、すべてがすべてのなかにある、というような意味のことが言われておりました。ただ一個のアトムのなかに、全宇宙が、無数の層をなして繰りこまれている。一個のアトムが全宇宙であり、全宇宙が一個のアトム。「光が光を貫いて走る」。華厳的にいうなら、「自性」をなくして「光」となった、あるいは光のように透き通しになったすべて

の事物間の相互滲透性を形象的に描いたものですが、それが華厳哲学の説く「事事無礙」なのであります。

華厳哲学の極致と称されるだけあって、「事事無礙法界」は、法蔵自身も、彼の後継者たちも、これをいろいろ違う形で叙述しております。以下、そのなかの二つを取り上げて、華厳的「事事無礙」観の一端を覗いてみることにいたしましょう。ここで取り上げる一つのアプローチ、その一は世に有名な鏡灯の比喩、その二は「有力」「無力」の原理に基づく「主伴」の論理。前者は、言うまでもなく、「事事無礙」のイマージュ的再現、後者はそれの構造理論的解明であって、これら二つを合わせれば、法蔵の華厳哲学の性格を、ほぼ正確に理解することができます。

先ず第一に鏡灯の比喩。すでにご承知の方も多いことと存じますので、その大要だけを、これまでお話してきたことに照らして、ごく簡単に。

今、一つの燭台を真中にして、全部がそれに面を向けるような形で多くの鏡を設置するとします。燭台に火を点ずるとともに、すべての鏡がその火を映して一時に輝きだす。それと同時に、ひとつ一つの鏡に映る火が、他のすべての鏡に映り、各〻の鏡が、すべての鏡に映った火を――自分自身に映る火が自分以外のすべての鏡に映っている、その火をも含めて――かぎりなく映していく。と、いう具合に、鏡は鏡を映し、火は火に照らし照らされて、その相互映発は、どこまでも続く。こうして、多くの鏡に映る一つの光が、無数の光に分れ、それらの光は重々無尽に交錯しつつ、無限の

奥行きをもった光の多層空間を作り出していくのであります。

この講演の冒頭で、私はイスラームのグノーシス的思想家スフラワルディーの「光の哲学」に触れましたが、彼の描く宇宙的「光の殿堂」も、唯一の光源から発出する無数の光が重々に織りなす光明世界のイマージュでありまして、思想構造としては、今ここに略述しました華厳の鏡灯の世界と、まったく同じ性質のものです。一つの「光」から分れ出る無数の「光」は、別々の「光」でありながら、しかもすべてが唯一無二の「光」。「光」と「光」が互いに映発しつつ滲透し合い、相即相入して円融無礙。そこに、炳然と現出する多層的光明世界。いずれにしても、「事事無礙」的存在ヴィジョンを、この上もなく巧みに比喩化して再現したもの、と言えるでありましょう。なお、あらゆる存在者の重々無尽の相即相入をイマージュ的に描き出すものとしては、このほかに「因陀羅網」すなわちインドラ神（帝釈天）の宮殿に懸かる宝珠の網、の比喩が古来有名ですが、鏡灯の比喩とまったく同趣旨ですから、ここではこれ以上お話しないことにして、次に進みたいと思います。

第二番目に取り上げたいのは、「有力」「無力」に基づく「主伴」的存在論理であります。元来、この「有力」「無力」という概念は、法蔵自身の思想体系のなかでは、領域的にかなり限定された形で使われているものです。つまり、すべての存在者について、「体」（そのもの自体）と「用」（それの機能）と、の二面を分け、「有力」「無力」を、特に後者、すなわちものの働きの面、にお

ける原理とするのであります。すべてのものは、互いに機能的に「有力」「無力」の関係に立つ。しかも、その関係は、どれが本来的に「有力」でどれが本来的に「無力」、というふうに固定されることなく、「有力」「無力」、相互に転換し合って融通無礙である、という。しかし私は、ここで、この重要な二概念の含意を、純存在論的に読み取って、現象界における存在の構造そのものの理論的基底として組み立てなおしてみたいと思うのです。

今、仮に、ABCという三つのもの――具体的には、例えば「鳥」と「花」と「石」――があるとする。すでにご説明した「性起」と「縁起」の原理によって、ABCが、いずれも、「空」の「有」的側面である絶対無分節者の分節的現起の形であること、そしてまた、その限りにおいて、ABCが、それぞれ、違うものでありながら、しかも互いに相通して、円融的に一であること、は明らかでありましょう。と、いうことは、すなわち、ABCは、いずれも、まったく同じ無限数の存在論的構成要素(abcde……)から成っている、ということにほかなりません。A=(abcde……)であるなら、またB=(abcde……)であり、Cも同じ。

すべてがすべてを映現する、あるいは、一一のもののなかに全宇宙が含まれている、という鏡灯的「縁起」の原則によって、これらの存在論的構成要素(abcde……)は、ABCのどの場合においても、全部が一挙に起り、互いに交流し渉入し合いながら、Aを現成させ、Bを現成させ、またCを現成させていく。

存在を記号化し、ものをすべて、記号的機能性において把握しようとする現代の記号学の立場で考えるなら、今ここで問題としている存在論的状況では、Ａは「シニフィアン」、（ａｂｃｄｅ……）はその「シニフィエ」ということになりましょう。つまり、「シニフィアン」Ａ―「シニフィエ」ａというような、単純な一対一の記号構造ではない、ということです。たしかに、常識的な存在観に基づく記号学では、事態は、原則として、このように単純化されて呈示されるでしょう。しかし、華厳的記号学――仮にそのようなものがあるとしての話ですが――では、記号化されたものの存在論的意味構造は、「シニフィアン」Ａ―「シニフィエ」（ａｂｃｄｅ……）という形を取る。しかも、「シニフィアン」は違っても、「シニフィエ」のほうは、いつも同じ（ａｂｃｄｅ……）なのです。

複合的「シニフィエ」の構成要素は、どの場合でも、まったく同じであるのに、「シニフィアン」はＡであったり、Ｂであったり、Ｃであったりする。どうして、そんなことが起るのか。「シニフィエ」がまったく同じであるのに、どうして、ＡはＡであってＢでもなくＣでもないというようなことがあり得るのか。我々がこう問う時、そこに「有力」「無力」の概念が導入されるのです。

すべてのものが、みな同一の複合的構成要素から成るとはいえ、それらの相互の間には、常に必ず「有力」「無力」の違いがある、と華厳哲学は考えます。構成要素群のなかのどれか一つ（あるいは幾つか）が「有力」である時、残りの要素は「無力」の状態に引き落される。「有力」とは積

極的、顕現的、自己主張的、支配的ということ。従って、「無力」とは、勿論、消極的、隠退的、自己否定的、被支配的であることです。「有力」な要素だけが表に出て光を浴び、「無力」な要素は闇に隠れてしまう。普通の人には、「有力」な要素だけしか見えない。しかも、（ａｂｃｄｅ……）のうち、どれが「有力」の位置を占めるかは、場合場合で力動的に異なるのです。つまり、「性起」の仕方、無分節者の自己分節の仕方、が場合場合で違う。この存在分節の違いは、ひとえに、どの要素が「有力」的に現起し、どれが「無力」的に現起するか、によって決まる。「有力」的に現起したものは主となり、「無力」的に現起したものは従となる。それがすなわち「主伴」の論理であります。

A（a, b, c, d, e,......）
B（a, b, c, d, e,......）
C（a, b, c, d, e,......）

AがAであってBやCでない、BがBであってAやCとは違う、云々という、もの相互間の存在論的差異性は、「主伴」論理によって支配されます。すなわち、AがAであるのは、その構成要素（ａｂｃｄｅ……）のうち、例えばａが「有力」で、ｂ以下すべての他の要素を「無力」化してしまうからであり、BがBであるのは、例えばｂがたまたま「有力」で、そのために、Aの場合には「有力」であったａも含めて、残りの要素が全部「無力」状態に置かれるからである、と考えるのです。まったく同じ構成要素を共通にもちながら、ABCが互いに違うものであるという、一見奇妙な事態が、こうして説明されます。

すべてのものは、結局、それらの共有する構成要素の、「有力」「無力」的布置いかんによって、それぞれのものである。としますと、それらのものの相互の間に、「事事無礙」的関係が成り立つことは明らかです。「無礙」とは、もともと、それでいて事実上は障礙《さまたげ》がないということなのですから。AはAでありながら、BでもありCでもある、それでいて事実上はAであって、BでもなくCでもない。こんな存在論的境位では、すべてのものが互いに融通無礙であることは当然ではないでしょうか。差異がないわけではない。しかしその差異は、いわば透き通しの差異なのです。

我々の日常的経験の世界、すなわち存在の現象的次元では、「有力」な要素だけが浮き出ていて、「無力」な要素は、全然、目に入りません。また、それだからこそ、ものがものとして個々別々に見えているわけなのですが、だからといって、「無力」な要素が不在なのではありません。目には見えないけれども、「無力」な要素は、ちゃんとそこにある、現象的存在次元におけるものの深層構造として。

しかし、「無力」な要素が見えないといっても、それは我々普通の人間の場合のことで、仏教の語る仏や菩薩たち、つまり前にお話した「複眼の士」には、ものの「無力」的側面も「有力」的側面も、同時に見える。我々の認識能力は、何を見ても、それの「有力」的側面にだけに焦点を絞るようにできているので、「無力」的側面は完全に視野の外に出てしまうのですが、「複眼の士」の目は、常に必ず、存在の「無力」の構成要素を、残りなく、不可視の暗闇から引き出してきて、いかなるものをも、「有力」「無力」両側面において見ることができるのです。このような状態で見られ

た存在世界の風景を叙して、華厳は、あらゆるものが深い三昧のうちにある、というのであります。

以上、私は、紆余曲折を経ながら、「事」に始まり「事事無礙」に至る華厳哲学の長い道を辿ってまいりました。法蔵の存在論そのものについては、まだたくさん申し残したことがありますけれど、これで、とにかく、華厳の「理事無礙」→「事事無礙」を主題とする第一部を、ひとまず終ることといたしまして、次に、これとパラレルをなすスーフィズムの、「理理無礙」→「事事無礙」的思想を扱う第二部に入りたいと思います。

二　「理理無礙」から「事事無礙」へ

一

「事」と「理」、そしてそれらの特異な組合せである「理事無礙」と「事事無礙」、つごう四つの鍵概念を経緯として、私は第一部で、華厳存在論の本筋と思われるところを、一つの哲学的テクストに織り出してみました。続く第二部では、同じく「事」「理」「理事無礙」「事事無礙」の四つに、さらに「理理無礙」という新しい概念を加え、それらを使って、イブヌ・ル・アラビーの「存在一性論」を、華厳的に読み替えてみようと思います。

なぜ、どんな根拠があって、そんな風変りな（と皆様がお考えになるかもしれない）読み替えをするのか。ひとつには、第一部の始めのところで申しましたとおり、華厳によって代表される「事事無礙」的存在論を、東洋哲学の根源的思惟パターンとしての、つまり、仏教自体の歴史的枠付け

を脱した一つの普遍的構造としての側面から考えなおしてみたいという気持に衝き動かされてのことなのですが、それと同時に、このような読み替え操作の試みを通じて、華厳哲学そのものの構造が、より鮮明な輪郭を描きつつ現われてくるのではなかろうか、と考えてのことでもあるのです。事実、華厳と存在一性論との間の著しい類似、思想構造的対応性、は我々をそういう考えに誘うだけのものをもっている。それは、以下お話することで、皆様にも充分納得していただけるであろうと思います。

それにしても、存在一性論の華厳的読み替えは、イスラーム的信仰——イブヌ・ル・アラビーは敬虔なイスラーム教徒であり、存在一性論も、まごうかたなきイスラーム哲学であります——のなかに生きている、あまりにもなまなましい人格神（アッラー）の形象性にぶつかって、始めから挫折してしまうのではないか、とお考えになるかもしれません。華厳の毘盧舎那仏も、まあ言ってみれば、一個の人格神でありますが、その人格性は、むしろ観想意識的主体性の象徴的人格化であって、イスラームのアッラーのあの強烈な超越的人格性——それも、ほとんど人間性といったほうがいいような——とは、とても比較になりません。

しかし、同時に存在一性論は、イスラーム哲学であることに注意する必要があります。存在一性論の思想的コンテクストに現われる神《アッラー》は、いわゆる「哲学者の神」であって、『コーラン』の神そのままではない。「哲学者の神」とはいっても、無論、イスラームのスコラ哲学（ファルサファ）

や思弁神学（カラーム）の神のように抽象的、概念的な神ではなく、スーフィー的実存体験の濃厚な色づけを帯びた、それなりに生きた、神です。ではありますが、それでもやはりこの神は、哲学的思惟のなかで、当然、哲学的に変貌している。しかも、根本的に変貌している。『コーラン』の神の展開であるとはいえ、スーフィー的意識の坩堝のなかで、大きく変貌した上に、ここではさらに極めて特異な哲学的変貌をとげて現われてくるのです。そして、このように二重の変貌をとげたイスラームの神は、存在論的に、著しく華厳に近づきます。

　ここで問題としている神形象のスーフィズム的変貌が、一体どんなものなのか、そしてまた、そこに到達する思想のプロセスを支えている非日常的存在体験の基盤がどんなものか、今その詳細をご説明している暇はございません。私自身、数年前、『イスラーム哲学の原像』（岩波新書）という小冊子のなかで、主題的に取り扱ってありますので、興味のある方はお読み願いたいと存じます。

　とにかく、体験的基盤のほうはさておいて、当面の問題である神形象の変貌を、ごく簡単に申しますと、大体、次のようなことになりましょう。一口に存在一性論といいましても、その構造は複雑多岐でありまして、幾つも異なるレベルが区別されますが、そのなかの純思弁哲学的レベルでは、神は「アッラー」と呼ばれる以前に「ハック」（Ḥaqq）と呼ばれるのです。「ハック」という語は、普通のアラビア語では「真」とか「真理」とかいう意味。哲学的には、「真実在」「絶対的実在」の意味でありまして、要するに「有」の窮極的境位を指示します。仏教の用語を使って言えば、まず「真如」あるいは「仏性」といったところ。ある意味では、「如来蔵」に当ると考えてもいいでしょ

う。つまり、一切の限定や形容を超越した（言語意味的分節の彼方の）形而上的レベルにおける「神自体」のことであります。

こういう意味での「神自体」のことを、伝統的なイスラーム神学では「ザート」（dhāt）と呼び、あらゆる属性、すなわち、あらゆる形容、の基体と考えます。しかし、あらゆる属性の基体としての「神自体」を云々するということは、逆の見方をすれば、「神自体」をあらゆる形容以前、分節以前、として考えることにほかなりません。さらに言い換えると、神を絶対無分節的境位において考えるということです。だが、それだけではありません。第一部でご説明しましたとおり、絶対無分節者、分節以前、未分節とは、一切分節の根源ということでもあります。従って、神がこの境位では、「有」の極限的充実、つまり、仏教的に言えば、「妙有」として考えられているわけです。

ところで、仏教思想では、「妙有」は「空」の「有」的側面でありました。「有」的側面の裏には「無」的側面、すなわち「真空」がある。「真空」「妙有」は表裏一体です。イスラームの存在一性論でも、これと同じような考え方をします。但し、新プラトン主義的思惟形態の影響で、イスラームの哲学者たちは、存在を階層構造的に構想するのを常といたしますので、この場合でも、「有」の前に、あるいは奥に「無」がある、というふうに考えます。「神自体」の最後の深層をなすこの神の「無」を、イブヌ・ル・アラビーは「玄虚《ゲイブ》」（ghayb）と呼びました。「ゲイブ」は、イマージュ的には、絶対に不可視不可測の領域、神の内奥の暗闇です。「神自体」を、このような「有」—「無」的内面構造をもつものとして措定するのでありまして、これがすなわち、さっき申しました

「ハック」の現象以前の深層構造です。
イブヌ・ル・アラビー自身、「玄虚」を「無《アダム》」（ʿadam）とも呼んでいます。存在論的「無」という意味で。すなわち、神的「有」は、窮極において神的「無」に帰入する。しかも、イブヌ・ル・アラビーにおいては全存在世界は、その経験的現象的次元をも含めて、すべて「神自体」の、様々な段階における自己顕現とされていますので、「神自体」の奥底が「無」であるということは、すなわち、すべてのものが、窮極的には、「無」の闇のなかに消没してしまう、そういう存在「無」化の次元が、神そのもののなかにある、ということを意味します。大乗仏教の存在「空」化に当ることが、ここでは、神の内面に起る出来事として考えられているのであります。

イブヌ・ル・アラビーにおいて、この存在「無」化の形而上的プロセスは、人間的認識主体の側における意識の脱自的深化のプロセスと厳密に対応するものとされます。この点でも存在一性論は仏教と同じです。存在「無」化は、意識「無」化と完全に一致しなければならない。意識「無」化のプロセスがその極点に達する時、そこにはじめて存在の「無」性が、閃光のように覚知される、というのであります。意識「無」化を、スーフィズムの術語で「(自己)消滅《ファナー》」（fanāʾ）と申します。そして、意識「無」化がさらにもう一段進められた状態を、「消滅の消滅」（fanāʾ al-fanāʾ）という。自我意識が消滅し尽したという意識すら消えてしまった状態、の意味です。存在「無」化は、その時現成する存在論的事態なのであります。

二

仏教の実践する「空」への道が、「事法界」から始まるように、スーフィズムの実践する「無」への道も、日常的意識の認識する日常的経験世界から出発します。様々な事物が、それぞれ自立する実体として、互いに障礙し合いながら存在する素朴実在論的世界。言うまでもなく、華厳の「事」の世界ですが、イブヌ・ル・アラビーは、これを「感性的認識の世界」(ʿālam al-shahādah) と呼びます。

この語、shahādah は、元来、自分の目で何かを直接に見ること、より広い意味では、一般に感覚器官を通じて事物に直触することであり、従って、ʿālam al-shahādah とは、要するに、感覚的事物の世界ということですが、常識的人間が認識するままのこの感覚的世界の本性を、イブヌ・ル・アラビーは存在の「夢」という言葉で、一挙にあばき出してしまう。普通の人間は、存在の実相を知らない、みんな存在の夢を見ているだけだ、というのです、夢――実体性の夢。同じことを彼はまた、「幻想《ハヤール》」(khayāl) という語でも表現します。日常的意識の見る存在世界全体を、一つの巨大な「幻想」と見做すのであります。自分自身をも含めてあらゆるものを実体的非連続性において表象し、それらを貫流する本源的存在エネルギーの流動性を見ない。世界を、このような非連続的実体の集合として夢見る時、この夢のなかでは、すべてのものは、互いに他を否定し合う、他を否定するこ

とにおいて自己を主張する。常識的人間（「凡夫」）の世界像を基礎づけるこの存在論的事態を、華厳哲学が事物相互間の「障礙」と考えることは、第一部で詳しくご説明いたしました。また、この事事障礙的状況が、観想意識のなかで、最後に「事事無礙」に転換すること、そしてそれに伴って、「事」の意味構造に微妙な二重性が生じてくるということも。イブヌ・ル・アラビーの思想における「事」にも、結果的には同じことが起ります。但しそこに至るまでの体験的、思想的経路がいささか違う。それがこの第二部の主要テーマなのであります。

とにかく、存在を、今お話したような本源的流動性——それをイブヌ・ル・アラビーは「神の息吹き」「神的慈悲の気息」と呼ぶのですが——の実相において見ることができるようになるためには、我々は、何よりもまず、凡夫の「夢」、ものの非連続的実体性の「夢」から醒めなければならない。そのためにスーフィー的観想道に踏み入るのです。

それでは、スーフィー的観想の修行道で、人は、具体的に、一体、どんな存在論的事態に逢着するのでしょうか。この問いにたいして、イブヌ・ル・アラビーは次のように答えます。三昧の深まりとともに、意識の素朴実在論的凝固性は次第に融けて流動性を帯びてくる。流動化された意識のこの認識空間に、今まで目の前に拡がっていた実体的事物の姿はもはや無く、そのかわりに、数かぎりない元型が現われてくる、と。

「元型」とか archetype とかいうのは、今日、神話学や深層心理学で使われている現代的学問の用

語でありまして、一口で言えば、存在の根源的範型、つまり、現象的にはいろいろ違う姿を取りながら、しかもそれ自体は普遍的自己同一性を保持する恒常不易の深層リアリティということ。意識論的に、また存在論的に、「元型」は、今日、よく問題にされます。イブヌ・ル・アラビーにもこの意味での「元型」に該当する考え方がありまして、意識論的には神の自意識の内部構造として、存在論的には、経験世界における現象的存在分節に先立つ前現象的、第一次的存在分節のあり方として定立されます。もっとも、イブヌ・ル・アラビーはそれを「元型」とはいわずに、「有・無境界線上の実在」とか、「神名」とか呼んでいるのですが。

これら二つの呼び名のうち、「有・無境界線上の実在」は、イブヌ・ル・アラビーが作った彼独特の術語です。あるともいえず、さりとてないともいえない、有無の間の境界領域の実在性を意味するこの術語そのもののなかに、存在論的に極めて重要な彼の思想傾向が示唆されております。それにつきましては、また後ほどお話することになりましょう。

これにたいして、もう一つの呼び名、「神名」のほうは、伝統的イスラーム神学の術語の借用です。「神名」(asmāʾ 単数 ism)は、文字通り、神の名。ご承知でもありましょうが、「神名」は、イスラームだけでなく、ヨーロッパ中世の神学思想でも非常に重要な働きをした概念で、これを論究する学問分野を、特に「神名論」と呼んで尊重したものです。詳しいことは省略いたしますが、後で「理理無礙」の概念をご説明するさい必要になってくるところがございますので、そういうところだけ、かいつまんでお話しておきます。

「神名論」では先ず、絶対超越性における神、つまりなんの限定もなく、まだなんの規定も受けていない神そのもの、「神自体」を措定します。しかし、こういう形で措定された神は、いわば裸の神、抽象的な神であって、信仰の対象となる生ける神ではない。生きた、具体的な神は、「神自体」ではなくて、いろいろな性質を備えている、例えば「慈悲深い」とか「慈愛かぎりない」とか、「正義」、「全能」、「全知」とか。「神自体」を様々に限定するこのような性質を、術語的に「属性」といいます。「神」を主語として、その述語になり得るような性質、という意味です。

イスラーム神学は、神には九十九個の「属性」があって、それらが『コーラン』に明記されている、と主張します。ということは、すなわち、それらの「属性」は、ひとつ一つ独自の名称で名指されているということでありまして、その意味で、「属性」は「神名」と呼ばれるのです。すなわち、「神名論」は、神の「属性論」にほかなりません。

しかし、神の「属性」、つまり、神に本源的に属している性質、とは、神を絶対存在と同定する存在論では、当然、存在の本源的性質、存在の最も原初的で最も基本的な性質、ということになる。ここに、イブヌ・ル・アラビーが、「神名」を存在「元型」として取り扱う理論的根拠があるのです。但し、彼は「神名」を『コーラン』に認められた九十九個に限定せず、その数は不定である、と申します。ひろく人に知られた「名」だけでなくて、まだ知られるに至っていないものが、たくさんあると考えるからです。従って、彼によれば、存在「元型」の数は無限定、あるいは、無限なのであります。

「元型」が幾つあるのかというようなことは、ここでは、大して重要な問題ではありません。この講演の主題にとって、それより遥かに重要なのは、我々が「元型」と呼び、イブヌ・ル・アラビーが「有・無境界線上の実在」と呼ぶものを、彼自身、「神名」と同定している、その事実です。すなわち、イブヌ・ル・アラビーにとって、「元型」の現成する場は「名」の支配する存在次元であるということです。神の「名」という特別の資格においてであるにせよ、とにかく「元型」の構成する世界は有「名」の世界なのであって、明らかに分節されている。絶対無分節の「神自体」とは、その点で、根本的に質を異にする世界です。この意味において、「元型」は神の自己分節によって現起する存在レベルであるともいえましょう。神が自意識をもつ時――イブヌ・ル・アラビーの言葉で表現しなおすなら、神が己れの内的鏡面に己れを映して見る時――神はすでに自己分裂し、自己分節した形で己れの姿を見るのです。

こういう次第で、「元型」は、はじめから分節されている。「元型」の世界は、分節の世界。だが、経験的世界で我々が認識する事物の分節とは違う。もともと、「元型」は、無分節の存在深層が直接自己分節した形であり、存在の根源的なあり方を深層レベルで規定するイデアルな型であるのですから、存在表層に成立する経験的事物の分節と違うのは、むしろ、あたりまえです。

それでは、両者がどう違うのかと申しますと、経験的事物の分節が、少くとも我々の日常経験的事態としては、相互障礙的な、いわば不透明な分節であるのに対して、「元型」的分節は透明分節である、そこが違うのです。存在分節の透明性とか不透明性とかいう比喩的表現が何を意味するか、

についてはすでに第一部で詳しくご説明いたしました。但し、華厳の場合、透明分節は「事」と「事」の間の相互無礙性の問題ですが、イスラームの存在一性論では、「事」的世界より先に、「元型」相互の関係について問題になる。つまり、すべての「元型」は、それぞれ自己同一性を保ちつつ、しかも融通無礙、互いに透過を許し合う、というのです。

「元型」のこのような存在論的透明性、相互無障礙性こそ、実は、「理理無礙」の成立根拠なのでありますが、その話は後回しにいたしまして、ここでは、「元型」の本来的な透明性を確認し、その「神名論」的帰結に注意を絞るにとどめておきたいと思います。それもまた、今日の私の話の後半で、大変重要な働きをすることになるからであります。

三昧意識の地平に現われてくる「元型」の数が無限であるにしても、そのひとつ一つが、今申しましたような意味で、透明であるならば、当然、それらは相互に滲透し合い、窮極的には、すべてが渾融して一になるはずです。すべての「元型」（＝「神名」）が融通し合って、ついに渾然たる一になったところ、そこに「アッラー」という絶対的「神名」が現われてくる。

「アッラー」（Allāh）は、ご承知のとおり、『コーラン』の神、『コーラン』の説く世界創造の主、唯一無二なる万有の主宰者としての神、ですが、これがイスラーム神学では「最大の神名」（al-ism al-aʻẓam）という資格で、特別な働きをすることになります。「神自体」は窮極的には絶対無「名」、すなわち、あらゆる「名」の彼方、なのですが、その絶対無「名」が自己展開的に有「名」の次元に入る、その一番最初の段階が「アッラー」である、という考えです。あらゆる「名」を超越する

というのは、前にもご説明しましたように、存在論的に言い換えますと、一切の意味分節を超越する、つまり、「分節以前」ということ。絶対的不可知性の闇の奥にひそむ神をそのようなものとして考えるのでありまして、「哲学者の神」がいかに信仰の神と違うか、これだけでもよくおわかりになるだろうと思います。

それはとにかくといたしまして、無「名」の神が有「名」の神となって自らの姿を現わす。つまり、「分節以前」が様々に自己分節していく。その全プロセスが「アッラー」という「神名」から始まる、というのです。「神名」であるかぎりは、「アッラー」も、勿論、一つの分節です。しかし、それは他の一切の「神名」を未分の状態において包蔵する普遍的な、全体総括的な「神名」であり、存在論的に言えば、それ自体は分節でありながら、その内部ではまだ一物も分節されていない状態、すべてが渾然として一である状態であります。

他の一切の「神名」を未分の状態で包蔵するからには、当然、「神名」的存在次元の一段下に拡散する一切の経験的事物の「名」を、間接的に、包蔵する。従って、「アッラー」は、「元型」の「名」であれ、経験界の事物の「名」であれ、一切の「名」を潜勢的に含む「最大の名」なのであり、存在論的には、ありとあらゆる存在分節の窮極的源泉である、ということになるのです。

千々に分れ乱れて転変する経験的事物の限りない多を、幾つかの「元型」の多に統一し、その「元型」的多をさらに根源的一に統合する。万法の帰一するところ、「アッラー」のこの存在統合性を、イブヌ・ル・アラビーは「統合的一者性」(wāḥidīyah)の存在次元と呼びます。「統合的一者」

(al-Wāḥid) とは、この次元での神、「アッラー」の哲学的「神名」です。「統合的一」は、ただの「一」ではありません。限りない多を一つに集めた一、多を内にひめた一です。多はまだそこには全然現われていない。表面的には平等一味。だが、この一は、今まさに多に分れようとしている。いわば分節直前の無分節です。このような状態における無分節者を、仏教は「妙有」と呼んだのでした。イブヌ・ル・アラビーのいわゆる「統合的一者性」は、まさしく、華厳哲学の説く「理法界」だったのです。

しかし、ちょうど仏教で、「妙有」のかげには「真空」があり、そこにこそ「空」の窮極的実相があったように、存在一性論もまた、多の一から、さらに遡って、純粋の一に行きます。もはや多の潜在性の匂いすらない「絶対一者性」(aḥadiyah) の一。このような一が、極限的には「無」であることについては、多言を要しないと存じます。「絶対一者性」の境位にまで遡源された存在は、もう存在ではない。反対に、存在性の絶対的否定です。そして、それこそ、前にお話した「玄虚《ゲイブ》」であったのです。

こうして我々は、イブヌ・ル・アラビーの指示に従いながら、彼の教えるスーフィー道を、思想的に、頂点まで登りつめました。仏教の観想道でもそうですが、ここまで到達したスーフィーは、ひるがえって、自分の今来た道をひき返します。我々も同じことをやってみましょう。しかし来た

時より今度はもっと華厳哲学的「読み」の線にそって。それが私の、始めから意図したことであったのですから。

三

我々のここまで歩んできた道が、結局、存在「無」化（大乗仏教的にいえば存在「空」化）、すなわち、存在解体への道であったということに、皆様、すでにお気づきになったであろうと思います。

空々漠々たる「無」の闇。一物の影すらそこにはなく、神（アッラー）すらない「無」のひろがり。絶対的無分別、無分節、無「意味」の世界。それが、これから我々の辿るべき道の出発点です。

スーフィー的観想体験の事実としては、これが、人間的主体性の完全な払拭、すなわちスーフィズムのいわゆる「自己消融」、あるいは「消融の消融」、の境位であることは、すでにお話いたしました。常識的人間（凡夫）の目には、空しさとのみ映るこの絶対的存在否定、神すらないこの空虚、をイブヌ・ル・アラビーは神の内面の「無」、神そのものの「無」的奥底、として措定します。神のなかに「無」がある。神は、その存在的極限において「無」である、という。このような境位における神の「名」は「絶対一者」。原語はal-Aḥad。さきほどお話した「アッラー」は「統合的一者《アル・ワーヒド》」でした。同じく「一」であっても、「絶対一者《アル・アハド》」は、それとは次元の違う「一」です。

本当は無「名」であるものを、強いて言語化して作り出した名称であるのですから。

神が本来的に無「名」であり「無」であって、しかもすべてがそこから始まるということは、私が最初から使ってきた用語法では、すべての存在分節が、絶対無分節の展開形態である、ということです。ただ、イブヌ・ル・アラビーは分節とか無分節とかいうかわりに、限定・無限定という表現を使います。ですから、彼の言い方では、「神自体」は、存在論的には、「至極の無限定」(ankar al-nakirāt)であり、「元型」を含めてすべてのものは、「至極の無限定」の様々な「限定」形態である、ということになります。すべてのものを、本来絶対無限定的である神の自己限定として考えるのです。

同じことをイブヌ・ル・アラビーは、「神名論」的比喩を使って、本来無「名」である神が、自分自身の有「名」の次元に下りてくる、というような表現もしています。無「意味」が有「意味」に転成する、といってもいいでしょう。

このように考えはじめると、しかし、「玄虚」すなわち神的「絶対無」は、神そのものの内部で、もう完全に「有」のほうに向って動きだしている、といわなければなりません。突如、「無」が「有」(存在)の太源という意味に変る。華厳の場合でも同じことですが、それがイブヌ・ル・アラビーの存在一性論の構造的始点をなすのであります。

存在一性論は、神の自己啓示で始まります。「啓示」と申しましても、『旧約聖書』などで我々が

よく知っている啓示、すなわち預言者にたいする神の言語的意思表示という意味での啓示のことでは、無論、ありません。預言者的啓示以前の啓示。歴史的事件としての啓示より遥か以前に、というより、歴史的時間を超えた神の時間、無始なる時間の始め、において、啓示はすでに起っているのです。

最初に――とは、無時間的に、ということであり、従って動詞の過去形は、この場合、現在形と同価になります――神のなかに創造への憶いが兆した、とイブヌ・ル・アラビーは言いだします。その時、神は自らを自らにたいして啓示（開示）した。前にもちょっと申しましたが、自分自身を鏡として、その鏡に映る自分の姿を眺めた、とも彼は言っています。要するに、神の不可視の内部構造が、先ず神自身に顕《あらわ》になった、ということ。ここでイブヌ・ル・アラビーは神の自意識というようなことを考えているのです。神における自意識の生起、「創造」の開始。

神のこの自己内的啓示を、イブヌ・ル・アラビーの術語では「至聖溢出」（fayḍ al-aqdas）といいます。ついでながら、ここで「溢出」（fayḍ）とは、元来、流出論的ネオ・プラトニズム特有の術語ですが、それをイブヌ・ル・アラビーが自分の哲学の術語として使ったもの。それの同義語として、彼は「（自己）顕現」（tajallī）という言葉を使う。このほうが、もっと彼独特の術語です。彼の思想では、神は、常に、不断に、「顕現《タジャッリー》」を重ねていくわけですが、「至聖溢出」は、最初の「顕現」であり、「顕現」の永遠のプロセスの第一段階であるのです。

この最初の神的「顕現」とともに、「無」は決定的に「有」に転じ、原初の暗黒が光に転成する。仏教的に言うなら、「空」が「妙有」的側面において、すなわち「仏性」的に、働きはじめるということです。本来無「名」である「絶対一者」が、有「名」の領域に入り、「元型」群のシステムとしての自己の内部構造を開示するのです。但し開示する、とはいっても、さっきも申しましたように、神自身にたいしてであって、他者にたいしてではない。あくまで神内の出来事で、表面上ではまだ何事も起ってはいない。つまり「元型」の実相は、人間意識にとっては不可視不可測。ただ、「神名」という「名」を手がかりとして、それがどんなものであるか、わずかに察知できるだけのことであります。

「元型」の、イブヌ・ル・アラビーにおける本当の名が、「有・無境界線上の実在」であることは前に申し上げました。原語 aʿyān thābitah を仮にこう訳してみたのですが、これには問題がないわけではありません。まず、その点を簡単に解明しておいて、それから先に進みたいと思います。元来、この thābitah という形容詞は、普通のアラビア語では、「固定された」「不動の」というような意味。それで、この場合でも、aʿyān thābitah をその意味にとって——aʿyān（単数形 ʿayn）は「実在」「個体」などを意味します——fixed Realities とか permanent Realities などと訳している人が西洋のイスラーム学者に多い。たしかに、イブヌ・ル・アラビー自身、「恒常不変」の意味をも含ませてこの術語を造ったのであろうとは思いますが、しかし彼の存在論の思想構造から見て、彼の心にあったこの語

の第一義は、それとはまるで違うものであったろう、と私は考えます。すなわち、彼は thābitah という形容詞を、神学者たちの専門用語から取ってきたのです。

イスラーム神学では、この形容詞は「有・無不定」、「有」でもなければ「無」でもない、あるともいえないし、ないともいえない、という存在論的曖昧性を意味する、極めて特徴的な術語でした。それをイブヌ・ル・アラビーは、そのまま借りてきて a'yān に結びつけた。そういえば、「元型」は、先刻も申しましたように、経験的世界では、それらの実相そのままには存在していない。それなら、全然ないのかというと、経験的世界の事物の、いわば裏側に、ちゃんと存在して働いている。まさに「有・無境界線上の実在」です。それに「恒常不変」という含意を加えて特別の術語にしたのだろうと思います。ですから、もし厳密を期するなら、「有・無境界線上の、恒常不変の実在」とでも言うほうがいいわけですが、いちいちそんなことを言っていては話が面倒になりますので、特に必要がないかぎり私は手っ取り早く、「元型」という語を使うことにしております。

さて、すでに説明いたしましたような次第で、「至聖溢出」、すなわち神の最初の「(自己)顕現」によって、「無」の空間は「有」の空間と変り、そこに無数の「元型」が現出してくる。神の「(自己)顕現《タジャッリー》」とは、ここでは、本源的無限定者(無分節者)が様々に自己限定し、自己分節して、第一次的限定形態、第一次的分節として現われてくるプロセスを意味します。そして、その結果成立する「元型」の存在論的レベル——特にすべての「元型」のうちで一番最初に現出する普遍的、

統合的「元型」、すなわち「神名アッラー」のレベル——が、華厳の「理法界」に当るものであることは、すでに述べたとおりであります。

「至聖溢出」にかぎらず、一般に、存在一性論における神の「(自己)顕現」は、華厳哲学の「性起」に対応する存在論的概念ですが、もし「顕現」を「性起」と同定いたしますと、存在一性論では、「性起」が、華厳の場合より、いわば一つ前の段階で、すでに起っていることになる。別の言い方をするなら、「性起」が、ここでは、二段階的に考えられているというわけです。

元来、華厳哲学の構想する存在秩序では、「性起」とは、一口に言えば、「理」が「事」になることでありました。虚空のごとく一切処に遍在して平等無差別、といわれる「理」的一者が、自己分節的に、「事」的多者として、参差たる経験界の事物として、現われること。それが「性起」なのであって、それ以前の「性起」などということは、華厳としては、とうてい考えられない。なぜなら、華厳的存在秩序においては、「無」は「有」に直結し、「無」と「有」とは表裏一体をなし、まさにそのことにおいて「空」(真空・妙有)であるのだからです。

このように、「真空」と「妙有」とを「即《そく》」の一字でつなぐ仏教とは違いまして、存在一性論は、「真空」と「妙有」との間に距離を置きます。つまり、両者の間に階層的差異性を認めるのです。「真空」と「妙有」とは、一応、切り離されて、それぞれ別の存在論的レベルとなる。「妙有」とはいっても、この場合、「有」は本当の意味での「有」ではない。さればといって、「無」でもない。

「有」と「無」の中間、「有・無境界線上の」存在領域でありまして、「妙有」(すなわち「理」)を、そのようなものとして考えた上で、はじめて、「真空」が「妙有」として性起するという考えが成り立つのであります。

「理」から「事」へという、後の段階で問題となる第二次「性起」——実は、それこそ華厳哲学の認める唯一の「性起」の形なのですが——に構造的に先行するこの第一次「性起」は、「神自体」の最初の「(自己)顕現」であり、もっと簡単に言えば、「無」から「理」へという神内的出来事なのであって、それが存在の「元型」的、「神名」的地平を拓く、というわけです。

こうして、原初的存在レベルとして現出する「理」の世界が、今申しましたように二階層的に構造化されていることは、イブヌ・ル・アラビーの存在一性論を根本的に特徴づけます。その第一階層は、「神名・アッラー」、すなわち、無分節的「理」の領域。第二階層は、この無分節的「理」が様々に内部分裂することによって現出する分節的「理」の領域。無分節的「理」と分節的「理」と。この二つを合わせたものが、イブヌ・ル・アラビーにおける「理」の全体構造なのであります。

もともと、絶対無分節者の最初の分節として成立したものであるとはいえ、「理」それ自体は、今申しました第一階層においては、内的分節をもっていない。漠然として平等一味、まったくの無分節者です。だが、他面、この「理」的無分節者は、「元型」的次元における全存在世界を、原初的未分の「一」性において、潜在的に、包蔵する。まさに「有・無境界線」にまたがる両義的境界地帯。第一部でちょっとお話した「秘めた宝」(kanz makhfī) とは、この境界的トポスの比喩的形

象化であったのです。

神の「元型」的「(自己) 顕現」は、またの名を「神名的顕現」(tajallī asmāʾī) と申します。この名の示すごとく、今お話した第一次「性起」の第一レベルで、「神名・アッラー」が現われた後、それにつづいて他の「神名」(「元型」) が、続々と「性起」していき、先刻お話した第二次的「性起」の段階に入ります。多くの個別的「理」の出現です。

個別的「理」相互の間には、言うまでもなく、差異がある。そうでなければ、個別的ではあり得ない。しかしながら、他面、いかにそれらが差異的に対立しておりましょうとも、すべて唯一絶対の「理」の自己分節であるかぎりにおいて、個別的「理」は、いわば互いに透明であり、互いに融通し滲透し合うはずです。あらゆる個別的「理」の全体的円融、相互滲透、それが「理理無礙」と呼ばれて然るべき存在論的事態であることは、第一部以来、縷々述べてまいりましたところから、容易におわかりいただけることと思います。

こうして、「理」は、イブヌ・ル・アラビーにおいて、無分節態、有分節態、二つのレベルからなる階層構造として、立体的に構想されます。これにくらべれば、華厳哲学における「理」は、むしろ平面的。もともとレベルの違いなどないのですから、もし形象化するなら、際涯のない平面的広がりになるのは当然です。例えば、前にも申しましたが、渺茫たる大海の水面のように。ですか

ら、この比喩では、水面に起っては消える無数の波が、そのまま「理」の「事」的分節(「性起」)ということになる。水と波との関係が「理事無礙」、波と波との関係が「事事無礙」。この二つの「無礙」関係のほかに、華厳でも「三種円融」などと申しまして、実際に、第三の「無礙」関係として「理理無礙」を語ることがありますが、その場合は、「水と水との一味融和」というようなことにならざるを得ません。しかし、「水」は、このコンテクストでは、始めから、「理」の平等無差別性の比喩なのですから、「水と水とが互いに融通して無礙である」などといっても、ほとんど無意味。無意味でないまでも、トートロジーであり、少くとも「理事無礙」や「事事無礙」と肩をならべるだけの存在論的力動性をもちません。「理理無礙」が本当に潑剌たる力動性をもって働く場は、存在一性論における「理」の第二階層のように、「理」的一者が、個々別々の「理」として、自己分節的に現成するところだけであります。互いに違う個的「理」相互間の関係として、はじめて「理理無礙」はその真面目を発揮するのです。

このように構想された「理理無礙」に、イブヌ・ル・アラビーは異常なまでの重要性を認めていました。以下、彼自身の言葉を引用しながら、もっと具体的な形で、彼の考える「理理無礙」の実相を探ってみようと思います。

四

イブヌ・ル・アラビーにはたくさんの門弟や後継者がありました。そのなかのある人たちが、師の伝記を書いておりますが、その証言によりますと、彼は五百以上の著作を残した、ということです。生前すでに伝説的人物になっていたこの人のことですから、五百の著書などといわれても、べつに驚きはしません。それにアラビア語では、僅か数頁の小論文でも「著作《タスニーフ》」なのですから。しかし、とにかく、イブヌ・ル・アラビーの筆が、とても人間わざとは思えないようなスピードで疾走しつつ、常識的理解の把捉を越える異常な思想やヴィジョンを、とめどもなく紙面に書きしるしていく、それが見る人によほど強烈な印象を与えたらしいのです。現在まで残っているものだけでも、彼の書き物は厖大な量ですし、それにだいいち、彼自身、自分の書き物を、全部、神の「啓示」によるものとしている事実は、この点で大変示唆的です。一般に脱自的霊感の筆は異常な早さで走るのが普通ですから。

彼の著作の正確な数はともあれ、なかでも、その重要性において他のすべてを圧倒するものが二つありまして、幸い両方とも現存しております。その一は『メッカ啓示』(*al-Futūḥāt al-Makkīyah*)、その二は『叡知の台座』(*Fuṣūṣ al-Ḥikam*)。後者はイブヌ・ル・アラビーの思想が円熟しきった晩年の作品で、形は小さいながら、内容的には彼の哲学の全貌を組織的に叙述したイスラーム思想史上屈指

の名著とされております。

『叡知の台座』の整然として一糸乱れぬ秩序とは対照的に、『メッカ啓示』の頁を繰る人の目を先ず打つものは、曠蕩として限りない無秩序。幽邃なヴィジョン、華麗な幻想、抽象的思惟の難渋な歩み、かと思うと、それらすべてが、突然、日常的な語りかけの親しげな身振りに変る。イブヌ・ル・アラビーという一個の魁偉な魂の経験した、あらゆることが、ここに雑然と投げこまれているのです。西暦一二〇一年、たまたま巡礼のためにメッカを訪れた時、その聖所で突然、霊感を受けて書き始め、そのまま孜々として書き続けて、一二三〇年についに筆をおく。その間、およそ三十年。書き了えたのは、死の十年前でした。昔のブーラーク版で約三二〇〇頁を数える、文字通り厖大な著作であります。始めから終りまで、無秩序、無構成、しかしそれだけにまた、『叡知の台座』のような組織的な思想書とは違って、そこではイブヌ・ル・アラビーのなまの声が聞かれます。

さて、先刻申しましたように、「理理無礙」の観念を、イブヌ・ル・アラビーは、こよなく大切にしていました。これがまったく自分独自の思想であるという自信が彼にはあったからです。彼以前のいかなる思想家もかつて気づいたことのない哲学の秘境に踏み入り、そこで自分は人類の思想史上未曾有の何かを経験したのだ、と彼は確信していました。

『メッカ啓示』の一節で、「理理無礙」を語りだそうとするにあたり、彼は次のような感慨を書きしるします。「これから私が君たちに明かそうとしている事柄は、今より前のどの時代の、どの哲

学者も、未だかつて口にしたことのない深遠な真理である。口にしたことがないというより、きっと誰一人として悟った者がなかったであろうと思う。おそらく私は、この真理を覚知している唯一の人間なのだ。いや、今日といわず未来においても、私に開示されたこの同じ真理が、私の場合と同じ（神的）源泉から、ほかの誰かに開示されるというようなことが、はたして起るであろうかということになると、私は大いに疑わしいと思う」（ベイルート版、巻一、一〇二）、と。彼の自信のほどがうかがわれます。

過去、現在、未来を通じて、自分以外に、誰ひとり覚知する者はあるまいと彼が言う、この「秘密」、それが、さきほどからお話している「理理無礙」であることは申すまでもありません。今、彼はそれを、彼独特の「神名」論の形で展開しようとするのですが、それに先立ち、初心の弟子たちのために、日常的世界の例をひいて、次のように説明します、驚くほどやさしい文体で。

「試みに、ひと山に盛りあげた麦を眺めてみるがよい。ひと粒の麦に含まれている内実《リアリティ》は、ほかのどの麦粒に含まれている内実と完全に同じであることに、君たちもすぐ気づくであろう。だが、それと同時に、君たちは知っている、この特定の麦粒が、あの特定の麦粒ではない、ということを。それら二つの麦粒が、それぞれ、まったく同じだけの内実を含んでいて、互いにどんなに似ていようとも、だ」。二個の任意の麦粒は、いずれも麦である点において、まったく同一。それにもかかわらず、これはあれとは違う。二つの個物をきっぱりと分離する何かがそこにある。その「何か」を、イブヌ・ル・アラビーは「ラティーファ」（laṭīfah）とか「ラキーカ」（raqīqah）とか呼びます。

どちらもアラビア語では同義で、「繊細なもの」「幽微なもの」を意味します。つまり、同じでありながら異なり、異なっていながら同じであるような事物相互間に成立する微妙な異・同関係を、彼はこう名づけるのであります。

ところで、この麦粒の例を、そのまま表面的意味にとれば、それは完全に存在の「事」的レベルの構造の説明になってしまいますが、イブヌ・ル・アラビーのここでの意図は、勿論、「事」を語ることではなくて、それを通じて、類比的に「理」の構造を暗示することにあるのです。すなわち、今、麦について言われたことが、構造的にそのまま——というより、優先的に——存在の「理」的レベル、つまり、「神名」の次元に当てはまる、というのです。麦粒間に認められる「幽微」関係を下敷きにして、「神名」界の「幽微」構造を、彼は次のように説き明かします。

「ひとつ一つの神名は、自分自身の内部に、他のすべての神名を包含している。つまり、各神名は、自分の機能領域のなかに、他の一切の神名を、己れの属性として、取りこんでいるのだ。……従って、どの一つの神名を取ってみても、そこにあらゆる神名の内実《リアリティ》が収約されている。それらの神名が、互いに区別されるのは、ひとえに、前述の『幽微』性というものがあるからだ。」

ここまで、私は『メッカ啓示』の述べるところをそのまま辿ってまいりましたが、イブヌ・ル・

アラビーのもうひとつの主著『叡知の台座』のなかに、この同じ思想をもっと具体的な形で展開している箇所がありますので、そのほうに目を転じてみることにしましょう。以下、イブヌ・ル・アラビーの所説の要約です。

今申しましたように、「神名」にはすべて、二つの相反する側面がある。その一つは、同一性の側面でありまして、あらゆる「神名」の太源ともいうべき「神名・アッラー」、すなわち無分節の「理」、の絶対的一性をそのまま映す側面です。この側面においては、「神名」相互間に差異はありません。「神名」は、たしかに、名ではありますが、それが名としての差別効力を失ってしまうのです。あるいは、すべての「神名」が、それぞれの固有の意味を失って、唯一の「神名」である「アッラー」の意味に収斂されてしまう、とも言えるでしょう。だから、例えば、「恩恵者《ムヌイム》」(Munʿim) という「神名」も、それと正反対の「処罰者《ムアッジブ》」(Muʿadhdhib) という「神名」も、まったく区別がなくなってしまう。

しかし、その反面、すべての「神名」は、各〻その名が言語的に指示する特殊の意味に従って、有意味的に機能します。これが「神名」の第二の側面なのでして、この側面においては、「恩恵者」と「処罰者」との間には、歴然たる差異がある。各「神名」は、根源的「一」者の、それぞれ別の特殊分節を、有意味的に指示するからです。

こうして、あらゆる「神名」は、相矛盾する二つの側面を必ず備えている、とされます。すべて

の「神名」は、まったく同一であって、しかも、個々別々。様々に相違し合う「神名」の多（分節的「理」）が円融して「神名・アッラー」の一（無分節的「理」）に帰入する。これが、イブヌ・ル・アラビーにおける「理法界」の姿です。

「神名論」について語りはじめて以来、私は「アッラー」という名を、すでに何遍も口にしてきました。それが神的「無」（「玄虚」）の第一次「性起」の、そのまた第一階層であり、無分節の「理」であるというところまではお話ししましたけれど、この統合的「神名」の具体的内実については、まだ全然ご説明いたしておりません。ここで、イブヌ・ル・アラビーの思想体系のなかで、「アッラー」が、一体、何を意味するのかということを、彼自身の言葉に拠って、一応、解明しておきたいと思います。

イブヌ・ル・アラビーが哲学的に思念する神が、その深層の極所において「玄虚」であり「無」であることについては、すでに詳しくお話ししました。「無」は「有」的に「性起」して、あたかも太陽から不断に発出する光のように、「有」の力が十方に拡散する。このレベルでの「有」の創造力を、イブヌ・ル・アラビーは「慈悲《ラフマ》」と呼びます。神学的、あるいは信仰的、には、「慈悲」とは、万物を創り育て、万物をいつくしむ人格的神の愛の働きですが、彼の哲学では、神の「有」的側面から発散する宇宙的存在エネルギーを意味します。彼の哲学思想を世に「存在一性論」（waḥdat al-wujūd）と称しますが、「存在《ウジュード》」（wujūd）とは、まさにこの意味での普遍的、遍在的存在エネル

ギーのことであります。万物を存在に喚び出し、それらすべてを存在において保持する神的愛の力、それがイブヌ・ル・アラビーのいわゆる「慈悲」なのでして、この宇宙的存在エネルギーの発出の原点を、「神名」的に「アッラー」と呼ぶのです。

存在エネルギー発出の原点。この原点においては、全存在世界を現出させるはずのエネルギーは一に収斂して未発。それが無分節の「理」。この「理」が千々に分れて発出し、分節的「理」となる。と、大体、こういう考えの道筋です。従って、発出した分節的「理」、すなわち個別的「神名」の観点から見れば、すべての「神名」のかげに「アッラー」がある、すべての「神名」は実は「アッラー」の名である、ということになる。だから、また、「神名」相互の関係としては、一々の「神名」のなかに、いわば「アッラー」を媒介として、他のすべての「神名」がある、すべてのなかにすべてが含まれている、ということになるのであります。一つの具体的な例を取って、この「神名」的事態のあり方を考察してみましょう。

イスラーム教徒なら誰でも、神を憶う時、必ずその胸に浮ぶ形姿がある。永遠の生者（生ける神）というイマージュです。ちなみに、「永遠《カディーム》」（qadīm）とは、アラビア語では、どこまで遡っても決して始点に行きつくことのない、という意味ですから、永遠に生きるということは、仏教でいわゆる不生（不滅）と同義です。始まりのない生命を生きる者——すべての信者の信仰のなかにあるこの神形象が、イスラーム神学では、「生者《ハイ》」（Ḥayy）という「神名」として登録され、そして、それがさらに、イブヌ・ル・アラビーの「神名」論体系のなかに、新しい哲学的役割を負って、組

みこまれていきます。すなわち、今、述べた意味での神の「いのち」が、存在深層の一つの「元型」として、つまり一つの分節的「理」として、思想的に機能しはじめるのです。

イブヌ・ル・アラビーの「神名論」体系の一部となった「生者」は、それ自身の特殊な意味を担うだけでなく、それと同次元の他の一切の「神名」の意味内実を、すべて、己れの意味領域のなかに包蔵する、とされます。他の「神名」——例えば「権能者」（Qādir「全能」）、「知者」（ʻĀlim「全知」）、「随意者」（Murīd「すべてを意志のままに処理する者」）等々。このような「神名」の表わす「元型」的意味、例えば、この場合では、「力」「知」「意志」などが、ことごとく「いのち」のなかに含まれ、互いに融通し合う。「いのち」の代りに「力」を主に立ててみれば、今度は「いのち」が、他の「元型」的意味と一緒に「力」の意味領域の一部となる、といった具合で、華厳の説く「主伴」の論理、「有力」「無力」関係において我々が見たものと同じ事態が、ここにも見られるのです。

すなわち、第一部で華厳の「事事無礙」をご説明する時に使った図式が、そのまま、構造的に、ここでは「神名」相互の関係の表示に適用されるわけです。A（**a** b c d e……）、B（a **b** c d e……）、C（a b **c** d e……）等々、というふうに。

ABC……は、「神名」として表面に出ている形。そのかぎりにおいて、例えばAはBとも違うし、Cとも違う。しかし、その意味内実（意味構成要素a b c d e……）においては、BCとまったく同じ。それにもかかわらず、ABC等が、それぞれ違う「神名」であり得るのは、ただAにおいてはa（たまたま言語的にAに直結する意味）が、Bにおいてはbが、Cにおいてはcが、とい

うふうに、構成要素のなかで、特にその「神名」の言語的意味を表わす要素が（華厳的言い方をすれば）「有力」で、他の要素を圧倒して「無力」状態に陥れてしまうから、であるのです。諸「神名」間のこの特異な関係を、イブヌ・ル・アラビーが「幽微」関係（laṭīfah）と呼んでいることは、前にお話いたしました。

「神名」相互間の、この「幽微」関係は、信者の信仰生活の実践面にも、力強く働きます。ほかの宗教にもよく見られることですが、イスラームには信仰上の極めて重要な勤行形式として、「唱名《ジクル》」（dhikr）なるものがあります。一心不乱に、全身全霊の力を集中して神に呼びかける。その時、神のどの「名」を使うかということが、大問題になりますが、イブヌ・ル・アラビーによれば、どの「名」を選んでも、本質的には大して違いがないことになる。例えば、ある信者が、「おお、情深い者よ！」と呼び、他の信者が「おお、復讐者よ！」と呼ぶ。表面上は大変違うようだけれども、内実的には同じことだ、というのです。なぜなら、上に述べた原則によって、AとかBとかいう個別的「神名」で神を呼ぶことは、どの場合でも、事実上、あらゆる「神名」を合わせて神を呼ぶことと同じだからであります。

「唱名」行為に、具体的な形を取って現われるこの「神名」間の「幽微」関係を、イブヌ・ル・アラビーは「唱名の秘義」と見做しておりますが、それを下から支えている思想的根基が、「理理無礙」であることは、今さら申すまでもないでしょう。「唱名」に関わる「神名」論を、存在論の

言葉に翻訳すれば、「神名」は、そのまま「有・無境界線上の実在」すなわち「理」に変じ、「唱名の秘義」は「理理無礙」になってしまうのです。

情熱的な信仰者としてのイブヌ・ル・アラビーにとって、「唱名の秘義」は、本当は、理論ではありませんでした。理論ではなく、あるいは、理論であるよりも先に、それは、一つの激烈な宗教体験であったのです。昼夜を分たぬ「唱名」の勤行を通じて得た体験知を、哲学者としての彼は、「有・無境界線上の実在」の間の相互滲透、相互融通という形で思想化した。それが存在一性論を特徴づける「理理無礙」なのである、と私は思います。

五

こうして、私の今日の長々しい話も、とうとう終点に近づいたようです。目指す終点は「事事無礙」。それ以外に、もうお話すべきことは残っておりません。「理理無礙」から「事事無礙」へ、というのが、始めからこの第二部のテーマでありました。

もっとも、本当を申しますと、二つの「無礙」の中間に、もう一つ別の「無礙」、つまり「理事無礙」が入り、全体的には、「理理無礙」→「理事無礙」→「事事無礙」という構造になるわけですが、存在一性論の場合、上述の第二次「性起」(「理」→「事」)が、すなわち「理事無礙」以外の何ものでもないのですから、「理事無礙」をここで特にご説明する必要はないと思います。「元型」という

個別的「理」を通じて、神の「(自己)顕現」は、「理」の領域を越え、そのまま「事」的世界となって現成する。「理」と「事」との関係が、本来、そのようなものであるなら、両者が互いに無障礙、相互滲透的、であることは、言わずして明らかではないでしょうか。

しかし、そう言えば、「事事無礙」についても、ここまで話を進めてきた今となっては、語るべきことは、もうそんなに多くはないはずです。「理理無礙」の意味するところがわかってしまえば、「事事無礙」の意味も、おのずからわかる道理なのです。

もともとイブヌ・ル・アラビーによれば、我々の日常的経験の世界(「事」)は、「神名」の世界(「理」)の構造が、我々の感覚・知覚的認識能力の鏡面に映し出されたものにすぎません。言い換えますと、「事」は「理」の感覚・知覚的「鏡像」です。すべて鏡像は、鏡のあり方によって、映す本体を歪曲する、とイブヌ・ル・アラビーは言います。しかし鏡が対象をどんなに変えて映しても、対象の根本的構造そのものは変らない、と。だとすると、もし「理」と「理」の間が「無礙」であるなら、それを鏡像的に再現する「事」と「事」の間も「無礙」であるのが当然です。前に、「理理無礙」の説明のために使われた麦の譬えは、実はそのまま、「事事無礙」の説明であったのです。

イブヌ・ル・アラビー独特の「顕現」(tajalli)説で申しますと、「事」的世界は神の第二次的「(自己)顕現」の場、つまり、絶対無分節者の第二次的分節態でありまして、絶対無分節者はその前に、すでに第一次的分節を経ている。すなわち「事」の現出以前に、「元型」的多、個別的「理」の階層が成立している。そして、「理」の分節構造を範としつつ、「事」の分節構造が根本的にきま

っていくのです。「理理無礙」の、「事」的次元での構造的再現は、どうしても「事事無礙」でなければなりません。

我々の日常的経験の世界が、不断の変化と限りない異化の世界であることを、イブヌ・ル・アラビーも認めます。「神の世界は（空間的にも時間的にも）際涯なく広い。繰り返されるものは、この世界には、ただの一つもない」と彼は言っています。空間的には、「同じ二つのもの」は存在しない。時間的には「世界は一瞬ごとに新しい」、と。しかし、様々に異なり、刻々に移り変るそれらすべての事物は、要するに、絶対的「一」者の、千差万別の「顕現」形態にすぎないのです。

こうして見ると、すべての現象的事物は多にして一、一にして多。換言すれば、すべてのものは互いに透明で無障礙である、ということになります。今、私の目の前にある一輪の花は、それを私が花として見ているかぎり、どこまでも花であって、蝶でもないし、鳥でもない。けれども、イブヌ・ル・アラビーによれば、花には花の存在論的うらがある。すなわち、花は花であるだけではなくて、異次元の、ある特定の「元型」（「理」）の示現でもあるのです。しかし、前に申しましたように、一一の「元型」はすべての他の「元型」を自分自身の深層に秘めているのでありまして、この点からして、「元型」の構造を「事」的に再現する経験界の事物のひとつ一つが、それぞれの形で他の一切の事物を、己れの存在深層に含んでいる、と考えなければなりません。と、すると、花は花として動かしようもなく凝固しているものではないはずです。花は花でありながら、蝶でもあ

るし、鳥でもある。すべてのものは、存在論的に、かぎりない柔軟性と透明性とをもっているのであります。

経験的事物の、この存在論的柔軟性と透明性とを、イブヌ・ル・アラビーは、「神は、まことに、幽微（laṭīf）におわす」という『コーラン』（三一章一五節）の一句に読み取ります。「幽微」という語の、イブヌ・ル・アラビー的意味については、すでにご説明いたしました。但し、あの時は、「理」と「理」の間の関係についてのことでしたが、ここでは、「事」と「事」の間の関係です。つまり、存在の「理」的次元においても、「事」的次元においても、「幽微」関係は存立する、ということであります。

存在の「幽微性」（laṭāfah）。「神は、まことに、幽微におわす。」この一句は、存在の本源的「幽微」性を表わします。なぜなら、イブヌ・ル・アラビーにおいて、「神」と「存在」とは、哲学的には、完全な同義語なのですから。そして「存在」とは、この場合、極限的には、「無」の暗黒から発出して、光のごとく拡散していく多層構造的「有」を意味します。この「有」の「幽微」性は、我々の日常経験的世界においては、どんな形で現成するのか。イブヌ・ル・アラビーの説くところを要約すると、大体、次のようになるでしょう。

経験的世界にあるすべての事物は、いずれも、それの「名」によって指示される特定のものであります。あらゆるものは、窮極的には、神的「有」であり、それ以外の何ものでもないのですが、しかし我々の経験的事実としては、神的「有」は「天にあっては天、地にあっては地、木にあって

は木、天使にあっては天使」。それぞれが自分独自の「名」を帯びて――つまり、「意味」的に分節されて――それぞれのものであるのです。しかし、この事態を逆の方向から見れば、天は天であることにおいて神、地は地であることにおいて神、木は木であることにおいて神、天使は天使であることにおいて神、とも言えるのではないか。いかなるものも、イブヌ・ル・アラビーによれば、神の「顕現」であるという、この一事を考えただけで、そこにこそ神的「有」の限りない柔軟性、「幽微」性の存在論的根拠があることがわかるはずです。

およそこのようにして、イブヌ・ル・アラビーの「事」的世界は「事事無礙」的に現成します。あらゆるものが、各〻その存在論的位を守ってそのもの自体でありながら、しかも他の一切のものでもある。一粒の麦がすべての麦。一粒の麦が全世界。そしてまた、全世界が一粒の麦。一個のアトムのなかに、重層的に、一切のアトムの存在性が流入し、同様の構造をもった無数のアトムが、互いに他を映現しつつ、刻々に生じては消え、また生じていく。あらゆるものが重々無尽に滲透し合いつつ、走馬灯のように、かぎりなく流動する。万有円融の絢爛たる存在風景。イブヌ・ル・アラビーの観想意識に現われた、これが、神の世界の「事事無礙」的実相であったのです。

以上、第二部全体を通じて私は、イブヌ・ル・アラビーの存在一性論を、「理理無礙」から「事事無礙」へというテーマの下に解釈しようとしてまいりました。冒頭で申し上げましたように、存

在一性論の華厳的「読み替え」を試みたわけです。このような読み替え操作が、少くとも私の「読み」の感触では、ごく自然に、ほとんどなんの困難に逢着することなしに、行われるということ自体、ある重要なことを示唆していると思います。すなわち、華厳と存在一性論とが、ただ平行して展開する二つの哲学体系として、互いに独立に存在するだけではなく、両者を二つのヴァリアントとして包含するような、ある根源的な東洋思想の構造型がそこに伏在している、ということを、です。しかも、この場合、両者が共に「存在解体のあと」の哲学であることも、東洋哲学の一般的性格決定の上で、極めて多くのことを我々に物語ってはいないでしょうか。

ともあれ、我々が、東洋的世界に古来現われた様々な思想伝統を、全体的に見なおし、「読み」なおそうと望む場合、このような「存在解体のあと」的考え方を、予め一つの根源的思惟パラダイムとして、立ててみることも、少からず有効な思想的戦略となるであろう、と私は思います。

東洋哲学の諸伝統を、個々別々に研究するだけではなしに、それら全部を、幾つかの根源的思惟パラダイムに照らして「解釈」しなおしてみる。その時、東洋哲学の全体像を探る我々の目に、ある新しい地平が現われてくるのではなかろうか。今、私はそんなふうに考えているのであります。

（『思想』一九八五年七月、九月）

三田時代
——サルトル哲学との出合い

私ぐらいの年輩の慶応人なら誰でもそうなのかもしれないが、「三田文学」が復刊されると聞いたとき、私は自分の三田時代を思い出した。三田で学び三田で教えた若い日々。「三田文学」華やかなりし頃。太平洋戦争を中にはさむ幾年月。いろいろなことを経験した。なかでも私の思想形成のプロセスを決定的に色づけた経験、サルトルの哲学との出合いが、鮮かな形象の連鎖となって心に甦る。終戦後、私が最初にぶつかったヨーロッパの新思潮で、それはあったのだ。

終戦。熱に浮かされたようなあの解放感、興奮。ただ、もう、有頂天だった。まわりの現実が、まるで夢幻の濃霧のなかに揺曳する存在の影のように頼りなげに見えていた。霧の垂れ幕の向こう側には、懐かしいヨーロッパがあるはずだった。巷に流れるラジオの安っぽい西洋音楽のメロディを耳にしただけで、もう涙があふれてくる、といった有様で。戦争を経たヨーロッパは一体どんなになっているだろう。みんなが西洋にたいして感傷的になり、西洋的なものに飢えていた。そんな

とき、サルトルの文学と思想が、突然、入って来たのだった。

戦争が終結してしばらくたった頃、妙な噂が、誰いうとなく拡まった。私たちが何も知らないでいた間に、パリで、サルトルとかいう耳慣れぬ名の天才が現われ、彼をめぐってヨーロッパの文学や哲学の世界が騒然となっている、という。その男が、最近、『存在と虚無《レートル・エ・ル・ネアン》』というすこぶる深遠で難解な哲学書を著わした。その本がただ一冊だけ、もう日本に持ちこまれていて、森有正氏の手もとにある。現在、森氏が、ひそかにそれと取りくんでいる。誰にも見せてくれない。見せてやっても、あまりむつかしすぎて、普通の日本人にはとても理解できまい、と森氏が誰かに洩らした、とかなんとか。嘘か本当か、とにかくそんな話だった。

この噂は、私の好奇心を猛烈に煽り立てた。丸善が洋書の輸入を始めるのを待ちかねて私は注文し、一日千秋の思いで到着を待った。だが、本はなかなか届かなかった。何ヶ月もの空白が続き、名伏し難い焦燥感が、その空白を埋めた。

そんな或る日、大学の講義——その頃、私は言語学を教えていた——を終えて、三田の街を田町の駅に向って歩いていたとき、ふと、本屋の店先に積み上げられた『嘔吐』が目に入った。サルトル著、白井浩司訳。紙装丁のまっ赤な色が印象的だった。二日二晩かけて読み通した。外国の作品はすべて必ず原語で読むべきである、などと生意気なことを常々口にしてきた私も、もうこうなっては、そんな主義や原則など構ってはいられなかった。こうして私は始めてサルトルの実存主義な

るものの片鱗に触れたのであった。

だがそれにしても、この作品の面白さは、期待をはるかに上まわっていた。小説としてよりも、むしろ全く新しい形の哲学書として、私はそれを読んだ。特に、全体の思想的原点ともいうべき「嘔吐」体験のあの不気味な生々しさ。口やかましいギルソン教授すら、くやしまぎれに（？）「下へ向う神秘主義」（つまり、天上を志向するカトリック的聖寵の祝福された神秘主義に対して、無神論的地底を志向する呪われた神秘主義）とよんで、一応は貶《おとし》めながら、それでも結局はその哲学的意義を認めざるを得なかったサルトル的存在論の極所。それをサルトルが、実存主義的渾沌のヴィジョンとして描き出す並々ならぬ手腕に、私はいたく感心した。

古来、東洋の哲人たちが、「無」とか、「空」とかいう存在解体的概念の形で展開してきたものを、サルトルは実存的に「嘔吐」化し、それを一種の言語脱落、つまり存在の言語的意味秩序崩壊の危機的意識体験として現代哲学の場に持ちこんでくる。この主体的アプローチの斬新さが私を魅了した。それは、当時、ようやく私のうちに形成されつつあった意味分節理論の実存的基底が、東西文化の別を越えた普遍性をもつことを私に確信させた。それ以来、私の思想は、ある一つの方向に、着実に進み始めた。

ヨーロッパでも日本でも、最近の思想界の動向は目まぐるしく移り変る。服装や化粧品のように、哲学もまた、今では流行現象である。だが、流行とは、もともと、その名のごとく移り気なものだ。

戦後の日本の知識人たちをあれほど熱狂させたサルトルも、今はもうすっかり「時代遅れ」になり、現在の日本思想界の最前線では、サルトルの実存主義的現象学など問題にする人は、ほとんどいない。フーコー、ラカン、メルロー・ポンティ、デリダ、ドゥルーズ、ガタリ等の名が脚光を浴びて飛び交う華麗な舞台の裏側の闇に、サルトルの名は沈んでいく。

しかし本当に、サルトルの哲学は、今日という時代、あるいは来るべき時代に語りかける力を失ってしまったのだろうか。私はそうは思わない。おそらく私はこの先も、長くサルトルとつき合っていくだろう。「三田文学」が復刊されたように、私の小さな「思想史」のなかで、サルトルの哲学も、いつかきっと復刊される日がくるだろう。

今、私の仕事机の上には、『成唯識論述記』とならんで『存在と虚無』が置いてある。現代的「知」の常識からすれば、唯識的深層意識論の書物とならべて置かれるべきヨーロッパ思想の本ということなら、ラカンの『エクリ』などのほうが、ずっと似つかわしいはずであるのだが……。

(『三田文学』一九八五年十一月)

『叡知の台座』まえがき

一九七七年、今道友信さんと対談したのを皮切りに、それ以来、内外の知人、友人たちの幾人かと対談したり鼎談したりするようになった。本書は、現在に至るまでの数少いそれらの対談（鼎談）の記録であって、いずれも、広い意味で東洋哲学、東洋思想文化の提起する問題を主題とする。

今道さんと「東西の哲学」について語り合ったのは、私がまだ外国に生活していた頃のことで、たまたま数カ月日本に帰って来たのを機会に、岩波書店の『思想』編集部が企画したのだった。およそ対談なるものに私が足を踏み入れた、これが文字通りの第一歩で、それ以前には、対談という改まった形で他人《ひと》と話し合った経験は、私には全然なかった。なんとなく性に合わないという気持が圧倒的に強かったからである。

だが考えてみれば、日常生活の場面で、我々は絶えず他の人々と「対話」している。語り合うこと、言葉を交わすこと、それこそ言語のパロール的側面の本来的な形そのものなのであって、社会的存在としての人間の生の現実は、「対話」なしには絶対に考えることができない。今日、日本の

知的社会の至るところで、さまざまなレベルで、一種の流行現象ともいえるほど盛んに行われている「対談」は、日常的「対話」を、思想形成の次元に転位したものにすぎない。

プラトン哲学の対話的——対談的——性格について語るとき、人はよく、ロゴスはディア・ロゴス（二人の言語主体の間のロゴス、つまり二分岐的ロゴス）として働いて始めて、生きたダイナミックな創造力を発揮するものである、という。事実、そのとおりであるに違いない。のみならず、プラトンの作品自体が明示しているように、哲学的思想形成のプロセスとしては、二分岐的ロゴス（「ディアローグ」）は、しばしば「ディアレクティーク」という強力な思惟錬成の方法となって、次々に新しい概念を生み、思想を新しい方向に展開させて行きもする。しかし、哲学的「対談」の発揮するこの創造力も、要するに、もとをただせば、元来日常的「対話」に内在するパロールの潜在的創造力と本質的に違うものではなかったのだ。

それでは、「対話」と「対談」とは、結局、同じ一つのものなのだろうか。だが、奇妙なことに、実際上は、両者の間に大きな差違のあることを、我々は——と言っていけなければ、少くとも私は——常に思い知らされる。それは、「対話」が「対談」となるとき、日常的言葉のやりとりの次元ではまだそれほど目立たなかった、人それぞれのもって生まれたパロール能力の優劣が、否定すべからざる形で顕在化してくるからである。単純に類型化して言うなら、「対話《ディアローグ》」的人間と「独話《モノローグ》」的人間との間の落差が、はっきり現われる、ということだ。どう考えても、残念ながら、私は後者であって、前者ではない。

世の中には、生来、なみはずれた対談能力をそなえた人が、少からず存在する。私が常々、羨望の念をもって眺めている人たちだ。そういう人たちは、みな明哲、俊敏で、頭の廻転がおそろしく早い。こちらがひとこと言えば、向うはたちどころにそれに応《こた》え、思想は自在に飛翔して、まさに四通八達。「挙一明三、目機銖両」どころのさわぎではない。まして、本当の達人ともなれば、「眼《まなこ》は流星、機は掣電《せいでん》。殺人刀、活人劒」（無門）ということにもなりかねない。だから、恐ろしいし、また素晴らしくもあるのだ。

勿論、この無門の頌は、禅の達人のことを言っているのだけれど、コトバの達人の場合でも、構造的には、事態はこれと少しも違わない。真にダイナミックな、真に創造的という形容に値する弁証法的思想が展開する可能性は、まさしくこのような人たちの対談のうちにおいてであろう。たとえ、その対談が、彼ら自身の心の中だけで行われる内的対談であるにしても、である。

そんなことは、こちらにも理窟ではちゃんとわかっているのだが、実際の対談の場に臨む段となると、私などには真似もできない。自由闊達に思想が展開するどころか、立ち竦んで、一歩も動けなくなってしまう。苦々しい実感。それを私は、今までに何遍経験してきたかわからない。要するに、対談は苦手なのである。

よそから強要されないかぎり、自分からは、絶対に対談など私はしない。モノローグ的思考。それが私のような人間に適合した唯一の思惟形態なのである。自分で、ふと、何かテーマを思いつく。あるいは他人からテーマを与えられる。それをしっかり抱えこんで、私は独り机の前に坐る。原稿用紙を拡げ、ペンを握り、煙草に火をつけ、天井を睨み、さてそれでは、というわけで、おもむろに心を問題に集中させる。むろん、対談者はいない。心の中の内的対談もない。ただ、意識の底の薄暗がりの中から、遊動する意味形象が立ち現われて来て、それらが互いに結び合いながら、次第に思想らしきものを作り出していくのを、じっと辛抱強く待つのだ。

　こんなまだるっこい操作を経て、ようやく思考能力を、なんとか発動させることができる私のような人間に、立派な対談などできようはずがない。

　が、それにも拘らず、なお本書になんらかの取り柄があるとすれば、それはひとえに、私の相手をして下さった方々が、いずれ劣らぬ対談の名手だったことによる。それらの方々に、私は最大の敬意と謝意とを表したい。

　『叡知の台座』というこの本の標題は、私が三十年来愛読してきたイブン・アラビーの名著 Fuṣūṣ al-Ḥikam を、アラビア語からそのまま日本語に直訳したもの。人間存在の精神的基底から発出する創造的「叡知」の「台座」を占める資格をそなえた、すぐれた思想家たちの積極的支持によって始めて成立し得た対談集というような含意で、これを本書の標題とすることによって、自分の気持の一端を表わしたい、と思ったのである。

最後に、いつも繰り返す言葉ではあるが、本書の出版企画全体にわたって尽力された岩波書店の合庭惇さんにも、同じく深い感謝の念を表明して、この緒言の終りとする。

一九八五年十月十八日

井筒俊彦

（『叡知の台座』一九八六年一月）

創造不断
——東洋的時間意識の元型

新しい「知」の地平開顕を求めて、多くの人々が「彷徨《さまよい》」（M・テイラー）歩いている現代思想の世界的状況において、古い東洋の叡知は、一体、何を積極的に寄与し得るであろうか。そんな自問を繰り返しながら、東洋思想の古典的テクストを読む。読み続けていくうちに、互いに遠く時代を隔て、文化伝統を異にする思想家たちのコトバを通じて、そこに、東洋思想の普遍的な元型ともいうべきものが浮び上ってくるのに気付く。

およそ元型的なるものは、本性上、根源的思惟形態、あるいは根源的思惟傾向の現われであって、そのかぎりにおいて、それらを認知することは、より正しく、より深い我々の古典テクスト理解を可能にするだけでなく、また、扱い方いかんによっては、現時点における我々の、東洋思想との関わりを、未来に向って、豊饒な哲学的創造性として展開されていく原動力ともなり得るものである。古典テクストの読みを通じておのずから浮び上ってくる東洋思想の諸元型を、私は、そういう意味で大切にしたいと思う。本稿の主題として選んだ「創造不断」もその一つ。

「創造不断」——英語に訳せば perpetual creation とでもいうところか——は、もともと、イスラームの

哲学者イブヌ・ル・アラビーの存在論体系の基本的術語の一つで、原語（アラビア語）ではkhalq jadid。「ハルク」は「創造（行為）」、「ジャディード」は「新しい」という意味。従って「ハルク・ジャディード」は字義通りには「新しい創造」、「新創造」の意味だが、イブヌ・ル・アラビー特有の術語としては、「時々刻々に新しい創造」を意味する。

この特殊な術語的意味の成立には、少々こみ入った事情があるが、その説明はすべて本文に譲るとして、ここでは、ただ、「新創造」が、たんなる「新しい創造」ではなくて、時々刻々の新創造を意味するということを指摘するにとどめておこう。

時々刻々の新創造。この表現は、それ自体のうちに、時間論と存在論との二側面を合わせもっている。「時々刻々」が、その時間論的側面であることは明瞭であろう。その点だけは明瞭だが、しかし、それが哲学的に含意するところは必ずしも明らかではない。先ず、時々刻々とは、時の念々起滅を意味するということに注目する必要がある。すなわち、これは時間の直線的連続性の否定なのである。外界の事物、いわゆる外的世界、とは本性的にはなんの関わりもなく、一様に流れる「絶対時間」（ニュートン）、どこにも途切れのない恒常的連続体としての時間を否定して、途切れ途切れの、独立した（「前後際断」）時間単位、刹那、の連鎖こそ時間の真相であると、この考え方は主張する。要するに、時間は、その真相において、ひとつ一つが前後から切り離されて独立した無数の瞬間の断続、つまり非連続の連続である、というのだ。

しかし、それだけではない。この種の哲学的思惟元型においては、時は有（存在）と密接不離の関係にあり、窮極的には時と有と完全に同定される——道元のいわゆる「有時《うじ》」、存在・即・時間。従って、時の念々起滅は、同時に、有の念々起滅でもある。

時間と存在とのこの不二性については、後に詳説するところがあるので、これ以上ここでは言わないことにするが、とにかく、さきに挙げた「時々刻々の新創造」という表現の最後の一語、「新創造」、

がそれの存在論的側面であることは言うまでもない。要するに、「時々刻々の新創造」とは、時々刻々の新しい世界現出ということ。つまり、時の念々起滅とともに有の念々起滅が現成し、刻々に新しい存在世界が、いつも、新しく始まる、始まっては終り、終ってはまた新しく始まっていく、というのである。

　時と有と（あるいは、時すなわち有）の、この念々起滅の実相に、我々一般の常識的人間は——たまたまそれに気付くことがあったとしても——せいぜい、人の世の儚さを感じるくらいのものである。時々刻々の「新創造」を、存在の無常、万物の流転遷流として、情的に感受するのだ。これに反して、東洋の哲人は、この同じ念々起滅の実相に、時と存在の限りない充実の姿を見る。刻々に移ってやまぬ時の流れの一瞬一瞬の熟成に全時間の重みを感得し、一瞬ごとに現成するひとつ一つのもののなかに、全存在世界の開花を看取する。だが、この一見不可思議な事態の内部構造の、より分析的な理解のためには、後で、もっと多くの言葉が費やされなければならない。だから、論述のこの時点では、さしあたり、「新創造《ハルク・ジャディード》」という術語を、時々刻々に世界は新しく生起するという意味に了解した上で、それを東洋的時間体験の元型の一つとして措定することにとどめておきたい。

　本論は、第一部、第二部を通じて、時間についての、この東洋思想の元型を、二つの際立って対照的な精神文化の具体的な場面で追求してみようとする。

　その一はイスラームの一神教的・人格神的信仰を基盤とし出発点とする哲学的思索の場面。ここでは、当然のことながら、「新創造」は、神による時々刻々の創造を意味する。神は、瞬間瞬間に、まったく新しく世界を創っていく。「始めに、神が天地を創造した」という『旧約聖書』のテーゼは、イスラームでも同様に教義の第一項目だが、今私が取り上げようとしているイスラームの思想家たちにとって、「始めに」とは、無始なる過去のある一時点ではない。いつもが、常に「始めに」なのである。創造不断。無始なる過去におけると同じく、今もなお、神的創造行為は、時々刻々、続けられている。

絶え間なく清冽な水を吹き上げる泉のように、存在が神から溢れ出る、それが時間の真相である。このような原初的存在・時間的直観を基にして、イブヌ・ル・アラビーをはじめとするイスラームの思想家たちは、「新創造」の哲学を、実に特異な形で展開していくのだ。本論第一部はそれを主題とする。

東洋的時間哲学の元型としての「新創造」を、私が追求しようとしているもうひとつの場面は、道元の時間哲学に窮極する（と私の考える）大乗仏教の時間論的思想である。一神教的イスラームとは違って、これは、神のない世界、神を必要としない世界、創造主という中心点のない世界。イスラームの神の代りに、時間・存在の源泉として機能するのは、ここでは、「我《われ》」である。現在の「一念」に時間の全体を凝縮させつつ、時々刻々の現在に全存在世界を生起させていく「我」。「我」の挙体全動的「尽力」によって、存在と時間とが「有時」（存在・即・時間）として現成する。但し、この「我」が、どのような種類の我的主体性であるかは、本論第二部で、その重要な主題の一つとして論究するつもりである。ただ、「わが尽力」によって瞬間瞬間に、その度ごとに新しく、現成していく「有時」の非連続的連続（「つながりながら時時なり」）の構想が、まさに、東洋的時間意識の元型としての「新創造」と完全に合致することだけを確認しておきたい。

イスラーム思想と仏教思想とは、起源からいっても、宗教的基盤の性格からいっても、さらにはそれらの歴史的発展の経緯からいっても、互いに著しく相違する。にもかかわらず、両者は、それぞれの時間意識の元型的構成において、互いにかくも近い。同じ一つの元型を共有すると言っても決して過言ではないほど近い。しかし、逆の見方をすれば、その同じ一つの元型が、両者において、非常に違う形で展開し、それぞれのイスラーム的時間論、仏教的時間論として具体化している。時間の原初的直覚における根本的一致、それの思想的展開における具体的相違。たしかに、我々の一考に価する問題が、そこにある、と思う。

東洋的時間意識の元型論を主題として、私は過去、海外で二度講演した。その一つは、一九七二年、五月二十日と二十四日、イランのテヘラン大学での公開講演。同大学のセイイド・ホセイン・ナスル教授の勧めに応じて行ったもので、「新創造」と題し、主としてイブヌ・ル・アラビーの提起したkhalq jadid（上述）の概念を論じた。

第二は一九七八年度エラノス講演。たまたまその年のエラノス講演の共通のテーマは、「時間の流れの中で・時間の流れを超えて」というのだった。私は「禅における時間のフィールド構造」と題して、大乗仏教の時間意識の元型論的特異性を、道元の「有時」「経歴」の概念に絞って論述した。

以下、本論は、これら二つの講演筆録を、今回、部分的に訂正、加筆しつつ日本語に移したものである。第一部はテヘラン講演、第二部はエラノス講演を再現する。なお、ついでながら、テヘラン講演のほうは、後、アンリ・コルバン記念論文集（*Mélanges offerts à Henry Corbin*, Tehran, 1977）に発表した。

一　イブヌ・ル・アラビーの「新創造」について

一

「創造不断」(khalq jadid) は、イブヌ・ル・アラビーの哲学的時間論の構造を、隅から隅まで、終始一貫して支配する鍵概念である。この鍵概念は、このままの形では、たしかに一つの時間論的概念だが、しかし、より厳密に言えば、この概念の意味の深みには、時間論以前の、ある根源的直覚のごときものがあって、それが、時間意識の機能領域において、「創造不断」という特定の時間論的概念として現われてくるのである。「創造不断」の底にひそむ根源的直覚そのものは、本来的には、時間の彼方なるものである。

だが、この根源的直覚が何であるかを、じかに把捉することは極度にむつかしいし、また、たとい追体験的に把捉できたとしても、それを普通の言葉で叙述することは、もっとむつかしい。なぜ

むつかしいかといえば、それは、ここで問題としている根源的直覚が、観想意識的事態であり、観想意識の所産だからである。

イブヌ・ル・アラビーはスーフィズムの巨匠である。スーフィーは、観想意識でものを見、観想意識でものを考える人。そのことについては、私は今までにも、機会あるごとに書いてきた。観想意識は、我々の普通の意識とは、著しくその性格を異にする。観想意識の根源的に直覚するものを、普通のコトバで描こうとすれば、コトバは、当然、歪曲される。歪曲されないまでも、異様な響きを発しはじめる。このことは、我々に身近な例では、『華厳経』のコトバの、常ならず執拗な比喩的性格を考えただけでもわかるであろう。目も眩むばかりの光の、あの燦爛たる畳みかけ。あれは、どう見ても、決して普通のコトバではない。描き出そうとする存在ヴィジョンそのものが、普通の人間の意識の見る世界ではないからだ。

もともと『華厳経』は、仏陀が「海印三昧」（sāgara-mudrā-samādhi）といわれる特殊な三昧（観想意識）の深みから語り出したコトバの記録であると伝えられている。明らかに、この異常な比喩言語の底には一つの根源的直覚が働いている。『華厳経』の存在ヴィジョンの哲学といわれる華厳哲学は、この根源直覚を、万有の「同時炳現」という形で概念化する。

「海印三昧」——波（日常的意識の生起、「こころの乱れ」）ひとつなく静まりかえった（「止観」の止 śamatha の形象化）海面の茫洋たるひろがりにも譬えるべき観想者の心の鏡上に、森羅万象、一切の存在者が、ありのままに、一点のひずみもなく、姿を映し出す。存在世界のあらゆるものが、

同時に、その真相（＝深層）を露呈する。本論の第二部でもっと詳しく論述するつもりだが、まさに totum simul（「すべてが同時に」）の境位、密教の胎蔵マンダラに具現する「一切一挙」、万物の一挙開顕の観想的風光である。

華厳的「海印三昧」に伏在する根源直覚が、もしこのような存在ヴィジョンであるとすれば、イブヌ・ル・アラビーの観想意識の基底をなす根源直覚は、一体、どのようなものなのであろうか。

この種の事態を言語化することの無理を承知の上で、私は敢えて、それを、いわゆる「存在」を存在エネルギーの働きという流動性において直覚することである、と言う。存在そのものを、根源的に、生命エネルギーの働きとして見ることだ。あらゆるもの、あらゆるところに遍満する存在エネルギー。宇宙的「生命」にはリズムがある。このリズムをイブヌ・ル・アラビーは「神の息吹き」（nafas raḥmānī 字義通りには「慈愛的気息」）と呼ぶ。

このような存在ヴィジョンにおいては、従って、あらゆるものが生きている。有情、非情の区別は、ここにはない。生物だけが生きているのではない。いわゆる無生物、無機物も生きている。流れる水も、燃える火も、いや、路傍の石ころも、沙漠の砂の一粒も、みんな「神の息吹き」を息している。生命がないと思うのは、普通の人の「粗大」意識には、それらの事物内部の宇宙的生命の脈動が伝わってこないだけのことだ。

しかし、あらゆるもののなかに宇宙的生命エネルギーが脈打っているということは、存在世界が一瞬一瞬に新しい、ということでなければならない。万物は、一瞬ごとに「有」の次元に生起して

くる。そして一瞬ごとに「無」の底に沈む。「有」と「無」の間のこの不断の振幅、それを観想者の意識は、自己の存在そのものの脈搏として感得する。存在世界の全体を貫流する生命エネルギーの脈搏と、彼の身にみなぎる生気の脈搏とが、一つのリズムとなって鼓動する。およそ、このようなものが、イブヌ・ル・アラビーの根源的直覚の内実だったのではなかろうか、と、彼のテクストを読みながら、私は考える。そして、宇宙的生命のリズムのこの直覚を、構造的にそっくり時間意識に移したものが、彼のいわゆる「新創造」すなわち「創造不断」の時間元型なのではなかろうか、とも。

「創造不断」という時間元型にまでもって来てしまえば、仏教もイスラームも本質的には違わない。だが、その出発点をなす根源直覚そのものは、大いに違う。先刻略述した華厳的「海印三昧」の根源直覚、万有の「同時炳現」が著しく空間的であり、一見するとまるで無時間的ですらあるかのように思われるのに反して、イブヌ・ル・アラビーの生命エネルギー的直覚は、もうそれだけで、はなはだしく時間的である。もっとも、後で述べるとおり、スーフィズムの観想意識においても、「同時炳現」の空間性、無時間性は重要な働きをするが、それは、ここでは、第一義的ではない。

何よりも先ず、観想意識の成立のプロセスそれ自体が、違うのだ。華厳の場合、観想意識は「止観」(śamatha-vipaśyanā)——表層意識の騒乱を止め、静かに澄みきった内眼で存在世界の真相(深層)を観つめる——というプロセスを経て達成される。

これに対して、スーフィズムの場合は、もっぱら聖典『コーラン』の念誦を通じて観想意識が拓

かれる。「聖なるコトバ」の、時には悠々たる大河の流れのごとく、時には岩を嚙む激流のごとく、緩急自在に変化するリズムに身をうち任せていくうちに、観想者は、ついに己れの意識を、コトバの流れの中の躍動する生命のリズムそのものと同化させてしまうのだ。こうして現成する観想意識は——たとい外面的には静止して動かぬように見える場合でも——内面的には著しく力動的である。それは決して、心を空にすることではないし、またコトバの意味に思いをひそめるというようなことですらない。ひたすらコトバの流れのリズムに乗っていくこと、それがスーフィーにとって、聖典『コーラン』の観想意識的「読み」なのである。スーフィーたちの、この特殊な聖典念誦の慣行は、歴史的に、一種独特な聖典解釈学を、彼らのあいだに発展させた。それを世に、聖典の「内的解釈学」（taʾwīl bāṭinī）という。「内的解釈学」は言うまでもなく、「外的解釈学」（taʾwīl ẓāhirī）に対立する。本論の主題をなす「創造不断」の概念は、イブヌ・ル・アラビーによる『コーラン』の「内的解釈」の所産なのである。

二

聖典のコトバの流れのリズムに、己れの内的生命のリズムを合わせながら、スーフィーは『コーラン』を読み続ける。次第に『コーラン』の魂ともいうべき神的啓示の息吹きが彼の「魂」の中に染みこんでいく。元来、アラビア語では「魂《ナフス》」（nafs）は「息吹き《ナファス》」（nafas）と、密接な意味論的つ

ながりをもつ。本来的に「気息」的である「魂」、すなわち観想者の内的状態が、神の「気息」と合致して変質していくのだ。そして、彼の内的状態が変質するにつれて、今度は逆に、『コーラン』のコトバ自体が内的に変質していく。『コーラン』は、普通の信者の読む『コーラン』とは似ても似つかないものになってしまう。文の切れ目、句読点、まで違ってくる。一々の語が、まるで違った意味を帯びる。スーフィー自身の主観的立場から見ると、これは、『コーラン』の文や語が、表面には全く現われていない深い意味を露呈し始めるということだ。このような境位で神のコトバの意味を捉えることを、『コーラン』の「内的解釈」という。「外的解釈」を唯一の正しい解釈とする正統派《オーソドックス》の信者から見ると、スーフィーたちの「内的解釈」は、原則的に、『コーラン』のコトバの意味の歪曲であり、神にたいする恐るべき冒瀆ですらある。「内的解釈」と「外的解釈」との間の、この対立は、しばしば、宗教政治的に尖鋭化して、イスラームの歴史を血で染めた。「内的解釈」の奉持者はスーフィーたちとイラン系シーア派、「外的解釈」の奉持者は主としてアラブ系正統派。が、それはともかくとして、本論の主題に直接関係のある khalq jadid の術語的意味も、今言った聖典の「内的解釈」、つまり神のコトバの深層的意味解釈、に由来するということだけは、ここで注目しておかなければならない。

　Khalq jadid という語が、字義通りには「新しい創造」を意味し、それがイブヌ・ル・アラビーの哲学の術語としては「時々刻々に新しい創造」を意味するということは、すでに述べたとおりである。「新しい創造」と「時々刻々に新しい創造」。一見したところ大した違いもなさそうなこれら二

つの表現の間には、実は天地の間ほどの懸隔があるのだ。

元来、khalq jadīd は、『コーラン』の第五〇章（「カーフ」の章）の一節に現われてくる語である。この原テクストでは、「新創造」は終末論的概念だった。「外的解釈」によるかぎり、それ以外の意味では、絶対に、あり得ない。先ず問題の一節を原文で読んでみよう。

Bal hum fī labsin min khalqin jadīd(in)――Qāf, 15

「いや、（信仰心のない）あの者どもは、新しい創造があるなんてあやしいものだ、と思っている」

もともと、「カーフ」と題するこの短章は、全体的に、終末の日の到来をテーマとしている。ここでは神が、終末の日に起るべき復活を到底あり得ないこととする無信仰者たちを烈しく非難する。いったん死んで土になってしまった自分たちの身体が、復活して、また元の姿に戻るなどということは考えられない、と彼らは言う。この人たちに対して神が言うのだ、「全能の神ともあろうものが、第一回目の創造（無始なる過去における天地創造）で精力をつかい果してしまうだろうか」と。そして、それに続けて、引用された一文が来る。「いや、あの者ども（にはそれがわかってはいないのだ。）もう一度（復活の日に）創造されなおすなどということは、あり得ないと思っているのだ」と。

明らかに、「新しい創造」khalq jadid は、終末の日における復活を意味している。これが聖典テクストの「外的解釈」だ。ところが、同じテクストを、スーフィー的観想意識が読むと、全然違う意味になる。原来の終末論的形象は跡かたもなく消え去って、「新しい創造」は現在の存在論的事態になる。終末の日の再創造などが問題なのではない。いつでも、永遠不断に、時は「現在」として熟成し、その度ごとに存在が新しく生起していくのだ。瞬間ごとに新しく生起する存在の連鎖は、切れ目のない時間の連続体を構成しない。一つの現在が次の現在に、一つの存在生起が次の存在生起に移る、その移り目に、すべては、一度、無に没落しなければならないからだ。たとい、その無の間隙が、目にもとまらぬ速度で起るとしても、である。このような存在・時間の脈動するつながりを、イブヌ・ル・アラビーは「新しい創造」（「創造不断」）と呼ぶのである。

「新創造」の意味がこういうふうに変るにつれて、この語を含む章句全体の意味も、当然、次のように変ってくる。「いや、あの者ども、すなわち観想意識の拓かれていない、普通の、いわゆる敬虔な信者たち、は、彼ら自身を含めて全存在世界が、現に、一瞬一瞬、新しく生れなおしている、などと聞いても、その本当の意味を理解できずに、かえって不信に陥るばかりだ」と。

「新創造」という語のこの新解釈をめぐって、先に述べた東洋的時間意識の元型的形態が成立し、その理論的基礎の上に、イブヌ・ル・アラビーのダイナミックな存在論がうち建てられていく。

三

イブヌ・ル・アラビーの時間論として世に有名なこの「新創造」思想にも、しかし、イスラーム思想史のなかで先駆者がいなかったわけではない。中でも、とりわけて注目に価するのは、初期スーフィズムの代表的思想家、アイヌ・ル・コザート・ハマダーニー（'Ain al-Quḍāt Hamadānī, 1098–1131）である。この人は、先刻述べた「内的解釈学」の第一人者でもあった。その「内的解釈」の過激さのゆえに、異端審問に問われ、正統派の神学者・法学者たちの手で、ハマダーンの刑場に三十三年の生命を終えた。このすぐれた思想家の意味多層構造理論については、「スーフィズムと言語哲学」（『意味の深みへ』岩波書店、一九八五年、所収。本書の四四八頁〔本全集第八巻二一八頁〕）と題する小論で、私はいささか説くところがあったし、意味論との関連で、「創造」（khalq）という語の彼の「内的解釈」の一端を述べた。「創造」の深層的意味構造をめぐって展開される彼の時間論は、著しい独創性を示す。多少重複するところもあるが、イブヌ・ル・アラビーの「新創造」の先駆としての重要性にかんがみ、彼の時間論を、ここに、改めて略述してみようと思う。

先の小論でもやや詳しく述べたことだが、ハマダーニーの哲学思想の最高原理は、意識と存在の両方を通じて、二つの領域を重層的に区別することである。その一は「理性の領域」、その二は「理性の向う側の領域」。これら二領域の区別は、主体的意識のあり方の区別でもあれば、また同時

に存在の客観的な様相に関わる区別でもある。すなわち、意識が「理性の領域」と「理性の向う側の領域」の双方にまたがるように、存在のリアリティも「理性」「理性の彼方」という二階層的構造をもつ、と考えるのである（以下、煩を避けるため、「理性の領域」をA、「理性の向う側の領域」をBとして叙述を進めることにしたい）。

Aの主体的側面は、感覚、知覚的認識、および知覚経験の提供する具体的データを抽象的に操作する知性の機能。同じくAの客観的側面は、経験的世界と、そこに見出される個々の現象的事物事象を指す。

Bの主体的側面は、ハマダーニーの思想体系において中心的重要性をもつものであって、意識の無底の深層を指し、ハマダーニー自身はこれを、人間意識が純粋に人間的であることをやめて、限りなく神的意識に近付くところであるとする。この境位に働く心の機能を、ハマダーニーは特に「内面の光」（nūr fī al-bāṭin）と呼ぶ。より一般的な形で考えれば、要するに、上来私が観想意識という名で語ってきたものに当る。従って、また、B領域の客観的側面は、観想意識にのみ顕現するような幽微な事物事象、ハマダーニーのいわゆる「存在の神的秩序」である。

以上が、ハマダーニーの構想するA、B領域の区別、およびA、Bそれぞれの内部の主体的側面と対象的側面の区別の大略であるが、彼はその用語法において、主体的側面と対象的側面との区別を必ずしもはっきりさせない。つまり、特別な場合を除いて、彼は自分が、今、AなりBなりの、主体的状態を問題にしているのか、対象的側面について語っているのかを明確にしない。それとい

うのは、そもそも主体と対象、あるいは主・客、の区別そのものが、彼のような思想家にとっては、それほどはっきり立てられる性質のものではないからである。ハマダーニーにとって、窮極的には、心がかくあることが、すなわち、存在のかくあることであり、逆に存在のあり方が、すなわち、心のあり方なのであって、主・客の別は、一応の理論的操作にすぎない。

　ハマダーニーの立場からして、何にもまして重要なものは、AとBとの区別である。何を問題とし、どんなことを考究する場合でも、この区別だけは彼は忘れない。彼にとって、現実そのものが、本来的、根源的にA・B二重構造的なのである。以下、この現実の二重構造を念頭におきながら、彼の「創造」論を分析してみよう。

「創造」(khalq) とは、イスラームの一神教的信仰、あるいは教義、のコンテクストでは、言うまでもなく、神の天地創造を意味する。悠遠の過去の或る時——というより、実はそれが時そのものの始まりであるのだが——神が天地、すなわち存在世界、を創った。それまでは何もなかった。だからこれを「無からの創造」という。これが一般の信者や神学者たちの理解する形での「創造」概念である。

　しかし、神による世界の時間的創造行為という、この「創造」概念は、ハマダーニーの立場からすると、A領域だけで通用する考え方であって、B領域では完全にその有効性を失ってしまう。A、B両方において、それぞれの仕方で妥当性をもつような基礎概念を得るためには、常識的な理解を

離れて、「創造」の、より根源的な意味が求められなくてはならない。こうしてハマダーニーはyanbūʿ-e wujūd（ペルシア語「存在の泉」）という根源イマージュに到達する。この表現は、彼の第十九書簡に見出される（*Nāme-hā-ye ʿAin al-Quḍāt-e Hamadānī*, 1969, Tehran, p.166）。

　要するに、神（あるいは絶対者《アル・ハック》 al-Ḥaqq）を、存在の窮極の源泉、すなわちあらゆる存在者の始源、とするということだが、それはたんに神が、抽象的に、万有の起源であるということではない。原表現のyanbūʿ（泉）という語には生々しい形象性がある。滾々《こんこん》と湧き出す水は、常に同じ水でありながら、一瞬一瞬、新しい。同じ水であるという点では静止的だが、瞬間ごとに新しいという点では動的、力動的。これが存在の根源イマージュである。存在が時間的秩序において、時々刻々の「創造」として展開する素地をもっていることが、すでにここに示唆されている。

　しかし、それはすべてA領域での話であって、B領域の事態ではあり得ない。もともとBとは、時間を超えた、非時間的な存在領域であった。「創造」をどのように解釈しようとも、時間の観念の入るべき余地は、そこにはない。イスラームの哲学者や神学者は、神の世界創造以前の、無時間的状態を語るとき、よく「仮想的時間」（waqt mawhūm）を云々するけれども、そのような、理論的に仮想された時間すら、この領域では成立し得ない。そもそも、天地創造の前とか後とかいうこと自体、ここでは全く意味をなさないのだ。

　一切の時間的なものを排除するB領域では、神があらゆる存在者の窮極の源泉であるという意味での「創造」は、神があらゆる存在者（あらゆるもの）と「ともにある」ということを意味する。

神が万物を創り出す、つまり無の状態から有の状態に引き出す、というような時間性とは、一切、関わりない。「ともにある」という無時間的空間性だけが、神と万物との間に成立する本来的な関係である。

元来、B領域とは、前述のとおり、時間の彼方なる存在・意識の領域である。時間的展開ということは考えられない。ここでは、何かが始まることも、終ることもない。一つの事象と他の事象との間に、時間的前後関係が成立することも不可能だ。こんな徹底した非時間的な領域で、神と存在世界との間に、「創造」という関係が成り立つとすれば、その「創造」は世界現出というようなプロセスを含むものではあり得ない。存在世界は、ここでは、すでに始めから完全に現出しているはずである。しかも、すべてが、存在的に、まったく平等、同資格において。

このことをハマダーニーは、あらゆるものが、神から、存在的に等距離にある、という形で表象する。神は万物と「ともにある」とはそのことである。神が万物と「ともにある」こと――「神のmaʿīyah」。Maʿīyah は、「……と一緒に」「……とともに」を意味する前置詞 maʿa から派生した抽象名詞。万物にたいする神の普遍的臨在性を指す。

神の万物にたいするこの普遍的臨在性、「……とともにあること」、が、どんな事態を意味しているか、をもっと具体的に知ろうと思うなら、道元の『正法眼蔵』「有時」の巻に語られている「山のなかに直入《じきにゅう》して千峰万峰をみわたす」人の目に映る光景を思い合わせてみるがいい。今、高々たる山の絶頂まで登り着いて、そこから足下に拡がる連山を一望のもとに見渡す人がいる。数限り

ない峰々が、全部一挙に、彼の視界の中にある。それらの山々の間には、彼の立場から見て、相互に時間的差違は全然ない。すべての山が、一つの非時間的空間の果てしない拡がりをなして、そこにあるだけ。この非時間的空間の拡がりの中では、ひとつ一つの山が、どれも、彼から等距離にある。人と山々とのこういう関係を、神と万物との関係に移して、ハマダーニーは maʿīyah「ともにあること」というのだ。

ところが、今、最高峰の頂上に立って、すべての山々を見はるかしているこの人が、まだこの地点に辿り着かない、その以前の状態——道元のいわゆる「かの上山渡河の時」「山をのぼり、河をわたりし時」の有様——を想像してみたらどうなるだろう。涯《はて》知れず続く山また山。それらの山を一つずつ彼は越え、谷を渡って進んで行く。「千峰万峰」の全景は、彼の視野には入ってこない。彼の目に見えるのは、その都度その都度、一つの山の、それもごく限られた一部分。そして、彼の踏み出す一歩ごとに、刻々、新しい風景が現われてくる。それは、彼を取り巻く一切の事物事象と、彼自身との間に成立する関係が、各瞬間において、唯一不二だからである。

「千峰万峰」を見る人の、この対照的な二つの見方。我々はこれを、構造的に、そっくりそのまま、ハマダーニーの説く存在論的事態に移しかえることができる。すなわち、B領域において、非時間的存在空間のなかで、一挙開顕し共存している万物の形而上的静謐が、A領域のスクリーンに投射されるやいなや、忽ち遷流、流転の姿を示し始めるのである。もともと、A領域とは、時間的

展開と継起の次元。あらゆるものが、ここでは不断に動き、刻々に変化する。それは、時間の支配する存在論的次元では、万物の一つひとつが、己れの存在の源泉にたいしてもつ関係《ニスバ》（nisbah）――「顔」の向け方――が、絶えず変っていくからである、とハマダーニーは言う。この「関係」は、仏教的に言えばまさに「前後際断」であって、瞬間ごとにユニークであり、それに先行し後行するどの瞬間におけるそれとも違っている。まったく同じ「関係」が、二瞬間たりとも継続することはあり得ない。ということは、ハマダーニーにとっては、すべてのものが、それぞれ、瞬間ごとに新しい存在を受ける、ということでもある。

この存在論的事態を、ハマダーニーは、太陽の光に照らし出される大地の有様に譬えて次のように説明する。「太陽の光による大地の照出は、大地と太陽との間に、その都度、特別な関係が現成することを条件として始めて可能となる。もし両者のあいだの関係が消滅するなら、太陽の光を受けとめるという大地の機能そのものが無化されてしまうだろう。ただこの関係が両者のあいだに保たれるかぎりにおいてのみ、太陽の光にたいする大地の受容能力が活性化の状態に保たれるのだ」
(*Zubdat al-Ḥaqāʾiq*, ed. ʿA. ʿOseyrān, 1962, Tehran, p. 60)

とは言っても、とハマダーニーは付け加える、同じ「関係」が太陽と大地の間に保たれる、つまり同じ「関係」が継続する、と見るのは幻覚にすぎない。「関係」は、時々刻々、新しく立てなおされていくのだから。ただ、このように継起する、瞬間ごとの新「関係」が、通常、あまり互いに似ているので、「脆弱な心の人々」の目には、今、この瞬間の「関係」と、一瞬前の「関係」、一瞬

後の「関係」との間に介在する空隙が見えない。だから彼らは、いつも同一の光が大地を照らしているものと思いこんでいるのである。

だが実は、ちょうど太陽の光と大地との「関係」が瞬間ごとに新しく、瞬間ごとにユニークであるように、我々の経験的世界にあるすべてのものは、それぞれ、瞬間ごとに更新される「関係」によって、「存在の源泉」から瞬間ごとに新しい存在を受けていく。ハマダーニーによれば、この瞬間的「関係」の継起が、すなわちそのものの存在であり、それがまた「時間」なるものの真相でもあるのだ。

仮に、とハマダーニーは言う、ここに愚かな男がいるとしよう。彼は、四人の別々の人間（ザイド、アムル、ハーリド、バクル）を見て、彼ら四人とも人間であることにおいてまったく同じであるところから、四人がひとりの同じ人物であると結論したとすれば、彼の馬鹿さ加減に呆れかえらぬ者はいないであろう。だが、立派に発達した理性をそなえた人でも、ものの存在性については、これとまったく同じ性質の誤謬を犯して平然としている。しかも、その誤りの馬鹿らしさに気付く人すらほとんどいない、と。

ハマダーニーの目に映っている事の真相は、要約すれば、次のようなことになるだろう。我々の経験世界には、無数のものが存在している。我々自身をはじめとして、我々のまわりには、いろいろなものがある。我々は、通常、それを疑ってもみない。だが、実は、経験的「有」は、すべて

「無」を本性とする。つまり、「有」は、本性上、「非有」なのである。と、いうことは、すなわち、すべての「存在者」(mawjūd)は、それ自体では、「存在欠如者」(maʻdūm)であるにすぎないということ。本来的に存在性を欠如するそれらのものは、外から「存在の光」(nūr al-wujūd)に照らされるとき、はじめて「非有」の闇の中から浮び出て「有」となる。しかし、「存在の光」に照らされるということは、その都度、そのものが「存在の源泉」に向って或る特別な「顔の向け方」をすることであり、この存在「関係」は、前述のごとく、今生起したかと思うと、もう次の瞬間には無に帰して、別の新しい「関係」がこれにとって代る。従って、すべてのもの、全存在世界、は、瞬間ごとにまったく新しく創造されていくのである。

B意識の拓く存在論的地平においては、一切のものが一挙開顕的に顕現し、己れの「存在源泉」に向って無時間性の空間を形成しつつ、そこに静止していた。A意識の地平では、それらすべてのものが、突如として、時間的存在秩序の支配下に入り、生滅流転の相を示し始める。万物のその生滅流転の相を、ハマダーニーは、時々刻々の新しい創造として理論化する。「新創造」(khalq jadīd)という術語こそ、まだ確立されてはいないけれど、思想構造としては、明らかに、イブヌ・ル・アラビー的「新創造」である。これによって我々は、「新創造」という時間意識の元型が、イブヌ・ル・アラビーに僅かに先立つハマダーニーにおいて、すでに整然たる形で成立していたことを知る。

四

構造的あるいは形式的に、ハマダーニーの場合と同じような時間把握の仕方が、イスラーム思想史の最初期、アシュアリー（Ashʿarī）派神学者たちの間で展開されていた。但し、観想意識とは全然関わりのない純理性的思惟の立場で。

アシュアリー派神学の原子論哲学は世に有名である。本論のテーマとは直接関係ないので、ここでは詳しいことは何も言わない。とにかく、この神学者たちは、存在世界、あるいはそこに見出される一切のものの窮極的構成要素を求めて、分析に分析を重ね、ついに、もうそれ以上分析することのできない最後の存在要素として、「分割不可能な（alladhī lā yatajazzaʾ）実体（jawhar）」という概念に到達した。字義通りギリシャ語の *ἄτομον*（分割できないもの）「アトム」（原子）に当る。この窮極的実体、「原子」の特徴は、この派の神学者によれば、一瞬一瞬に生滅して、二瞬間と同じ状態には止まらないということだ、という。この一瞬一瞬は、存在論的にばかりでなく、時間的にも「アトム」なのである。すなわち、時間は、ここでも、すき間なく流れる連続体ではなく、ひとつ一つが「前後際断」的な独立無伴の単位のつらなり、として構想される。まさしく、純理性的思惟次元における「新創造」概念の一つの典型的な表現形態である。

上に述べたハマダーニーや、これから述べるイブヌ・ル・アラビーのようなスーフィズムの思想

家たちは、思想史的には、アシュアリー派神学に最初の表現を見出した「新創造」的時間元型を、観想意識的に深層解釈しようとしたものと考えることができる。

しかもこの時間意識元型は、イブヌ・ル・アラビーの強烈な思惟を通過することによって、イスラーム哲学の主流に入り、さらにモッラー・サドラー（Mollā Ṣadrā, Ṣadr al-Dīn Shīrāzī, 1571–1640）を経て現代に及ぶ。モッラー・サドラーまで来れば、「新創造」は、もうイスラーム哲学の常識である。

モッラー・サドラーによれば、全存在世界は、そしてまた世界内に存在するいかなるものも、例外なく「無」的本性をもつことを、その特徴とする。すなわち、すべての存在者の存在は、「無」によって先行され、「無」によって後行されている。つまり、「前後際断」ということだが、しかしそれが存在（「有」）の状態にあるあいだも、その「有」のなかには「無」がひそかに入りこんでいる。仏教的な言い方をするなら、各〻のものが、例えば花は花である、草は草であるというふうに、それぞれ己れの「法位」を保持しているあいだでも、決してべた一面の「有」ではなくて、一瞬ごとに「無」の介入によって途切れている。

彼は言う、「全体的に見て、いかなる物体、いかなる物質的存在者も――天体であれ、四元素からなるものであれ、身体であれ――ただの一つも、その存在性と個体性において不変不動のものはなく、すべては瞬間瞬間に新しい実在として更新されてゆく」（『存在認識の道』岩波書店、一九七八年、一八八頁）。そして彼は、「どっしりと動かぬように見えるあの山々が、見よ、たちまち飛雲のごとく目前を流れ行く」（『コーラン』二七章九〇節）、その他これに類する章句を聖典から引いて、自説の

典拠とする。この場合、原テクストの終末論的イマージュが、前述の「内的解釈」によって、完全に「新創造」(=「創造不断」)のヴィジョンとして読み替えられることは言うまでもない。

「新創造」、一刻の休みもなく「有」と「無」の間を去来しつつ、次々に新しく創り替えられていく世界――この根源的存在観想は、やがてモッラー・サドラーの思想の中で、「実体運動」(ḥarakah jawharīyah)という概念に結晶していく。この概念は、イスラームの哲学史上、モッラー・サドラー独自の思想としてひろく知られているが、本当は、今見て来たように、「新創造」的時間・存在元型の一つの特殊な捉え方にすぎないのであって、その意味では、それほど新奇な思想ではない。ただ、モッラー・サドラーの鋭い視線は、ものの存在の最深部にまで滲透していって、そこに不断の変化を見る。存在者を実体と属性に分析し、実体は不変、属性のみが変化すると考える普通のスコラ的考え方――前述のアシュアリー派神学の原子論もそういう立場を取っていた――に反対し、すべての存在者の実体的存在性そのものの中核に刻一刻の変化を見るのだ。この点で彼は、イブヌ・ル・アラビーの根本思想の忠実な継承者である。存在の生滅流転とは、すべてのものが、たんに諸属性において変化し続けるのではない。実体性の底の底まで、もの全体がそっくりそのまま、挙体的に、刻一刻、変化していく、というのである。

イブヌ・ル・アラビー以後のイスラーム哲学の発展史において、「新創造」的思想元型が取った、より一般的な形としては、「本質的可能性」(imkān dhātī)の概念を挙げるべきであろう。以下、モッ

ラー・サドラーよりほぼ一世紀前の哲学者ムハンマド・ラーヒジー（Muḥammad Lāhījī, d. *ca.* 1506–7）のペルシア語の著書『〈秘教の花園〉註解』（*Sharḥ-e Gulshan-e Rāz*, ed. K. Samī'ī, Tehran, 1956）に依ってこの概念の内容を略述し、以てイブヌ・ル・アラビーへの序説としたい。

五

「本質的可能性」という術語それ自体が示唆しているように、経験的世界における存在者の本質的構造を出発点としてラーヒジーは問題の考察にとりかかる。

「本質的可能性」。およそ存在しているものは、存在論的に、「可能的」（mumkin）存在者である。「可能的」とはもともとギリシャ系イスラーム哲学の伝統的術語で、「必然的」（wājib）と対立し、「不・必然的」を意味する。従って、「可能的」存在者とは、現に存在してはいるけれども、必ずしも存在しないではいられないようなものではない、ということ。本来的には、存在することも、しないこともあり得るような存在者を、「可能的」存在者という。しかも、その「可能性」が、ここでは、本質的である、という。つまり、経験的世界にある一切の存在者は、存在「可能性」をその本質とするというのである。あらゆる存在者は、本質的に、あるいは本性上、可能的である。そしてそのことは、もう一歩突っ込んだ見方をすれば、あらゆるものが、その存在の中核に「無」を抱いている、ということにほかならない。現に世界内に存在しているものは、その存在の源泉（神）

から切り離して、それ自体で考察すれば、「無」（ʿadam）である、と言うこともできる。

こうして、己れの中核に「無」を抱いているからには、いかなるものの存在も、ただ一瞬だけの存在でしかあり得ない。なぜなら、存在の領域に連れこまれた途端、ものは、自分自身の本性によって、忽ちまたもとの「無」に、抗《あらが》いようもなく曳き戻されてしまうからである。一切のものが、自己無化の本性をもつこと、それがいわゆる存在無常の根源形態である。あらゆるものは、とラーヒジーは言う。目眩くスピードで「無」の深淵に向って疾走してゆく、と。

だが、他面、存在源泉（絶対者、神）の側では、絶え間なく創造の営みが続けられる。イブヌ・ル・アラビーが「慈愛の息吹き」と呼んだ存在エネルギーの創造性。ものが、一瞬一瞬、自己を無化していく、その後を追って、「慈愛の息吹き」が、一瞬一瞬、新しく存在を賦与していく。一方では、あらゆるものの自己無化の働き、他方では、存在源泉からの、存在の不断の溢出。無化と有化――相反する二つの動向の合流点に、「創造不断」（「新創造」）が成立する。

いかなるものも、同じ存在の衣を、二瞬間、着続けることはできない。そうラーヒジーは言っている。今、この瞬間に着た衣を、もう次の瞬間には脱ぎ棄てて、また新しい衣を着る。本質的に「可能的」である存在者の、これが唯一の存在の仕方なのである、と。「本質的可能性」というスコラ哲学的概念を使って、イブヌ・ル・アラビーの「新創造」を解釈しようとした一つの典型的な場合として注目に価すると思う。

六

『コーラン』の終末論的ディスクールを「内的解釈」によって読みなおしながら、そこに「新創造」という新概念を見出し、さらに進んで、それをイスラーム哲学思想の最も重要な術語の一つとして確立した人がイブヌ・ル・アラビーであったことは、すでに述べた。先刻取り上げたモッラー・サドラーの「実体運動」も、今述べたラーヒジーの「本質的可能性」も、みなイブヌ・ル・アラビーの「新創造」を、それぞれ独自な形で展開したものにすぎない。それでは、イブヌ・ル・アラビー自身の理解した「新創造」の内的構造は、一体、どのようなものだっただろうか。以下、それを論じて、本論全体の終局とする。

時々刻々の新しい存在生起という意味での「新創造」の概念的構造把握においては、彼に先行するハマダーニーが、すでに明確にイブヌ・ル・アラビーの先駆者の役をつとめていたし、ラーヒジーやモッラー・サドラーのような彼の思想の後継者たちも、それぞれ正しい道を歩んだ。すなわち、「新創造」の意味内容は、今まで述べてきたところだけで、もう相当程度まで開明された、と考えていいと思う。この概念を確立する道程において、イブヌ・ル・アラビーは、彼独自のアプローチをしているので、その点に焦点を合わせながら、論述を進めていくことにしよう。

彼のアプローチの独自性は、「新創造」の意味を規定しようとするにさいして、彼が特に「心《カルブ》」(qalb)という語の意味論的示唆に異常に大きな重要性を与えていることにある。

このqalbという語は、普通のアラビア語では「心臓」を意味する。しかし、イブヌ・ル・アラビーは、これを肉体的器官としての「心臓」ではなく、転義的に、観想意識の主体性という意味で術語化し、特にそれを「観想心」(qalb al-ʿārif)と呼ぶ。肉体器官としての心臓から区別して、精神的、形而上的認識の内的器官としての「心」とするのだ。もしこのように解された「心」に、なお「心臓」という原義とのつながりがあるとすれば、それは両者に共通する不断の脈動性、脈搏性のダイナミズムにあるとすべきであろう。先に述べたところから明らかなように、「心」(「観想心」)の脈動性は、「新創造」(「創造不断」)の構造的基盤をなす。が、その点については、また後で改めて言及することになろう。

もうひとつ、観想意識主体としての「心」と、肉体器官としての「心臓」との間には、イマージュ上の連関があることを付言しておきたい。先に問題とした華厳の「海印三昧」の主体が、全存在世界の同時炳現という意味で宇宙的意識であったように、今ここで問題としている「観想心」も、まったく同じ意味で宇宙的意識であって、それをイブヌ・ル・アラビーは、全存在世界を内に呑みつくす一人の無限大の人間——彼のいわゆる「完全な人間」(insān kāmil)——の「心臓」として形象化するのである。こういうグノーシス的神話形象の次元に移されれば、「観想心」は、当然、巨大な宇宙的人間の、巨大な「心臓」というイマージュになる。

すでに、宇宙的人間の「心臓」という比喩イマージュが明らかに示唆しているように、「心」は、先ず何よりも、その限りない広さと包容性を特徴とする。そのことの聖典的根拠として、イブヌ・ル・アラビーは、有名なハディース(『聖伝承』)の一節を引用する。曰く、「わしの大地も、わしの蒼穹も、わしを容れるには狭すぎる。だが、信仰深く、敬虔で、清浄無垢なるわしの僕《しもべ》の〈心〉にだけは、わしを容れるに足る広さがある」と。

この発言の話主は神自身、という想定である。「信仰深く、敬虔で、清浄無垢な僕」とは、イブヌ・ル・アラビーの解釈——勿論、「内的解釈」——では、観想主体としての宇宙的人間。従って、彼の理解する形では、このハディースは、観想主体の「心」は、神すらそっくり包みこむほど、つまり無際涯に、広い、という意味になる。

もうひとつ、イブヌ・ル・アラビーが、このコンテクストで引用する言葉がある。彼の精神的先輩に当る西暦九世紀の偉大なスーフィー、バーヤジード・バスターミー(Bāyazīd Basṭāmī)の「酔言」または「泥酔妄語」(shaṭaḥāt)の一つで、訳せば、およそ次のようなことになる。「仮に神の玉座(全存在世界)と、その中に含まれているすべてのものが、無限倍されて、観想主体の片隅に入れられたとしても、観想主体はそれに気付きもしないであろう」。つまり、それほど、観想主体は広大である、ということだ。

一見、いかにも特殊な表現だが、要するに、前に述べた華厳の「海印三昧」的観想意識における

万物の「同時炳現」、あらゆる事物事象の非時間的一挙森列、を、グノーシス特有の神話的形象で言い表わしたものにすぎない。イブヌ・ル・アラビーによれば、「完全な人間」の宇宙的意識の鏡面には、存在の一切の属性（jamīʿ ṣifāt al-wujūd）、すなわち経験的世界の、過去・現在・未来にわたるあらゆる事物事象が、全部一挙に現象している。つまり、観想意識における totum simul 的存在ヴィジョンの了々たる顕現の事実を、イブヌ・ル・アラビーはここで語っているのであって、「信者の心は神を容れるに足るほど広い」というハディースの一文の、これがイブヌ・ル・アラビー的「内的解釈」なのである。

森羅万象の真の姿を、過去・現在・未来の別を超えて、全部一挙に映し出す「心」。観想意識のこの側面が、非時間的であることは言うまでもない。序文でも一言したとおり、華厳的「海印三昧」における万象の永遠の静けさに対して、ここには内に圧縮されつくした存在エネルギーの力動性がある。だが、本質的に非時間的であることにはかわりない。「心」の時間的側面は、内にこもったこの存在エネルギーが外に向って発動し、発出するところに始まる。非時間的観想意識にたいする時間的観想意識——前者から後者への移行を可能にするものを、イブヌ・ル・アラビーは、「心《カルブ》」という語の内的意味連関そのものの中に見る。

前にも言ったように、qalb の原義は「心臓」である。その語根はQ・L・B。アラビア語に限ら

ず、一般にセム語の言語意識では、常に語根が、語の意味連関的網目構造の機能的中心点をなす。語根は原則として三子音、例えばK・T・Bとか、Q・L・Bとか。アラビア語とかヘブライ語とか、セム語系の言語《ラング》の語彙は、意味論的に、厖大な数の基本的三子音（稀に四子音）群をめぐって四方八方に延び拡がる語の綾織りである。

今我々が問題としているqalbの帰属する基本的三子音（Q・L・B）のまわりにも大きな語群が、いわゆる「意味フィールド」（champ sémantique, Bedeutungsfeld）をなして拡がっているが、その中の一つにtaQaLLuBという語があって、qalbとtaqallubとは、当然、緊密に結び合う。カルブ―タカッルブ。タカッルブは、「変転」、何かが転々と形や質を変えていくこと、を意味する。接頭要素ta-と、それに続く第二子音（L）の重音化（-ll-）との結合が、変化の断続性（次から次へ、様々に変っていくプロセス）を形態論的に表わしている。もうここまで来れば、qalbとtaqallubとが、脈打ち続ける心臓のイマージュでつながることは、言わずして明らかであろう。

イブヌ・ル・アラビーの「内的解釈」が拓く言語意識の地平では、「神を容れる」（すなわち、万物を一挙開顕的に包含する）宇宙的人間の「心」が、すべてを内包したまま、時々刻々に新しく生起していく「創造不断」の秘義を、このqalbとtaqallubとの意味連関が、この上もなく明瞭に示すのである。ちょうど心臓が、刻一刻、どこまでもその脈動を続けていくように。この思想コンテクストにおけるイブヌ・ル・アラビーの鍵言葉taqallub al-qalb「心の変転」は、こういう意味で、「創造不断」の根源形象につながっている。宇宙的人間の「心臓」の鼓動とともに、世界は、刻一刻、

新しい、のである。

だが、これはまだ事の半面にすぎない。イブヌ・ル・アラビーのグノーシス的形象空間における宇宙的人間の「心臓」の脈搏の背後には、神の自己顕現活動の脈搏があって、両方の脈搏のリズムが合致し、互いに共鳴し合う。イブヌ・ル・アラビーの形而上学の中核をなす神的「自己顕現」については、先著『イスラーム哲学の原像』(岩波新書)で詳しく述べたので、ここでまた論述を繰り返すことは避ける。ただ、今問題としている「心」の脈搏との関連において、次のことだけ再確認しておきたい。

イブヌ・ル・アラビーの存在一性論的思想体系においては、神は、実は、窮極的には神以前であり、「無」である。但し、この場合、「無」は消極的意味の無ではなく、かえって、存在の形而上的根源としての絶対一者、すなわち「有」的充実の極限なのである。「有」的充実の極限である故に、この「無」は生成してやまぬ存在エネルギーとなって、外に向って発出していく。存在エネルギーのこの不断の発出は、その第一段階において「神」の顕現となり、それに続いて一段また一段と階層的に存在世界を形成しつつ、ついに最終階層に至って感覚的事物の事象の領域、いわゆる経験的世界となる。「無」すなわち絶対無分節者の自己分節、自己「有」化、の全階層を通じて、そこに働き続ける宇宙的存在エネルギーの生命力の創造作用、それをイブヌ・ル・アラビーは神的実在の「自己顕現」(tajallī)と呼ぶ。全存在世界を、相続いて打寄せる波のような神的「自己顕現」によ

って形成されていく「有」の階層組織として構想するのである。「無」から「有」へ——神的「自己顕現」のこの働きを、イブヌ・ル・アラビーは、より神話的形象性のコトバで「慈愛の息吹き」とも呼ぶ。そのことについては、前に一言した。

神的「自己顕現」、すなわち「無」から「有」に向う宇宙的存在エネルギーの発出は、一段また一段と、順を追って、階層的に存在世界を形成していく。それが神的「自己顕現」の内的構造の特徴である。但し、このように叙述すると、それがあたかも長い時間をかけたプロセスであるかのような印象を与えるかもしれない。が、実は、観想意識的事実としては、「無」から「有」へのこの多階層的存在世界形成は、ただ一瞬の出来事なのである。一瞬にして、すべてが「無」から「有」に出、また一瞬にして「有」から「無」に還る。「無」と「有」との間の発出—還帰が、こうして、瞬間瞬間に繰り返されていくのだ。

絶対無分節的一者の、現象的多者性へ向っての自己分節、そしてまた逆に、こうして生起した現象的多者の自己無分節化。瞬間瞬間に繰り返される「慈愛の息吹き」のこの永遠の往還は、しかし、それだけでは、まだイブヌ・ル・アラビーのいわゆる「新創造」、すなわち「創造不断」を構成しない。「慈愛の息吹き」の発出・還源のリズムと、先に述べた観想的人間主体のリズムとの間に、ひそかな交感と共鳴が起る時、はじめて「創造不断」が成立する。いや、交感や共鳴ではまだ足りない。観想的意識主体、「心」(qalb「心臓」)の脈搏(taqallub)が、神的生命エネルギーの存在生成の脈動(taqallub)と完全に一体となり、両者の間になんの区別もないまでに同化しきったとき、

そこに生起する事態を「創造不断」と呼ぶのだ。時々刻々に内的変化をとげていく観想的「我《われ》」のあり方が、すなわち、神的存在の自己分節的変化そのものの姿であるのでなければならない。イブヌ・ル・アラビーは言う、「観想者の心は絶対者の刻々の（自己顕現的）変様を、己れの心そのものの内的変様として自覚する」と。それが、それこそが、「創造不断」と呼ばれる形而上的事態なのである。

「創造不断」観念の形成に、観想主体の「我《われ》」が導入されなければならなかったという事実は、イブヌ・ル・アラビー個人の思想を超えて、より一般的に、「創造不断」的時間意識元型そのものの内的構造に深く関わる重要な意義をもつ。このことは、後に、本論の第二部で、道元の「吾有時」の観念を取り扱う時に、再び問題となるであろう。道元の「有時」も、観想的主体性としての「我」の参与なしには完全な現成を見ることができないのである。

それはともかくとして、今引用した一文を含む論述の一節で、イブヌ・ル・アラビーは、「創造不断」の現成における「我」のあり方を、次のように説いている。「創造不断」覚知の主体として働く観想者の「我」は、もはや個体としての彼の人間的「我」ではない。それは、絶対者の「彼《かれ》」性そのものと完全に同化した「我」である。絶対者の「彼」性（huwiyah）とは、「彼」（huwa）という代名詞で指示し得るかぎりでの絶対者、ということ。元来、絶対者（神的実在、神）そのものは、人間にとって不可知、不可測であり、これを直接そのままに捉える言葉は存在しない。人間が

近付き得るかぎりでの窮極の限界線において、ようやく「彼」という代名詞が、最大限の不定性をもって神を指示しはじめる。そのような境位での神を、神的「彼」性というのだ。代名詞「彼」の指示性には、代名詞「我」のもつじかの主体的生々しさがない。だから、「創造不断」の覚知において観想者の「我」は、絶対者の「彼」性と完全に同化する、というイブヌ・ル・アラビーの言葉には、どれほど観想（三昧）が深まっても、人間の「我」は神の「我」の位までは行きつけないという諦念の淡い匂いがある。

しかし、それにしても、観想がここまで深まれば、少くとも人の「我」と絶対者の「彼」との間にはいささかの間隙も、もはや残らないのであって、このような意味での神・人同化の段階を、スーフィズムでは「人間神化」の境とするのである。

こうして、人間と神との間には、かすかなずれがあるにもせよ、この境位における観想者の「心」は、神の内面性そのものである。「己れを識る者は神を識る」（Man ʿarafa nafsa-hu ʿarafa rabbahu）という有名なハディースは、まさにこの意味に解されなければならない、とイブヌ・ル・アラビーは言っている。「己れを識る」、すなわち観想者が自分の「心」の内的変転（taqallub）を覚知することは、そのまま直ちに、「神を識る」、すなわち絶対者の「自己顕現」的変転（taqallub）を覚知することである、というのだ。観想意識の刻一刻の脈動が、すなわち、宇宙に漲る神的生命の刻一刻の脈動。本論の冒頭に引用した『コーラン』の章句 Bal hum fī labsin min khalqin jadīd (in) において、「信仰心のない者ども」が必ず誤解に陥るとされた「新創造」（khalq jadīd）の一語の、これが、イブヌ・ル・

アラビーにとって唯一の正しい解釈なのであった。

「世界は、ひと息ごとに変動する」(tabaddul al-ʿālam maʿa al-anfās)。一瞬一瞬に新しい世界が生起する。「創造不断」。神的「顕現」は永遠に続く、だが、同じ「顕現」が二度と繰り返されることはない、とイブヌ・ル・アラビーは言う。世界の存在は、一つの時間的連続線ではなく、「ひと息ひと息」である。前と後の途切れた現在のつらなりである。そして、もし時間が、「ひと息ひと息」であるならば、存在もまた「ひと息ひと息」でなければならない。

こうしてイブヌ・ル・アラビーの存在論は、不可避的に、実体否定論となる。常識の見る世界は実体で充満している。経験的世界で我々が知覚的に接触するものは、常識的には、ことごとく実体である。「実体」(substantia, アラビア語では jawhar)とは、それ自体のうちに存在基盤をもって存立し、様々な属性にたいしてそれを宿す基体となるもの、と定義される。属性は変転する(花の色は移る)が、実体(変りゆく色を宿す花それ自体)は変ることなく存続する。実体は存在的固定性を本性とし、その存在は時間的連続体である。

こういうイスラーム哲学の常識的見解に反対して、イブヌ・ル・アラビーは、このような意味での「実体」なるものは世に存在しない、存在し得ない、と言う。すべては刻々に変転して止まないから、である。いわゆる実体も属性も、この点では少しも違わない。固定したものが在るように思うのは錯覚あるいは幻覚である。一見、固定して動かぬように見える石も、その真相においては、燃える炎とまったく同性質であって、ただ、その不断の変転が我々の感覚に捉えられるか捉えられ

ないか、という違いにすぎない。石を固い常住不変の実体と見るのは、イブヌ・ル・アラビーに言わせれば、「未熟な幼児」（ṣibyān）の見方である。こういう見方をするくらいなら、なぜ逆に、石は水のごとく流れ、火のごとく燃える、と言わないのか。

だが幼児型思考は、これと正反対の方向、すなわち存在固定化の方向、に行こうとする。至るところに常住不変のものを、それは見る。石はもとより、炎まで。風もそよがぬ室内で、静かに燃え続ける蠟燭の炎を、幼児は一つの固定したものだと思う。イブヌ・ル・アラビーに先行するハマダーニーが、すでにそのことを言明していた。「じっと燃え続ける灯火を見て、幼い子供たちは、自分が一個の炎というものを見ていると思う。しかし大人たちは、それが、瞬間瞬間に現われては消える無数の違う炎の、ひとつらなりの姿であることをちゃんと知っている。ところが、スーフィーの見地からすれば、それこそまさに、神を除く他の一切の存在物の必然的なあり方なのである」（*Zubdat al-Haqā'iq*, p. 62）と。

たしかに、大人たちは、燃える炎が、一つの固定した常住不変のものなのではないということを知る程度の理解力はもっている。だが、石や岩まで炎と同じ存在論的構造をもっているということは、その大人たちにも、なかなかわからない。ましてや、それが、全宇宙を貫流する「神の息吹き」、普遍的存在エネルギーの一瞬一瞬の脈搏そのものの現象形態であるということまでは。

こうして、イブヌ・ル・アラビーのような観想主体の目には、あらゆるものが、流動化されて現

われる。そしてこの存在流動性の働きが、時々刻々に現成する「現在」一念のつらなりのリズムによって脈動していくのだ。イブヌ・ル・アラビーの構想する「新創造」すなわち「創造不断」、とは、およそこのようなものだったのである。

「創造不断」、時々刻々に新しく創造される世界。道元の引く大陽山楷和尚の「青山常運歩」という一句を、私は憶う。そして、それを展開した道元の言葉、「青山の運歩は、其疾如風《ごしつにょふう》よりもすみやかなれども、山中人は不覚不知なり……山外人《さんげにん》は不覚不知なり。山をみる眼目《げんもく》あらざる人は、不覚不知、不見不聞、這箇《しゃこ》道理なり」（『山水経』）と。休みなく、山は歩いている。疾風のように歩いている。いや、その歩みは、疾風よりもっと早い、山の中にいて、山とともに歩いている人は、それを意識しない。彼の内的リズム（taqallub）が、山のリズム（taqallub）と完全に一つになっているからだ。山の外にいる人も、山の歩みに気付かない。しかし、同じ「不覚不知」でも、「山外人」の不覚不知は、「山中人」のそれとは根本的に違う。山の歩みに彼が気付かないのは、彼が山の外にいて、外から山を見ているからだ。山を己れの外に眺めている人には、山の動きがわからない。山は不変不動だ、と彼は思っている。山を見る目をもたないこのような人にとって、山が歩くなどということは、わけのわからぬ妄言にすぎない。

道元は、この同じ問題に関連して、また、雲門文偃禅師の言葉「東山水上行」を引いて、「諸山は東山なり。一切の東山は水上行なり」とも言っている。

山が歩く。山が流れる。すべてのものが流動し、遊動する。イブヌ・ル・アラビーの場合のごとく、ここにも存在流動の目眩くような根源イマージュがある。これもまた、「創造不断」の一つの形である。道元的「創造不断」を、その内的構造において追究すること。――それが、続く第二部の課題である。

二　道元の「有時」について

一

世界が刻々に生起している。その世界現出を身をもって体験しつつある我々自身を含めて、全存在世界は、時々刻々に、新しい。創造不断。イブヌ・ル・アラビーはそれを「新創造」と呼び、道元は「有《う》時《じ》経《きょう》歴《りゃく》」と呼ぶ。

「創造不断」を、東洋的時間意識の根源形態（元型）の一つとして措定し、その上で、それの具体的表現様式を、本論の第一部は、イスラームという典型的な一神教の拓く思想地平に追求した。

当然のことながら、イスラームの場合、「創造不断」は創造の主、すなわち神、の営みである。そして神の宇宙創造を神の顕現と同定するイブヌ・ル・アラビーにおいては、「創造不断」は、

刻々の神の自己顕現の存在論的プロセスとして構想される。

今、続く第二部では、この同じ東洋的時間意識元型の表現形態を、仏教という神のない、神を必要としない思惟コンテクストの具体的状況のなかに追求してみようとする。

第一部の一神教的思惟形態の代表として、スーフィズムの巨匠イブヌ・ル・アラビーを選んだのに対して、第二部の仏教的思惟形態については、日本の禅思想家、道元を、私は選ぶ。彼の哲学的思想の独自性の故ばかりでなく、特にその時間論が、「創造不断」元型を、きわめて独創的な形で具現して見せるからである。

「創造不断」なるものを、「心」(qalb) の時々刻々の「変転」(taqallub) として、すなわち、渺々たる宇宙に漲る存在エネルギー(神の「慈愛の息吹き」)の脈動的テンポとして、捉えるイブヌ・ル・アラビーの思想の独自性を、私は否定はしない。だが、彼の場合、こうして「時々刻々」という形で現成する「瞬間」の内的構造は、それが、ひとつ一つ、神の「啓示」、すなわち神の自己顕現であるということを除いては、必ずしも明らかではない。これに反して道元は、「瞬間」の時間論的、存在論的深層構造を、徹底的に究明しようとする。まさに道元の独擅場であり、そこに彼の「創造不断」論の独自性がある。

時々刻々の創造。「時々刻々」とは何か。「時々刻々」に、一体、何が起るのか。「創造」とは、イブヌ・ル・アラビーにおいては、一瞬一瞬に新しい、神の自己顕現であった。そして、神の自己顕現とは、この場合、絶対無分節者の自己分節的、自己限定的、現出を意味した。だが、道元の世

界には神はいない。創造主はいない。だから必然的に、ここでは、「創造」は——後述する「我《われ》」の働きを別にして考えれば——時間の自己創出、存在の自己創造を意味するほかはない。おのずから、(『起信論』的表現を使って言うなら)忽然と、時間が現われ、存在が現われる。時間が存在として、存在が時間として、現成するのだ。時間・即・存在。時即有の忽然生起。この根源的直覚を、道元は、「有時」「経歴」というキータームを通して壮麗な思想体系に展開していく。

「有時」「経歴」の詳細に入る前に、先ず道元のこの時間論が、東洋的時間意識の元型としての「創造不断」の具現であることを明示する『正法眼蔵』の一節を引用し、そこに表現されている思想を分析してみよう。「現成公案」の世に有名な一節だ。曰く、

> 「たき木(薪)は、はひ(灰)となる。さらにかへりて、たき木となるべからず。しかあるを、灰はのち、薪はさきと見取すべからず。
> しるべし、薪は薪の法位に住して、さきあり、のちあり。前後ありといへども、前後際断せり。
> 灰は灰の法位にありて、のちあり、さきあり。……
> たとへば、冬と春とのごとし。冬の春になるとおもはず。春の夏となるといはぬなり。」

道元は言うのだ。薪が燃えて灰になる。いったん、灰になってからは、また元にもどって薪にな

ることは不可能だ（と、普通の人間の常識は考えている）。だが、このような（誤った）経験的認識の事実に基づいて、灰は後、薪は先、というふうに見てはならない。事の真相は、むしろ次のようである（「しるべし」）。薪は、薪であるかぎりは、あくまで薪なのであって（「薪の法位に住して」薪という存在論的位置に止まって）、独立無伴、その前後から切り離されている（「前後際断」）。前の何かから薪となり、またその薪が後の何かになる、というのではない。

それでは、薪がその「法位に住して」薪である間の時間は、どこにも切れ目のない無縫の連続体であるのか。そうではない、と道元は言う。薪は薪でありながら、しかも、べったり連続して薪であるのではなく、刻一刻、新しく薪であるのだ。刻一刻、新しい薪の現出。この存在現出的一瞬一瞬のつらなりには、明らかに前後関係がある。そうして見れば、薪が薪であるあいだ、灰が灰であるあいだの存在現出的瞬間のひとつ一つも、またそれぞれ「前後際断」なのであって、そういう瞬間の非連続的連続が、すなわち、薪の「法位住」、灰の「法位住」、なのである。そして、勿論、これはその他のいかなるものにも当てはまる。まさしく、全存在世界が、イブヌ・ル・アラビーのいわゆる「新創造」と同じ原理に拠って、非連続の連続として現成していくのだ。ただし道元は、無論、「新創造」というような表現は使わない。同じ存在論的事態を、「有時」の「経歴」として呈示する。

ここで、どうしても注意しておかなければならないことは、「新創造」と呼ぶにせよ、「有時経

歴」と呼ぶにせよ、とにかく今、道元が、薪と灰を例として語った時々刻々の存在現出は、少くとも第一義的には、我々の経験的、あるいは現象的、存在秩序に関わる事態だということである。勿論、ここでも、観想意識が働いてはいる。しかし、観想意識の見るものは、常に必ず形而上的事態だとはかぎらない。問題はむしろ、観想意識の見た形而下的世界が、どんな内的構造を露呈するかというところにあるのだ。要するに、我々が、普通、切れ目のない連続した一条の流れとして表象しがちな時間なるものを観想意識の目で見た場合、それが「創造不断」、前後際断的「瞬間」の非連続的連続、「時時のつらなり」、として現われてくる、ということなのである。

二

しかしながら、時間にたいする観想意識の見方は以上述べたことにつきるわけではない。観想意識は時間を、これとはまったく異なる見方で見ることを知っている。しかも、その第二の見方の露にする時間のあり方を見た上で、そこから翻って観察しなおすとき、はじめて我々は、「創造不断」の真相（＝深層）を垣間見ることができるようになるのだ。前にもちょっと言ったことだが、時々刻々の世界現出としての時間は、「創造不断」の、いわば表面的形式であって、それだけでは「創造不断」の内実はわからない。「時々刻々」の時、すなわち刻々に現成していく時の一念、の内部構造を知るためには、どうしても「時々刻々」的時間のあり方を超えたところに出てみなければな

らない。それを可能にするものが、これから述べようとする時間にたいする第二の見方なのである。「時々刻々」を超えたところに生起する第二の観想的時間意識。それを私は、仮に、マンダラ的――より正確には、胎蔵マンダラ的――時間意識と呼ぶ。常識的に言えば、それは時間ではなくて、むしろ無時間であり超時間である。このような内的状態にあるとき、人はもはや時間の中にはいない。時間を超出している、という。だが、それは本当に時間を超えること、あるいは無時間性の体験なのであろうか。

事実、人は、あまりにも安易に「無時間性」について語り、「時間を超える」というような表現を使うことに慣れているようだ。古来、宗教的体験、形而上学的体験、そして特に神秘主義的体験に関わるディスクールでは、「永遠性」、「無時間性」、「時（空）の彼方」、などの表現が、ほとんど陳腐と感じられるまでに使われてきた。勿論、言葉の定義の問題でもある。たんに時間意識の喪失を「無時間性」と呼ぶと定義してしまうなら、それはそれで構わない。しかし、それなら、気絶して倒れている人も、夢を見ないほど深い眠りに入っている人も、いや、仕事やゲームに熱中している最中の人も、みな「無時間性」を体験していることになるだろう。だが、仏教哲学、道元の思想、で問題となる――問題となし得る――「無時間性」は、そのような意味での時間喪失では、決してないのである。

一般に大乗仏教では、人がそんなに簡単に「時間を超え」たり、「時の彼方に行」けるとは考えていない。むしろ、逆に、人は、彼がいかなる形にもせよ存在するかぎり、絶対に時間を超えるこ

とはできない、と考える。存在は、深く、不可離的に時間と絡みあっている。存在は、本性的に、時間的である。存在するとは時すること。端的に言えば、後で述べる道元の「有時」概念が明示するように、存在は時間（「有」＝「時」）なのである。

禅において、修行的上昇道、いわゆる掃蕩門、の行きつく極点とされる「無」にしても、たんに無存在性、無時間性ということではない。掃蕩門とは、あらゆる存在イマージュをひとつ一つ消去していく道程だが、逆にまた、それだからこそ、その道程の最終段階において体験される「無」は一種の存在体験であり、従って時間的体験でもあるのだ。ただ、この場合、存在と時間とが、極度に変質して現成するので、あたかもそれが無存在、無時間であるかのごとく受け取られるだけのことにすぎない。

たしかに、「無」体験の極限的「一念」においては、時間の意識はない。だが、ここでは、そんなことが問題なのではない。時間意識の喪失というようなことは、「無」体験の主眼点ではない。掃蕩門（存在イマージュ否定の道）がそのまま扶起門（存在イマージュ肯定の道）に転換し、「正位」（存在の「無」的位相）が「偏位」（存在の「有」的位相）に直結することが、問題なのである。「無」すなわち「絶対無一物」（「廓然無聖」）は、そのまま直ちに、第一部で触れた華厳的海印三昧の万象「同時炳現」に裏返る。

「絶対無一物」は言うまでもないが、それの「有」的裏側である「同時炳現」にしても、一見、まるで無時間的、あるいは時間を超えた、境位であるかのように思われもしよう。しかし「同時炳

現」は勿論、それの「無」的側面である「絶対無一物」も、今述べたように、一種の存在ヴィジョンであるからには、そのかぎりにおいて一種の時間的体験でなければならない。それが、いかに極限的な、無時間性すれすれの、時間性であるにしても。

一見（すなわち、常識的には）、無時間的と見えるほど時間性の稀薄な、しかし別の見方からすれば（すなわち、観想意識の見処からすれば）、それこそ時間性の充実の極致でもあるこの観想的事態を、常識的意味での無時間性から区別するために、私はこれを特に非時間性と呼びたいと思う。薬山惟儼《いげん》以来の禅哲学の伝統で、無思量にたいして使われる非思量（普通の意味では決して思惟と呼べないような、思惟ではあり得ないような、思惟）という術語の「非」の機能を念頭において、のことである。

第一部でやや詳しく述べたとおり、「同時炳現」とは、澄み静まった観想意識の鏡面に、あらゆる存在者が、過去・現在・未来の区別を脱して、ありのままに、全部一度にその姿を映し出すという海印三昧的存在ヴィジョンである。「一切一挙」（totum simul）、全存在世界の一挙開顕。そこでは、いわゆる時の流れは停止する。ものはあっても、一挙に開顕しきってしまったそれらのものには動きがないからだ。アリストテレス的な考え方をするなら、一切が完全に現勢化してしまって、もはやどこにも潜勢態が残っていないような存在状況においては、運動はあり得ないのであり、運動のないところには時間もあり得ない。この意味では、totum simul は、たしかに無時間的である。しか

し、さきほど述べた無時間性と非時間性との区別を導入して考えると、事はそれほど簡単に割り切れなくなってくる。なぜなら、totum simul 的存在状況は、それが存在状態であるかぎり、そして存在性そのものが根源的に時間性であるかぎり、非時間的（a-temporal）ではあっても無時間的（non-temporal）ではないからである。

万物の一挙開顕、「同時炳現」として、totum simul 的存在状態には、いわゆる時の流れはまったく見られない。それは確かだ。だが、あらゆる事物事象の一挙開顕は、それ自体、一つの形而上的フィールドをなして現成するのであって、この形而上的フィールドは、それ独特の形而上的時間性（非時間性）を示す。それは、いわば、時間の窮極的ゼロ・ポイントと、それの完全開展とを一に集約するところに現成する一つの非時間的磁場のごときものである。時間のゼロ・ポイントと時間の完全開展。これら両極の間には、いわば、不断の、目にもとまらぬ早さでの存在振幅がある。そしてそれが、この形而上的フィールドの非時間的時間性を作り出すのだ。

この事態を真言密教の胎蔵マンダラが視覚化する。胎蔵マンダラは、まさに今ここで問題としている全存在世界の一挙開顕の図像的、あるいは絵画的呈示にほかならない。すべてが一挙に開顕してしまったという事態そのものに焦点を絞ってこれを眺めれば、そこに動きはまったくない。凝然たる永遠の静謐に覆いつくされた世界。静であり無時間である。

この無時間性は、しかし、胎蔵マンダラの構造の一面にすぎない。もうひとつの、これと矛盾する時間的側面が、そこにある。中心点（存在のゼロ・ポイント）と周辺部（存在展開の極限）との

間に不断に繰り返される存在エネルギーの開展—収斂の脈動が、胎蔵マンダラの全体にわたって感知されるからだ。マンダラ全体に漲るこの存在エネルギーの脈動には、強烈な時間性の衝迫がある。この時間性と、さきの無時間性とを一に合わせるところに、観想意識は非時間（あるいは非時間的時間）を見るのだ。ちなみに、観想意識の時間的側面は、金剛界マンダラの時間的構図法に象徴的表現を見出す。しかし、その点をこれ以上論じることは本論の主題を超える。

三

全存在界の一挙開顕、今述べた胎蔵マンダラ的 totum simul の非時間的空間は、それ自体、ひとつの存在エネルギー的フィールド（磁場）構造を現出する。「フィールド」という言葉は、このコンテクストでは、二つ以上の相異なるエネルギー源から発出する力が、互いにぶつかり合い、引き合うことによって作り出す力動的な存在空間を意味する。今我々が問題としている非時間的空間とは、まさにそのような意味での「フィールド」なのである。

そして、こういう内的構造をもつ非時間的、万象「同時炳現」的存在フィールドが、時間性の意識次元に移されるとき、それは、そのまま、「時々刻々」の瞬間の内的構造となるのだ。

同じく時間意識ではあっても、「時々刻々」的時間意識は、不可逆的に流れる直線としての日常的時間意識とはその構造を異にする。そのことは、今までに、繰り返し述べてきた。念々起滅する

前後際断瞬間の、非常非断のつらなり。それらの瞬間の一つひとつが、それぞれ、万象「同時炳現」的非時間フィールド全体の時間的現成なのである。そして、このような内的構造をもって現成する一瞬一瞬は、その度ごとに「現在」である。すべてが「現在」の一点に凝縮する。過去も未来も、「現在」に融入することによって、はじめて、「過去」として、また「未来」として意味づけられる。この「現在」の一点には、全存在世界を己れのうちに凝縮する存在論的厚みがある。およそこのようなものとして、道元の「有時」は理解されなければならない、と私は思う。

しかし、道元の「有時」的時間論には、今述べたような抽象理論的基底のほかに、もっと具体的な仏教哲学史的背景があった。仏教哲学史は、様々に錯綜する思想潮流の複雑多岐な展開過程だが、なかでも、道元の「有時」との関連において特に重要なのは、華厳の存在・時間論である。そしてまた、唯識の深層意識的存在・時間論も。

これら仏教哲学の二大学派の思想のうち、「有時」概念の思想史的背景を把握するためにどうしても知っておかなくてはならない局面だけを特に選び出して次に略述し、道元の時間論への序説とすることにしよう。

四

唯識と華厳――前者は、人間の意識深層における時間生起のひそやかな営みを分析的に解明して、時間の非常非断的性格の深層構造を明かし、後者、華厳、は存在の非時間的秩序と時間的秩序との接点を、すなわちtotum simul的非時間フィールドが、いかにして、時々刻々に現成していく「現在」の多重多層的存在フィールドとして自己を時間化するか、その転換の機微を、明らかにする。

先ず、唯識から。我々のあらゆる行為は――内的行為であると外的行為であるとを問わず、また我々自身がそれに気付くか気付かぬかに関わりなく――必ず我々の心の深みに跡を残す。意識深層に残された経験の跡、それを唯識の術語で「種子《ビージャ》」という。我々の経験の一つひとつが、意識深層において「種子」になるということは、もう少し現代的な言い方をするなら、意識の深みに沁みこんだ経験は、そこで「意味」に転成する、ということだ。要するに「種子」とは、この見地からすると、意味の胚芽、あるいは胚芽的意味ということである。我々の深層意識は、この点では、無数の意味胚芽(「種子」)の溜り場である。このように、すべての経験を絶え間なく意味化していくこのような心の機能を、唯識は「薫習」と呼び、それの起る場所として、意識の深みに一つの特定の領域を、構造モデル的に措定し、それを「アラヤ識」と呼ぶ。「アラヤ」(より正しくは「アーラヤ」ālaya)の原義は「貯蔵庫」。よって、「アラヤ識」を「蔵識」と漢訳する。

この構造モデルに則して言えば、アラヤ識の領域内で形成された意味胚芽、「種子」は、コトバと結びつくことによって存在形象を喚起し、表層意識(唯識哲学のいわゆる「前五識」と「第六意

識」）に浮び出てきて、そこに存在世界を現出させる。「種子生現行」。「現行《げんぎょう》」とは、要するに、現象的存在世界の現実ということ。つまり、我々が常識的に「世界」とか「外界」とか考えているもの、いわゆる事物事象、のすべては、ことごとくアラヤ識の深みから浮び出てくる「種子」（意味エネルギー）の、表層意識面における現象形態である、ということである。

「種子生現行」（「種子」が「現行」を生み出す。「種子」が「現行」生起の因である）という、唯識哲学のこの根本原則に関して、本論の主題とする時間論の観点から特に注目すべきことは、「種子」が本性的に「刹那滅」とされているという事実である。「種子」は刹那に生じ、そのまま消滅する、という。従って、それの喚起する「現行」も、当然、刹那に生滅する。いかなるもの（「現行」）も、「種子」から生起したまま、次の刹那まで存在し続けることはできない。次の刹那に現われるものは、まったく新しい別の「現行」である。それだからこそ、存在は常に「現行」なのであり、時は常に独立した非連続的「現在」の連続なのだ。この考え方が、上来しばしば言及してきた前後際断的時間観念の基礎であることは言うまでもない。

しかし、それならば、どうしてもの（A）があり続ける――あるいはあり続けるごとく見える――のか。日常的意識にとって、ある一定の期間、存在し続けるかのごとく見えるAは、実は、互いに酷似した一連のもの（$A^1 \to A^2 \to A^3 \to A^4 \to \cdots\cdots A^x$）なのだ、というのが唯識の見方である。同一のものと見えるAは、本当は、$A^1 \to A^2 \to A^3 \to A^4 \to \cdots\cdots A^x$ という非連続的存在単位の連鎖なのであって、この非連続の連続を、我々の日常的意識が、一つの切れ目のない連続体と見間違うのだ、とい

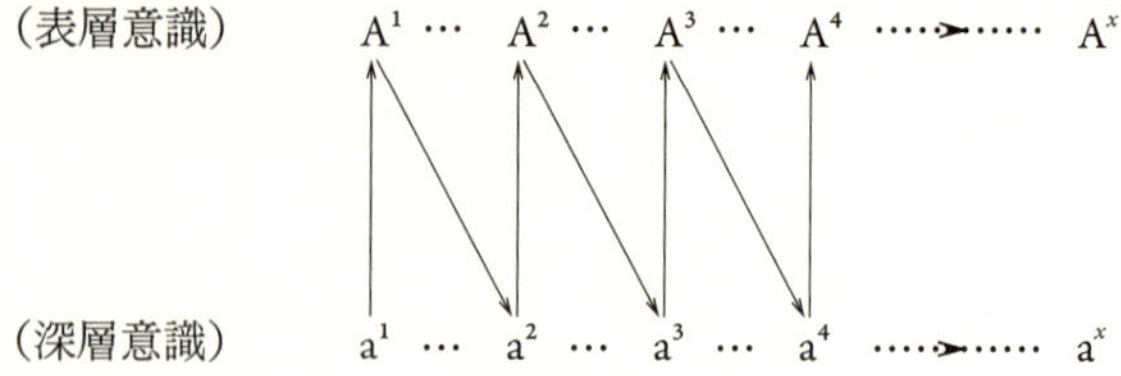

うのである。

しかも、すべての「種子」は「刹那滅」である故に、A^1を生起させた「種子」a^1は、そのまま作用力を失ってしまい、次のA^2を続けて生起させることはできない。A^2を生起させる「種子」は、別の新しい「種子」a^2である。

こうして、A^1とA^2との間が途切れているように、それらの生起の因となったa^1とa^2、との間も途切れている。a^1はただA^1だけの因であり、a^2はただA^2だけの因。だが、二つの「種子」が互いにまったく無縁だということでは、決してない。無縁どころか、両者の間には、きわめて親密なつながりがあるのだ。それというのは、唯識の展開する意識の機能構造理論によれば、第二の「種子」a^2は、もともと、第一の「種子」a^1から現われ出た「現行」A^1が、アラヤ識の中に残した己れの影にほかならないからである。事態は、次のように考えることによって、簡単に説明することができよう。

先ず、第一の「種子」a^1から、A^1という現象的存在形態が、表層意識の明るみに浮び出てくる。浮び出てきたA^1は、「刹那滅」の原理に従って、すぐそのまま消滅するのだが、ただ単純に消えるのではなくて、その刹那、アラヤ識を「薫習」して消えていく。アラヤ識を「薫習」するとは、アラヤ識に己れの匂いを、衣の袖の移り香のように、残す、ということだ。a^1が、表層意識にA^1と

いう形で顕現しながら、その自己現勢化の幽微な残影を、アラヤ識にとどめていく、と言ってもいい。とにかく、この$A^1 \leftarrow a^1$の痕跡が、その場で、新しい「種子」a^2を生み出すのだ。意識の深みで起るこの出来事を、唯識は、その哲学的思惟の根源的原理として措定し、これを「現行薫種子」と名付ける。そして、このようにして新しくアラヤ識の中に生れたa^2が、すぐそのまま、表層意識の領域にA^2となって顕現する、と考えるのである。

A^1自身にはA^2を、直接、生み出す力はない。A^1の次に、すぐ続いてA^2が出現するためには、a^1から生起するA^1が、その同じ生起の働きの半面として、新しい別の「種子」a^2を、先ずアラヤ識の中に生み出さなければならない。

今ここに叙述した意識論的、存在論的事態が、時間論にたいして深い関与性をもつことは言わずして明らかであろう。そしてまた、こうして成立する時間意識が、「時々刻々」型でしかあり得ないということも。

ある一つの「現行」のアラヤ識「薫習」によって生じた「種子」を起点として、「種子生現行」—「現行薫種子」を次々に重ねていく存在論的プロセスが、時間論的には、非連続の連続であることは、当然である。すなわち、存在世界は時々刻々に新しく、時間はその度ごとに前後際断的「現在」として現成していく。いわゆる外的世界、いわゆる外的事物事象の認識は、その構造において、このような非常非断的時間性を示す。なだらかな、無間断的流れとしての時間形象は、日常意識特有

の妄想として、ここでは完全に否定される。この点において、唯識の説く時間意識は、まさしく道元的「有時」の観念を、深層意識的に基礎づけるのである。

しかしながら、「種子」と「現行」の相互作用の上に成立する「現在」の一念の内実、すなわち、それの存在論的・時間論的厚みは、華厳哲学に至って、より精緻な形で理論的に解明される。唯識についていては、時間論だけに限っても、まだいろいろ言うべきことを残しているが、この辺で、一応、唯識哲学の境界を越え、華厳の世界に入ることにしたい。

唯識の場合でもそうだったけれど、華厳においては、存在論と時間論との距離がますます近くなる。近くなるのではない、距離がなくなってしまうのだ。存在論即時間論。存在の構造は、すなわち時間の構造。なるほど、華厳哲学の枢要を収めてあますところなしと称される「華厳十玄門」は、時間の構造に関わる根本原理を、一応、存在の構造に関わる諸原理とは別に独立させて立ててはいるが、結局は、「十玄」（十個の深妙な原理）のすべてが、時間論的原理でもあると考えて間違いない。もともと「時は法と相離れず」（時与法不相離──『五教章』）と言うように、一般に仏教では、もの、を離れて、それだけで独立した時間というようなものは認めない。時間の内的区分相互間の関係が「隔法異成」的であるばかりでなく、時間と存在も「隔法異成」的に（つまり、相異なることによって互いに他を排除し合う二つのもの〔隔法〕が、矛盾しあいながら、しかも相即相入して一となる〔異成〕、という仕方で）一体なのであって、時間の構造に関する原理と、存在の構造に関する原理とが違うはずがないのだ。

元来、「十玄」の一つである「十世隔法異成門」は、「十世」という言葉が示すとおり、明らかに、時間の内的構造を支配する原理である。「十世」とは、時間を先ず過去・現在・未来（これを「三世」という）に分け、次に過去・現在・未来の各〻にさらに過去・現在・未来を分け（「九世」）、全体を一と見て、「十世」と呼んだもの。従って、「十世隔法異成」とは、それらの「十世」（正確に言えば九世）が、互いに他と差別されつつ、しかも相即相入的に溶融しあい、すべてがすべての中に含まれて一となり、それが常に「現在」の一念として現成していく、ということを意味する。疑いの余地なく、これは時間の構造原理。ではあるが、この原理の背後には、全存在者の相即相入の原理が伏在している。そのことは「十玄」全体の理論構成からして明らかであって、従って、逆の方向から見れば、存在世界の構造を知ることによって、直ちに時間構造の真相がわかるということなのである。よって、私も、ここに、先ず華厳の存在論を略述し、得られた結果を、そっくりそのまま時間論に移すという方法を取りたいと思う。

華厳存在論といっても、しかし、複雑に構成されたその全体を、委曲を尽して論述することなどできないし、また、本論の目的から見て、その必要もない。それに、私自身、さきの小論、「事事無礙・理理無礙」で、華厳哲学の存在論的側面を主題的に取り扱ってもいる。だから、ここでは、「時々刻々」的時間論の形成に直接関わりのある部分、すなわち「事事無礙」のレベルにおける存在世界の構造、に話を限定して、華厳存在論の要点を述べることにする。当然、小論「事事無礙・理理無礙」の、特に「事事無礙」の部分と多分に重複するところが出てくるであろうことは、始め

から承知の上で。

存在の「事事無礙」的レベルというのは、実際上は、日常的意識にとっての現実、つまり我々すべてが現にそこに生きている経験的世界のことだが、その経験世界の現実が、華厳的観想意識の目を通すと、「事事無礙」という、およそ日常的意識から見ては非現実的としか考えられないような様相を露呈するのである。

元来、日常的意識の見る世界の、存在論的に最も基本的な特徴は、すべてのものが、それぞれ、そのもの自体として独立し、他の一切のものと混同されないということである。AはAであり、BはBであって、AとBとは互いに他を拒否し、障礙し合う。これは経験的存在世界の素朴な事実なのであって、華厳もそれを頭から否定することはしない。だからこそ「隔法」というような術語が使われるのだ。さきに引いた道元の言葉で言うなら、薪はどこまでも己れの「法位」を守って薪であり、薪が変って灰になるということはあり得ない。冬が春になり、春が夏になる、ということがないように。

だが、華厳は、AはA、BはB、という同一律的事態を認めつつ、しかもその反面、それと同時に、AとBとの相互浸透を説く。それが経験的世界の存在論的真相である、というのだ。すなわち、Aというものは、自己の「法位」において、あくまでAであることは認めるけれども、そのAというものを、自己完結的な、一つの閉ざされた実体的システムとしては考えないのである。閉ざされ

た実体ではなくて、反対に、あらゆる他のものにたいして限りなく開かれた存在単位と考える。このような観点から見たもののあり方を、華厳や禅について語る機会のあるたびに、私は「存在論的透明性」（ontological transparency）と呼んできた（拙著 *Toward a Philosophy of Zen Buddhism*, 1982, Prajna Press 参照）。すなわち、AはBにたいして存在論的に透明であり、逆にBはAにたいして存在論的に透明である、ということ。言うまでもなく、AとBとの相互透明性とは、華厳のいわゆる「事事無礙」概念を、比喩的に視覚化したものにすぎない。要するにAとBとは、互いに融通無礙であるということだ。勿論、AとBの二つだけの関係ではない。存在世界のあらゆるものについて、AはB・C・D・E等々のすべてに浸透し、逆にまたB・C・D・E等々はすべて同時にAに浸透する、というのである。

以下、この存在論的事態の構造を、もう少し理論的な形で考察してみよう。説明の便宜上、全存在世界が、A・B・C・D・Eという五つのもので尽されていると仮定する。さらに、今、我々の眼前に、Aだけが現前していると仮定しよう。例えば、現に一輪の花を私は見ている。花は花である。すなわち、AにはAとしての存在論的自己主張がある。しかも、仮定によって、A（花）以外の何ものも、現前していない。

だが、現に私の目にAだけしか見えていないという知覚的事実を、直ちに、A以外のもの（B・C・D・E）が現前していないというふうに取ってはならない、と華厳哲学は主張する。現前していないのではない。B・C・D・Eは、すべてAの構成要素として、Aの内部に入りこんでいる。

但し、積極的、自己主張的にではなく、自己否定的に、隠れた形で。そうでなければ、Aそのものも Aとして存立することができないのだ。だから、今、私の目の前にAが現前しているということは、B・C・D・Eも、同時に、そこに、自己否定的な状態で現前しているということなのである。そしてこれとまったく同じことが、Bの内的構造においても、C・D・Eのどれにおいても認められる。すべてが、すべてにつながっている。一つのものがここにあれば、他の一切のものがここにある（「老梅樹の忽開華《こっかいけ》のとき、華開《けかい》世界《せかい》起《き》なり」――道元）。このような融通無礙の内的構造をもちながら、しかもなお、AはAであり、BはBであって、それぞれの「法位」が失われることはない。一即多、多即一ということの、これが華厳的解釈である。

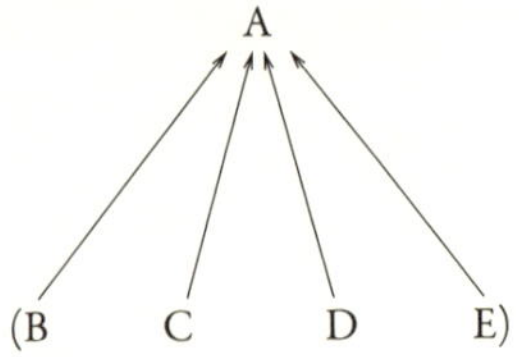

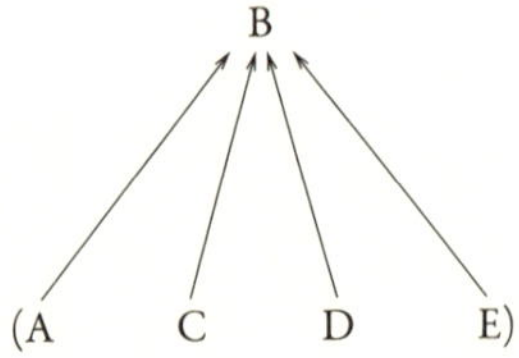

　こうして、一切のものの相即相入によって、重々無尽の多層的存在構造が現出する。華厳独自の、絢爛として重厚な世界像だ。存在のこの側面を形象化するために、華厳は、よく宝玉の比喩を使う。互いに他を映し、他に映されつつ、限りなく拡がっていく光の網。

　今、互いに向き合って並ぶ五個の、燦々と輝く宝珠を、ここに想定する。Aの光は、B・C・D・Eのそれぞれに映り、Bの光はまたA・C・D・Eのそれぞれに映る。C

A

B　　　　E

C　　　D

もDもEも同様。これが五つの宝珠の相互反映の第一層。

次に、例えばA・C・D・Eの光を己れの鏡面に映すBが、そのままそっくりAに映し出され、その結果、Aの鏡面には、B・C・D・Eのほかに、他者に映ったA自身が映し出される。そして、B・C・D・Eの各々についても、これとまったく同じ事態が生起する。相互反映の第二層。

それに続く段階では、例えば、己れのうちにA・B・C・D・Eを映すAが、B・C・D・Eの各々の鏡面に映り、今度はその全体が、反転してAに映る。と、このようにして、五つの宝珠の相互鏡映のプロセスは限りなく続き、互いに映し映される無数の光の、終りなき振幅が現成する。このような、無限の深みをもつ光の多層構造として存在世界を形象化するのだ。

一粒の砂に全宇宙が含まれる、という。この存在世界にあるいかなるもの、どんなに微細、微小なものにも、存在性の限りない深みがある。無限の光源から発出する光の重なりのイマージュによって象徴的に呈示される華厳的世界では、ひとつ一つのものに一切のものが融入し、その限りない多層的存在性において、一つのものがすべてのものであり、すべてのものが一つのものなのである。

以上、華厳哲学を、その存在論に焦点を合わせつつ考察してきた。しかし、存在論は、そのまま時間論として読みなおすことができるというところに、華厳哲学の——仏教哲学の、と言ってもい

い——大きな特徴がある。前にも書いたことだが、存在と時間は相互に転換可能なほどに密着し、窮極的には、存在・即・時間という同定性にまで至るものとして構想されるのである。

すなわち、存在の重々無尽は、時間の重々無尽。「事事無礙」は、即、時時無礙。あらゆるものが自由無礙に相互浸透しあい、その結果、一つひとつのもの（例えばA）は、まさにそのもの自体（A）であることによって、すべてのもの（A・B・C・D・E）である、という。この存在論的事態を、さきに一言した「華厳十玄」は、「同時具足相応門」の原則という形で理論化する。要するに、万物が炳然として同時に顕現すること、つまり「一切法、皆一時に成る」ということであって、前述の非時間的 totum simul にほかならないのだが、このように観想された場合、totum simul は著しく動的、力動的であることが注意されなくてはならない。あらゆるものが「前後、終始などの別あることなく」（法蔵）、全体同時に顕現している状態という点から見れば、この全体は凝然としてどこにも動きはなく、無時間的だが、この同時の内実をなす存在の実相、重々無尽に深まっていく存在の相即相入は動的であり、これをプロセスとして見れば、時間的である。存在のこの時間的側面は、同じ「華厳十玄」のもうひとつの原則、「十世隔法異成門」（前述）によって理論化される。ものの相即相入的事態、「事事無礙」のテクストを、時の相即相入、つまり、「現在」の一念における時時無礙的事態のテクストとして読みなおすのだ。

こうして、万物の非時間的「同時炳現」（totum simul）は、我々の経験的世界に自らを映して、時時無礙的時間現象となる。経験的世界は、存在の時間的展開の世界。俗にいう生滅流転、無常遷

流の世界。だが、華厳の見る存在無常は、常識の見るそれとは違う。すべてが流れる、というが、その流れは無間断の直線として形象されるような時間ではない。すでに繰り返し述べたように、ここに実現する時間は、「時々刻々」であり、前後際断された刻々の「現在」のつらなりとしての流れであって、しかも、刻々につらなっていくそれらの「現在」(の一念)は、一つひとつが非時間的 totum simul の全体を挙げての時間的現成なのである。つまり、時間的展開に移っても、totum simul は依然として totum simul のままに残る。ただ、それの現成が、瞬間瞬間に新しい存在・時間的フィールドを形成していく、というだけのこと。このような存在・時間的「フィールド」構造をもつ「現在」を、道元は「而今《にこん》」(しきん)という。

「而今」は刻々に移っていく。「而今」は刻々に新しい。しかしながら、その一つひとつが非時間的 totum simul の挙体現成である故に、この意味での「現在」は、普通に考えられているような、過去と未来の結合点・分岐点としての、ほとんど無に等しい一点ではない。一瞬でありながら一瞬ではない。無限の過去と無限の未来とのすべての内的区分を己れのなかに呑みこんで、しかも一瞬であるような「現在」だ。この「現在」には、いわば全時間を溶融した時間的厚みがある。道元的な言い方をするなら、「而今」としての「現在」は、一瞬一瞬に「尽時」でなければならない。そして、「現在」が、時々刻々に「尽時」(すべての時を尽す)であるということは、とりもなおさず「現在」が、時々刻々に「尽有」(すべての存在を尽す)であるということでもある。「尽時」「尽有」の「現在」。こうして我々は道元その人の時間論の世界に入る。

五

道元の時間論といっても、前節で述べたところによって、その思想的根幹はすでに尽されているのであって、これからの主題は、むしろ、唯識と華厳の練り上げた時間についての、哲学的思想を、道元が、どういう角度から、どう表現していくか、という、主として道元的レトリックの問題となる。とはいえ、道元にはまた、道元ならではの思想的独自性がある。『正法眼蔵』「有時」の巻のテクストを読みながら、彼の時間論的思索の跡を辿ってみよう。

道元の時間論を読む上で、先ず何よりもさきに、注意しなければならないのは、存在と時間の同定である。もともと、仏教では、前にも言ったとおり、存在と時間の密接不離な関係が考えられていた。時間そのものは「無別体」なのであって、ものと離れた時間はあり得ない、という。時間という抽象的枠組みがあって、その中で万物が生滅するとか、時間の流れの中にものが現象するとかいうふうには考えない。あくまで、さきに引用した『五教章』の言葉のごとく、「時は法（存在）と相離れず」なのである。

時間と存在とが互いに絶対不可分であるという、この根本命題は、やがてもう一歩進んで、存在は時間であるという命題になる。ものがあるということは、時間であるということ。ある一つのも

の（A）について、「Aが存在する」と言えるなら、当然、「Aが（Aとして）時する」とも言える。時間と存在のこの完全同定が、道元のいわゆる「有時」である。「有時」とは、前にもいったように、「有」即「時」、存在・即・時間、を意味する。

「いはゆる有時は、時《じ》すでに有《う》なり。有はみな時なり。」（以下、引用はすべて『正法眼蔵』「有時」から）

存在が、一般的に、あるいは抽象的に、時間だというのではない。もっと具体的に、経験的世界で我々の逢着する「毎物毎事」、そのどの一つを取っても、時である、というのだ。

「この尽界の頭頭《ずず》物物《もつもつ》を時時なりと覰見《しょけん》すべし。」

「しかあれば、松も時なり、竹も時なり。」

「要をとりていはば、尽界にあらゆる（尽界にある、の意）尽有は、つらなりながら時時なり。」

「山も時なり、海も時なり、時にあらざれば山海あるべからず。山海の而今に時あらずとすべからず（今ここに、「現在」性のすべての重みをかけて現前している山海を見て、ただ山と海があると考えてはいけない。それらが、それぞれに時であることを忘れてはいけない）。時

もし壊《え》すれば山海も壊す。時もし不壊なれば山海も不壊なり。」

万物の生成躍動する存在世界。それぞれのものが、それぞれに、そのもの本来のあり方を守りつつ（「法位に住して」）――松は松でありながら、竹は竹でありながら――あたかも波間に躍る魚のように生々と現成している。ものが時するとはそのこと。それを「有時」というのだ。

「住法位の活鱍鱍地《かっぱつぱっち》なる、これ有時なり。」

では松は松であり、竹は竹であるというふうに、己れの「法位に住する」――すなわち、己れの存在論的位置を離れぬ――諸物が、なぜ、そのように「活鱍鱍地」であるのか。それは、それぞれのものが、上述の「事事無礙」＝時時無礙の原理によって――「物物の相礙《そうげ》せざるは、時時の相礙せざるがごとし」と道元は言っている――それぞれのものであることが、すなわち、同時にあらゆる他のものでもあることだからにほかならない。ただ一物の「有時」（存在・時間）のなかに、宇宙に拡がる一切の「有時」（存在・時間）の全エネルギーが凝集されている。「有時」とは、一物一物の「有時」でありながら、しかも同時に、全存在世界の「有時」であるのだ。これを道元は、「尽時」「尽有」という。「尽時」「尽有」が、前に述べた非時間的 totum simul の時間的現成形態であることは、言うまでもない。そしてまた、その時間的現象形態こそ、

まさに「創造不断」でなければならない、ということも。「活鱍鱍地」という言葉には、おのずからにして「時々刻々」の脈動の響きがある。

「尽時」。刻々の時が、刻々に全時を尽す（「十世隔法異成」）。時時無礙的に重々無尽の多層構造をうちに秘めた「現在」（「而今」）が、一瞬一瞬の有無転換を刻みながら遷流して、その度ごとに時の全体を包んで「永遠の今」（nunc aeternum）である。

そして、「現在」の一念が、時のすべてを尽すということは、当然、それが有（存在）のすべてを尽すということでもある。「尽時」は「尽有」。道元の華厳的時間意識は「現在」の一念に存在と時間のすべてを収斂させる。すべての時間単位が相即相入するこの一瞬、それはまた、一切のものがそこで相即相入的に成立する無辺際の存在空間でもあった。「此一念中具万法」（此の一念中に万法を具す）。存在空間としての「現在」は、華厳的イマージュに移して言えば、空に舞う一塵の中に全宇宙が舞い、一花開いて世界開く場所なのである。

道元は言う。限りなく拡がるこの大地の全体（「尽地」）、見渡せば無数の草が生えている、無数のものの姿がそこにある。だが、と道元は続ける。このような存在認知に停ってしまってはいけない。この認知をもう一歩進めて逆転させ、一本一本の草が、全大地を占めていることを覚知しなければならない。一つひとつのものが、それぞれ全宇宙であることを知らなければならない、と。

「尽地に万象《ばんぞう》百草あり。一草一象おのおの尽地にあることを参学すべし。……正当恁麼《いんも》時のみなるがゆへに（時とはまさに、今言ったような意味での時であり、それ以外の何ものでもないのであるから）、有時みな尽時なり。有草有象ともに時なり。時時の時に尽有尽界あるなり。」

「ねずみも時なり。とらも時なり。生も時なり。仏も時なり。……すなはち有《う》なり、時《じ》なり。尽時を尽有と究尽《ぐうじん》するのみ。さらに剰法なし。」

「一時究尽」、いまというこの一瞬に、時間空間のすべてを究めつくす。「究尽」とは、何か一つの対象を底の底まで究めつくすというようなことではない。すべてを挙げてすべてを尽しきることだ。「究尽といふは、尽界をもて尽界を究尽するを究尽といふなり」と道元が言っているように。時の全体を尽し（「尽時」）、存在世界の全体を尽し（「尽界」）、一切を徹底的に尽しきって、そこに現成する「現在」。それが道元のいわゆる「有時の而今」である。

こうして「尽時」「尽有」的に現成する「而今」の相続、継起を、道元は「経歴《きょうりゃく》」という特殊な術語で指示する。流れる水、空を飛ぶ矢のように、一方向的に、不可逆的に、そして無間断的に連続する一本の直線として時間なるものを表象する常識的な見方（「凡夫の見解《けんげ》」「未証拠者」の時間観）から、真の観想的時間意識を区別するために、こんな耳慣れぬ言葉を使うのだ。だが、我々は、今、「経歴」がどのような事態を意味するかをほぼ正確に察知することができる。要するに、totum simul の非時間的「一挙開顕」が、一瞬一瞬の「尽時」「尽有」的フィールドの相続として時

間的に展開していく形である。「尽時」「尽有」的である故に、そして一瞬一瞬が前後際断的である故に、「現在」から「現在」へのこのつらなりには、先後関係はあっても（「薪は薪の法位に住して、さきあり、のちあり、前後ありといへども、前後際断せり」――さきに引用した「現成公案」の一節）、そこに不可逆性という制限はない。

「有時に経歴の功徳あり（有時は、本性的に、経歴するという性質をもっている。経歴しないということはあり得ない）。いはゆる、今日より明日に経歴す。今日より昨日に経歴す。昨日より今日に経歴す。今日より今日に経歴す。明日より明日に経歴す。」

時は「飛去する」ものだと、普通、人は思いこんでいる。東から西に向って吹き渡る風のごときものとのみ考えている。だから時の「経歴」性ということがわからないのだ。だが、「経歴」がわからなければ、「有時」がどういうものかもわからないのである。

「時は飛去するとのみ解会《げえ》すべからず。飛去は時の能とのみは学すべからず（飛び去ることだけが時の作用だと理解してはならない）。時もし飛去に一任せば、間隙《かんげき》ありぬべし（時がもし飛び去ることだけしかしないのだとすれば、時だけ先に飛び去ってしまって、後に残されたものとのあいだに隙間が出来るというような妙なことにもなりかねないだろう――道元独特の

イロニー)。

有時の道《どう》（有時という言葉）を経聞せざるは（深い意味を理解できないのは）、すぎぬるとのみ学するによりてなり。」

「経歴といふは、風雨の東西するがごとく学しきたるべからず。尽界は不動転なるにあらず、不進退なるにあらず、経歴なり（存在世界がまったく動かない、というのではない。たしかに動いてはいる。ただ、その動きは経歴としての動きなのである）。」

我々の経験する存在世界が、不動転であるとは、道元は言わない。永遠不動どころか、反対に生滅流転こそ経験界の真相である。あらゆるものが遷流して一瞬も止むことのない世界。ものが遷流するとは、時が遷流するということである。

「時は飛去するとのみ――すぎぬるとのみ――解会すべからず」と道元は言う。飛去する、過ぎる、とだけ考えてはならない、というのである。飛去し、過ぎていく面も時にはあるのだ。飛去する面（「去来の相」）もある。だが、飛去しない面もある（「無去来の相」）。現象的時間のこの根源的矛盾性を、「経歴」という言葉が鋭く捉える。「経歴」は、「有時」の時々刻々の「尽時」「尽有」的現成である。「尽時」「尽有」の尽は一切の動きを否定する。だが、時と有とは、それが不断の動であることを告げる。この一見奇妙な事態を、我々はどう理解すべきであろうか。

もともと、「有時」観念の成立の根源となったものは、前に述べたように、華厳的海印三昧によって観想される万物「同時炳現」の境位だった。万物一挙開顕（totum simul）の非時間的マンダラ空間。そこでは、すべてのものが、「空」（真空妙有）を中心点として、そのまわりに、中心から等距離に、完全に顕在化したあり方で、拡がっていた。過去・現在・未来の区別（「三世」「十世」）はここにはない。あらゆるものが、あますところなく現勢化しきった形で露現しているこの形而上的空間の中では、すべてが不動であり、従って無時制的である。日付をもったものはひとつもないのだ。

とはいえ、時間が完全に無化されてしまったわけではない。時（時間エネルギー）は、たしかに、そこにある。だが、それの流れは停止している。万物一挙開顕のところでは、時の流れる場所はない。まさに時間の、非時間的フィールド、あるいは非時間性のマンダラである。

しかし、非時間は、本性上、時間に転成する。存在の非時間的秩序は、必然的に存在の経験的次元に移って、時間的秩序に展開する。すべてのものが動きだす。その動きの一つひとつに日付がある。時は「飛去する」という考えがそこから出てくる。

例えば、私はあるものAを、ずっと以前に見た。昨日、私は別のものBを見た。そして、現に、今、私はCを見ている。私の経験的意識にとって、Cだけが現実に存在している。過去の日付をもつAやBは、もはや現存していない。時の流れに運ばれて、無の闇に消えてしまったからである。

このような考え方は、時の「飛去」的側面を捉えてはいるが、その不「飛去」的側面を完全に見

のがしている。道元は言う。昨日、私は阿修羅だった（悟りを得ようとして阿修羅のごとく努力していた）。その私が今日は、めでたく悟りをひらいて仏となった。阿修羅であった状態には昨日の日付、仏である今の状態には今日の日付がついている。阿修羅であった私は、もう存在していない。今は私は仏。昨日という時の私と、今日という時の私とは、全然、別のものだ。と、こんなふうに、普通、人は考える。だが、それでいいのだろうか。

「三頭《さんず》八臂《はっぴ》（頭が三つ、腕が八つの阿修羅）は、きのふの時なり。丈六八尺（立てば一丈六尺、坐れば八尺の仏身）は、けふの時なり。しかあれども、その昨今の道理（昨日・今日という日付の符牒の指示する事の真相は）、ただこれ、山のなかに直入《じきにゅう》して（重畳たる山岳地帯に踏み入って、最高峰の絶頂に立ち）、千峰万峰をみわたす時節なり（すべての山々を一望の下に鳥瞰するときに実現する事態）。

すぎぬるにあらず（昨日が過ぎ去ってしまったわけではない）。三頭八臂も、すなはち、わが有時にて一経《いっきょう》す（阿修羅であることも、実は、わが有時の尽時尽有的経歴のひと齣なのである。従って）、彼方《かなた》にあるににたれども而今なり。丈六八尺も、すなはち、わが有時にて一経す。彼処《かしこ》にあるににたれども而今なり。」

高々たる山頂に立って、千峰万峰を足下に見はるかす人。山と山とのあいだに時間的先後はない。

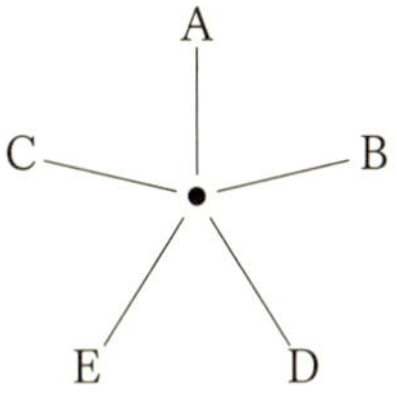

この山頂に辿りつくまでの日々、昨日はあの山を越えた、今日はこの山を越えている。昨日の山は先、今日の山は後。しかし、ひときわ高く聳え立つ山の頂《いただき》から全景を鳥瞰するこの人にとっては、山々の日付はなくなっている。あともさきもない。すべての山が彼から――彼の「我《われ》」から――等距離にある。非時間的「同時開顕」の茫洋たる空間だ。本論第一部で述べたハマダーニーの、Bレベルにおける時間意識もこれとまったく同じ構造であったことが憶起されよう。そして、ハマダーニーにおいても、Bレベルにおける非時間的空間は、Aレベルに移って、そのまま時間の流れとなるのであった。

道元の説く「有時」にも、まさにこういう二面がある、「飛去」的側面と、不「飛去」的側面と。互いに矛盾するこの二面を一に合わせたところに、「有時」の「経歴」を道元は見る。根源的非時間マンダラの、経験的存在次元における時間的展開としての、それが「有時」のあり方なのである。

根源的非時間マンダラが、そのすべてを挙げて、刻々に時間フィールドとして、現成していく。根源的非時間マンダラの中心点は「空」だった。これにたいして、非時間マンダラの現象的展開形態としての時間フィールドの中心点は「我《われ》」。これら二つの中心点相互のあいだには緊密な照応関係がある。と言うより、二つは、それぞれの機能次元を異にするだけで、本源的には一つのものである。非時間的マンダラの中心点が、そのまま時間的展開の次元において、「我」として働くのだ。

さきの引用文の中で、道元が、「わが有時」という表現を使っていることに、深い意味を読みとらなくてはならない。

「有時」「経歴」の中心に、「我」を置く。ここに至って、道元の「創造不断」的時間論は、思想的独創性の深みを窮めるのである。

この「我」がどういうわれであるのか、については、古来、註釈者のあいだに諸説がある。大我、宇宙的われ、「本来の面目」のことだと言う人もあれば、経験的意識主体としての個我であると言う人もある。だが、実は、それほど問題にする必要のないことなのではあるまいか、と私は思う。もし「有時」が、上来説明してきたような内的構造をもつものであるならば、その「有時」を刻々に「経歴」せしめる中心軸としての「我」は、生滅流転の世界に生きる経験的、現象的主体でなければならないと同時に、また、万象「同時炳現」の非時間マンダラを、寂然不動の相において観察する形而上的主体でもなければならない。「心真如門」と「心生滅門」との相矛盾する二面を一にする『大乗起信論』の「一心」のように。

もともと、我々の経験的世界——時間が時間として成立する存在次元——は、生滅遷流の世界であるとともに、不変不動の真如の世界でもあるのだ。このような世界の主体的中心、「我」、は、当然、互いに矛盾するこれら二面を具えた「我」でなければならない。そのような「我」であってこそ、非時間的存在マンダラを、刻々に「有時」のつらなりとして展開していくことができるのである。

さきに引いた一文の中で、道元は、深い山岳地帯に踏みこんだ旅人について語っていた。遥かに遠い玉殿を目指しつつ、幾山河を越えて彼は行く。身を阿修羅（「三頭八臂」）となし、長い惨苦の時を経て、ついに彼は目指すところに着く。「河をすぎ、山をすぎ」たのは、もう遠い昔のこと。今では彼は玉殿朱楼に坐している、今や自分は生きながら仏（「丈六八尺」）の身になったのだ、と歓喜しながら。

だが、彼は、結局、凡俗の人。本当の仏教の哲理は、彼にはわかっていない。だから「有時」という語を見ても、うじとは彼は読まない。あるときとだけ読む。つまり、彼の経験するすべてのことには、一つひとつ、日付が入っているのだ。日付なしの、あとさきなしの、時間、「有時《うじ》」は彼の理解を超えている。ちなみに、「有時」をうじと読み、あるときとは全然違う意味に理解するのは、道元の「内的解釈」（第一部参照）である。このような「内的解釈」を、道元は至るところで行っている。

「しかあるを、仏法をならはざる凡夫の時節にあらゆる見解《けんげ》は（仏法の説く真理の意味を理解していない凡俗人の境位に特有の見方では）、有時のことばをきくにおもはく、あるときは三頭八臂となれりき。あるときは丈六八尺となれりき。たとへば、河をすぎ、山をすぎしがごとくなり、と。

いまは、その山河あるらめども（自分が越えて来たあの山や河は、いまでも、どこかに有る

だろうけれども）われすぎきたりて、いまは玉殿朱楼に処せり。
山河とわれと、天と地なり（山河と今の自分とのあいだには天と地のあいだほどの距りがある）とおもふ。」

しかし、と道元は言う、これが時間に関する唯一の正しい考え方なのではない。たしかに、時間には、こういう去来の相もある。が、それよりずっと大事なのは、去来の相に加えて、時間に無去来の相がある、ということだ。去来を無去来につなぐところ、言い換えれば、去来を無去来に転換させるところ、に「我」がある。刻々に「現在」（重々無尽の「有時の而今」）として現成していく「我」を通じて、去来する時は去来を止める。

「しかあれども、道理この一条のみ（去来的、「飛去」的事実だけ）にあらず。
いはゆる山をのぼり河をわたりし時にわれありき。われに時あるべし（われの現成は時の現成）。われすでにあり。時さるべからず（われが厳然として機能している以上、過去と現在とのあいだに時の飛去はあり得ない）。」

「我」が「有時」的時間フィールドの中心であり枢軸であることは、すでに述べた。「われに有時の而今ある、これ有時なり。」「有時」は、本来、「わが有時」だったのである。

こういう意味で、「我」は時であり、有である。とすれば、全存在世界（「尽界」）を満たす限りない事々物々の森羅たる姿は、「我」のつらなりにほかならない、と言えよう。時時のつらなりとも言えよう。

「われを排列しおきて尽界とせり、この尽界の頭頭物物《ずずもつもつ》を時時なりと覷見《しょけん》すべし。……われを排列して、われこれをみるなり。自己の時なる道理、それかくのごとし（すべてのものが根源的主体性としての自己《われ》の時であるということの意味は、まさにかくのごときものなのである）。」

「要をとりていはば、尽界にあらゆる尽有は、つらなりながら時時なり。有時なるによりて、吾有時《ごうじ》（我＝存在＝時間）なり。」

「吾有時」というこのきわめて特殊な表現は、「吾・有・時」、すなわち「我」と存在と時間との相互同定性を意味するだけではない。それは、また、「吾・有時」（わが有時）でもある。言い換えれば、「有時」の「経歴」が、「吾」を中心軸として展開するものであることをも、それは意味する。道元はこれを「わが尽力《じんりき》」と呼ぶ。「我」（すなわち『起信論』のいわゆる「一心」）が挙体全動して、はじめて存在世界が時間的展開軸の上に生起するということだ。すべてのもの（「有時」存在・即・時間）は、「我」の「尽力」（挙体全動的働き）によって現成する、というのである。

「およそ羅籠《らろう》とどまらず、有時現成なり（どんなに綿密にあみを張りめぐらし、かごを置きつらねても、有時の現成を捉えて止めることはできない。「我」の働きによって、ひとりでに、あらゆる事物が現われてくる）。いま右界に現成し、左方に現成する天王天衆《しゅ》、いまわが尽力する有時なり。その余外《よげ》にある水陸の衆有時（水陸のあらゆるもの）、これわがいま尽力して現成するなり。冥陽（可視界、不可視界）に有時なる（有時として現成している）諸類諸頭《ず》、みなわが尽力現成なり。尽力経歴なり。わがいま尽力経歴にあらざれば、一法一物も現成することなし、経歴することなし、と参学すべし。」

一切「同時炳現」的マンダラが、「尽時尽有」の重みをになう「現在」（「有時の而今」）として、刻一刻、現成していく。非時間的マンダラから時間的フィールドの念々相続への、この転換線上に、「我」がある。前にも一言したように、不生不滅と生滅流転とを内に含みつつ、相矛盾するこれらの二面を一に合わせる主体性、「我」こそ、この転換を可能にする全存在エネルギーの凝集点である。道元のいわゆる「わが尽力」とは、まさに、このことを言ったものであろう、と私は理解する。

道元の語る旅人は、かつて山々を登り谷を越えた（「上山渡河の時」）。今、彼は玉殿朱楼の中にいる（「玉殿朱楼の時」）。二つの時のあいだには先後配列がある。ということは、すなわち、時間が、ここでは、去来の相において意識されているということにほかならない。

だが、と道元は言うのだ、「山をのぼり河をわたりし時にわれありき。」山を登り河を渡ることも、「わが尽力」だった。玉殿に今いることも、また「わが尽力」である。ともに「尽時」「尽有」的「わが尽力」である点において、上山渡河も玉殿朱楼も、時間フィールドの中心からまったく等距離にある。先後関係はそこにはない。時間は、無去来の相において意識されている。

去来の相と無去来の相。形而上的「同時炳現」の根源的非時間性を、現象的時間性の鏡に映すことによって現成する時間フィールドの相続であればこそ、「有時」には去来、無去来の二つの相があるのだ。

「かの上山渡河の時、この玉殿朱楼の時を呑《どん》却《きゃく》せざらんや、吐《と》却《きゃく》せざらんや。」

「上山渡河の時」が「玉殿朱楼の時」を呑みこんでしまう境位、そこでは二つの時は一つの時である(無去来)。だが、「上山渡河の時」が「玉殿朱楼の時」を吐き出す境位では、二つの時は、あい前後する別々の二つの時(去来)。「有時」は、その内的構造において、常に、こういう二重性をもつ。そして「有時」をこのような二重性において実現させるもの、それが「我」なのである。

こうして、道元の構想する時間論は、「我」を機能先端として、刻々に新しく現成していく「有時の而今」(「尽時・尽有」的に重々無尽であるいま)の相続に窮極する。

「創造不断」を東洋的時間意識の一元型として措定することから、私は本論の主題を逐い始めた。第一部、第二部を通じて叙述をここまで進めて来た今、ひるがえって考えると、この東洋的時間意識の元型の仏教哲学的現象態としての道元の「有時」論が、第一部で述べた同じ元型のもう一つの現象態、イブヌ・ル・アラビーのイスラーム的時間論と、肯定的・否定的に著しい対比を示すことを我々は見る。同一の元型が、違う二つの思想文化の伝統の流れの中で取る二つの現象態。両者のあいだに認められる差違と類似が、時間なるものの本性について、そしてまた、より一般に文化なるものの普遍性・個別性について、限りない思索と探求に私の心を誘う。

（『思想』一九八六年三月、四月）

イスマイル派「暗殺団」

——アラムート城砦のミュトスと思想

講演記録の形を取る本稿は、一九八六年五月十二日、日本学士院の例会での研究報告を基にして、それを部分的に訂正し加筆敷衍したものである。国際的テロリズムのはしりといわれ、遠い中世の昔、東西両洋にわたって悪名をはせた「暗殺団」を一応の主題とするが、私の本意としては、「暗殺団」そのものの活動の詳細を叙述することよりも、むしろそのような恐るべき制度を作り出したイスマイル派の思想風土、イスラーム共同体におけるこの異端的過激派の正確な位置づけの開明を目的とする。その意味において、本稿も——少くとも私自身のつもりでは——東洋思想研究の一環をなすものである。

この目的のために私は、まず序説的に、シーア派の成立からイスマイル派発生に至る思想史的経路を略述した後、「暗殺団」の本拠地であるアラムート城砦の文化記号論的トポロジーを構想し、その基本構造に照らして、「イマーム」と「山の老人」と「暗殺団」との内的関連の真相を探究しようとする。

イスラームという宗教の生み出した諸派の中で最も極端な過激派、イスマイル派、とは、そもそもどういう宗派であったのか。何を信じ、何を目指して、彼らはあの劇的一時期を生きたのか。この派

の人々にとって、「暗殺団」とは、一体、何であったのか。イスマイル派に関するこのような基本的疑問に正しく答えるためには、どうしても、この特殊な信仰共同体の文化記号論的構造を開明しなければならないのである。本稿の第一部はそれを主要テーマとする。そして、イスマイル派「暗殺団」の正しい理解が得られた上で、十字軍以来の西欧人が、この人たちについて、いかに奇怪なイメージを作りあげて来たかを語り、第一部を終る。続く第二部では、思想体系としてのイスマイル派を最も顕著な形で特徴づける考え方、わけても秘教的伝統に生きるこの派が、門外不出、秘中の秘として長い間公開を避けてきたグノーシス的・カッバーラー的宇宙論、宇宙生成論の大綱を述べ、このミュトスにおける「上界」(天上の存在秩序)と、「下界」(地上の存在秩序、すなわちイマームを頂点とするイスマイル派信仰共同体の構造)との間の対応関係を説明するつもりである。

何世紀にもわたる長い歴史の紆余曲折を経て、イスマイル派もその性格を大きく変えた。今日のイスマイル派には、「暗殺団」の活躍によってヨーロッパ、中東の諸民族を震駭させた昔日の面影は、もはやない。「暗殺団」のあのすさまじい破壊エネルギーを、彼らは、そのまま新しい国際的精神文化建設の方に向け変えてしまったかに見える。イスマイル派は今でも自らを、原則的には、一つの閉ざされた秘教的信仰共同体として保持している。だが、その秘教的閉鎖性の制限すら、彼らは進んで弛めつつある。今まで局外者には絶対に近づくことを許されなかった古イスマイル思想の重要なテクストが次々に公開され、自由研究の範囲が急速に広まっている。

現に私自身、一九八四年の早春、ロンドンのイスマイル研究所に招かれ、三カ月の講義を頼まれたのであったが、その時、先方の希望した講義題目は、古代インドの哲学思想がどのような形で、そしてどの程度まで、イスラーム哲学に摂取されたかという問題を、特に『ヨーガ・スートラ』のアル・ビールーニー(十一世紀)によるアラビア語訳をサンスクリット原典と対比することによって明らかに

するということであった。高度の文献学的テクニークの習得を聴講者たちの側に予想するこのような題目を選んだということ自体、現在のイスマイル派の人々の知的関心が那辺にあるかを物語っている、と思う。まさに今昔の感を禁じ得ない。

本稿、特に宇宙論的ミュトスを取り扱った第二部は、その時自由に閲覧を許された数々の貴重な古文献に拠るところが多い。ここに明記して、同研究所に深い謝意を表したいと思う。

一

今日は、イスマイル派の「暗殺団《アサシーニ》」(assassini) についてお話してみたいと存じます。西洋史、東洋史に共通する大きな話題として、昔からいろいろな意味で人々の関心の的となってまいりましたこの特殊な暗殺者たちのことを、日本ではよく「暗殺秘密結社」などと訳しているようでございますが、これからお話することからもすぐおわかりいただけますように、秘密結社という訳語は適当ではございませんので、私は単純に「暗殺団」(あるいは「暗殺組織」) という訳語を使って話を進めさせていただきます。

いずれにいたしましても、今からもう何世紀も前の古い話であります。しかし、これがまた、現代というこの時代の我々の生活状況になんとなく関わりのありそうな主題であることも否定できない事実であろうと思います。たしかに、現実の問題として、我々のまわりにはテロリズムが横行し、

我々の生活を脅かしております。この現代的テロリズムの著しい特徴の一つは、それが国際的拡がりをもつ組織化された殺人行為であるということであります。たんにどこかの悪人が、なんらかの個人的動機で、誰かを、いわば行きあたりばったりに殺害するというようなことではない。ある特定のイデオロギーの上に立つ一団の人々が、一つの共通の目的のために志を合わせ、綿密な計画を立て、国際的に組織化された形で行う集団的暗殺行為でありまして、「国際テロ」というような現代の好ましからぬ流行語がそのことをよく表わしているように思われます。これから私が話題にしようとしているイスマイル派「暗殺団」も、まぎれもなくこの意味での国際テロ組織だったのでありまして、それの成り立ちやその思想的背景を今ここで考察してみるのも、あながち現代的に無意義なことではないかもしれません。

事実、国際的テロリズム組織という言葉を聞いて、現代の一般の人々の心にまず浮びがちなのは、中東、ムスリム、アラブというような言葉です。善良な、信仰深いアラブやムスリムにとっては迷惑しごくなことですけれど、それが特に西洋では十字軍以来の、ほとんど慣習的な考え方になっているのであります。聖地エルサレム奪回という大義名分のもとで中近東に大がかりな攻撃の軍を進めたキリスト教徒たちは、実際に中近東に踏みこんで、そこで思いもかけず、完璧に組織化された暗殺行為、いわゆるプロの暗殺者の恐ろしさを思い知らされたのでありました。それが、今からお話しようとしているイスマイル派「暗殺団」だったのです。

イスマイル派との出合いが、どれほど強烈な印象を西洋のキリスト教徒に与えたか。「暗殺団」

の総指揮官ともいうべき「山の老人」（この名称については後述）が、彼らの想像力の中で、どれほど恐ろしい怪物として描かれていたか。中世以来の西洋のいろいろな文献に記録されている通りですが、それよりもっと端的にすべてを物語るものは、「暗殺者」という言葉そのものでありましょう。
例えば英語で「暗殺者」のことを assassin と申します。ご承知の通り、今ではこの語は一般に「暗殺者」「刺客」を意味する普通名詞であります。英語ばかりではありません。ドイツ語の Assassine、フランス語の assassin、イタリア語の assassino、その他大抵のヨーロッパ語にはこれに類する語が「暗殺者」の意味で使われている。が、実は、これらすべて、元来はイスマイル派の暗殺者たちを指す特別のアラビア語だったのでありまして、それが十字軍を通じて、十三世紀、十四世紀頃から急速に全ヨーロッパに広まり、遂に普通名詞となって今日に及んでいるというのが実情であります。それがどういうアラビア語であるかについては、後ほど詳しくお話申し上げます。

先に進みます前に、ここでぜひご注意願っておきたいことがございます。それと申しますのは、イスマイル派それ自体が、そのまま暗殺団だったわけではない、ということであります。世間にはよく、イスマイル派なるものが、全体を挙げて暗殺を事とする狂信者の一大秘密結社であったかのような誤った考えが行われております。決してそんなことはございません。これから詳しくご説明いたしますが、イスマイル派というのは、西暦九世紀頃、イスラームの内部に出現した一つの強大な信仰共同体なのでありまして、専ら破壊的暴力行為を事とする秘密結社のごときものであるどこ

ろか――もっとも、一番最初の頃、すなわちイスマイル派がまだイスマイル派と呼ばれずに、むしろ「カルマット派」Qarāmiṭah, Carmathians という名で知られていた頃は、たしかに、そうだったのですが――少くともその最盛期には多くの重要な文化事業を建設的に行って、イスラーム文化の繁栄と国際的展開に多大の貢献をした人達なのであります。

西暦十世紀前後のイスラーム的学問の世界、特に数学、天文学、哲学、錬金術などの分野におけるイスマイル派の活躍には実に目ざましいものがございました。例えば（これはほんの一例としてお話するのですが）、イスラーム哲学史上最大の思想家として、またアリストテレス系のギリシャ哲学を西洋の学界に伝達する歴史的役割を果した人物として、西洋中世哲学に令名をはせたイブン・スィーナー（ラテン名 Avicenna）などは、濃密なイスマイル派的思想雰囲気の中から現われて来た人だったのであります。彼自身は、少くとも表面上は、イスマイル派の正式のメンバーではありませんでしたが、イスマイル派のパトロンだった彼の父親のサロンには同派のすぐれた学者たちが出入して、高踏的な哲学議論が、日常茶飯事のように行われておりまして、幼いイブン・スィーナーの心を哲学的思索の道に誘ったといわれております。それからまた、西暦十世紀以来約二百年、エジプトを中心として北アフリカ、中近東の広大な地域に覇を唱えたファーティミー朝も純然たるイスマイル派の王朝ですし、大都市カイロを作り、そこにアズハル大学という全イスラーム世界随一の総合的教育機関を開いたのもこの派だったのであります。

こんなふうに例を挙げていけばきりがありませんから、やめておきますが、とにかく、イスラー

ムというものが、中世期に、あれだけ目ざましい国際文化興隆の高みに達したことについては、イスマイル派の建設的活躍に負うところきわめて大であった、ということを申し上げたいのでありますす(イスラーム文化全般にたいするイスマイル派の積極的貢献については *Ismā'īli Contributions to Islamic Culture*, ed. S. H. Nasr, Tehran, 1977)。

そのような次第でございますから、イスマイル派それ自体を、「暗殺団」と同定してしまうことはできない。もしそんなことをすれば、明白な歴史的事実にたいして大変な誤りを犯すことになる、ということであります。何しろ、その最盛期には、エジプト、北アフリカ、シリア、イランにわたる地域に絶大な文化的支配権を行使していたイスマイル派が、その全体を挙げて職業的暗殺者であったなどということは、ちょっと考えても到底あり得ないことです。イスマイル派の名と結び付けられるあの計画的組織的テロリズムは、イスマイル派自身としては、空間的にも時間的にも、ごく限られた特殊事態にすぎなかった、と考えるのが正しいのです。つまり何世紀にもわたるイスマイル派の発展史の途上、ある一時期——具体的に言えば、西暦十二世紀始めから十三世紀の半ばまでの約百五十年間——ある特定の場所(アラムートの城砦)をめぐって、暗殺テロリズムの組織化という異常な事態が出来した、だけのことであります。ただこの時期、この地域での彼らの破壊活動のすさまじさの故に、そしてまたその国際的関わりの拡がりの故に、アラムートは東西の人々の呪詛の的となり、この時期が、また、イスマイル派以外のイスラーム教徒や十字軍のキリスト教徒にとって文字通り恐怖の百五十年となり、二十世紀の今日まで、まだその影響が尾を曳いているわけ

なのであります。

以上、私はイスマイル派という名称を、なんの説明もなしに使ってまいりました。イスマイル派とは、一体、何であるか。どんな人々がこの宗派のメンバーであったのか。それを、どうしてもここで、一応、ご説明申し上げておかなければなりません。すなわち、イスマイル派なるものが、どんな事情でイスラームの内部に現われてきたのか。この派の人々は、何を信じ、何を考え、何を目的として生きたのか——それが当面の問題であります。それが正確に理解された上で、この人たちと組織的暗殺テロリズムとの結びつきが、はじめてはっきりしてくるはずであります。

イスマイル派とは何か。この問いに正しく答えるためには、どんなに簡単にしようとしても、どうしてもシーア派の起源にまで遡らなくてはなりません。もともと、イスマイル派は、シーア派の一分派なのですから。もっとも、シーア派につきましては、最近のイラン革命で王制を倒し政権を奪取した人々がシーア派であったという特殊な事情もありまして、今では日本でもかなり知識が普及しておりますし、私自身もいろいろな機会に書いたり話したりしてまいりましたので、ここではイスマイル派の成立に直接関係のあることだけを、かいつまんでお話するにとどめておきたいと存じます。

預言者ムハンマドは、自分の生きている間こそイスラームは一個の共同体としての統一性を保ち

続けるであろうけれども、自分の死後は必ず四分五裂して、七十二、あるいは七十三の派に分れるに違いないという強い予感を抱いていた、と伝えられております。七十二、七十三という数は問題ですが、とにかく予言通り、共同体は分裂していきます。そしてこの内部分裂の最初期の、そして最も深刻な現われがシーア派の成立ということであったのです。

シーア派の出現は、最初、少くとも表面的には、政治イデオロギー的問題でありました。具体的に申しますと、預言者の後継者に誰がなるか、というよりむしろ誰にその権利があるか、ということです。預言者ムハンマドの後継者として、すでに急速に発展しつつあったいわゆるサラセン帝国の主権者の位を占める人、それをイスラームの術語で「ハリーファ」(カリフ)と申します。文字通り「代理人」の意味です。

いろいろ問題はありましたが、なんとか最初のうちは、伝統的なアラブ方式で、後継者、カリフ、が選ばれました。伝統的アラブ方式とは、完全な平等主義を原理とする選挙制です。たといエチオピアの黒人でも、立派な人物でさえあれば、カリフになる資格がある、と預言者自身が言ったとか。とにかく誰でも平等に権利がある。高潔な人格、衆にすぐれた政治的能力、圧倒的人気などが決め手でありまして、血筋や生れによる特権は全然認められない。そして事実、第一代から第三代のカリフまでは、さしたる困難なしに、この方式で後継者が選出されていったのでした。

問題は、第三代カリフが暗殺され、第四代カリフが指名された時に始まります。第四代カリフになったのはアリー('Alī)という人。預言者ムハンマドの従兄弟で、後にムハンマドの娘ファーティ

マ（Fāṭimah）の夫となった人です。

もともと、アリーのまわりには、彼を熱烈に、というより狂熱的に、支持する有力な一群の人々がおりました。この人たちがアリーを支持する根拠は、従来のカリフ選出の原理となったものとは根本的に性質を異にするものでありました。それは、預言者ムハンマドの直系の血筋に、イスラーム共同体の主権者となるべき神聖な権利を認めるという立場であります。勿論アリーその人は、今申しましたように預言者ムハンマドの従兄弟でありまして、本当の息子というわけではありませんが、とにかく預言者最愛の娘ファーティマの夫として特に選ばれたほどの人でありますし、それよりも、彼とファーティマの間に生れた息子やその子孫には、まごうかたなくムハンマドの血が流れています。

元来イスラームは、血筋を尊重する古来のアラブの伝統をしりぞけ、血統に基づく特権階級の存在を否定して、人間は神の被造物として誰もが平等であるという原理の上に樹立された宗教であったのですが、アリーのまわりに集まった人々はそういう考え方に満足いたしませんでした。預言者ムハンマドの血が体内に流れているということは、この人たちにとっては、預言者の内に宿っていた神的霊性が、そのままそこに潑剌と生きて働いているということを意味したのであります。そして、このように神的霊性を直接受け継ぎ、それを体現している人――具体的には、アリーとファーティマの直系の子孫ということですが――を、彼らは特に「イマーム」と呼んで神聖視し、たんにイスラーム共同体の俗世的主権者である「カリフ」とは全く次元を異にする存在と考えたのであり

ます。

アリーを起点とし、その代々の子孫をイマームの血統として、その神聖性を信奉する人々、その人々がシーア派と呼ばれる一派をなして独立するに至る。「シーア」(shī'ah) は「党派」という意味のアラビア語。要するに、「(アリーを支持する) 党派」「アリー党」です。と言いましてもアリーその人を尊重するのではない。アリーの内に生きているイマーム性、イマームの理念、を尊重するのでありまして、ほとんどイマーム信仰です。

これに反して、こういう意味でのイマームの特権を認めようとしない保守的な人々がスンニー派です。この名称のもとになる「スンナ」(sunnah) とは、父祖伝来のしきたり、古来の慣習、ということで、スンニー派とは、この場合、預言者ムハンマドによって拓かれたイスラーム的信仰の道、つまり預言者伝来の宗教的慣習を墨守し、その道を一歩たりとも踏みはずすまいとする人々、という意味です。それですから、スンニー派にとっては、預言者こそ唯一最高、窮極の権威であって、この世にこれと肩をならべる者は絶対にあり得ない。何をするにも、必ず過去に遡って、預言者と彼のもたらした『コーラン』に最後の根拠を求めるほかはないわけであります。

ところが今、シーア派は、これに対して、敢えてイマームという神聖な人間の存在を認めようとします。預言者と『コーラン』のほかに、もうひとつの窮極的権威を立てようとする。しかも、預言者ムハンマドは――『コーラン』自体がはっきり証言していることですが――もともと、ごく普通の人間(「市場を歩きまわり、ものを食う、ただの人」)であったのでして、それが、たまたま神

に選ばれて神の言葉（啓示）を受けるという恩寵を授けられたにすぎません。しかるにイマームは始めから、ただの人間ではなく、神的霊性を体現する人です。悪くするとイマームのほうが預言者よりも偉い、というようなことにもなりかねません。いや、悪くするとどころか、事実、シーア派は、その歴史的展開のプロセスにおいて、次第にイマームを神格化していくのであります。

だが、そうなれば、イスラームとしては、もう公然たる異端であり、恐るべき危険思想です。スンニー派は総力を挙げて、それを弾圧し、迫害する。弾圧され迫害されるシーア派は、当然、秘教となる。こうして、スンニー派とならび立ってイスラームを二分する大勢力、シーア派が形成されていったのです。そしてこのシーア派の精神的中核をなすイマーム信仰を基にして、秘教（エソテリシズム）への道——すなわち他派から見れば異端への道——を一直線に進んだのが、シーア派中の過激分子、イスマイル派だったのであります。

以上のように考えてまいりますと、シーア派全体としても、また特にイスマイル派にしても、とにかくおよそシーア的な思想を理解するためのキー・ポイントが、イマーム信仰にあるということは、誰の目にも明らかであります。イマーム信仰とは何か。イマームとはいかなる人であるのか。イスマイル派の思想において極限的な形にまで展開していったシーア的イマーム理念を、ここで簡単にご説明しておきたいと存じます。

「イマーム」(imām) は一般に、先達《せんだつ》、先導者、人々の先に立つ人、というような意味のアラビ

ア語であります。シーア派の宗教的術語としてもこの原義は保たれますが、しかしこのコンテクストでは著しい限定を受けます。つまり、ただの先導者ではなくて、非常に特殊な先導者を意味するのです。

シーア派全体に通じるごく一般的な考え方として、イマームは、まず第一に、神に直結した人、神の霊的な力を自分の体内に宿している人、そしてその意味で俗世間から完全に聖別されている人を意味する。このことは先ほど申し上げました。すなわち、イマームは、そのユニークな生れそのものによって、始めから聖別されているのでありまして、もとは普通の人間だった者がある時、突然、神の選びによって聖別されたというような、つまり預言者というような人とは全然存在の次元が違います。さっきも申しましたように、神と、神のコトバの記録である天啓の書『コーラン』のほかには絶対に神聖なものを認めないスンニー派から見ますと、もうこれだけで立派に異端です。しかし、同じシーア派でもイスマイル派になりますと、この異端性がもっと極端になります。

簡単に申しますと、ここではイマームが著しく神に接近してくる。神（であること）に極限まで近づく。神すれすれのところまで。ここまで来れば、イマームはもうほとんど神そのものです。「ほとんど神」――大変あいまいな言い方のようですけれど、神と人との関係についてのグノーシスの複雑で微妙な思想構造を簡略化した表現と考えれば、かなりの有効性をもつ表現であると思います。

元来、イスマイル派は、その思想的、ミュトス的、世界像的側面において、グノーシス主義の強

い影響を受けて発展したものであります。今ここで話題となっているイスマイル派のイマーム像にしても、それがまさしくグノーシス派のいわゆる「霊的アダム」あるいは「神人《アントローポス》」であることは明らかです。「アントローポス」は神そのものではありません。絶対窮極的境位における神そのものは、「知られざる神」（θεὸς ἄγνωστος）、つまり絶対に不可知な神、あらゆる述語を超越するXとしての神、でありまして、イスマイル派がいかにラディカルだといっても、イマームがこのような意味で神であるとは言いません。

しかし、この「不可知の神」Xは、様々な具象的属性を帯びて現象界に仮の姿を現わす、これを「第二の神」（δεύτερος θεός）と申します。このグノーシス的考え方を取って、イスマイル派はイマームを、「知られざる神」、天上の神、の地上的顕現形態、仮現、仮象とするのでありまして、これがさきほどの「ほとんど神」という表現の意味するところなのであります。この世に生身の人間として存在する以上、イマームにも人間的側面（nāsūt）と神的側面（lāhūt）とがある。人間的側面に重点を置いて考えれば、イマームは人間であって神ではあり得ない。しかし、もう一方の神的側面においては、彼はまさに神的存在であり、神である、という考えです。

もっとも、同じイスマイル派でも、そのイマーム論にはそれなりの発展史がありまして、すべての思想家が同じ考えを共有していたわけではありません。時期により、場所によって、いろいろ違いがある。例えばイスマイル派第一級の哲学者、ファーティミー朝最大の思想家とされるハミードッディーン・ケルマーニー（Ḥamīd al-Dīn al-Kirmānī, d. *ca.* 1020/21）などは、ネオ・プラトニズム的に、イ

初期シーア派系譜

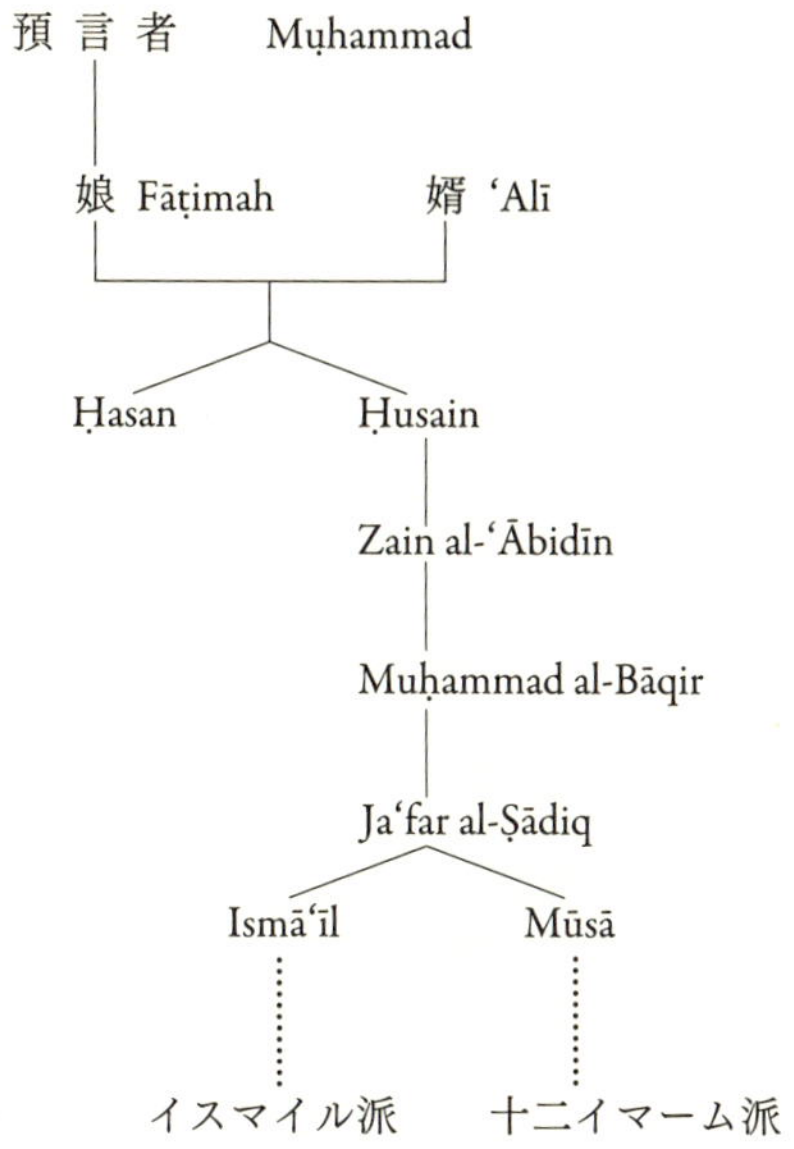

マームを神の仮現ではなく、宇宙的霊性の地上的仮現である、としております。

しかし私がテーマとしている「暗殺団」を生み出した時期と場所とのイスマイル派は、明らかに今申し上げましたような立場、すなわちイマームを神に極限まで接近させる立場を取っておりました。そのような意味でのイマーム信仰が彼らの宗教感情の根源をなしていたのであります。

そしてまたそうであったればこそ、ひとたび「暗殺団」なるものが、イマームの聖なる意志に従って制定されるや、無数の少年、青年が、行為の可否善悪を問うことなく、ただひたすらイマームへの情熱的愛と尊崇の故に、この危険きわまりない仕事に己れの生命を捧げつくすという異常な事態が起り得たのでありました。

暗殺への、このひたむきな情熱、それがあまりにも異常な現象であり、常人の理解を超えておりましたので、他派のイスラーム教徒、そしてさらには西洋人の間に、イスマイル派「暗殺団」につ

いての実に奇怪な幻想的伝説が生れ育ち、それが長く彼らのイスマイル派にたいする見方を支配して来ました。それについては、また後でお話いたします。とにかく、「暗殺団」の真相が西洋に知られるようになりましたのは比較的最近のことであります。が、いずれにしてもまず、イスマイル派そのものの成立について簡単にご説明しておかなければなりません。

さきに申し述べましたように、預言者ムハンマドを地上における唯一絶対の宗教的カリスマとし、それ以後は預言者のたんなる代理人、代行者（カリフ）の系列しか認めないスンニー派に対しまして、アリー以下、その直系の子孫をイマーム系列と認めることによって、スンニー派の考え方とはまったく別の、霊性的カリスマの歴史的継続を考える人々の出現、それがすなわちシーア派の起りであります。

シーア派は、最初の百年ほどの間は、一つのまとまりある宗派として存続いたしました。内部的にはいろいろ分裂の可能性があったにせよ、とにかく少くとも表面的にはシーア派という統一体の体裁を保ったのであります。ところが、第六代目のイマーム——イスマイル派ではアリーを第一代イマームとせず、その息子から数え始めますので、第五代イマームということになります——ジャアファル・サーディク（Ja'far al-Ṣādiq, d. 765）に至って、突然、分裂が起ります。前頁の表をご覧下さい。分裂はサーディクの二人の息子、イスマーイールとムーサーをめぐって生じました。すなわち、サーディクの正当的後継者は、イスマーイールであるべきかムーサーであるべきか、という問題で

あります。

この争いの内部事情につきましては、本稿の主題に直接関係がありませんので、ここでは何も申しません。ともかく、弟ムーサーのほうを真正の次代イマームとする人々が、後世「十二イマーム派」という名称で知られることになる人々でありまして、いわばシーア派の本体です。革新的なシーア派としては、比較的穏健な人たち。思想的にも、どちらかといえばスンニー派に近い。現在イランで政権を掌握しているのはこの派であります。

これに対して、兄のイスマーイールこそ真正のイマームであると主張してやまぬ人々がおりました。これが「七イマーム派」、またの名「イスマイル派」、でありまして、急進的過激派です。

イスラーム諸派の中で、イスマイル派は特にその過激的性格で世に有名ですが、一口に過激的と言っても、初期と後期とでは意味が違います。中期から後期にかけてのイスマイル派を過激派たらしめたものは、主として彼らの宗教思想、宗教政治的イデオロギーの過激性です。初期には、そのような思想的観念的性格はまだ全然できておりませんでした。初期のイスマイル派は、そのイマーム信仰の狂熱性と、そこから発散してくる行動の、正視するに堪えないほどの無軌道ぶりを特徴とします。その故の過激派だったのであります。

この乱暴者たちは、前にもちょっと申しましたが、イスマイル派というより、むしろ「カルマット派」（Qarāmiṭah）の名称（西洋の歴史書では Carmathians として）で内外に知られていました。彼

らの首領がハムダーン・カルマット（Ḥamdān Qarmaṭ）という名の男だったからです。西暦九世紀末から約一世紀、カルマット派は、中近東せましと暴れまわり、バグダードのアッバス朝をはじめ、無数の人々を恐怖のどん底に突き落としました。掠奪につぐ掠奪。無辜の民の大量殺戮。わけても九三〇年一月のメッカ襲撃は、イスラーム史上未曾有の悪業として、全イスラーム世界を震撼させました。時のカルマット派の首領アブー・ターヒル（Abū Ṭāhir al-Jannābī）――イマームではありません。イマームの下の宗教的軍事的最高指揮官です――は、六百の騎兵、九百の歩兵を率いてメッカの聖域を犯したのです。その時殺害された信者は約三万人の多きに及んだと歴史書は伝えております。それだけならまだしも、彼らは、メッカ聖域中の至聖所、カアバの神殿から、あの有名な聖なる石、「黒石」を奪い去ってしまったのでした。「黒石」が神殿に戻されたのは、それからおよそ二十二年後のことであります。

この極端な事件を見てもわかりますように、カルマット派、すなわち最初期のイスマイル派は乱暴狼藉を働き、際限もなく多くの人々を殺害してイスラーム史に汚名を残しましたが、彼らは決していわゆる「暗殺団」ではありませんでした。綿密に計算された組織的暗殺行為がイスマイル派の中に現われるのは、もっと後の時代であります。その間、いろいろ面白いこともございますが、時間が足りませんから全部割愛しまして、この辺で直接、「暗殺団」のほうに話を向けることにいたしたいと思います。

Ismāʻīl
⋮
Mustanṣir
Nizār　　　Mustaʻlī
⋮　　　⋮
東方イスマイル派（アラムート）　　西方イスマイル派（ファーティミー朝）

イスマイル派は、こういう具合で、あまり名誉にはならないような事態で出発いたしますが、そのうち強大な宗派にまで成長し、やがて北アフリカ、エジプトを本拠とするファーティミー朝を興し、ここに従来の無軌道な文化破壊的局面を脱して、逆に輝かしいイスラーム文化建設の局面に入ります。西暦十世紀中葉のことであります。

ファーティミー朝は、西暦十一世紀の後半、第八代目の名君ムスタンシル（Mustanṣir）の、その頃としては異常に長い治政時代（一〇三五―九四、約六十年間）に権勢と栄華の絶頂に達します。ついでながら、ムスタンシルはファーティミー朝の君主としては八代目ですが、イスマイル派の系譜の上では第十八代イマームです。

ところで、ムスタンシルが一〇九四年に他界するまでは、イスマイル派は、大ざっぱに言えば、一つの宗派でした。しかし彼の死とともに、もともと互いにはげしく敵対しあっていた彼の二人の息子、ニザール（Nizār）とムスタアリー（Mustaʻlī）、をかこんで分裂し、二つのイスマイル派となります。父の後を継いでファーティミー朝の君主《カリフ》の座についたムスタアリーをイマームとして信奉する西方イスマイル派（その支配圏は北アフリカ、エジプト、シリア）と、これを不満としてファーティミー朝から離脱し、独立の一派をなした東方イスマイル派（その支配圏は主としてイランですが、やがてシリアにも強大な勢を伸ばす）の二つでありまして、これから

お話しようとしている「暗殺団」は、この東方イスマイル派が作り出したものなのであります。東方イスマイル派のことを、イマーム・ニザールの名にちなんで、世にニザール派とも申します。

「ニザール派」(Nizārī)――中近東の歴史に親しんでいる人にとっては、この名称は直ちにアラムートの城砦を、そしてそこで活躍した暗殺者たちのことを憶い起させます。しかし奇妙なことに、こうして憶い起されるアラムートの岩石峨々たる光景に現われてくる中心人物の姿は、イマーム・ニザール自身ではなくて、ニザールの側近にあって彼をイマームに仕立て上げ、アラムートという小さな場所を、他派のイスラーム教徒と十字軍的キリスト教徒たちの恐怖と呪詛に彩られた巨大な幻影の世界にまで作り上げた一個の魁偉な人物なのです。その人物の名はハサネ・サッバーハ(Ḥasan-i Ṣabbāḥ)。ハサネ・サッバーハとはサッバーハの息子ハサンという意味。アラムート城砦、そしてその奥深いところにひそかに形成された暗殺団組織は、ハサネ・サッバーハという名と切り離して考えることはできません。

サッバーハの子ハサン、彼は南アラビア、イェメン出身のアラブで、生年不明。もとシーア派(十二イマーム派)に属していましたが、後、感ずるところあってイスマイル派に転向し、イマーム・ニザールの熱烈な信奉者となりました。

正規のイニシエーション(奥義伝授)の手続きを経て「伝教師」(この語の意味については後述)に任じられたハサネ・サッバーハは、エジプト、シリア、イランなど広くイスラーム世界を旅してま

わります。そしてついに北イラン、カスピ海南岸のダイラム地帯に来た彼は、これこそ自分の構想する新生イスマイル派の本拠とするに最適の場所であると確信するに至る。ここは嶮岨なエルブルズの山岳地帯。この地の住民は頑強で、好戦的で、独立心に富み、反体制的性向をもつ人々。特にハサンの目を引いたのは、その山岳地帯に聳えるアラムート山の城砦でありました。アラムート山は全体が一つの岩石でありまして、海抜六千フィート。この岩山全体をそのまま一個の城に仕立てたものでありまして、ここに到達するためだけにもアラムート河の切り立つ断崖の狭いはざまを抜け通り、さらに狭く険しい路をぐるぐる廻りながら登って行かなければならない。城としては、まさに難攻不落。戦略上の絶好の拠点となり得ることを、彼は見て取ったのでありました。

　すべての状況から見て、自分が考えているような新イスマイル派運動の世界的中心地は、ここでしかあり得ないと思い定めたハサンは、一〇九〇年、奸計を用いてこの城砦をその所有者から騙し取り、そこにニザールの孫を正当のイマームとして迎え入れたのでした。「ほとんど神」であるこの幼いイマームの聖なる意志を地上に実現すべき最高伝教師として、彼は三十年の間、アラムート城を一歩も外に出なかったといわれています。着々と計画は進められていきました。特別に訓練された専門の暗殺者たちを組織するということも、彼の計画の重要な一部分でした。暗殺の直接の目的は、言うまでもなく、「イマームの敵」を絶滅することでありました。

「暗殺団」の組織を含むハサネ・サッバーハの新生イスマイル構想とは、一体、どんな構造をもつものだったのでしょうか。「暗殺団」の特殊な性格を正しく理解するためにも、この問いに一応

の答を用意しなくてはなりません。

ハサネ・サッバーハが稀に見る天才的人間であったことは、敵方の人々すら認めるところでありました。彼のことを、よく革命の天才などと呼ぶ人が多い。しかし、決して革命ばかりではありません。一種独特の宗教文化を建設することにおいても、彼は異常な天才ぶりを発揮しました。が、それだからこそ、彼に敵視された人々の、彼にたいする憎悪もひとしお強かったのだろうと思います。スンニー派の歴史家たちが彼について書く時、その筆には深い憎しみがこめられています。

ハサンは勇敢な行動の人でありましたが、また同時に学識ゆたかな文人でもありました。幾何学、天文学、錬金術に精通した学者、犀利鋭敏な思索家。その私生活においては厳格な道徳家。自ら終始一貫して禁欲主義を守り通し、他人にも宗教倫理の原則に反することは一切許しませんでした。飲酒の禁戒を破ったというだけの理由で我が子の首を刎ねるほどで。こういう生き方の故に、彼は自分のまわりに集まった人々の絶対的信頼を、ごく自然にかち得たのでした。アラムートにおけるあの強固な秘教的共同体が、およそこのような性格の人によって構想されたものであることを、我々は銘記しておく必要があると思います。

アラムートの秘教的信仰共同体の最大の特徴は、その構成人員が幾つかの階層にきっぱり分けられていたことであります。前にもちょっとお話したことですが、スンニー派の共同体が、少くとも

原則的には平等主義——つまり、イスラームの信者であれば、誰もみな同資格であって、特権階級というようなものは認められない。いわゆる聖職者ですら特殊な階級ではない——であるのに反して、アラムートのイスマイル派は、多層構造です。上の階層と下の階層とでは、人間の質が違う。要するに、秘教的真理をどこまで知っているか（あるいは、どこまで知らされているか）ということによって身分の上下が決まってくるわけですが、この場合、秘教的真理を知るということは、たんに知識の問題ではない。深く知れば知るだけ、その人の実存全体の霊性が深まると考えられているのであります。この共同体の多層構造を、もう少し具体的に調べてみましょう。

共同体の最上層はただ一人、イマームです。前に申しましたように、イマームは「ほとんど神」、極端な場合には神そのもの、でありまして、ここでは秘教的真理を知るとか知らされるとかいうことは、勿論ありません。イマームこそ真理の窮極の源泉であり、彼はその存在性において自ら絶対的真理それ自体なのですから。

普通、イマームは人前に姿を現わしません。だから、生きているのか死んでしまったのかも一般の信者にはわからない。特に重要な人物の場合、たとい死んだとしても、イマームが死んだとは言いません。イマームは隠れ身の状態に入った、と申します。つまり可視的経験世界から身を引いて、永遠の不可視の存在次元に移った、というのです。「隠れ身《ガイバ》のイマーム」（Imām fī al-ghaybah）というこの考えは、イスマイル派に特有の観念ではなくて、シーア派全般にひろく行われていた考え方です。いずれにせよ、イマームは、生きているにせよ隠れ身の状態にあるにせよ、深い秘密のとば

りに覆われて、一般の信徒には近づくすべもないのです。

イマームのすぐ下は第二階層で、これもまた、ただひとりだけ。最高伝教師（Dāʿī al-Duʿāt「すべての伝教師のなかの伝教師」）です。その名のごとく、イスマイル派の宗教活動の中核をなす「伝教《ダアワー》」の最高指導者。

元来イスマイル派は、たびたび申しました通り、宗教的には一個の完全な秘教システムでありまして、その教説の内実は局外者《よそもの》には一切知らせない。しかし、その反面、この秘教システムの中にできるだけ多くの人々を誘い入れてイスマイル派を強化していくためのひそかな伝教活動を極めて重要視します。詳しいことは時間の都合でここではお話できませんが、とにかく相手の人柄、精神力、信仰、学識、身分などに応じて柔軟に、かつ精密に計算されたテクニークを使って、何重もの奥義伝授の関門を通しながら、奥へ奥へと引き込んでいくのであります。このような操作を「伝教《ダアワー》」（daʿwā）といい、そういう活動を任務とする人を「伝教師《ダーイー》」（dāʿī）と呼ぶ。それらの伝教師たちの指導者が「最高伝教師」なのであります。

こうして最高伝教師は、イマームその人の代理人として、イマームと（そしてイマームを通じて神と）一般信徒との間のつなぎの役を果す。つまり、イマームに体現された神的真理は、最高伝教師を通じてはじめて生きた力となって共同体に働きかけるのです。

ニザール時代、この位にあった人がハサネ・サッバーハであったことは言うまでもありません。

最高伝教師のことを、イスマイル派の外部の世間ではShaykh al-Jabalと呼んでおりました。文字通り訳せば「山《ジャバル》の首領《シェイフ》」というような意味なのですが、十字軍の人たちは、この「シェイフ」という語を「老人」の意味と誤解して「山の老人」——例えば英語ではOld Man of the Mountainなど——と訳しました。この訳語は現代でもなお使われております。イスマイル派の「暗殺団」が、この人の指揮下にあることは一般に知られていましたが、しかし、アラムート城砦の奥処にひそむこの人の姿を見た者はいないということになれば、「山の老人」という名が、十字軍の将兵たちの心に何か気味悪い魔性的存在のイマージュを喚び起したとしても、なんの不思議もないでしょう。

最高伝教師、「山の老人」の下に数名の「上級伝教師」（Dāʿī Kabīr）が来る。これが共同体の第三階層です。それらの一人一人に伝教活動の責任地域が割当てられます。すなわち、最高伝教師の指令を受けて、上級伝教師たちは、それぞれ自分の持ち場で伝教活動に従事するわけであります。そしてこの第三層の上級伝教師の下に、第四層として多数の一般伝教師たちが働きます。

以上、イマームから第四層の伝教師までがイスマイル派共同体の上位階層です。これらの階層の人たちは、イマームを別として、みな奥義伝授の全関門を通過した人々でありまして、この宗派の秘教の内容について完全な理解を身につけていることは勿論、自分たちが地上で何を実現しようとしているのか、またその目的をどんな策略で達成すべきであるのか、というようなことを明確に意識しているわけです。

上位階層に続いて三つの下位階層が来ます。その第一（すなわち一番上から数えれば第五階層）は「ラフィーク」（Rafīq）、文字通りに訳せば「仲間」とか「同輩」とかいう意味。この階層は、イスマイル派の秘儀を部分的に開示されてはいるが、全貌を知るところまでイニシエートされてはいない人々によって構成されています。その下（第六階層）は「ラーシク」（Lāsiq）、文字通りの訳では「付着者」。イマームにたいする絶対的忠誠の誓いを立てて正式に入団を許された人々。秘儀の外形には参与することを許されるが、そこに使われるシンボルの深い意味を「内的解釈」によって理解することは、ほとんどできない人々です。

そして最後、すなわちイスマイル派共同体の最下の階層が「フィダーイー」（Fidā'ī）「献身者」。秘教の内容については何の知識もなく、ただひたすらイマームのために己れの生命を抛って、上位の人々の指示のままに、内外の敵にたいするテロ行為を実行する人たち。これが世にいわゆるイスマイル派「暗殺団」なのであります。大多数は、その地方の貧民の子供たちで、まだ幼いうちに選ばれて城砦の中に連れてこられ、そこで暗殺にたいする宗教的情熱をかき立てられ、暗殺のテクニークを徹底的に教えこまれ、こうしてプロの暗殺者に育て上げられていくのであります。

共同体の上位階層が、その精神生活の糧としている宇宙論的ミュトスや、それを技術的に基礎づける「内的解釈学」などについてはまったく無知のまま、彼らは完璧な刺客になるというただ一事を目指して、肉体的心理的に訓練されていきます。当時の中近東、アフリカの国際情勢から見て、

当然、いろいろな外国人を暗殺の対象にしなければならない。そのために、ギリシャ語、ラテン語をはじめ、ヨーロッパの様々な俗語、各地の方言を含めて徹底的な語学の学習が行われ、それと同時に彼らは、東西にわたる異文化の風俗習慣、ジェスチャーの癖まで、まるで一流の俳優のように再現する術を身につけていったのです。こうして獲得した高度の演劇的技術を縦横に操りつつ、ある時はスーフィーに身をやつし、ある時はキリスト教徒を装い、そうかと思えば自分が暗殺すべき内外の高官の人の忠実な奴僕となって、敵の懐ふかく潜入したりしました。例えば、エルサレムのラテン王国の王位についた十字軍の指揮官、モンフェッラ侯コンラドの暗殺を命じられた暗殺者たちは、十字軍の陣営に六カ月の間、キリスト教の修道士になりすまして生活し、その目的を達成するまで誰一人として彼らの正体を見やぶる者はなかったといわれております。

以上をもちまして、世に有名なイスマイル派の「暗殺団」が、どうやってでき上ったのか、またアラムートの共同体において彼らがどのような地位を占めていたか、については、一応、おわかりいただけたことと存じます。しかし、この特殊な人々について、もう一歩分析的記述を進めるためには、ここでどうしても、アラムート城砦の文化記号論的トポロジーを一瞥しておく必要が出てまいります。

一般に、ある特定の場所で、宗教的に極めて異常な事態が発生しました場合、そこに凝縮された激烈な精神的（霊性的）エネルギーの緊張に捲きこまれた当事者たちの意識の中では、その地域は

たんに地理的に特別の場所であることを超えて、文化記号論的性質を帯び始めるものであります。要するに、その異常な宗教的事態の起った（あるいは、現に起りつつある）地点を中心として、それを取りかこむ広い地域が——しばしば、全存在世界が——一種の象徴的意味づけを与えられて、記号論的に構造化される、ということであります。私は仮にそれを文化記号論的トポロジーと呼んで、自然的（地理的）トポロジーと区別したいと思うのでございます。（この場合、「文化記号論」という言葉を、私は、主として、モスクワ・タルトゥ学派的意味に理解しております。——イワーノフ／トポローフ『宇宙樹・神話・歴史記述』北岡誠司訳、岩波書店、一九八三、参照）

ある特殊地域の文化記号論的トポロジーは、同地域の自然的（地理的）トポロジーとは似て非なるものであります。勿論自然的トポロジーは、記号論的トポロジーの素材として機能するのが通則でありますけれど。純粋にミュトス的、あるいは幻想的な記号論的トポロジーの場合にはそんな区別そのものが始めから存在しないわけですが、両者の区別がある場合には、両者は互いに存立の次元を異にするのが普通です。しかも、生起した宗教的事態の真相をあらわにするものは、自然的（地理的）トポロジーではなくて、むしろ記号論的トポロジーなのであります。現に我々が今問題としているアラムートにしましても、今日、歴史的好奇心に駆られてその城址を訪れる人が多い。しかし、この人々がいくらアラムートの岩山のあたりの地理的状況を観察しても、せいぜい、これが攻むるに難く守るに易いところであったに違いないというようなことが納得できるだけで、その昔、ここに住んでいたイスマイル派の人々の主体的意識の中でアラムートがどのような構造をもっ

ていたのかということは皆目わかりません。それは文化記号論的解釈の光に照らして始めてわかることなのであります。

それはとにかくとして、事実、ハサネ・サッバーハや彼を取り巻く人たちの意識の鏡には、アラムートは一つの明確に規定された記号論的トポロジーとして映っていたのであります。それが、一体、どのようなものであったのか、その点について、いささかお話してみたいと思います。

アラムートの記号論的トポロジー。それは大体次のようなものであったろうと思われます。次に掲げました略図はその基礎構造を図示します。このトポロジー構造の一番大きな特徴は、存立のレベルを互いに異にする五つの領域が、「聖」と「反聖」の二項対立的構成原理によって、全体的に、一つの宇宙論的システムをなしていることであります。すなわち宇宙論的に変質したアラムートを中心（「宇宙軸」）として、あらゆる方向に拡がる存在世界全体が、「聖」―「反聖」（普通は「聖」に対立するものは「俗」ですが、このシステムでは「俗」ではなくて、もっと攻撃的な「反聖」であることに注意）対立を原理として五つの領域に区分され、それら五つの領域の重なりが、一つの象徴的に有意味的な多層空間として表象され、あらゆる存在者がこの象徴空間のなかでそれぞれ記号論的に位置づけられるのであります。

まず真中の小円、A領域。これはこのシステムにおける至聖所、聖の聖なるところ。A全体が、天に向って聳え立つ一つの山。現実にはアラムートなのですが、イスマイル派的世界ヴィジョンで

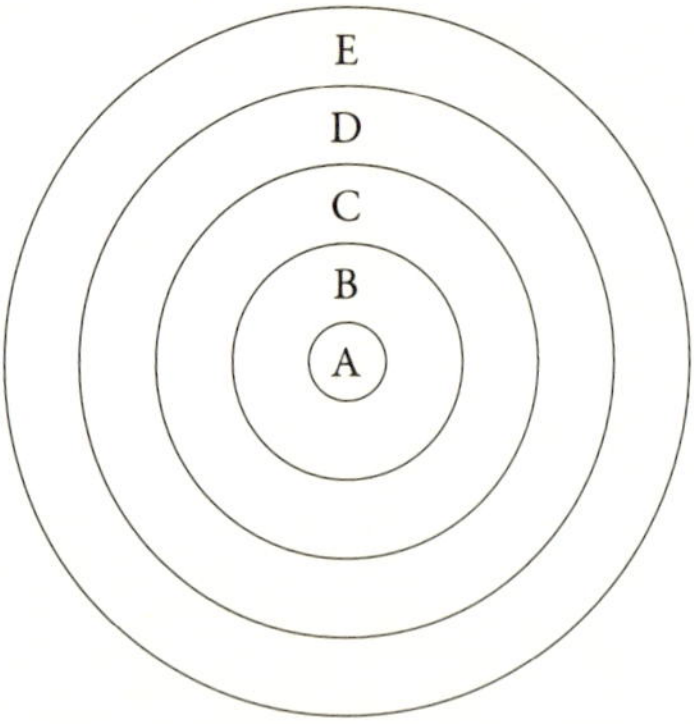

(A) 至聖所
「聖なる山」(「宇宙山」)
イマームと「山の老人」
の居所
(B) イスマイル派の「聖」域
(C) 「反聖」領域 I
イスラームのスンニー派
とシーア派（十二イマー
ム派）及びファーティミ
ー朝（イスマイル派）
(D) 「反聖」領域 II
異教，特にキリスト教
(E) 一般的異教の世界

は、勿論、ただの山ではありません。仏教的世界ヴィジョンの中心を占める須弥山《しゅみせん》や、ユダヤ教におけるシナイ山のように、ここは天と地がつながるところ、地上の世界が神と接する極限的一点、世界発生の原点、全存在世界の中心であります。つまり、A領域としてのアラムート山は、文化記号論のいわゆる「宇宙山」であり、「宇宙軸」(axis mundi) なのです。

　このような象徴的意味を帯びた聖なる山が、宇宙の中心から、天を指して聳えている。須弥山の頂上は帝釈天《たいしゃくてん》の住むところといわれていますが、アラムートの方は、その絶頂にただ独り、イマームが立つ。前にも申しましたが、イマームは「ほとんど神」、あるいは「第二の神」なのでありまして、この「第二の神」が、まさにこの聖なる山、宇宙軸の、上に向って伸びる先端において「不可視の神」と結びつく。それがイマームなるものの本源的な宇宙論的機能であり、それ以外のことは彼はしないし、またする必要もない。イマームの存在は宇宙そのものの存在の窮極的根拠である、それだけでもう充分なのです。

　この聖なる山の絶頂には、イマームのほかにもうひとりのカ

リスマ的人物が座を占めています——といっても、イマームより位は一段下なのですが。それがさきほどお話した最高伝教師、「山の老人」です。目に見える世界からは身を引き、身を隠して、世界に直接働きかけることをしないイマームに代って、「山の老人」は地上経綸の全責任を己れの一身に負う。彼こそは宇宙論的ドラマの主役です。イスマイル派に関わる政治、軍事、思想、祭祀、など一切の活動は彼から発生する。「暗殺団」の育成、指導、派遣が彼の手中にあることは言うまでもありません。至聖所の奥深く、世界の中心に坐して、思いのままに、彼は世界を動かしていくのです。

至聖所(A)を取り巻くB領域は、イスマイル派のために聖別された空間、つまりイスマイル主義の支配圏です。地理的に言えば、アラムート城砦を中心としてそのまわりに拡がる北イラン地方ということですが、記号論的には、シリアであろうとアフリカであろうと、とにかくイスマイル派的秘教システムが、最も純粋な形で完全に保持されているところ全部がB領域であります。ここは、宇宙論的に、現世と来世、此岸と彼岸、可視的世界と不可視的世界、人間界と天上界との中間にはさまれた境界領域。つまり、存在の自然的秩序が存在の超自然的秩序と境を接するところなのでありまして、そういう意味で、B領域は、記号論的見地からすると、一つの聖なる空間なのであります。

イスマイル派が歴史的に最も過激になった時期、一一六四年の「大復活」の式典(後述)が取り

行われた頃、このB領域は、『コーラン』とそれに基づくイスラーム律法をも完全に超越した聖域であると公式に宣言されまして、全イスラーム世界を騒然たらしめました。何しろ、イマーム自ら人々の前に現われて、今や律法は無効となった、これからは律法に従うことこそ極刑に価する宗教上の罪悪であると宣言し、イスラーム法からの「自由」が信者に強制されるという奇怪な事態にたち至ったのですから大騒ぎになったのは当然です。非イスマイル派の人々が、イスマイル派の思想を、許すべからざる異端と判定したことは申すまでもありません。

しかし、イスマイル派に言わせれば、彼らを異端とした人々こそ真の異端なのでありました。アラムートの記号論的システムでは、異端の世界はC領域から始まります。具体的には、C領域は、まず第一にスンニー派、次にシーア派の中の「十二イマーム派」、それに同じイスマイル派に属するファーティミー朝、などによって占められる地域であります。イスラーム教徒でありながら、イスマイル派に仇なす人々の場所、イスマイル派的な秩序《コスモス》に対するアンチコスモスのトポス、つまりイスラーム共同体内部における「反聖」域です。

当然のことながら、「暗殺団」はこの「反聖」領域を対象として活動し始めます。が、勿論、この領域を全部抹殺してしまおうというのではありません。狙われるのは指導的地位にある少数の人物だけでありまして、一般人民は、できるだけ多く「聖」域内に引き入れることを目的とする伝教活動の対象です。指導者を暗殺し、一般信徒に伝教する、この二つの道を合わせることによって、

C領域を、そっくりB領域の中に取りこんでしまうこと、それがアラムート・イスマイル派の理想だったのです。

C領域の外側、D領域は非イスラーム的異教、特にキリスト教の「反聖」域であります。この領域では、キリスト教の有力者と十字軍の指揮官たちが暗殺計画の対象となります。しかし、C領域とは違って伝教運動は行われません。聖地奪回の情熱に燃えてはるばる攻め寄せて来たキリスト教徒をイスマイル派的信仰に改宗させることなど、ほとんどまったく不可能であろうことを、イスマイル派の側では知りぬいていたのでありましょう。

なお、このD領域の外側、E領域は一般的異教の世界でありまして、これはイスマイル派にとってさほど主体的に関わりのない、いわば無関心、無関与の領域です。従って、特別の場合をのぞき、この領域は「暗殺団」の活動圏外ということになります。アラムート・イスマイリズムの後期、蒙古草原から攻めて来たモンゴル人たちは、本来はE領域所属ですが、特にイスマイル派の仇敵としての資格においてはD領域、スンニー派のイスラームに改宗したかぎりにおいてはC領域に所属するものとして取り扱われます。

以上、アラムート・イスマイル派の世界像を、Aを起点とし、B・C・Dを経てEに及ぶ五つの同心円の多層空間として図示略述してみたのでございますが（前頁〔二一五頁〕）、この全体的システ

ムの中に位置づけられることによって、「暗殺」行為もおのずからその性格の特異性をはっきりあらわすことになります。まず第一に、ここでは、暗殺は一つの強烈な宗教的情熱であること。すなわち、A円の中心点、至聖所の窮極点である「隠れ身のイマーム」の神聖な意志が、それを地上世界で代表する「山の老人」の操作を通じて、そういう激しい形で「暗殺団」の人々のうちに発現するのです。

この宗教的情熱は、否定的・肯定的、あるいは破壊的・建設的、二つの相反する側面をもっております。破壊的な力として、「暗殺」はA領域から発出して外に向う。それの働く場はC領域とD領域、すなわちイスラーム共同体内部の反イスマイル派的異端領域と、イスラームの外部にあって外からイスラームに敵対する異端領域。しかし同時に、これらの異端領域で宗教的、政治的、あるいは軍事的に支配者の位置を占める重要人物を組織的に抹殺していくプロセスを通じて、「反聖」的外周地域を次第に「聖」化していこうとする建設的側面もあったのであります。もっとも、否定的にせよ肯定的にせよ、暗殺者たち自身が、こんな目的を意識していたわけではありません。彼らはただ「山の老人」の命のまま、忠実に、献身的に、暗殺という与えられた任務を遂行するだけであったのです。

イスマイル的秘教への奥義伝授の程度によって厳格に階層づけられたアラムートの信仰共同体において、暗殺者たちが最下層に属する人々であったことは前にも申しました。共同体構造の最下層

であるとはいえ、これらの純情な若者たちのイマームにたいする情熱は、一点の曇りもないひたむきな信仰でありました。隅から隅まで計算され、冷酷無慙な（と相手の目に映った）殺しのテクニークによって、次々に行われていった暗殺、そして彼らを背後から操る「山の老人」。いつなん時、自分が犠牲者にされるかも知れぬ不安、絶えず自分の生命が狙われているという意識。反イスマイル派の人々にとって、「暗殺団」と「山の老人」とが、どれほど恐ろしい存在であったか。奇怪な噂を聞くばかりで、一度も見たことのないアラムートの暗い内部の有様、そこにひそむ「山の老人」、のイマージュが、彼らの想像力をいやが上にも煽り立てます。人々の心の中に異様な幻想図が浮び、それが次々に不思議な伝説を生んでいきました。噂は噂を生んで止るところを知らなかったのです、イスラーム教徒の間でも、西洋人の間でも。

有名な『東方見聞録』の著者、十三世紀のマルコ・ポーロの、あのまことしやかなアラムート描写は西洋側のアラムート観の典型的な一例です。今でこそあれが大部分「見てきたような嘘」の作り話であることを誰でも知っていますが、長い間それが嘘だと気づく人はありませんでした。十九世紀になって、イスマイル派の真相解明にエポックメーキングな貢献をしたフランスの東洋学の大御所、シルヴェストル・ド・サシ（Silvestre de Sacy）ですら、マルコ・ポーロの叙述を真実だと思っていたくらいですから、他は推して知るべしです。

同じ十九世紀オーストリアの東洋学者ハンマー゠プルクスタル（J. von Hammer-Purgstall）のごときに至っては、イスマイル派「暗殺団」を主題とするアラビア語の歴史小説（『イマーム・ハーキム伝』

Sīrat Hākim の類）を歴史的文書と信じこんで、あの有名な『暗殺団史』（*Geschichte der Assassinen*, Stuttgart u. Tübingen, 1818）を大真面目で書いたほどでした。悪いことに、この本がまた大変ポピュラーになりまして、十字軍以来、西洋人のロマンティクな幻想の薄暗がりの中で育まれてきた「暗殺団」のイマージュが、あたかもそれの真相であるかのごとく一般知識人の間に通用するようになり、その状態がごく最近まで続いたのであります。

ハンマー゠プルクスタルの『暗殺団史』の根拠薄弱なことは勿論、マルコ・ポーロの「記述」にしても、それが作り話であることは、アラムート城の陥落後、間もなくその地を踏んで調査したイランの歴史家ジュヴァイニーの実地報告を一読しただけでも、たちどころに暴露されてしまうはずであったのですが。ちなみに、ジュヴァイニーの『成吉思汗伝』（*Ta'rīkh-i Jahān-gushā*）は、ちょうどフラーグー（Hulāgū）の率いるモンゴル軍によって、アラムートのイスマイル派が絶滅するところまでで終るのですが、アラムート陥落は一二五六年、そしてこの本の執筆が完成するのは一二八三年のことであります。

いずれにもせよ、「暗殺団」と「山の老人」をめぐって、東西の人々のイスマイル派観を何世紀にもわたって支配してきたこの種のアラムート「伝説」は、いろいろなヴァリアントで今日に伝えられておりますが、どの場合でも、物語の中心には、必ず麻薬ハシーシュが出てくる、それが特徴です。

第三次十字軍の「編年史」には、「暗殺者」を意味する言葉として、assassini, assessini, assissini,

heississini などの語が出てきますが、これらはすべて語源的に「ハシーシュ」と深い関連があります。そのことを明らかにしたのは、さきほど名を挙げましたシルヴェストル・ド・サシです。すなわち、assassini, etc. は、元来アラビア語の ḥashīsh（今日では余りにも有名で、説明すら要しない例の麻薬）から派生した ḥashīshiyūn（ḥashīshī「ハシーシュ常用者」の複数形）のヨーロッパ語化された形であるというのであります。事実、イスマイル派に言及した古いアラビア語の文献にも ḥashīshiyūn（または ḥashīshiyah）という語が使われておりますので、恐らくこの語源説は正しいであろうと思います。

しかし「暗殺者」がハシーシュ常用者、ハシーシュ中毒患者だったという解釈は、いかがなものでありましょうか。邪悪な「山の老人」が、ハシーシュを用いて純心な若者たちを堕落させ、異常な精神状態に引き入れておいて、自分の思いのままに使ったのだという、十九世紀まで西洋人の間にひろまっていた考え方には、いささかあやしいところがあります。暗殺の使命を帯びた若者たちが、いついかなる場合にも、用意周到、冷静沈着、計画的に行動し、ついに目的を達して、自らも従容として死んでいく——最初から最後まで己れを失うことがなかったことを思い合わせてみますと、それがハシーシュ常用で正気を失い、あるいは一時的に異常な昂奮状態に陥った人間にできるようなこととは到底考えられません。何カ月も、時には何年も、じっと機会到来を待ち、時が来たと見るや、突如、正体を露わして相手を短剣で刺し殺す——ついでながら暗殺者たちは飛び道具は一切使わず、必ず短剣を用いたものでありまして、それが物語の中では、ハシーシュで夢心地にな

った若者に、「山の老人」が黄金の短剣を授ける、という形になっております——それは、麻薬中毒患者から期待できるような行動ではありません。アラビア語の文献で、暗殺者たちを指す名称として「ハシーシュ中毒」という語が使われていたのは、「暗殺団」の常軌を逸した行動を理解しかねた一般のイスラーム教徒の、彼らに対する怒りと憎しみの表現であったと考えるほうが至当です。十三世紀の中近東一帯にはハシーシュが相当にひろまっておりまして、それを常用することによって性格破綻者となった人を表わす「ハシーシー」という言葉は、本当のハシーシュ中毒患者だけでなしに、もっとひろく、社会の嫌われ者、人非人というような意味のネガティヴな価値用語として使われていたのであります。

とにかく、イスマイル派「暗殺団」についてのマルコ・ポーロの物語をはじめとして、西洋・東洋に流布した「暗殺団」伝説は、細部の違いはあっても、大筋においてはどれもほとんど同じタイプであります。中心人物は、言うまでもなく「山の老人」。アラムートの城砦の内部に、『コーラン』に描かれている天国を模して、この世のものとは思えないような美しい楽園を彼は作ります。潺々《せんせん》と清らかな水が流れ、花々は咲き乱れ、あたり一面には馥郁たる香りがたちこめている。そこに絶世の美女たちが現われて来て若者たちを歓楽の陶酔に誘う、という。夢と幻影の世界。まさにマックス・ウェーバーのいわゆる「魔法の園」(Zaubergarten)です。

若者たちは、ハシーシュの力で、深い眠りに沈みこんでいきます。眠っているうちに楽園から宮

殿内に運び移された彼らは、やがて目をさましますが、さっきまでの楽園での自分の経験が、夢かうつつか区別できない。そんな状態にいる彼らに向って、「山の老人」は、すべて夢ではなかったのだ、お前たちは現実に天国の有様を自分の目で垣間見たのだ、と告げます。その上で、暗殺に関する詳しい指示を与え、もし首尾よくこの任務を果して、その場で死ぬならば、必ずやさっき見てきた天国に生きる身となるだろうと保証して、彼らを目指すところへ送り出す。と、まあこういった筋書きであります。この種の作り話が、アラムートの現実の描写として通用していたということは、まことに驚くべきことですが、とにかくアラムートの城砦を、外側からこわごわ眺めていた人たちの想像力のスクリーンに、「山の老人」と「暗殺団」がどんな姿で映し出されていたかを知ることができるという点では、人間心理のメカニズムについての資料として大変興味あるものとも言えるでありましょう。いずれにしても、こんな荒唐無稽な話がヨーロッパにひろまって、それがいろいろ記録されているということ自体、アラムートがどんなに強烈な印象を彼らの心に与えていたかを如実に物語っています。

前にも申しましたが、十字軍の将兵たちが持ち帰った assassini その他これに類する言葉は、すでに十三世紀のヨーロッパでは、普通名詞としても盛んに使われていたのであります。金を貰えば罪なき人を冷酷に殺す血に飢えた人、狙う相手によって言語はもとより、服装、食物、身振りの端々まで、その地方の人間に完全に化ける技術を身につけた危険きわまりない人、腹黒い裏切り者、というような含意をもつ一種の流行語ですらあったのです。

これと対照的で面白いのは、プロヴァンスの吟遊詩人《トルバドール》の恋愛詩の中で、アラムートの暗殺者たちが、世にも珍しい誠実さの比喩として現われてくることであります。「山の老人」に身も心も捧げつくして、誠心誠意つかえる暗殺者たちのように、私は貴女におつかえ申します、と騎士が貴婦人に向って永遠に変らぬ愛を誓う、といった有様で。生きるも死ぬも貴女のお心のまま、私は絶対無条件で貴女のご意向に従います、ということでありまして、要するに、「山の老人」と「暗殺団」の心情的結びつきが、そのような形で理解されていたことを示しております。

腹黒い裏切り者、誠実さのかけらもない男、という含意での暗殺者に対して、ここでは、同じ暗殺者が人間的誠実さの完全無欠な具現、主従という人間関係の世にも稀なる模範的ケースとして讃えられている。実に面白いことだと思います。そういえば、「暗殺者」にしても「ハシーシー」にしても、みんな局外者がイスマイル派「暗殺団」のメンバーを指して使う言葉だったのでありまして、イスマイル派の内部では、決してそんな言葉は使われておりませんでした。暗殺者にたいするイスマイル派内の公式の名称は、前にも書きましたように、「フィダーイー」(Fidāī)――「フィダー」fidāとは「身代り」というのが原意。従って「フィダーイー」は、己れの生命を犠牲に供して相手の生命を守る人、己れの全存在を挙げて、己れの愛する、あるいは尊敬する、人に忠誠をつくす人、の意――という語であったのであります。

いろいろ申し残したこともございますが、以上をもって「暗殺団」そのものについてのご説明を

一応了えたことにいたしまして、次回は「暗殺団」というこの特異な制度を作り出すに至ったアラムート・イスマイル派の思想的側面、特に極めて特徴的な宇宙論、宇宙生成論に注意を向け、アラムートを中心とする地上的共同体の構造と、宇宙論的思想コンテクストとの関連の秘密を探ってみたいと存じます。

イスマイル派のこの側面は、ごく最近まで我々にとって完全に閉ざされた未知の領野でありましたが、近頃、相続く新資料の公開とともに、ようやく、少しずつ明るみに出てまいりましたもので、そういう思想的背景との密接な関連性においてのみ、「暗殺団」もその真相を我々の前に露にするであろうと私は考えます。

二

難攻不落を誇るアラムートの城砦にニザール系イスマイル派の本拠を据えたハサネ・サッバーハは、その奥処に閉じ籠って、三十年間、一歩も外に出ることはなかった、と伝えられております。前回お話申し上げた「暗殺団」は、そのような状況のなかで、この「革命の天才」の頭脳が考え出した恐るべき武力組織だったのであります。

知識人としてのハサンの生活――彼が幾何学、天文学、錬金術、魔術など諸学に通じていたことは前にお話しました――は、絶えざる読書、絶えざる著述。他方、行動人としての彼は遠い国々に

まで伝教師を派遣してイスマイル派への入信者の数を増やし、それと並行して強力な軍を興して近隣の地域を攻略し、行く手を阻む障害に会えば、直ちに暗殺のテクニークを用いてそれを排除し、あたりの城を次々に奪取していく。なかでも特筆に価するのは、一〇九六年（一説には一一〇二年）、その戦略的重要性においてアラムートの城砦に匹敵するラマサル（Lamasar）の城砦を陥れたことであります。ラマサル城攻略の総大将が有名なブズルグウミード（Buzurgumid）。この人は、今回の私の話に深い関わりをもつことになる人物でありまして、ラマサル城陥落の後も、二十年間の長きにわたってそこに留り、アラムートのハサンと協力してイスマイル派の繁栄に寄与しました。一一二四年、重病に冒されたハサネ・サッバーハは、己れの死の近いことを予知して、ブズルグウミードを正式に後継者に任命し、後事をこれに託して逝ったのでありました。

ところで、ハサネ・サッバーハによって構想された形でのイスマイル派の社会が、厳格に秩序立てられた多階層的構造体であったことは、前回お話いたしました。上から下に向って（あるいは、下から上に向って）共同体の全ての人間が七つの階層をなす。階層間に混同は絶対に許されない。唯一無二なる神の前に万人は平等であり、預言者ですら、もとをただせば唯の人間、と考えて、人々の間に階層的差異を――少くとも原則としては――認めないスンニー派とは、考え方が根本的に違う。七階層を分つ原理は、秘教特有のイニシエーション（奥義伝授）の観念です。秘教とは、文字通り、秘められた教え。その秘められた教え、すなわち絶対的「真理」、がどこまで開示され

ているかということによって階層間の差異が成立するのです。

この階層組織の頂点に立つイマームは、言うまでもなく、奥義伝授を超越しています。なぜなら彼は、本性上、「真理」それ自体であり、「真理」開示そのものの原点なのですから。第二階層以下は、彼の開示する「真理」に、それぞれ程度を異にして与るわけなのですが、ただ最下層の暗殺者たちだけは、奥義伝授以前でありまして、「真理」開示には全然与るところがない。要するにこの人たちは、ただ「献身者」として上位の人々、特に第二層の「山の老人」の意に従って行動することを本分とするのでありまして、上位の伝教師たちに開示されている秘教的「真理」からは完全に閉め出されているのであります。

それでは、イスマイル派の「秘めたる教え」とは、一体どんなものだったのでしょうか。「山の老人」のような上位の人に開示されていた秘教的「真理」は、そもそもどのような内容のものであったのか。「暗殺団」という特異な人々を構想し、かつ実際に作り上げた「山の老人」は、一体何を知っていたのか、何を考えていたのか。「暗殺団」の人たちが、「真理」とはまったく無縁の存在であったのであれば、「暗殺団」を主題とする本論の直接関わるべき問題ではないとも考えられるかもしれません。しかし他面、イスマイル派は全体として一個の緊密なシステムをなしていたのでありまして、たとい最下層であるとはいえ、その一部をなす「暗殺団」を、全体から切り離して考察することはできないのです。そのような意味で、これからイスマイル派上層部の人々の思想的側面の叙述に入ろうと思います。とは言え、なにぶん、過去幾世紀にもわたって、秘中の秘として局

外者の近づくことを固く禁じてきたイスマイル派の教えのことでありますので、いまだにその全貌は明らかになってはおりません。現在のイスマイル派の開放性のおかげで、昔は我々が全然見ることのできなかった重要な古典テクストが次々に公開され、研究も進みまして、ファーティミー朝やアラムートの秘教の内容が少しずつ開明されてきた、というのが現状であります。これから私がお話することも、こういう現状をお含みの上、お聴き願いたいと存じます。イスマイル派の思想の組織的叙述は、今日の段階ではまだ望むべくもありません。

以下、私は三つの論点に絞って、アラムート・イスマイル派の思想の特徴を述べてみたいと思います。三つの論点——その第一は「聖教」論、第二は反律法主義、第三は宇宙論的ミュトスであります。

第一の論点として私は「聖教」論を選びます。「聖教」とは、アラビア語の ta'līm を仮に訳したもの。原語は、文字通りには、ごく普通の「教え」とか「教示」とかいう意味ですが、イスマイル派の術語としては、これからお話するような非常に特殊な意味で使われます。

もともと、この「タアリーム」という語は、イスマイル派に限らず、早くからシーア派において、聖典『コーラン』の象徴的解釈学（「内的解釈」）の根拠付けのために広く使われていた術語でありまして、スンニー派の人たちの間では、シーア派を許すべからざる異端として糾弾するさいに、これを「タアリーム派」と呼んで貶める慣わしがありました。それほどまでに「タアリーム」はシー

ア派に特徴的なキータームだったのでありまして、イスマイル派はただその観念を極端にまでもっていったということであります。

「タアリーム」論は、その内実においては、要するにイマーム論です。なぜなら、「タアリーム」(教示)とは——私が「聖教」と訳したのは、まさにその故なのですが——イマーム自身による教示という意味なのですから。イマームの直接教示——ちょっと見ると、何でもないことのようですけれど、スンニー派的イスラームのコンテクストでは、これが恐るべき異端思想の隠れた形でもあり得るのです。その異端性は、イスマイル派がイマームを神化する時、はっきり表面に出てきます。アラムート・イスマイル派の思想を確立したハサネ・サッバーハの著書の一つに『(イマームについての)四つの基本命題』(*Fuṣūl Arbaʿah*)という小論があって、今日に伝わって来ておりますが(Shahrastānī : *Kitāb al-Milal wa-al-Niḥal*)、それによって、ハサンが「聖教」論をどのような形で極端化したか、よくわかります。

要するに彼は、「聖教」論を通じて、イマームの存在の必然性、絶対的必要性を理論的に確立しようとしたのです。人間の理性は、と彼は言います、もともと脆弱きわまりないものであって、頼るに足りない。哲学者たちは理性を知の最高権威として、それによってすべての物事について、神についてすら、正しい知識が得られると思っているが、そこに彼らの根本的誤りがある。三段論法をいかに駆使しても、それで物事の真相を知ることはできない。物事の真相、絶対の「真理」は、絶対不謬の師の教示によってのみ得られる。絶対不謬の師とは誰か。言うまでもなく、それは神自

身、あるいは神に直結している人。イスマイル派にとって、イマームが地上で唯一、神に直結する人、「ほとんど神」——時としては神の化身——であったことは、前に申し上げました。すなわち、あらゆる事柄について、イマームが、イマームだけが、窮極の真理基準であり、絶対的真理の生きた保証であるのです。つまり、イマームの「聖教」なしには、人はいかなるもの、いかなることについても、その真相を知ることができない、ということになります。しかもこの場合、イマームとは、最も正統的なイマーム、すなわちイスマイル派のイマームでなくてはならないことは申すまでもありません。

しかし、もしそうだとすると、イスラームそのものを興した預言者ムハンマドの権威はどうなるのでしょう。前にもちょっと言いましたが、神に霊的に直結し、「ほとんど神」であるイマームに較べて、ただ神の言葉を受けたにすぎない一介の普通人、預言者、の地位は一段下と考えざるを得ない。それは当然の帰結です。

元来、シーア派が、イマームなるものに神的霊性の内在を認めた時、既にこの問題は起っていたのですが、さすがに正式のイスラームにたいする遠慮もあってか、初期のシーア派はイマームが預言者より上位であるとは明言いたしませんでした。ハサネ・サッバーハのイスマイル派に至って、イマーム信仰の異端性が、始めてはっきり表に出てきたのでした。「聖教」論は、それの端的な表明だったのです。そしてこのことは、次にお話する第二の問題点、イスマイル派の反律法主義にそのままつながっていきます。

すでにおわかりいただけたことと存じますが、ハサネ・サッバーハこそ、ニザール系イスマイル派の最高指導者、アラムートの事実上の独裁君主でした。彼の身にそなわったカリスマ性と、その政治的敏腕とをもってすれば、自らイマームを僭称することもさしてむつかしいことではなかったであろうと思われます。だが、そうはしませんでした。イマームの至上神聖性はそっとそのままにしておいて——但し、イマームその人は「隠れ身のイマーム」であるとして誰の目にも触れることのないようにしておき——自分自身はあくまでイマームの代理人という資格で、一段下の位に留ったのでした。

「隠れ身のイマーム」というのは、イスマイル派出現以前からシーア派では重要な働きをした考え方でありました。それは、イマームが存在の可視的次元から不可視の、永遠の存在次元に入るという意味で、イマーム神化のきわめて有効な方途であるとともに、時の主権者が己れの行動を正当化する政治的戦略でもありました。おそらくハサネ・サッバーハの場合もそうであったのだろうと思います。そこがまた彼の頭のよさでもあったわけですが、これから話題となる反律法主義の事件では、主権者は敢えてイマーム僭称への道を取ります。

第二の問題点、イスマイル派の反律法主義。これはイスラーム的律法廃棄を堂々と宗教儀式の形で、壮大に、演劇的に公開するという、イスラームの歴史上他に例のない大事件となって具体化されました。

もともと、反律法主義は、シーア派の思想の底流として、始めから見え隠れしてきたものだったのですが、それがここで爆発的に表面化したというわけです。この事件をイスマイル派では「復活」(qiyāmah) と呼びます。「復活」とは、普通のイスラームの思想では、終末の日、最後の審判を前にしてすべての死者が甦ることですが、ここではそれ以前に、それより「もっと偉大な復活」、すなわち全人類の霊的復活が、アラムートの至聖所を中心軸にして生起するという考えです。

霊的復活とは何か。それは、すべての人が地上的存在次元に死んで、天上的存在次元、すなわち「楽園」に甦ること。そして「楽園」とは人間にたいする神の欠けるところなき「現前」(パルーシア)を意味します。前回にも名を挙げました例の『成吉思汗伝』(『世界征服者年代記』*Ta'rīkh-i Jahān-gushā*)の著者ジュヴァイニーは、神の常住不断の現前と人間の側の律法廃棄との関係を次のように説明します。すなわち、復活以前の状態においては、人は宗教法《シャリーア》によって様々に義務づけられていた。律法の定める形式的な礼拝の儀式を通じてのみ、ひたすら神に向って己れの顔を向け、そこに現前する神にどうにか触れることができたからである。だが今や、霊的復活によって「楽園」に甦った人々にとって、神に近づくための一切の法規は不要となる。彼らは律法の支配から完全に超脱する。例えば今まで人は、宗教法の規定に従って、一日五回礼拝するよう義務づけられてきた。せめて日に五回だけでも、清浄な心身をもって、純粋に神を憶い、神とともにいることができるように。しかし、霊的復活を経た今、そのような形式は無意味となる。なぜなら、この新しい状態においては、人は常に神とともにいるのであり、存在そのものが、すなわち礼拝であるのだから、と。

注意すべきは、礼拝とか断食とかメッカ巡礼とか、個々の法規が問題なのではない、律法それ自体が端から端まで全部一挙に無意味になってしまうということなのです。しかもそのことが、華々しい演劇性をもって、公然と全イスラーム世界に向って宣言されたのです。イスラーム暦五五九年（西暦一一六四年）、ラマダーン月の十七日のこと。それはまさに「復活」すなわち律法廃棄の大祭典でありました。この祭典の異様な光景は、よほどの印象を目撃者に与えたらしく、実際にそれに参列した人の口から次々に語り伝えられ、モンゴル期のイラン最大の史家ラシードッディーン（Rashid al-Dīn）の『年代記総集』（*Jāmiʿ al-Tavārīkh*）その他いろいろな文献に詳しく記録されております。イスマイル派自身の重要な文献としては『アブー・イスハークの七章』（*Haft Bāb-e Abī Isḥāq*）など。以下、諸書の記述を整理して、その一端をご紹介してみましょう。

しかしその前に、このような反律法行為（スンニー派的見地からすればまさに反イスラームそのものであるような行為）を敢えてした人物について一言。その人の名はハサン。アラムート・イスマイル派を創始した前述のハサネ・サッバーハ（サッバーハの息子ハサン）との混同を避けるために、普通、第二のハサンと呼んでいます。

さて、第一のハサン（ハサネ・サッバーハ）が、臨終に際して朋友ブズルグウミードを自分の後継者に指名したことは前に申しました。つまりブズルグウミードは、第一のハサンの後を継いでイスマイル派の最高伝教師、いわゆる「山の老人」の位についたわけであります。

ちなみに、イマームのような、至高の霊性の現前を前提とするカリスマ的人間の場合（「山の老人」の場合もこれに準ずる）、後継者の正式指名ということには特別な宗教的意味があります。イスマイル派だけでなく、シーア派全体を通じて、それが精神的伝統の根本原理なのでありまして、俗世間で前任者が後継者を指名決定するのとは、まったく意味が違う。指名される以前の後継者は、たんにその資格をそなえた一個の肉体にすぎません。この肉体が霊性的に活性化されて、生きたカリスマが現成するためには、前任者の肉体の内部に働いている霊的エネルギーが、そっくり相手の内部に移しこまれなくてはならない。これが、指名（naṣṣ）という厳粛な行為を通じてなされるのであります。正式に現イマームによって指名されてはじめて、聖なるエネルギーの容器としての新しい肉体、つまり次代のイマームが成立する。要するに、指名とは、現イマームが、己れの「内面」である霊性のエネルギーを、次代イマームに移し入れるための宗教的儀式なのであります。イマームからイマームへ、次々に移されていくこの霊性エネルギーを、シーア派一般の術語で「ワラーヤ」（walāyah）といいます。「ワラーヤ」とは「ワリー」（walī）——前回お話したアリーとファーティマの直系血統にのみ認められる霊性の受肉者——の聖位という意味でありまして、これを、スンニー派が唯一至上の神聖原理とする「ヌブーワ」（nubūwah）、すなわち「預言者《ナビー》」（nabī）性、預言者の聖位、と対立させ、しばしばそれより上位に位置づけるところに、シーア派の一大特徴があります。スンニー派のほうでは、そんな「ワラーヤ」の聖位など、勿論、認めるはずがありません。

話がちょっと横道にそれてしまったようですけれど、ここで私が言いたいのは、アラムートのイスマイル派では、「山の老人」の地位があまりにも高くなったために、元来はイマーム位継承の儀式の意義であったものが、「山の老人」位継承の方に移されてしまって、その結果、本筋のイマーム位継承の問題はすっかり霞んでしまったということです。

とにかく、今申しましたような宗教的重みをもって、ブズルグウミードはハサネ・サッバーハに指名され、正式の「山の老人」の座についたのでありました。但し、アラムート・イスマイル派の首長としての彼の事績については、私がこれからお話しようとしていることと関係がありませんので、ここでは一切省略させていただきます。

ブズルグウミードは一一三八年に世を去るのですが、死の三日前、息子ムハンマドを正式に後継者として指名して後事を託します。ムハンマドは謹厳実直、温厚な性格で、大胆なこと、革新的なことは一切やりませんでした。ということは、イスマイル派そのものの本源的革新性の見地からすれば、たいして注目するに価しない人物だったということです。ところが、この平凡な父親から、イスラームの歴史始まって以来の過激な革新者が生れてくる。それが、さきに名を挙げた第二のハサンだったのです。

父ムハンマドの存命中から、すでに彼は共同体の人気を一身に集めておりました。彼は魅力ある青年でした。頭脳明晰、弁は立つ、学はある。自由奔放な彼の生き方を、人々は非難するどころか、

かえってこの優雅な貴公子が律法を超越してその上にいることの証拠としました。

他方、彼はまたすぐれた思想家でもありました。思想家としての彼は、古いイスマイル派の学術書をよく読み、その伝統の流れの底にあるエソテリックな精神の中核に迫ろうと努めるとともに、アヴィセンナ（イブン・スィーナー）の哲学やスーフィズムの教説を深く研究しました。そうすることによって、彼はイスマイル派の教義の本来もっている秘教的性格を、極限にまでもっていこうと図ったのでした。イスマイリズムの徹底的な霊的解釈、そしてそれにほとんど必然的に伴って起るイスラーム法の権威失墜。このような彼の行き方は、人々の心を捉えました。多くの人々が彼のまわりに集まりました。彼の熱狂的信奉者たちにとって、彼こそ「本当のイマーム」だったのです。

事態を憂慮した父ムハンマドは、このような考えを公けに否認し、正しい血統によってイマームである者の息子のみがイマームであり得る、「ハサンはわしの息子だったが、このわしはイマームではなく、イマームの下の伝教師にすぎない。ハサンをイマームと考えるような者は無信仰者であり神を蔑《なみ》する者だ」と宣言し、それでもなお頑強に考えを変えようとしない人々を拷問し、殺害し、アラムートから追放しました。その数、五百人と伝えられております。当のハサン自身も、自分がイマームとして崇められることには、反対でした、少くとも、まだこの時点においては。

しかし、そうこうしているうちに父は世を去り、指名によってハサンが「山の老人」の位につきます。時に彼は三十五歳。アラムートの首長となったハサンは、次々に宗教法の掟を弛めて、父と祖父の時代以来アラムートを支配してきた峻厳な気風を変更し、二年半にわたって、来るべき大事

件の準備を着々とすすめていきます。そしてついに、あの「復活」の祭典の日が来るのです。

その日——さきほども申しましたが、西暦一一六四年、ラマダーン月の十七日——イスラーム律法完全廃棄の荘重な宗教的儀式がとり行われました、会衆全部が従来の聖地メッカの方向に背を向けて（メッカに背を向けることがメッカの聖性否定の態度であることは言うまでもありません）。この儀式のために、あらかじめハサンは、アラムートの直接支配圏に属する大衆に、山麓の広場に集まって式典に参列するよう公式の命令を出しておいたのです。式場の真中に立てられた祭壇（説教台《ミンバル》）の四辺には、白、赤、黄、緑、四色の旗が風にひるがえっています。

昼ごろ、「主」ハサンが城の中から姿を現わします。身に纏う純白の衣、頭を覆う純白のターバン。威風堂々と彼は右側から祭壇に登ります。壇上に立った彼は、会衆を三度、祝福します、一度目は中央に立つダイラム地方（アラムートのある地域）の人々を、二度目は右側に立つホラーサーン地方の人々、そしてその後に、左側のイラクの人々を。

腰を下ろしてひと時、やおら立ち上ったハサンは剣を抜き、音声朗々と語り始めます。「全世界の人々よ、精霊たちよ、天使がたよ」。不可視界に身を隠している我らのイマームからひそかな音信が届いた。そう言って、彼はイマームの言葉を読み上げます。その音信の結びの言葉は次のようなものであった、とラシードッディーンは伝えております。曰く、「現在のイマームが汝ら一同に祝福と慈愛を送り、汝らを特に選ばれた僕《しもべ》と呼び給う。今やイマームは汝らを律法《シャリーア》遵守の重荷か

ら解き放ち、汝らを大いなる復活に導き入れ給うた」と。

続いて彼は――今度は言葉をペルシア語からアラビア語に変え――ブズルグウミードの子ムハンマドの子ハサンこそ、我ら（イマーム）の真の代理人、我らの真の伝教師、我らの生ける証《あかし》であって、現世に関わるすべての事柄、来世に関わるすべての事柄について、万人がこの一人の意志に服従しなければならない。彼の言葉を我ら（イマーム）の言葉と心得、彼の命令を絶対に守らなければならない、云々。

語り了えて、ハサンは祭壇を下り、二度額《ぬか》ずいて礼拝します。直ちに会場は豪華な宴席に変り、ハサンは人々にラマダーン月の断食を破ることを命じます。律法の定める断食を敢えて無視するわけです。普通のイスラーム教徒にとって一番の禁忌である酒が公然とふるまわれ、人々は限りない解放の歓楽に酔いしれた、と伝えられています。

こうして前代未聞の反律法祭典が敢行されたのでありました。第一のハサン、すなわちアラムート・イスマイル派の創始者ハサネ・サッバーハによってひそかに用意されていた宗教革命の道の終点まで、行き着くところまで、行った、と考えてもいいでしょう。アラムートのイスマイル派にとって、この祭典は、まず第一に、「真理」の全き露現、生ける「真理」の現前、の歓喜の表現でありました。このコンテクストにおいて、生ける「真理」とは、言うまでもなく、神そのもののことです。すなわち、すべての人が、神を直接、無媒介的に見る（あるいは、知る）ことができるよう

になったということです。今までは、どんなに熱烈に神を信仰し、どれほど敬虔な憶いをもって礼拝しようとも、神を直接拝むことはできなかった。なぜなら神は何重もの象徴のヴェールを通してのみ、遥かに望見することができるだけであったからです。ところが今、霊的復活を経験することによって、人々は神の現前を経験し、神に直接触れることができるようになったのです。直接に、すなわち、記号を通してでなく、記号なしに。この考えが、『コーラン』の教えと正面から衝突することは申すまでもありません。人間はただ「徴《しるし》」（āyāt, ʿalāmāt）を通してのみ、かすかに神を認知できる、というのが『コーラン』の根本的教えだったのですから。

神だけではない、あらゆる事物を人はそれぞれの名（という記号）を通して認知する。だが、とハサンは言うのです、「名と、その歪《ひず》みゆがんだ属性を通して存在に到達する人は、ついに存在の真相を把え得ない」。「人が、なんらの徴《しるし》にもよることなしに物事を知る日」、その日の到来を復活の祭典は祝う（*Haft Bāb-e Abī Isḥāq* 前出）。こうしてハサンは『コーラン』の「徴」主義（記号主義）を否定し去ります。彼にとって、またイスマイル派の人々にとって、復活の祭典は宗教的生における記号時代の終焉を劃するものであったのです。

他方、イスマイル派の哲学の基礎を成したネオ・プラトニズムの発出論的存在論の特殊な宇宙論的表現法で言うなら、今ここに実現した復活は、「宇宙霊魂」（nafs al-kull）が、その源である「宇宙知性」（ʿaql al-kull）に還帰し、それと融合してしまった状態を意味します。そのような状態が実

現する時、今まで「宇宙霊魂」が惹起していたすべての地上的動乱は止んで、平安と静謐とが地上を支配する (*Nāṣir-e Khusrow : Waih-e Dīn*, ed. Gholam-Reza Aavani, 1977)。真の宇宙的サバト（安息日）の到来です。もはや仕事も、労苦も、悩みも、病患もなく、歓楽だけがそれに代る。要するに、地上がそのまま「楽園」に変質したのです。もともと天国には法律はない。だから人はイスラームの法規や宗教的儀礼など一切顧慮することなく、自由に、思いのままに、「ただ精神的に」生きていけばいい。

こうハサンは説き、人々はそう信じました。復活の祭典の直後、大多数のイスマイル教徒はハサンの新体制を承認しました。さきに申しましたように、事ここに至って、それでもなお旧来の宗教法を遵守する者は、重罪人として石打ちの死の罰を受けるという、驚くべき事態が起ります。それがハサンの確立したイスマイル派共同体の新体制であったのです。しかし、このような状態が、イスラーム的世界の只中で、長続きするはずがありません。復活の祭典が盛大にとり行われてから僅かに一年半、ハサンは刺客の剣に倒れます。

もっとも、ハサンその人が死んだからといって、それで新体制が一挙に崩壊したわけではありません。彼が暗殺された時、息子のムハンマドは十九歳でしたが、直ちに父のあとを継いで立ちました。ハサンの信奉者たちも、こぞってこの若い首長を支持しました。

ムハンマドは、父の宗教政治的政策をそのまま継承し、それを強力に推進していきます。だが、ただそれだけではありませんでした。この方向において、彼は父よりも、もっと大胆不敵なことを

やってのけたのです。すなわち、父のあとを継いでアラムートの首長の座についた時、彼は「山の老人」としてではなく、イマームその人として立ったのです。それと同時に、思想的にも、イスマイル派伝来のイマーム神化の傾向を理論的に可能な限界線まで押し進めました。

アリー＝ファーティマの血統でもないムハンマドが堂々と自らをイマームと宣言したこと、それがどんなに思い切った行為であったかということは、今日の我々にはちょっと想像もできないほどであったろうと思われます。

人気絶頂の巨大なカリスマであった彼の父、あの「復活」のハサンですら、あからさまに自分がイマームであるとは言いませんでした。復活の祭典での公式宣言では、はっきりと、自分は「隠れ身のイマーム」の伝教師であり、生ける証《あかし》であると言い切っています。もっとも、その後、諸方に送った書簡では、もう一歩考え方を深めまして、自分はたしかに肉身としては「ブズルグウミードの孫」であって、その意味ではアリー＝ファーティマの血筋ではないけれども、「秘教的存在リアリティ」(ḥaqīqah) の次元では真正のイマームであるという新見解を打ち出しております。つまり、表層的にはイマームではないが、深層的にはイマームである、という。要するに肉身的血統の外に精神的血統なるものを認めたわけでして、いかにもイスマイル派的な考え方であります。もともとシーア派の思想を特徴づけていた「内面解釈」の極端な形での適用です。しかし、とにかく、無条件的に自分がイマームであると言ったわけではない。

ところが今、ムハンマドは、一切の遠慮を棄てて、自己の十全なイマーム性を主張したのであり

ます。しかもこの主張を正当化するために、彼は自分の父ハサンも、十全な意味でのイマームだった、決して精神的意味においてのみイマームであったのではない、と言いだします。十全な意味でのイマームとは、アリー＝ファーティマの直系の子孫ということ。従って、その息子である自分自身は、勿論、アリー直系の真正イマームである、と。ずいぶん勝手な言い分ですが、それがそのまま通用したということ自体、父親ハサンのカリスマがいかに大きかったかを物語っております。

このように、ムハンマドは自分自身のイマーム性について、実に大胆な主張をしたわけですが、それだけでなくて、より一般的にイマームなるものの本性についても、それの神化に向って、かなりきわどい発言をしています。

元来、イマームを神に近接させることが、始めからイスマイル派の思想の著しい特徴であったことは、すでに何度も申し上げた通りであります。いついかなる場合でも、イスマイル派があるかぎり、まずそこにはイマーム論がある。イマームをどのような存在として理解するか——それによってすべてが決まり、そこからすべてが始まる。イマーム論は、まさにイスマイル派成立の根基であり、イスマイル派の思想的展開の中心軸であります。ましてや、今我々が問題としているムハンマドの場合、自分を真正のイマームであると主張して登場したのですから、イマーム論にたいして彼が異常な関心を抱いたとしても、なんの不思議もないでしょう。はたして彼は、きわめて特色あるイマーム論を展開しております。それは大体、次の如きものでありました。

本稿の初めの方で、私はイスマイル派の表象するイマームが、およそどのようなものであるかを、一応、ご説明いたしておきましたが、その時以来、私は、「ほとんど神」という表現を、便宜的に使って論をすすめてまいりました。ほとんど神——神であることへの極度の近接性。どういう意味での近接か。それが問題です。この問いにたいして、ムハンマドはこう答えます。（ちなみに、思想家としてのムハンマドは、古代末期のグノーシス主義や新プラトン主義の哲学に通じておりました）。イマームはロゴスである、と。「ロゴス」、原語では kalimah といいます。「カリマ」は文字通りには「語」あるいは「言葉」の意。具体的に申しますと、神の口から直接に発出する創造的言語のことです。「神、光あれと言えば、光があった」という『旧約』「創世記」にある、あの神的言語の存在喚起力を指します。存在世界の創造にさいして、神の口から発された「根源的命令」(amr)です。但し、ムハンマドの思想的基盤は、さっきも申しましたように、新プラトン主義ですから、この根源的命令によって直接喚び出されるものは「宇宙的知性」(ʻaql) でありまして、従って、これと同定されるイマームは存在現出の宇宙的始点ということになる。これがイマームの神への近接性の第一の意味であります。

明らかに、ここではイマームは神そのものと同定されてはおりません。新プラトン主義の発出論的思惟パターンによって、イマームは神より一段下位です。一段下ではあるけれども、直結している。つまり、不可視の神が可視的に顕現したままの姿、それがイマームだということになるのです。人間意識の把捉を絶対的に超脱する神が、わずかに把握可能になる、その微妙な限界線がイマーム

として具現する。言い換えれば、イマームにおいて認められる一切の属性は、そのまま神の属性であるということです。従って、人はイマームを見ることによって、イマームを見ることによってのみ、神を見る。ちょうど、太陽の光を通じて太陽を見るように。太陽の光は太陽の本体とは区別される、しかし、結局は太陽そのものにほかならない。イマームは、その形而上的リアリティにおいて、まさに神そのものであるのです。そしてこの意味で、イマームは神の自己顕現なのであります。

イマーム・ムハンマドのイマーム論は、要旨を取って言えば、およそ今申し上げたようなものであります。神そのものではない、が神である。神ではあるけれども、神そのものではない。「ほとんど神」という表現の示唆していたイマームの神への近接性の意味内実を、ハサン自身はこのように了解し、この意味内実の明確な自覚の上に立って、自らのイマーム性を宣言したのであります。

すでに何遍も申し述べましたように、イスマイル派の思想には、始めからイマーム神化への傾向が内在していました。ムハンマドのイマーム論は、この傾向を、イスマイル派の限界内で許容される最後の線まで押し進めたものと言っていいだろうと思います。もしこの最後の一線を踏み越えて、イマームと神そのものとの間にどんな微妙な差異をも認めないところまで行ってしまうなら、それはもうイスマイル派の立場ではない、つまりイスマイル派から見ても異端である、ということになりましょう。そして事実、そういう事態が、イスマイル派の思想史の発展過程で出来しています。すなわち、西暦十一世紀の初頭、エジプトのファーティミー朝の第六代カリフの位にあったアル・

ハーキム（Manṣūr al-Ḥākim, 996-1021）は、自分はイスマイル派のイマーム以上のものである、つまり神そのものである、という意識をもち、それを宣言し、——「慈悲深く慈愛あまねきアッラー、アル・ハーキムの名において……」というような実に驚くべき表現すら使われました——、彼を信奉する人々とともにファーティミー朝から独立して、ドルーズ派と呼ばれる一派を立てるに至りました。今日、レバノンの山岳地帯にあって、イスラエル軍の進攻に頑強な抵抗を続けて活躍しているいわゆる「ドルーズ教徒」は、この派の後裔なのであります。イスマイル派の中でも最も過激な立場を取り、ついに限界線を越えて異端となったドルーズ派の思想は、イスマイル的思想の極限形態として、興味深いものですが、本稿のテーマを遥かに越えてしまいますので、ここではこれ以上述べることを差し控えておきたいと存じます。ついでながら、ドルーズ派の秘教的思想については、すでに十九世紀末、シルヴェストル・ド・サシが詳細をきわめた興味深い研究を発表して、当時の東洋学界に大きな衝撃を与えました（Silvestre de Sacy : *Exposé de la Religion des Druzes*, 2 vols., Paris, 1838）が、その後も欧米でのドルーズ派研究は跡を絶たず、今日までにかなり多くの著書、論文が出ています。最近のもののなかでは D. R. W. Bryer : The Origin of the Druze Religion, *Der Islam*, 52 (1975)–53 (1976) が出色。なおドルーズ派内部の学者によって書かれたものとしては、S. N. Makaremi : *The Druze Faith*, New York, 1974 が注目に価します。内部からの発言として、数々の貴重な証言を含んでいますが、ドルーズ派の過去にまつわる極端な異端的局面を避けて通ろうとするアポロジェティクな態度が目立ちます。同じくドルーズ派の論客ナッジャール（Najjār）のアラビア語の著書 *Madhhab al-Durūz wa-al-Tawḥīd*,

Cairo, 1965も同様。ちなみに、ドルーズ派をも含めてイスマイル派全体の思想を基礎づけるイマーム論は、故アンリ・コルバン（Henry Corbin）教授が、晩年の情熱を傾けつくした主題でありまして、その研究と思索の軌跡は、最近二十年間の彼のエラノス講演に辿ることができます。シーア派、イスマイル派におけるイマーム概念を、コルバンがどれほど重要視したかということは、「イマーム学」Imamologieという名の新しい学問分野をイスラーム学の中に創出しようとした事実からも伺い知ることができましょう。「イマーム学」——それは、アンリ・コルバン教授にとって、現代の思想状況に最もふさわしい（と彼の考えた）精神主義の形態としての新グノーシス主義の古典的パラダイムを提示するはずのものでありました。

さて、自らを真正のイマームと宣言し、かつイマームなるものの本性について上述のような過激な考えを展開したムハンマドは、一二一〇年九月に死去します。恐らく毒殺されたのであろうと言われていますが、真相はわかりません。彼は、自分の息子ハサン（第三のハサン）がまだ幼少の頃、正式に自分の後継者として指名しておきましたので、彼の突然の死が後継者の問題を惹き起すという事態は起りませんでした。しかし、本当の問題は、ハサンが非常に敬虔なイスラーム教徒だったというところにありました。母親が信仰深いスンニー派の女性であったということもあって、彼は父や祖父の反律法主義的行き方にたいして子供の頃から疑惑をもち、長じては烈しい憤りを抱くに至っていました。この点で、ムハンマドの在世中、すでに父と子との間には、異常に緊迫した空気

が流れていました。

宗教における一切の革新に反対し、昔ながらのイスラームの伝統に戻ろうとする彼の内的態度は、父の死とともに、極端な形で発現していきます。父のあとを継いでアラムートの支配者となったハサンは、間もなく保守主義的宗教改革を開始します。先ず自分が、父や祖父の理解したような意味でのイマームではないこと、自分はたんに一介の正統派的君主にすぎないことを宣言します。諸国に礼拝堂の建立を命じ、若い世代の人々に、今ではすっかり忘れられてしまった礼拝や断食、その他の宗教的慣習の必要を説いてその実践を奨励します。それればかりではありません。ついに彼は己れの父と祖父とを、正式に、公けに呪詛するのです――「願わくば神が、我が父と祖父との墓穴を劫火で満たし給わんことを！」

第二のハサンの「復活」祭典から四十七年ぶりで、イスラームの律法が復権されます。イスマイル派以外のイスラーム世界が、この第三のハサンの政策を歓迎したことは申すまでもありませんが、当のイスマイル派の勢力圏内でも、彼の人気は高まるばかりでした。「新しいイスラム教徒（Now-Musulmān）ハサン」と呼ばれて、彼は、その「イスラーム復帰」の故に、誉め讃えられました。しかしイスマイル派帝国の君主の、この奇妙な反イスマイリズム運動も、彼自身が在位十年で病死することによって挫折してしまうのです。

イスマイル派そのものの叙述を目的とするのでない私にとって、これ以上この派の歴史的展開を辿っていく必要はありません。ただ一つ、ここで確認しておきたいのは、第三のハサン以後、イス

マイル派は思想的にその性格を著しく変えていったということです。すでにおわかりいただけたこと思いますが、ハサネ・サッバーハによって創始されて以来、イスマイル派は、急進性、過激性、革命性を顕著な特徴とする秘教システムでありました。それが、第三のハサン以後、次第にそれらの特徴を喪失し、秘教システムとしての性格だけの党派になっていくのであります。西暦十三世紀の中頃アラムートの城砦がモンゴル軍によって滅ぼされた後も、イスマイル派は秘教的信仰共同体として存続して今日に至ります。しかし、その昔、アラムートの奥処から四方に刺客を送って内外の敵の心胆を寒からしめたあの激烈な攻撃性は、もはやそこには認められないのであります。

それにしても、イスマイル派のイマーム観の進展の跡を逐いながら、私は本論の主題を逸脱するところまで、いささか長話をしすぎたかもしれません。この話題はこの辺で切り上げて、次の、第三の問題点に移ることといたしましょう。第三の問題点とは、イスマイル派のグノーシス的宇宙論、宇宙生成論のミュトスであります。

一般に、「秘教」(esotericism) といわれるものの秘教たる所以は、言うまでもなく、その教えの内容を公開しないこと、局外者にたいして内部の者が口を緘して語らないことにあるわけですが、イスマイル派の場合、この制限がもっと厳しくて、同派内部でも、ごく一部の特別のグループ、すなわち最上位の人々、だけにしか知らされていない、そういう秘中の秘ともいうべき教えがあって、それがイスマイル派全体の思想を支えているのであります。当然のことながら、この秘教の中心部

が、ようやく世間に知られだしたのは、二十世紀に入ってからのことで、もっと具体的に申しますと、大体『秘密開顕の書』(*Kitāb al-Kashf*, ed. R. Strothmann, 1952) その他重要な文献が出版公開されてからのことであります。今日では、かなりの情報が流布しています。しかし、それでもまだ、完全ではない。残存する数少い基礎資料には、多くの欠落部分がある上に、諸文献相互間の矛盾もありまして、全部の真相はまだ明らかになっていない、というのが実状なのです。

話を始める前に、まずもってご注意申しあげたいことは、イスマイル派の宇宙論ミュトスが、自然発生的神話ではなくて、一種の思想神話あるいは概念神話(ハルナックのいわゆる Mythologie von Begriffen) だということであります。一般に、神話的形象の構造と思想(あるいは哲学)との結びつき方としては、神話から思想へ、というのが普通です。すなわち、まず一群の根源的神話素が民族の生活体験のなかから現われてきて、互いに結び合い、その結果、ある程度までの整合性をもったナラティヴとしての神話的世界がそこに形成される。時の経過とともに、その神話的物語に含まれている思想的要素が沈殿していって、ついに元の「物語」の次元とは違う抽象的理論的次元で哲学的思考が独特のレトリックによる表現形態を展開していく、という順序です。古代インドにおける、ヴェーダからヴェーダーンタ哲学への展開過程が、それを典型的な形で例示しています。

イスマイル派の宇宙論的ミュトスの成立はこれとまったく逆のパターン。ここでは、まず思想が、ある程度まで出来上った形で与えられている。イマームを中心軸とする世界像の概念的枠組みが、

すでに出来上っている、と言ってもいいでしょう。それをミュトス形成的意識が、一つの宇宙生成神話の次元に構造的に移し、ナラティヴ化していくのです。

とは言っても、勿論、人為的、人工的にミュトスを創作していく、という意味ではない。そういう行き方は、イスマイル的心性には合いません。事の真相は、むしろ、次のようであろうと思います。根源的直観として与えられた一つの思想体系を構成する諸概念が、いわば、次第に意識の底に染みこんでいき、そこにひそんでいる元型産出的サイキーの機能を刺戟し、その結果、次々に元型的心象を産み出し、それらの連鎖が一つの神話的ナラティヴとして発展していくのである、と。このような形で概念がイマージュに転成する場合、そこに思いもかけない意識深層の局面を白日のもとにひき出して見せることが、屢〻ある。古代中国の『荘子』を満たしている寓話的ナラティヴもそういう性格のものですし、イスマイル派の宇宙生成神話も、まさにそのとおりなのであります。

何はともあれ、イスマイル派の宇宙論的・宇宙生成論的ミュトスの具体的な姿を見てみましょう。全体的構造としては新プラトン主義的流出論を下敷きとするこのミュトスにおいては、宇宙すなわち全存在世界は神を始点として、そこから下に向って重層的に拡がっていきます。

前回、イマーム概念をご説明した時、簡単に触れておいたことですが、このシステムにおいては、神は根本的にグノーシス的に構想されます。すなわち、いわば神そのものの内部に段階的展開のプロセスを認めるのでありまして、その第一段、窮極の始点においては、神は「知られざる神」（θεὸς

ἄγνωστος）であり、ヴァレンティヌスのいわゆる「語られぬもの」（*ἄρρητος*）、「深淵」（*βυθός*）です。文字通り絶対不可知、不可説、それがどのようなものであるのか、誰にもまったくわからないし、近づくすべもない。ただ、そこに何か不可思議なものがあって、ひとたび発動すれば、全宇宙を生み出す創造的エネルギーとして現出するであろうことが、感知される、といった状態なのです。

この創造的エネルギーを、古イスマイル派の論書は神的「光」として形象化しています。例えば、イスマイル派の宇宙論がまだ新プラトン主義的思考の影響下に入らなかった頃の重要な作品、アブー・イーサー・アル・ムルシド（Abū ʿĪsā al-Murshid）の『論考』（*Risālah*）――ちなみに、アブー・イーサーはファーティミー朝最初期の思想家で、カイロ地域の伝教師。この作品は、小論文ながら、イスマイル派元来の宇宙論的体系を、純粋な形で伝えている点で非常に貴重な資料です。但しアブー・イーサーの真作かどうか、いささか疑問とされております。原文テクストはアラビア語で、S. M. Stern: *Studies in Early Ismāʿīlism*, Jerusalem-Leiden, 1983, pp.7–16――は、この段階での「光」の発出を次のように描いています。ちょっと訳してみましょう。

「神（のみ）が存在していた。まだ空間もなく、空間を占める諸物もなく、永遠の時も、遷流する時間もなく、ただ一瞬の時間すらなかった。突然、神に、（創造への）意志が起り、意欲が湧きあがった。よって神は光を創造し給うた。つまり光を（最初の）被造物として創造し給うたのである。しかし光自身は、しばらくの間、自分が創造主であるのか被造物であるのかわ

からないままであった。」

「やがて神は、この（光）のなかに息を吹き入れ給うた。すると光は声を発した。その声は、『あれ！』（kun）というコトバであった。こうして、神の許しを得て、（コトバが）あった。」

「光」、十方に拡散する創造的エネルギー、が神の息を吹きこまれて、そのまま「声」（ṣaut）として現成する。神的創造力は、ただ「声」として、すなわちコトバとして、のみ、その創造性を具現することができるのです。このコトバ、「あれ《クン》！」こそ、前にお話したグノーシス的イスマイル派の措定する「第二の神」（δεύτερος θεός）であり、真の意味での創造主なのです。神は、窮極的には、絶対不可知のXであるにしても、ひとたび創造への「意志」と「意欲」が内に起れば、動きの第一歩で「光」を生み、その「光」がそのままコトバの創造力に転成するという。このことは、神が初めから、根源的にコトバであったことを示唆してはいないでしょうか。イスマイル派の神は、もともと、コトバの意味形象喚起機能（＝存在喚起機能）の神格化だったのではないでしょうか。

いずれにしても、ここでは、「知られざる神」から「第二の神」創造主への移行そのものが、コトバ発現の過程として考えられていることは確かです。つまり、絶対不可知の神が、その底知れぬ深みから現われ出てくる時、その現われの形は、「あれ！」という存在命令に収約される聖なるコトバであるのです。

『旧約聖書』「創世記」でも、神の天地創造は、やはり「(光) あれ！」というコトバで始まる。

しかし、イスマイル派のミュトスにおける「あれ！」は、これとは位相が違います。『旧約』の場合、すでに創造主である神が、「光あれ！」というコトバを発する。イスマイル派の宇宙生成論的ミュトスでは、神は「あれ！」ともなんとも言わない。創造主としての神が、「あれ！」というコトバを発することによって世界創造を始める、というのとは微妙に違います。ここでは、『旧約』の場合とは違って、神がコトバを発し、何かを語る、のではない。神自身が「コトバ」（kalimah）なのです。神がコトバとして（コトバとしてのみ）自己顕現するのであります。そして神の自己顕現としてのコトバが、「あれ！《クン》」という存在命令なのであり、この存在命令、「あれ！」そのものが、ミュトス的に神格化されて、「第二の神」となる。ここまで来て、神は始めて真の意味での「創造主」となります。

さきほど引用したアブー・イーサーの『論考』は、この「第二の神」の誕生を、コトバに転成する以前の「光」の発出という時点で捉えておりました。特に興味深いのは、神から発出した「光」が、その直後しばらくの間は、自分が神なのか、神によって創られたものなのかわからずに戸惑っていた、と言われていたことです。それほどまでに「第二の神」は「第一の神」に近いということです。近いけれども、しかし、段階的に明瞭な差違がある。すなわち、自ら創造主として全存在世界を創り出す神でありながら、「知られざる神」にたいしては、被造物でしかないのです。

両者の間に認められるこの微妙な差違は、「意志」と「意欲」が介在することに由来します。「意志《イラーダ》」（irādah）と「意欲《マシーア》」（mashī'ah）——アブー・イーサーからの引用文にありました。どこから

ともなく、忽然と、第一の神の内に、世界創造への「意志」と「意欲」が生起する。もし神が本源的にコトバであるならば、それに内在している存在喚起（＝「世界創造」）への傾向性が自然に発現してくることは理論的にも当然のことでありまして、それをここでは、世界創造に向う神の「意志」「意欲」としてミュトス的に人格化したのであるという説明が成り立つわけですけれど、イスマイル派の思想家にとっては、問題の重点が、全然、別のところにあったようです。すなわち、彼らにとっては、創造への意志がどこから、どうして、神の内に生起したのか、などということは問題でなかった。むしろ、「意志」（irādah）「意欲」（mashī'ah）の二語が、ともに文法的に女性名詞であることにこそ、特殊な意味があったのです。

女性名詞。一般に何かが名詞の形で提示される時、思考の上では実体化が起りつつあること――あるいは起ったこと――を示唆します。ですから、ここで、「意志」「意欲」が女性名詞であることは、これらの心的状態が女性的原理として実体化されていることを意味しています。すなわち、天地創造に向っての神の動きを促したものは、神自身の内なる女性的なものであったということです。しかも「神」を意味する語は、文法的には男性名詞。両方を考え合わせますと、世界生起の始源として、男性原理と女性原理との結合が措定されていることは明らかです。つまり、存在世界の現出が、神の内部における一種の生殖行為の結果として表象されているのでありまして、これと同じ考え方のパターンが、すぐ下の段階で、もう一度はっきり現われてきます。

このようにして、「知られざる神」は、「意志」と「意欲」という二つの女性的原理に内部分裂し、それによって本来の永遠の不動・静謐を破って動に転じ――「意志」と「意欲」とは同義語で、内実的に差違があるわけではありませんが、とにかく永遠不動の状態にあるものは、二つに分裂しない限り動き出さないのです――「第二の神」として顕現します。「第二の神」は、もう何遍も申しましたとおり、「あれ!《クン》」という一般的存在命令に収約される「コトバ」(kalimah―λόγος)です。

ありとあらゆるものが、この「第二の神」(「あれ!《クン》」)によって創り出されることは言うまでもありません。但し、ユダヤ教のカッバーラーと同じく、イスマイル派の宇宙論はコトバの創造力を、特に子音の創造力として理解しますので、ここでも、「あれ!」(kun)の二子音、KとNという子音結合から万物が生れ出る、というふうに考えます。「神は、KとNとから一切の事物を創出した」(アブー・イーサー)とはいえ、全部一度に創り出すわけではありません。一つずつ、次々に、です。

この万物創出の過程において、K・Nからいちばん最初に出てくるものがKūniです。この名は、見られるとおり、kun の母音を少し操作しただけで出来る形でありまして、文法的には、同じく「あれ!」を意味する女性命令形(女性に向って発される命令)で、『コーラン』の中にただ一回出て来ます。しかし、ここでは、その事実そのものが問題なのではありません。なぜなら、「あれ!」は存在命令という原意そのままに実体化されて、宇宙的存在エネルギー発出の源泉としての天上的なものとなってミュトス的に現成してしまうからです。

もっと具体的に言いますと、クーニーは、イスマイル派の宇宙神話の中では、一種の世界製作者

――プラトンの『ティーマイオス』に現われ、またグノーシス派の神話に造物主として出てくるデーミウルゴス――の役割を演じる神的存在者なのであります。デーミウルゴスですから、勿論、最高神ではありません。己れの上位にある創造主の描き出すイデア的な世界構図を範型として、それをなぞりながら物質的世界を造形していく下位神です。

但し、クーニーは自分ひとり独立で働くには力が弱い。そこで自分と並び、世界創造の業を助けてくれる別の神的存在を、まず創り出します。この第二の神的存在の名は「カダル」。Qadar（文法的に男性名詞）は、普通のアラビア語では物事の成り行きを予め規定すること、あるいは予め決定されている状態（いわゆる「宿命」）を意味する語ですが、クーニーの場合と同じく完全に実体化された形で表象されます。

クーニーは、先刻も申しましたように、プラトン・グノーシスのいわゆる「デーミウルゴス」でありまして、下位の地上的物質的世界を創り出す役を負う。彼女がなぜこんな役を負わされることになったのかについて、イスマイル派のミュトスは、大体、こう説明します。クーニーが、「コトバ」の内部分裂によって生れ出た時、彼女はグノーシス神話のソフィア（Sophia）と同じく、神に対して傲慢（ヒュブリス）の罪を犯した。それというのは、生れ出て来て、あたりを見廻した彼女は、自分以外に何者も見なかった。限りなく拡がる空漠の中で、自分だけが唯一の実在者だった。自分の現出の直接の原因である「知られざる神」が上位にあることに気付かず、自分が神なのだ、と彼女は思った。この慢心が、彼女と物質的世界との結びつきの始まりであった、と。そう言えば、

クーニーという彼女の名前それ自身がこの結びつきの源をなしています。この名を構成する四文字K・W・N・Yは、物質的世界を支配する四つの元質（熱、冷、湿、乾）と、それらに対応する四元素とを生みだすからであります。

他方、これに対するカダルのほうは、クーニーのように直接物質的世界創出の源とはなりませんが、グノーシスのいわゆる「天上のアダム」（Ἄνθρωπος）——「霊性的アダム」（Ādam rūḥānī）——として、物質的世界の事物の運命、地上の出来事、を支配していきます。要するに「クーニーが万物を存在にまで喚び出せば、カダルがそれらの存在者の一つひとつの行く道を決める」（アブー・イーサー）という構想です。

クーニーとカダル。文法的には kūnī は女性命令形の動詞、qadar は男性名詞。両方ともに実体化されてミュトスに入り、宇宙創造の女性原理、男性原理となる。このようにして、それぞれ独自の仕方で地上的世界と密接に関係のある一組の男女が出来上るのです。グノーシスやカッバーラーとも共通する神話的思惟パターンとしては、ここに成立したひと組の男女の間に、当然、性的結びつきを想定します。すなわち、宇宙生成の始源に、聖なる男性実体と聖なる女性実体との結合による生殖行為を考えるのです。

しかし、ただそれだけのことではありません。クーニーとカダルとの性的結合ということに、イスマイル派の思想家たちは、非常に特殊な意味づけをするからです。彼らにとって、何か二つのも

のが結合するということは、両者間の肉体的結合とか元素的混合とか精神的融合とかいうことではなくて、まず、何よりも先に、それら二つのものの名称を構成する文字――文字といっても、第一次的には子音文字だけのこと――の結合を意味します。要するに、一種の象徴的文字学とでもいうべきものでありまして、イスマイル的思惟方法の最も顕著な特色です。イスマイル的カッバーラーといってもいいでしょう。

今我々が問題としているクーニーとカダルとの結合も、こういうわけで、まず、(kūnī→) KWNYと (qadar→) QDR との子音結合体 KWNYQDR として捉えられなければならないのです。これら七個の子音文字は、宇宙生成の窮極的源泉でありまして、これを七つの「上位文字」(ḥurūf ʻulwīyah)と呼んで、イスマイル派では特別に尊重されます。その重要性は、七つの「上位文字」が、神話的に、七つの至高天使 (Karūbīyah「ケルビム」) として現われることによって明示されます。

さて、七つの「上位文字」の中の最後の三字 QDR から、三つの新しい霊性的実体が生れ出てきます。その三実体の名は「ジャッド」(Jadd)「ファトフ」(Fatḥ)「ハヤール」(Khayāl)。どうしてQDR からこの三つが生れるのかについては、何も説明されません。とにかく、それらが一組みとなって出現し、クーニーとカダルの二つと同位格として並び、全部が一つの霊性実体群となって働きます。この霊性的実体群を「上位五体」(khamsah ʻulwīyah) と呼び、それらが存立する存在レベルを、神と地上的世界の中間に位置する「上界」として宇宙論的に定位するのです。神話形象的に

は、神と人間（特に預言者）との間を仲介する五体の天使ということになります。

ところで、QDR 三字から生れた新しい霊体は何を意味するのか。イスマイル派の中でもいろいろ違った解釈があって一定しませんが、とにかく文字通りの字義から入っていくほかに途はありません。西暦十世紀の半ば、イスマイル派伝教師としてイランで活躍したアブー・ヤアクーブ・アッシジスターニー（Abū Yaʻqūb al-Sijistānī）の著書『誇らかな言葉』（*Kitāb al-Iftikhār*）の説くところに従って考えてみましょう（ついでながら、シジスターニーは近年アンリ・コルバンを通してヨーロッパの東洋学界にひろく知られるに至ったイスマイル派屈指の思想家です。『誇らかな言葉』は未刊——MS. Tübingen Ma VI 299——ですが、幸いハインツ・ハルム教授の最近の好著の中にテクストが原語で出ております。——Heinz Halm : *Kosmologie und Heilslehre der Frühen Ismāʻīliten*, Wiesbaden, 1978）。

第一番目の「ジャッド」（Jadd）は、普通のアラビア語の意味は「幸運」あるいは「吉兆」。宗教共同体を形成し、それの最高の精神的指導者となるべき使命を帯びた人におのずから伴う「吉兆」を意味します。すなわち地上の下位世界で、神の啓示を民に伝え、律法を制定する預言者の「幸運」が、天上の世界で取る姿を示唆します。神話的形象としては、啓示の天使ガブリエルに当ります。

第二の「ファトフ」（Fatḥ）は、字義通りには「開き」、すなわち「開示」。神の啓示の言葉の隠れた意味、秘義、を理解する能力を意味します。要するに、前にもお話したことのあるイスマイル派特有の「内的解釈」（taʼwīl）を行使する権能を、特に神から恩寵として授かって生れた人に宿る秘教的能力です。天使としてはミカエル。

第三の「ハヤール」(Khayāl) の字義は「想像（力）」。この「想像」が正確に何を意味するかについては意見が分れて、決定がむつかしい。預言者は自分の死後、共同体がどういうことになっていくのかを想像しなければならないからだ、などとシジスターニーは言っていますが、この解釈には賛同しかねます。むしろ、たぶんコルバンが言うように、宗教的・精神的シンボルの内的意味の深みを探り、それを生きたイマージュとして具体的に現出させる能力と解すべきではなかろうかと思います。ハヤールの天使形象はセラフィエル。

ともあれ、これら三つをさきのクーニーとカダルに加えて、「上位五体」とするのであります。その順序は、(一) クーニー、(二) カダル、(三) ジャッド、(四) ファトフ、(五) ハヤールで、このように階層づけた場合、全体をイスマイル派独特の術語で五つの「霊性的階位」(ḥudūd rūḥānīyah) と呼びます。これらの「上位五体」が相互連関的に作り出す存在フィールド（「上界」）は、明らかにグノーシス的宇宙像における神的エネルギー充溢の世界、「プレローマ」(Pleroma) に該当し、最高神と物質的世界との中間にあって、それらを仲介する天使的宇宙空間です。

上位の五体
- (1) クーニー
- (2) カダル
- (3) ジャッド
- (4) ファトフ
- (5) ハヤール

下位の五体
- (1) ナーティク
- (2) アサース
- (3) ムティンム
- (4) ホッジャ
- (5) ダーイー

イスマイル派の世界像の大きな特徴は、「上界」と「下界」とが、構造的に対応し、相互に緊密な連関性を保っていることでありまして、これこそイスマイル派のイマーム

中心的共同体の存立の基盤です。前に詳しくご説明しましたイマームを頂点とするイスマイル的秘教システムの構造は、「上位の五体」の構造に支えられているからこそ、それ自体は、事実上、人間世界の社会的制度でありながら、しかも、人間の力を超えた神的秩序として、共同体の全員にあれだけの支配力をもち得たのであります。「下位の五体」(五階層)は次の通りです。

第一、「ナーティク」(Nāṭiq)、字義は「語る人」ですが、術語的にはかなり特殊な、限定を蒙ります。すなわち、神から受けた啓示の内容(神意)を、人間の言葉で人々に伝え、それによって共同体のために律法を樹立する預言者のことです。つまり、今まで人々の行動を規制して来た古い律法(先行する預言者の立てた宗教法システム)を廃棄し、新律法を告知する(語る)人。そのさい、預言者は——そして、それがイスマイル派を特徴づける預言者観なのですが——自分の受けた啓示のテクストを、その表層的(外面的、文字通りの)意味の位層において組織化し、それを一つの宗教として告知するわけです。

第二、「アサース」(Asās)、字義は「根基」。イスマイル派的イマーム制度の基礎を置く人の意。別名、「ワシー」(Waṣī)。「ワシー」とは、普通のアラビア語では、誰かの意志(特に遺言)を執行すべく特にその遺言者自身の委託を受けた人を意味します。我々が、今、問題としているコンテクストでは、遺言者は預言者であり、遺言によって表現された彼の意志の執行とは、彼が創始した宗教の言語テクスト(啓示)の表層的意味に「内面的解釈」をほどこすことによって、それを根源的、深層的意味に引き戻すこと、です。こうして、「アサース」あるいは「ワシー」は、預言者的宗教

の深さに匿されている霊性的秘義の保管者ということになるのであります。

第三、「ムティンム」(Mutimm)、字義は「完成させる人」。預言者の樹立した表層的宗教を、それの深層的意味次元において読みなおし、一つの完璧な秘教的信仰体系として実現させる人、すなわち、イマームの謂です。結局、第二の「アサース」と内実的には同じなのですが、イスマイル派共同体の精神的、政治的最高支配者としての権威が、イマームに特殊な意義を与えるのです。政治的支配者としてのイマームは、啓示の言語テクストを、ただ一途に「内面的」意味に還元してしまうのでなしに、「内面性」と「外面性」との間に微妙な均衡を保ちつつ、そういう枠組みの中で信徒の霊的復活をはかっていかなければならない。しかし、イマームのこの機能は非常な危険を伴います。「内面性」と「外面性」との間の均衡が破れて、「内面的」解釈が極端にまで押し進められた場合、「外面性」(イスラームの律法的構造)そのものの完全な廃棄にまで至ることすらあるのでして、その実例を我々は、アラムートの「イマーム・ハサン」の「復活」祭典において目のあたりに見てまいりました。

第四、「ホッジャ」(Ḥujjah)、字義は「証人」。神的イマームその人の地上での「生ける証《あかし》」としての最高伝教師を意味します。最高伝教師の本質と、イスマイル派共同体における役割については、すでに詳しくご説明いたしました。普通の人はイマームを直接見ることができない。ただ「ホッジャ」を通してのみ見ることができる。つまり、「ホッジャ」はイマームの姿を映し出す鏡なのです。

第五、「ダーイー」(Dāʻī)、字義は「召喚者」。本論でもすでに馴染ふかい「伝教師」です。キリ

スト教でいえば宣教師《ミショナリ》ですが、イマームを頂点とする秘教的共同体の階層構造の中に組み込まれて、宣教師とは全然違った役割を与えられています。

以上は「上位五体」に対応する「下位五体」の基本構造ですが、これが唯一の形というわけではございません。「五体」の選び方についても、それらの配列の仕方についても、このほかにたくさんの違う形があります。今述べたのは、そのなかの一番簡単なもので、「五体」それぞれの内実に関しては、西暦十―十一世紀の有名な「伝教師」ハミードッディーン・ケルマーニーの所説に従ってご説明いたしました。これは「五体」構造理論の典型的なものですが、実は、イスマイル派信仰共同体システムの基本階層の数を「五体」でなく「七体」とする形もあり、それよりもっと多くの数を立てる形もありまして、事態は大変複雑です。しかし、これ以上、その詳細に入ることは、徒らに叙述をこみいらせるだけで、本論の主要テーマからいよいよ遠ざかるばかりですから、今日のところはこの程度で切り上げておくことにいたしたいと存じます。

以上、私はアラムート・イスマイル派の思想的側面を、三つの特徴に収約してお話いたしました。第一は「聖教論《タアリーム》」、すなわちイマームの神聖な教示に依拠する「内的解釈学」の理論的正当化ですが、同時にそれは、イマームなるものを、預言者と『コーラン』を超えた絶対的権威の座に据える

という（スンニー派から見て）実に許すべからざる危険思想でもあったのです。

第二は、「復活」の祭典において極点に達した反律法主義。旧約的宗教の「トーラー」に当る「律法《シャリーア》」を全面的に無意義化しようとする態度。律法・即・イスラームと考えるスンニー派にとって、イスマイル派のこの全面的反律法主義がいかに恐るべき異端思想であったかということは、特に指摘するまでもないでしょう。しかし、前にもちょっと申しましたように、反律法主義は、長いイスラームの歴史的展開の過程のあちこち（例えばスーフィズム）で、様々な形で姿を現わしてきた根の深い思想傾向でもあったのでありまして、決してアラムート・イスマイル派だけの問題ではありません。むしろ、あの「復活」の祭典は、この思想的底流の端的な表現として、イスラーム思想全体にとっての大きな試煉、一種の大胆な実験であったと見ることもできるのであります。

そして最後に第三の宇宙論的ミュトス。そのグノーシス的、カッバーラー的性格は、イスラームの世界像を、『コーラン』的世界像から極限まで遠ざけるものでありました。

これら三つの特徴は、イスマイル派を、イスラームにおける極端な過激派たらしめた所以でありまして、このような過激思想のコンテクストの中に置いて見る時、はじめて我々は、「暗殺団」という異常な制度がどうしてイスマイル派の底辺領域に生み出されたかを、おぼろげながら理解できるのではなかろうか、と思います。

（『思想』一九八六年七月、八月）

エリアーデ哀悼

――「インド体験」をめぐって

小柄な彼の身体からは華やいだ生気のようなものが発散していた。エリアーデは陽気で上機嫌だった。彼はよく食べ、よく語り、よく笑った。彼と寝食を共にした素晴しい十日間の経験、エリアーデとのこの最初の出会いを、その背景となった美しいスイス・アルプスの風光と共に、私は生涯忘れないだろう。

一九六七年、八月の末。それは私がエラノス学会の講演者の列に加わった最初の年だった。そしてまたそれは、エリアーデにとっては、十五年以上の長い期間にわたって親しんできたエラノスに別れを告げる最後の年でもあったのだ。その年のエラノス学会の全体的主題は「生の対極性」(Polarität des Lebens)。エリアーデの講演の題は「闘争と休息のミュトス」。私は老荘哲学における「完全なる人間」の理念について話した。

その頃のエリアーデは、今世紀随一の宗教学者として国際的名声いよいよ高く、エラノスでも人

気の絶頂にあった。彼の講演を聴く目的のためにだけ、ヨーロッパやアメリカの各地から毎年集って来る人の数も多かったという。そんな彼が、どうしてエラノスをやめる気になったのか。自分の主導する国際宗教学会の仕事に専念したいからだ、と彼は答えた。毎年のエラノス講演は決して容易なことではない。準備のために何ケ月もの時間が取られる。大切な二つの仕事を並行させてやっていくのは負担が重すぎる。「要するに、私も年をとったということさ」と、茶目っぽく彼は笑った。だが、その明るい笑顔に、ちらっと浮んで消えた一抹の翳りを私は見たように思った。しかしそれが何を意味したのか、勿論、私にはわからなかったし、彼もまた、この問題については、それ以上何も言わなかった。冷い初秋の風の吹き渡るラーゴ・マッジョーレの湖面に、銀粉を播き散らしたように眩しく光る細波を私たちは眺めていた。

だが、ふだんのエリアーデは、とても気さくで話ずきだった。初対面の私を相手にして、あたかも十年の知己に語るかのごとく、彼は活発に喋った。特に自分の若き日の「インド体験」について語る時の彼は生気を帯びていた。「インドは私の魂の故郷《ふるさと》だ」と彼は言った。いや、魂の故郷であっただけではない。古代インドこそ宗教学者としての彼の学問の出発点でもあったのだ。

一九二九年から三年間、彼は自らインドに渡ってヨーガ研究に没頭した。カルカッタ大学でのこのヨーガ研究とそれに続く実践的修行とは、ルドルフ・オットーのいわゆる「聖なるもの」(das Heilige) の体験知へと彼を導き、「宗教的人間」(homo religiosus) としての実存的自覚を彼のうちに

めざめさせ、それがやがてあの絢爛重厚な宗教的象徴理論となって学問的に結実していくのだ。まことに、彼のいわゆる「インド体験」、ヨーガとの邂逅、彼の魂と古代インド的精神性との生きた交流、をべつにしては、人はエリアーデの思想を理解することも語ることもできない。

言うまでもなく、宗教現象そのものの内奥に迫ることを目指すエリアーデの宗教学は、世界的(あるいは宇宙的)拡がりをもつ広大な学問領野であって、ヨーガだけを対象とするものではない。種々様々な宗教現象を、それは取り扱う。しかし、どんな対象を取り扱う場合でも――シャマニズム(エクスタシス)のように、ヨーガ(エンスタシス)の対極に置かれるものを論じる場合ですら――その理論的基底には、エリアーデ自身がヨーガから学び取った体験知が働いている。

では、エリアーデにとって、ヨーガとは何であったのだろうか。一体、何を求めて、彼はわざわざインドまでヨーガを学びに行ったのか。言うまでもなく、そこで彼が学んだものは、今日世間に流行している身心健康技術としての通俗的ヨーガではなかった。勿論、ハタ・ヨーガにも関心はあった。だが、それよりも先ず彼が学ぼうとしたものは、パタンジャリの古典的ヨーガ哲学であったのだ。彼は正式にサンスクリットを勉強して『ヨーガ・スートラ』のテクストを、ヴィアーサ、ヴァーチャスパティミシュラ、ヴィジュニャーナビクシュなどの古註とともに徹底的に研究した。この『ヨーガ・スートラ』読みが、彼の「インド体験」の第一歩だった。

このような形で開始されたエリアーデのヨーガ学習が、次第にパタンジャリの古典ヨーガの段階を越え、全インド宗教思想史的規模の研究にまで発展していったことは、周知の通りである。イン

ド系宗教とインド系文化のあるところ、そこに必ずヨーガがある、というのが彼の確信だった。ヨーガはインド人の魂の深層を規定する。「ヨーガはインド人のこころだ」と、エリアーデは書いている。そしてそのことは、エリアーデ自身の宗教学的術語に引き寄せて表現するなら、ヨーガは「聖」なるもののインド的体験形態だ、ということである。今も昔も変りなく、インド人は「聖」なるものをヨーガ的に体験し、ヨーガ的に覚知する。

　こうして、ヨーガ学習を通じて、インド的角度から、「聖」なるものの絶大な力を確認し得たエリアーデの学問的視線は、やがてインドという地域性の地平を越えて全人類的視野を拓き、人間的宗教体験の根源形態そのものとしての「聖」概念の確立に至る。「聖」は、エリアーデの宗教学的思想の最高カテゴリーである。

　だが、私は話を少し先走りさせすぎてしまったようだ。エリアーデの「聖」概念について語りだせば、結局は、彼の宗教学体系の全体を論述しなければならないことになるだろう。そんなことをする意図は、今の私には全然ない。ヨーガについての彼の研究と思索の成果を紹介したり評価したりする積りもない。もともと私は、エラノスでの彼との出合いを、忘れ難い思い出として、その一端だけでも書きとめておきたいと思って筆を取っただけのことだ。せめて、そうすることで、今は亡き友にたいする哀悼の意を文字にすることができれば、と考えて。

　そういえば、あの時、彼は実に様々なことを話題にしたが、なかでも特に熱をこめて語ったのは、

さっきも言った通り、彼の全学問生活の出発点となった「インド体験」だった。古代インド文化の基底としてのヨーガを、その内面性において把握し得たことの抑え難い感激。「インド体験」を語った時の彼のあの興奮は今もなお生き生きと私の心に甦ってくる。その他のことは、ほとんど何も記憶に残っていない。だから私も話をまたそこに戻すことにしよう。要するに、ここで考えなおさなければならない問題は、ヨーガがエリアーデにとって、実存的に何を意味したのか、ということ。そして特に、もし私が考えるように、ヨーガがエリアーデの宗教的原初体験であったとすれば、それが彼の「聖・俗」哲学とどの点で、どう繋がるのか、ということ。以下、その時の彼の談話――当然のことながら、それは、切っ掛け次第でどっちの方向に飛んでいくかわからないような、多分に雑談風の、いわば取りとめのない語りにすぎなかった――を憶い起しながら、エリアーデにおける宗教的原初体験と「聖俗」的宗教理論とのこの内的連関の秘密を、いささか探ってみようと思う。

十九世紀が終り、二十世紀が始まろうとしていた頃、ヨーロッパの知識人たちの間には、異様な危機感が流れていた。「世紀末」の憂鬱。「世紀末《ファン・ド・シエークル》」という流行語それ自体が、この時代的危機意識の産物だった。当時の人々は、この言葉の響きに、痛切に心に沁みる何かを聞いた。
現在、二十世紀も終りに近い時代に生きる我々も、さかんに「世紀末」を云々している。そこにもまた、濃厚な危機意識がある。そして、約百年を隔てるこれら二つの「世紀末」的危機意識の間には、不思議な繋がりがあるのだ。十九世紀の「世紀末」は、二十世紀の「世紀末」をすでに予感

していた、と言ってもいいだろう。そういう意味で、エリアーデは、「ヨーロッパ的意識の危機」について語っている。

ところで、十九世紀末にヨーロッパに起ったこの危機感は、始めのうちは時代の一般的な気分だった。それが、二十世紀に入ると、急に深刻なヨーロッパ精神史的問題状況にまで発展してくるのである。それでもまだ、大多数の人々は、それをただ生の憂鬱として、あるいは漠然たる存在の不安として感取しているにすぎなかった。それに、二十世紀初頭のヨーロッパには、未来に対する建設的意欲を人々の心にかき立てるような明るい、積極的な側面もあったのだ。近代的科学技術文明が、これから隆盛の道を行こうとしていた。ヨーロッパの科学技術文化パラダイムが、ヨーロッパの限界を踏み越え、全人類的文化パラダイムとして地球を席巻しようとする勢を明らかに示し始めていた。少くともこの点では、表面的にはヨーロッパ文明の未来は明るかった。

だが、この頃すでに、一見明るく見えるヨーロッパ文化の表面のすぐ下にひそむ暗い力の恐ろしさを感知する少数の敏感な人たちがいた。ヨーロッパ的科学技術文明が構造的に内蔵する欠陥に気付き、やがてそこから生起して来るであろう人類文化の危機を思い悩む人たち。詩人、小説家、芸術家、学者、思想家。エリアーデは、まさにその中の一人だった。自然科学的存在観に基礎を置くヨーロッパ的一元論的価値システムのうちに、人類の直面する精神的危機の源を彼は見た。しかしながら、時代のこの危機意識を客観的に観察し分析したりするには、彼はあまりにも感受性の鋭い人間でありすぎた。学者であることより先に、彼は危機的主体そのものだったのだ。危機的状況へ

の主体的関わりにおいて、彼は自分を一個の「病める魂」として感受していた。「病める魂」として、彼はインドに旅した。

若き日のエリアーデを、これほどまでに衝き動かした「危機」とは、具体的に、どのような内実をもつものであったのか。それを我々は、ここで考えてみる必要があるだろう。

十九世紀末以来、特に前衛的知識人たちを悩まし始めた危機感の源には、いわゆる「現実」にたいする、十九世紀レアリスム特有の素朴な信頼の喪失があった。いわゆる現実——自然的世界という形で与えられたままの、日常的事物事象の意味連関構造。このような現実が、本当は非現実なのではなかろうかという妙にパラドクサルな存在感覚、でそれはあった。カフカがその小説の中で、重苦しく、しかし印象深く形象化して見せたような存在の根源的不安定性、欺瞞性。普通の人が、普通に「現実」と考えて安心しきっているものが、実は現実ではなく、かえって真の現実を覆いかくす虚偽の姿なのではないかという、否定しようもない実感だ。この事態を逆の方向から見れば、いわゆる現実の裏、あるいは奥、にこそ本当の現実があるはずだ、ということである。

こうして、常識的「現実」の意味連関のなかで、日常生活的に慣習化し硬直した存在の表層構造を解体して、その奥にある本源的現実に至ろうとすることが、二十世紀の思想（芸術・文学・哲学）の主要な課題となる。

日常的存在形姿の壁を突き破ろうとするこの思想操作は、しかし、当然、日常的意識の壁を突き破る操作と不可離的に結びついている。いわゆる「現実」が欺瞞的であるのは、要するに、それを

そう見る——それをそういう形でしか見ることのできない——人間意識が欺瞞的であるからではないのか。こうして全ては、主体性のあり方の問題に還元される。この意味において、二十世紀の初頭に、フロイトとフッサールとが、あい並んでヨーロッパの学界にデビューしたことは、まことに示唆に富む事実であると思う。

自然定立的世界を自然定立的に（つまり、簡単に言えば、常識的な形で）経験し、それに対応していく通常の人間意識の機能を、フロイトは表層領域における意識の働きにすぎないと考え、意識の真相は、その表層にではなく、深層に求められなければならないとした。人間意識は、その自然的態度において、本性的に向外的なものであって、このような意識の見る世界は、外的世界にせよ内的世界にせよ、要するに皮相的な現実であるにすぎない。表層意識の向外的視線は、全てを容赦なく客観化してしまう、外界は言うまでもなく、意識それ自体をも。全てを浅薄な次元で客観化するそのような視線には、現実のもつ限りない深みは把捉すべくもない。現実の深みは、意識の深みにおいてのみ自己を開示する。こうしてフロイトは、意識の自然的視野を脱自然化して、深みへの目を開くために、敢えて危険な向内的道を取る。

もとより私はここで、フロイトの精神分析学を略述しようとしているわけではない。ただ、フロイトのこの「内面への道」、主体性の奥に向っての沈潜の道、が二十世紀ヨーロッパの知的風土の一面を典型的な形で表現しているということを指摘したいのである。フロイトに続いて、ユングも

またほぼ同じ道を歩み始める。ユングの深層心理学が、終局的にどれほどフロイトのそれと距ることになったにせよ、二人の辿った道が、同じ一つの「内面への道」であったという点では、二人の間にいささかの違いもなかった。

そしてまたこの点に関するかぎり、フロイトとならんで現われたフッサールの現象学も同様である。勿論、フッサールは意識の深層について語りはしない。深層意識の主体性を問題とするかわりに、経験的主体の自然定立的働きをカッコに入れ、全てを純粋意識の極限に還元して、そこに意識そのものの真相を直観しようと、彼はする。深層心理学のタテ軸に対して、ヨコ軸であるという違いこそあれ、これもまた日常的意識の脱日常化の知的操作である。通常の意識経験の彼方に、普通はそれによって隠蔽されている真の「我」の所在を探る。フロイトにおいてもフッサールにおいても、とにかく、広い意味では同じ方向に向っての、主体性にたいする一つの新しい視角が拓かれようとしているのだ。

エリアーデもまた同じ道を行く。ただ、フロイトやフッサールのような人たちが、ヨーロッパ文化の内部に踽踽して、あくまで精神的危機状況それ自体の中で危機を乗り越えようと苦闘していたのに反して、エリアーデはこの目的のために、一挙にヨーロッパの限界を越えて東洋に赴く。「東洋から、私は限りない貴重なものを貰った」と彼は述懐している。東洋とは、彼にとって、第一義的に古代インドを意味したことは言うまでもない。「東洋に私は救いを求めたのだ」とも彼は言っていた。

この言葉からわかる通り、そしてまた私が先刻書いたように、青年エリアーデにとって緊急の関心事は、フロイトやフッサールの場合のように危機意識からの新しい学問の創始ではなく、危機意識そのものの実存的、主体的超克だった。彼のいわゆる「ヨーロッパ的意識の危機」という主体的問題状況は、ただ主体的にのみ超克さるべきものであった。学問よりさきに、先ず学問する人自体の実存の問題が解決されなければならない。こういう期待を抱いて彼はインドに渡った。インドは彼の期待を裏切らなかった。

彼の「インド体験」が、ヨーガとの出合いという形で具体化したことは、前に述べた通りである。ヨーガの理論と実践との学習から、エリアーデは一体何を手に入れたのだろうか。ヨーガ、「インドの魂」――古代から現代にわたって、インド文化の精神的根源として、全てを創造的に規定してきた至上の力。ヨーガを、エリアーデは、「エンスタシス」（enstasis）という一語で本質決定する。丁度、後日、彼が自分の学問の主要な対象として取り上げたシャマニズムを、「エクスタシス」（ekstasis）の一語をもって本質決定したように。これらの二語の形そのものが明かに示すごとく、ヨーガ（「エンスタシス」）とシャマニズム（「エクスタシス」）とは、エリアーデの宗教学体系の内部において、相互に対極的関係にある。

エク・スタシスとは、文字通りの意味は「(意識の）外に・自分を置く」こと。「エン・スタシス」は「(意識の）内に・自分を置く」こと。いずれも人間主体が日常の経験的意識を踏み越えて、

異次元の意識状態に移ることを意味する、但しそれぞれ、外と内という正反対の方向に向って。エクスタシスは、普通、忘我脱魂と訳されている。要するにシャマニズムの主体的体験イマージュとしては、肉体のなかに宿る「魂」が、肉体の外に出て行くこと（離魂、遊魂）だ。エリアーデの主著の一つ、一九五一年出版のシャマニズム研究は「脱魂の古代的テクニーク」（les techniques arcaïques de l'extase）と副題されている。とすれば、それの対極にあるヨーガは、「入我のテクニーク」でなければならない。エンスタシス、「入我」、人間主体が、自己の内面に向って、奥へ奥へと下降し、沈潜していくこと。いわゆる「三昧《サマーディ》」、観想意識の深まり、をそれは意味する。

今日の深層心理学の見地からすれば、ヨーガは、表層的意識の力に抑圧されて発動を阻止されている無意識あるいは下意識の「薄暗い領域」を探求し開発することであると言われよう。事実、エリアーデ自身もそういう角度からヨーガ体験の構造を分析することがある、特に仏教、唯識派の「ヴァーサナー」（vāsanā「種子薫習」）について語る場合に。だが、より原則的に彼の了解するところでは、古代インド人にとってヨーガとは、人間が「人間の条件」（condition humaine）を克服するための最高のテクニークだったのである。

人間は、時間空間的に種々様々なものによって条件づけられた存在である。例えば生理、遺伝、社会環境、民族、国家、歴史等々。人間はこれらの数かぎりない条件にがんじがらめにされている。人間存在のこの原初的条件づけを、人間自身がどこまで乗り越えられるかということ、それが古代インド人の最大の関心事だった、とエリアーデは言う。つまり、人間存在の「条件づけられた領

域」が、どこまで達しているか、そしてその領域の彼方には何があるのか、ということ。この根源的問いに答え、その要請に応じるための、この上もなく有効なテクニークを、古代インドの人々はヨーガのうちに見出した。ヨーガによって、「条件づけられた領域」は越えられ、そこに真の主体性が現成する。エリアーデにとって、真の人間主体性とは、この場合、観想意識の主体性である。

ヨーガによる観想意識現成の意義は、エリアーデによれば、それによって始めて人は自分の「人間的条件」を超克することができるようになる、というところにある。「人間的条件」は、人を経験的世界の中に閉じこめ、存在の「俗」なる次元に縛りつける。「俗」なる存在秩序とは、常識的に考えれば要するに日常生活の世界ということにほかならないが、エリアーデの「聖・俗」宗教学的見方からすれば、俗化した存在秩序という特殊の意味を帯びる。

もともと人間は、エリアーデによれば、本源的に「聖」なる世界に生きていた。しかし、「聖」なる世界は、いつでもどこでも、「俗」なる世界に変質していく。「聖」のこの「俗」化現象は、近代ヨーロッパの工業社会において、極限にまで到達した。このような「俗」的世界に生きる人間的主体、つまり近代的ヨーロッパ意識は、「聖」、すなわち宗教的価値秩序がその生々躍動する力を喪失し、色褪せて、完全に非「聖」化してしまった存在秩序における主体性である。

近代的科学技術文明によって押しつぶされた「宗教的人間」の主体性、「聖」を恢復すること――その可能性を探るためにこそ、エリアーデはインドに赴いたのだった。近代的ヨーロッパ意識の危機を克服するためには、人は「俗」なる存在秩序に死ななくてはならない。「俗」に死んで、

「聖」に生き返らなくてはならない。

「俗」から「聖」への意識転換の決定的な境界線をなす実存的「死」の体験。それをヨーガが可能にする。この意味でヨーガは、エリアーデにとって「死」のテクニークであった。だが、「死」の向う側には新しい「生」がある。だから、ヨーガは、甦りのテクニークでもある。時間と歴史の制約の世界（「俗」）に死んで、時間と歴史の制約を越えた存在次元（「聖」）に甦る。ここにエリアーデは、ヨーガの密儀宗教的「入門《イニシエーション》」儀式の構造を見る。が、同時に、古い存在秩序に死に、それを経て新しい存在秩序に甦る体験は、「春」の象徴的祭典でもある。普通我々が「観想」と呼び慣わし、たんに意識の自己沈潜と見ているものを、このような文化人類学的概念の枠組みで考えなおすところに、すでにエリアーデの宗教学の顕著な特色が現われている、と私は思う。とにかく、彼の「聖・俗」宗教学には、このような形で解釈されたヨーガ体験の基底があったのである。

だが、世に有名なエリアーデの宗教学の内容を、ここであらためておさらいする必要はないだろう。始めにも言ったように、私はただ、エラノスで彼が私に語ったことをもとにして、彼の「インド体験」が、どのようにして後日、彼独特のあの多彩な宗教学の出発点になったのかという、そのプロセスを構成しなおしてみようとしただけだ。それが最初から小論の目的だった。従って、小論は、当然、ここで終るべきであろう。

一九六七年、忘れ得ぬ十日間を共に過して別れた後、長い間、私はエリアーデと会う機会をもたなかった。二度目に彼と会ったのは、一九八二年。再会の場所はまたエラノス。いつの間にか約十五年の歳月が過ぎていた。

その年は、エラノス学会五十周年記念のお祝いの集りということで、主催者が、かつてのエラノスの主要人物だったエリアーデを夫人と一緒に招待したのだった。

八月二十五日、祝賀の席にエリアーデ夫妻は来た。会場には、昔の彼の名講義をまだよく覚えている人々もたくさんいて、彼が姿を現わすと、場内は拍手に沸いた。彼は嬉しそうだった。だが、講演も特別の挨拶もしなかった。少し淋しい気がした。

その時の彼は十五年前の、あの陽気で若々しいエリアーデでは、もはやなかった。重々しく、静かで、優雅な老人といった感じだった。両手がすっかり麻痺してしまって、ペンもよく使えないという話だったが、それでも彼は私を見ると、なつかしそうに、私の手を固く——少くとも私はそう感じた——握った。近付きつつある肉体の死をすでに予感していたのか、彼の顔にはどことなく愁いがあった。しかしそれが、彼との永の別れのしるしであろうとは、私は全然気付かなかった。

奇妙な縁だと、つくづく思う。最初に書いたように、私が彼と始めて逢った時、それはエリアーデの最後のエラノス講演の年だった。ところが偶然にも、今度逢った時は、私自身の最後のエラノス講演の年だったのだ。十五年前のあの時、エリアーデがどうしてエラノスを去る気になっていた

のか、私は知らない。そのことは前に書いた。私の場合は、話はすこぶる簡単だ。学者としての人生の一つの節目が到来しようとしていることに気づいて——実はそれまでにも何度もそういう人生の節目を私は経験してきていた——この辺で、何か新しい方向に自分の学問のコースを変えてみようと思い定めただけのことである。もっとも、新しい方向、とはいっても、私などにできることは、たかが知れている。要するに、エラノスに始めて参加した頃からずっと考え続けてきた東洋哲学についての計画を、今度は日本に落ちついて、日本語で、新しく構想しなおしたい、というようなことだったのである。

エラノスでの私の最後の講演は——これもまた、考えてみれば不思議な偶然の成り行だ——エリアーデが、ヨーガ研究の次の段階であれほど情熱を傾けたシャマニズムをテーマとするものであった。題して「天上遊行」。古代中国の偉大なシャマン・詩人、屈原の『楚辞』の描く幻想的天空遊行に基いて、シャマン意識（「魂」）の神話創造的機能について私は語った。

この講演の原稿を用意していた時、私はエリアーデとの再会の可能性など全然考えてもいなかった。ただ、ペンを走らせる私の心に、エリアーデの名が、そして彼の面影が、しばしば浮んではいた。シャマン的「魂」の経験する「天上遊行」こそ、まさしくエリアーデのいわゆる「かの時」illud tempus の最も典型的な出来事だからである。

今年（一九八六）の春、ゆくりなくエリアーデ逝去の報を伝え聞いた時、私はエラノスにおける彼との出合いを思い出した。最初の出合い、最後の出合い。そしてその間に流れた時間の充実。感無量だった。その思い出のささやかな記録のつもりで、この小論を私は書いた。冥福を祈ること切なるものがある。

（『ユリイカ』一九八六年九月）

『西谷啓治著作集』推薦

現代を思想的浮動性の時代として特徴づける人がいる。事実、目まぐるしく変転するこの世界で、思想だけが安閑と旧態を守っていられるわけがない。当然、現代思想は彷徨する。不断に方向を変えるその動きは、いたるところでいろいろな形の流行思想を生んでいく。あまりにもあわただしい思想界のこの趨勢に、多くの人が眉を顰める。

だが一概に、思想のこの流行現象を慨嘆しても始まらない。現代には現代の特異性があり、特異な要求があるからだ。しかし他面、流行に足を掬われて、いたずらに右往左往するのも、また空しい。とすれば、絶え間なく生起してくる新しい観念群の流れに棹さしつつ、しかもその底に、永遠に変らぬ何かを見止め、それを己れの思想的創造力に転化させていくことが、現代を哲学しようとする我々の取るべき道なのではなかろうか。古人曰く、不易流行、と。「流行」は「不易」の自覚の上での自由遊動でなくてはならないのではないか。この意味で、西谷啓治博士の著作には、我々

を深く反省させるものがある。

世界思想史における「不易」を、東西の宗教哲学的伝統のうちに読み取り、人類の生んだこれら二つの強大な思想潮流を、構造的相関性において実存的に統合しながら、華麗多彩な独自の哲学を織り出して来た一人の文人哲学者を——東洋的文化パラダイムを内に含んだ一人の哲学者を——私は西谷博士のうちに見る。

東と西の精神文化の伝統が、潑剌たる対話の場をそこに見出すこの日本の哲人は、その人自体が、すでに一個の現代的思想現象である。異文化間のコミューニケーションの必要が説かれ、東西思想の創造的な相互交感が、これからの新しい世界哲学の形成のために、切実に求められている今、この類いまれな思想家の全著作をあらためて読みなおす機会が用意されたことは、我々にとってこの上もない幸いである。『西谷啓治著作集』を、私は心から歓迎し、推薦する。


（『西谷啓治著作集』内容見本、一九八六年九月）

「開かれた精神」の思想家

西洋古代哲学史の三巨匠といえば、プラトン、アリストテレス、プロティノスの名を挙げるのが常識である。しかし前二者とプロティノスとの間には、たんに時代の隔たりということだけでなく、もっと根本的な違いがある。その違いはプロティノスの思想の著しい東洋的性格に由来するところが多い。

西暦三世紀、アレクサンドリアは地中海最大の海港都市として殷賑を極めていた。遠い異国から運ばれてくる様々な文化伝統の醸しだす国際文化的雰囲気。世界に向って大きく開かれたこの思想交流の中心地で形成されたプロティノスの哲学が、アテナイという都市国家の閉じられた空間の中で哲学したプラトンやアリストテレスの思想とはその性格を異にすることはむしろ当然である。

プロティノスは「開かれた精神」の思想家だった。特にインド哲学にたいしては、情熱的関心を抱いていた。彼の思索の基底をなす根源的主体性の自覚は明らかにヨーガ的である。大乗仏教も無

縁ではなかった。燦爛と交錯する光の海として彼が描き出す万物相互滲透の存在ヴィジョンは海印三昧意識に現われる蓮華蔵世界海を想起させ、華厳哲学の事事無礙法界を憶わせる。

それだけではない。ギリシア哲学の史的展開そのものがプロティノスに続く新プラトン主義を起点として東方に通路をひらく。西アジアにおけるイスラーム哲学は完全に新プラトン主義の生み出したもの。しかもギリシア哲学の遺産が、このように一度イスラーム化された上で、はじめて西洋思想の本流に摂取されていくのだ。東西をつなぐプロティノスの、そして新プラトン主義のこの開放性は、世界思想の現代的状況において多元多層的国際性を志向しつつある我々に示唆するところすこぶる多いのではなかろうかと私は考える。

従来日本では、プロティノスの読まれることが比較的少なかった。『エネアデス』の翻訳もなかった。幸いにして、この度の邦訳によって我々はこの特異な思想の全貌に触れる機会を得る。日本の知識人が、それにどう反応するか、どのような新しい知的衝迫をそこに感得するか、私は大きな期待をもってその成果を見守りたいと思う。

(『プロティノス全集』内容見本、一九八六年十一月)

「気づく」
——詩と哲学の起点

いわゆる主客未分の境位は、ここでは問わない。主客が分岐し対立している通常の経験的意識に、対象認知の事態が起る場合、その事態へのアプローチの仕方は、言語慣用の規制力によって、強力に限定され、方向づけられるのを常とする。

例えばギリシア語に *λανθάνω*《ランタノー》（古形 *λήθω*《レートー》）という動詞がある。今まで気がつかなかった、というような意味でよく使われる動詞だが、慣れないうちは、その用法がなんとなく不自然に感じられる。意味構造を支えている物の見方が、我々日本人の現在の言語慣用の自然に反するからである。「私はXに気づかずにいた」と、日本人ならごく自然に言うところを、昔のギリシア人は「Xが私から隠れていた」と言う。要するに、Xの隠覆からXの露現へという存在認識のパターンにおいて、主体の能動的働きに焦点を合わせるか、客体のあり方を強調するか、の違いなのだが、そのいずれに優位を認めるかによって、認識論はもとより、形而上学も真理論も、決定的に異る色合いを帯びて

くるであろうことが、当然、予想される。

「ランタノー」は、何かが隠れている、隠されている、状態を意味する。隠されている、だから、私はそれに気づかない——Verborgenheit「隠覆性」「掩蔽性」。何かが隠れているとは、それがそれとは別の何かに掩蔽されているということ。「気づき」がそういう形で拒まれ否定されていることである。

だが時として、突然、覆いが取り払われることがある。今まで隠されていたものが、一瞬にして露見する。それを体験する主体の側から言えば、すなわち「気づき」の瞬間である。一体、何が露見するのか。言うまでもない、事柄の真相が、である。

こうしてものが露わになった顕現状態を、ギリシア語で ἀλήθεια《アレーテイア》という。哲学の術語としては、勿論、「真理」と訳して然るべきものであるが、実はこの語も、「ランタノー」と同語根であって、「掩蔽」をその意味中核とする。それを α- という否定辞で否定する、つまり「掩蔽」状態が払拭される、それが「アレーテイア」なのである。このギリシア的「真理《アレーテイア》」概念の内含的意味構造が、後期ハイデッガー哲学の思想的地平形成に重大な役割を演じたことは、人の知るところである。

ふと何かに気づき、その意外性が心を撃つ。それをアリストテレスは「驚嘆すること」(τὸ θαυμάζειν《ト・タウマゼイン》)と呼び、そして、「驚嘆こそ哲学の始まりである」と言う(『形而上学』一)。何故それが哲学の始まりであるのか。「驚嘆」は、彼によれば、「疑問」に転成することによって、知的に自己展開してゆ

く性質をもつものだからである。今自分が気づき、自分を驚嘆させたXは、一体、何故そのようなXであるのか（「原因」探求）、また、Xとは本来何であったのか（「本質」追求）という知的好奇心が、哲学者をどこまでも衝き進ませる動力として働く。それが「気づき」としての、哲学の起点である、と彼は言うのだ。

「（Xは）本来何であったのか、ということ」（τὸ τί ἦν εἶναι《ト・ティ・エーン・エイナイ》）――これは「本質」という術語がまだ完全に出来上っていなかった時期に、アリストテレスが作り出した（その故に、いささかぎごちない）表現である。形成途次のこの術語の裏にも、「気づき」がひそんでいる。何であった（ἦν）のか、という存在動詞の過去継続形がそのことを示す。過去といっても、線的時間秩序の過去ではない。始めからそうであったのだという、今はじめて気づかれた事態の過去性が、ここで、非時間的妥当性に転成するのである。非時間的妥当性をもつ存在事態が意識に顕現すること、そういう意味での「気づき」、それがプラトン・アリストテレス的「本質直観」にほかならない。

今はじめて気づいた、気づいてみると、（始めから、あるいは、気づく前から）そうだった、という「気づき」の過去性は、日本語の助動詞「けり」にも構造的に結晶している。普通、「けり」には三つの主要な意味があるといわれている。㈠過去、㈡はじめて何かに気づく、㈢詠嘆。だが、分解的に取り出されたこの三項目は、「気づき」の過去性において有機的に一体化している。「世の中はかくこそありけれ吹く風の目に見ぬ人も恋しかりけり」（貫之）。「けり」のこの用法は遠く万

葉時代に遡る。

三つの要素に分解できるこのような多重的意味構造が助動詞の形で文法的に定着しているという事実それ自体、「気づき」体験が昔の日本人にとっていかに重みをもつものであったかを物語る。

過去性、気づき、詠嘆という三要素を意味構造的に集束する「けり」を媒体として、一つの重要な意味複合体が、独自の美的価値を孕んだ意識事態の一単位として、ここに自己展開しつつあることを我々は認知する。この特異な意味単位・意識事態は、主体性への深い関わりの故に、創造的力動性をもつ。しかもそれは、一つの内的事態として成立しているが故に、無限の現象形態に展開して、一定の言表形式に拘束されることがないのである。「秋来ぬと目にはさやかに見えねども風の音にぞおどろかれぬる」（藤原敏行）はその一例。ここで詩人は、「気づき」と、気づかれた事柄の意外性の喚び起す内的衝撃とを、「おどろく」という動詞の意味を通じて直接叙述的に表白している。

「気づく」とは、存在にたいする新しい意味づけの生起である。一瞬の光に照らされて、今まで意識されていなかった存在の一側面が開顕し、それに対応する主体の側に詩が生れる。「気づき」の対象的契機がいかに微細、些細なものであっても、心に沁み入る深い詩的感動につながることがあるのだ。蕉風の俳句にはそれが目立つ。人口に膾炙した「山路来て」「薺《なずな》花さく」「道の辺の木槿《むくげ》」をはじめ、その例は無数。このような、ふとした「気づき」の累積を通じて、存在の深層を

探ってゆくのである。

前述のごとくアリストテレスにおいては、「驚嘆」は「疑問」に転じ、原因と本質の対象化的探求に向うものであった。同じく「気づき」の「おどろき」でも、日本詩人の場合、それは彼を新しい知的発見に向って進ませるよりも、むしろ主客を共に含む存在磁場にたいする意識の実存的深化に彼を誘うのである。「気づき」は、ここでは、新しい客観的対象を客観的に発見することではない。むしろそれは、「意味」生成の根源的な場所《トポス》である下意識領域（唯識のいわゆる「アラヤ識」）に、新しい「意味」結合的事態が生起することである。「気づき」の意外性によって、アラヤ識にひそむ無数の「意味種子」の流動的絡み合いに微妙な変化が起るのだ。「意味」機能磁場としての意識深層におけるこの変化が、次の「気づき」の機会に、新しい「意味」の連鎖連関を、存在体験の現象的現場に喚起し結晶させてゆく。「気づき」は、日本的意識構造にとって、その都度その都度の新しい「意味」連関の創出であり、新しい存在事態の創造であったのである。

古来、日本人はこの種の存在体験に強い関心を抱き、それの実現に向って研ぎすまされた美的感受性の冴えを示してきた。日本的精神文化そのものを特徴づける創造的主体性の、それは、決定的に重要な一局面であった。


（『思想』一九八七年一月）

『みすず』読書アンケート（一九八六年）への回答

1　大橋良介著『「切れ」の構造』
副題して「日本美と現代世界」という。いわゆるポスト・モダンを含む現代ヨーロッパ哲学の最前線の視点から、伝統的な美的日本文化を再評価しようとするユニークな労作である。今後の展開が期待される。

2　入矢義高著『自己と超越』岩波書店　一九八六年
中国唐宋時代の禅文献がどれほど貴重なものであろうとも、先ずテクスト自体が正確に読まれ理解されないかぎり、何事も始まらない。テクストをいいかげんに読み、それに基いて立言する時代が終りつつあることを入矢氏の著作は示している。

3　中沢新一著『野ウサギの走り』思潮社　一九八六年
異常な興味をもって、私はこの本を読んだ、著者の思想的変り身の素早さに、ただ驚きの目をはりつつ。

4　丸山圭三郎著『フェティシズムと快楽』紀伊國屋書店　一九八六〔年〕

ソシュールに淵源する構造主義の出現以来、ヨーロッパ哲学はその性格を根本的に変えた。面目を一新した現代の世界思想的状況において、創造的に哲学し得る人は稀にしかいない。丸山氏はその稀な思想家の一人であることを本書は明示する。特に終章「アナグラムと無意識」は出色の作であると思う。

（『みすず』一九八七年一月）

コスモスとアンチコスモス

――東洋哲学の立場から

一九八六年、十二月十三日から十七日まで、天理大学において、同大学主催の国際シンポジウムが行われた。主題は「コスモス・生命・宗教」。本稿は、その第一日目、都ホテル大阪での公開講演の筆録である。ただ、時間上の制限のために、会場では、あらかじめ用意しておいた原稿の約三分の一を省略せざるを得なかった。ここではそれを、全部もとのままの形に復元して発表する。

以下の「梗概」は、もともと、講演会場に参集された聴衆に頒布する目的で用意したものである。話の筋道と論旨とが、できるだけ簡単な形に纏めてあるので、ここに再録して読者の便に供することにした。このようなものを、かえって煩瑣と感じられる方には、直接本文から読み始めて下さるようお願いしたい。

なお、本稿をこういう形で単独に発表することを了承された天理大学の当局に、深甚なる謝意を表する次第である。

梗概

現代はカオスの時代である、と言われている。カオスの時代ということは、存在秩序構造としてのコスモスが深刻な危機に直面していることを示唆する。そしてそれがまた、現代文明そのものの危機の真相でもあるのだ。事実、世界の至るところで、存在のあらゆるレベルで、様々な形で、既成のコスモスに対する反逆（秩序解体）が起っている。このような状況において、コスモスとは何か、カオスとは何か、とあらためて問いなおす。この問いには切実な現代的意義があると思う。

「コスモス」という語は、現今では「天体宇宙」の意味で使われることが多い。しかし、ここでは、以上のような問題設定の指示する方向にそって、「コスモス」を、意味論的に、より根源的な概念、すなわち近代宗教学のいわゆる「ヌーメン的空間」に起源をもつ「有意味的存在秩序」（有意味的に秩序づけられた存在空間）として規定し、その上で論述を進めていくことにしたい。

コスモスが有意味的存在秩序であるということは、一応次のように説明することができるであろう。人間は錯綜する意味連関の網を織り出し（「エクリチュール」）、それを自分の存在テクストとして、その中に生存の場を見出す。無数の意味単位（いわゆるものとこと）が、一つの調和ある、完結した全体の中に配置され構造的に組み込まれることによって成立する存在秩序、それを「コスモス」と呼ぶのである。コスモスの圏外に取り残された、まだ意味づけされていない、まだ秩序づけられていない、存在の領域が「カオス」である。

「コスモス」と、その対極にある「カオス」とは、ともにギリシャ語である。「カオス」は語源的には、パックリ大きく口を開いた状態、空洞、空隙。西洋思想史的には、「カオス」は、その概念発展過程の最初期においてはコスモス成立に先立つ空虚な「場所《コーラー》」（アリストテレス『自然学』の解釈によるヘーシオドスの天地生成の叙述）、あるいは無定形で浮動的な存在の原初的あり方（「創世記」の、神

による天地創造譚）、を意味していた。まだ秩序づけされていない、そのような原初の空間の只中に、美しい――ギリシャ語の「コスモス」には「美」「美化」の含意がある――調和にみちた有意味性の空間が、コスモスとして現出する、と考えるのである。注意すべきは、この段階では、カオスは、コスモス成立以前の状態、秩序以前の無秩序、であって、コスモスに敵対する無秩序ではないということである。

神話形成的思惟のレベルにおいては、この段階でのコスモスは一つの「ヌーメン的空間」であって、神的起源をもつものとされる。聖書ではコスモスは、神の創造的意志に応じて現出した。プラトンはコスモスを、神的知性（ヌース）によって形成され支配されるロゴス的存在秩序であるとした。このようなコスモスに対しては、カオスは本質的に無力なのである。

だが時の経過とともに、カオスは、コスモスを外側から取り巻き、すきあらば侵入してこれを破壊しようとする敵意にみちた力としての性格を帯び始める。このような否定的・破壊的エネルギーに変貌したカオスを、私は特に「アンチコスモス」と呼ぶ。

カオスがアンチコスモスに変貌するのに応じて、コスモスの側にも特徴が現われてくる。もはやコスモスは、人間がそこに安らぎを見出す安全圏ではない。がっしりと確立された存在の秩序構造が、かえって人間を抑圧する統制機構、権力装置、と感じられるようになってくるのだ。コスモス、出口なき秩序空間、自己閉鎖的記号組織。人は、当然、それに反抗し反逆する。その反逆の力がアンチコスモスである。

古代ギリシャでは、プラトンがコスモスのロゴス的根拠づけを企てていたその同じアテナイの都で、悲劇詩人たちが、ディオニュソス的アンチコスモスのエクスタティックな情熱とその狂乱とを、凄まじい形で演劇化していた。しかもギリシャ悲劇は、このアンチコスモスとしてのカオスを、外部からコスモスを襲う無秩序、不条理性としてではなく、コスモスそのものの構造の中に組み込まれている

内発的自己破壊のエネルギーとして描いたのであった。ここにギリシャ悲劇の濃密な思想性がある。

ここまで発展したコスモス・カオスの対立関係は、その後、長く西洋思想の史的展開を支配して今日に至る。わけても、ギリシャ悲劇の神、ディオニュソスの精神を体現するニーチェ以来、西洋思想のアンチコスモス的傾向は急速に勢力を増し、実存主義を経て、現在のポスト・モダン哲学に達する。ジャック・デリダの「解体」哲学、ドゥルーズ＝ガタリの「リゾーム」理論に代表される現代ヨーロッパの前衛的思想フロントは、明らかにアンチコスモス的である。

コスモスへの反逆、「ロゴス中心主義」的存在秩序の解体。西洋思想のこのアンチコスモス的動向が提起する存在論的、意識論的問題群にたいして、東洋哲学はどのような対応を示すであろうか。


東洋哲学の主流は、伝統的にアンチコスモスの立場を取って来た。「空」あるいは「無」を存在空間の原点に据えることによって、存在の秩序構造を根柢から揺がそうと、それはする。この東洋哲学的存在解体は、その第一段階で、我々の経験世界（いわゆる「現実」）の非現実性、仮象性を剔抉し、それをしばしば「夢」「幻」という比喩で表現する。世に有名な「荘周胡蝶の夢」のミュトス。大乗仏教もこれとほとんど同じ思想を同じ比喩で説く。スーフィズムの哲学者イブヌ・ル・アラビーの「存在幻想」論も。またヴェーダーンタ哲学のシャンカラの「マーヤー（幻象）」説も。

存在が「夢」である、ということは、すべての存在境界線が、元来、人間意識の「迷妄」（意味的分別機能）の所産であって、客観的に実在するものではないことを意味する。我々が日常的に生きる経験世界では、様々な事物が互いに無数の境界線によって区別されているが、それらの境界線は人間意識の意味喚起作用が作り出したものであって、本当は実在しない、という主張である。だが、すべての存在境界線が「意味幻想」であり、表層的「みせかけ」の区別にすぎないとすれば、結局、すべてのものの自立的実体性は消え去って、互いに混入し、荘子のいわゆる「渾沌」に帰一してしまうであ

ろう。そして「渾沌」は最後的には「無」に帰入してしまうであろう。「有」（存在）は「無」である、という東洋哲学特有の自己矛盾的命題が、ここに成立する。

しかし、この命題をめぐる東洋的思惟の決定的に重要な特徴は、存在解体の極限において現成した「無」を、さらに進んで、逆に「有」の根基あるいは始点として考えなおすところにある。老子の「橐《たく》籥《やく》」（宇宙的ふいご）の比喩が示唆するごとく、「無」は「無」でありきることにおいて、かえって「有」の限りなき充実なのである。そして、およそこのようなことが可能であるのは、このタイプの東洋的思惟が、経験的・現象的「有」の世界を、「無」（すなわち絶対無分節的存在リアリティ）が、意味的に分節されることによって生起した存在の次元であると考えるからなのである。

ここでは、アンチコスモスは、存在の虚無化（「死」）を意味しない。存在「無」化は、存在世界を虚無の中に突き落してしまうことでなく、むしろ存在の全体を、主・客の区別をはじめとする一切の意味分節に先立つ未発の状態、すなわち絶対的未分節の根源性において捉えることにほかならない。様々に分節された現象的「多」の世界全体を、根源的未分化、無限定の「一」に引き戻すことである。この意味での「一」が、すなわち、意識と存在のゼロ・ポイントという体験的事態として現成する「無」なのである。

このようにして現成した「無」は、次に逆転して意識（主体）となり存在（客体）となって「有」的に展開してゆく。「無」を起点として「有」の展開が始まり、「無」を中心軸とする新しい「有」の秩序（コスモス）が生起する。

もともと、「無」（無分節者）の自己分節的仮現である故に、ここに生起する現象的「有」のシステムは、「有」でありながらしかも「無」であるという矛盾的性格をもつ。換言すれば、コスモスは存在秩序でありながら、しかもその秩序は始めから内的に解体されている。「無」と「有」とのこのパラドクシカルな共立の上に成立する「解体されたコスモス」（秩序の縛を解かれた存在秩序）という観念の

うちに、我々はアンチコスモスのきわめて東洋的な表現形態を見る。「有」すなわちすべての事物が、それぞれ意味の対象化であるとすれば、そして意味なるものが人間意識の深層に生起する柔軟な存在分節の型であるとすれば、「無」（根源的カオス）を直覚することによって解体された「柔軟心」に対応して、限りなく柔軟な世界（限りない内的組み替えを許す秩序構造）が、おのずから現成してくるはずである。

従来支配的だった人類文化の一元論的統合主義に代って、今や多民族・多文化共存のヴィジョンに基づく多元論的文化相対主義の重要性が強調され、多くの人々が、この線にそって、新しい時代の新しい文化パラダイムを模索し始めている。この課題をめぐって、東西の思想伝統の、より緊密な交流、生きたディアレクティーク、の必要性が、至るところで痛感されている。今日のこのような世界文化状況において、内的に解体された「柔軟なコスモス」の成立を考えることを可能にする東洋的「無」の哲学には、果すべき重要な役割がある。

「コスモス・生命・宗教」という今回の国際シンポジウムの主題をなす三項目の中から、最初の「コスモス」という鍵言葉を抜き出しまして、それについて、いささか卑見を述べさせていただきたいと存じます。

「コスモス」という語は、近頃では「天体宇宙」の意味で使われることが多いようでございますが、私がこれからお話しようと思っておりますコスモスは、そのような自然科学的コスモス概念で

はなくて、もっと原初的な、つまり純然たる人間経験としてのコスモスであります。要するに、人間生活の匂いのしみこんだ、人間が主体的・実存的に深く関与するような意味でのコスモス、それが今日の私の話の主題であることを、あらかじめご承知おき願いたいと存じます。

さて、コスモスも、それに直接対立するカオスも、もとはと言えば西洋思想の概念であります。副題に明示しておきましたように、私はここでは、これら二つの西洋思想的概念の提起する哲学的問題の幾つかを、伝統的東洋哲学の見地から考察しなおしてみたい、と考えているのでございます。問題提起を西洋哲学の側にしてもらった上で、それにたいして東洋哲学がどういうふうに対応してきたか、また可能的にどう対応できるだろうか、という形で考えを展開してみたい。つまり、そういう形での東洋と西洋の思想的出合い、一種の哲学的対話（ディアローグないしディアレクティーク）を考えているわけでございます。

なんだか廻りくどいことをするように思われるかもしれませんが、東洋哲学に自分の学問的関心の中心を置いてまいりました私の立場から申しますと、このような知的操作を加えることによって、はじめて東洋哲学に新しい活力、新しい生命を吹きこむことができるのではないか、と、そんなふうに考えられるのでございます。東洋哲学の諸伝統を過去の貴重な文化遺産としてまつり上げておかないで、未来に向ってその新しい発展の可能性を探り、長く重い伝統の圧力の下に、いささか硬化しかけているかに思われなくもない東洋思想を、世界思想の現場に曳き出して活性化し、国際化

に向う現在の世界文化の状況の中で、東洋哲学のために新しい進展の道をきり拓くための一助としたいと考えてのことであります。そして、それによって、古い東洋の哲学的叡知を、現代的に構造化しなおすことが、もしできたなら……このようなことを目指しつつ、コスモス・カオスという西洋的概念を主題として、そこに、ごく小規模ながら、東と西との生きた思想的対話の場を作り出すことができたなら、と念願する次第でございます。

早速、本題に入ることにいたしまして、先ず最初に起ってくる問題は、コスモスとは何か、ということであろうと思います。と申しましても、これはそう簡単に答えられるようなことではありませんし、それに「コスモス」なる語で私がどのようなものを理解しているかは、これからお話していくことでだんだん明らかになるわけでして、今ここですべてを尽す回答ができるはずもございませんが、とにかく話のきっかけとして、さしあたりコスモスとは、有意味的存在秩序（有意味的に秩序づけられた存在空間）である、と暫定的に定義しておきたいと思います。

有意味的存在秩序。ややポスト・モダン的な説明になりますけれど、人間は通常、自分のまわりに錯綜する意味連関の網を、十重二十重《とえはたえ》に織り出して、その内部に生存している。今日の言葉で言えば「エクリチュール」ということになりましょうが、この意味連関の網目構造は、数限りない個別的意味単位によって構成される一つの複雑な秩序体、つまり無数の意味単位（いわゆる事物、および事物可能体）が多重多層的に排列されて作り出す一つの調和ある、自己完結的全体でありまし

て、それがコスモスというものなのであります。そして、この有意味的存在秩序の圏内に取りこまれないもの、外に取り残されたもの、あるいは外に追い出されたもの、がカオスと呼ばれます。従って、カオスとは、まだ有意味化されていない、意味づけがまだ行われていない、あるいはどうしても意味づけることのできない、存在の無秩序の領域、ということになりましょう。

コスモスなるものをこのように考えるといたしますと、大小様々の規模のコスモスがあり得ることになります。すなわち、一つの全体としての完結した存在秩序空間であるかぎり、それの大小は問わないわけでありまして、大は天体宇宙から、小は家、そしてその中間に村、都会、社会、国家、世界、自然など、エリアーデが名著『聖と俗』(*Das Heilige und das Profane*) の中で言っておりますように、みなそれぞれ一つのコスモスであります。大小の違いはありましても、いずれも個別的に異なる多くの事物が、ある集束的原理に基づいて整然と秩序づけられた存在空間であり、無数の意味単位が一つの全体的網目構造として組み合わされて作り出す意味空間なのであります。

こういう考え方をいたしますと、我々は我々のごく身近に——具体的に申しますと、例えば家庭生活の秩序空間などに——コスモスを見出すことができるようになります。と言うより、我々の日常生活、あるいは日常的行動空間そのものがコスモスなのであり、我々が日常生活を生きること自体が、すなわち、今申し上げたような意味でのコスモスの中に生存している、ということになるのであります。

我々の生活空間は目的的空間だ、とボルノウが言っていますが、たしかに、我々が現実にその中に生きている家という狭い空間を考えてみますと、その内部では全ての物が——少くとも理想的、理念的には——きちんと整理されている。一々の物が、本来あるべき所に、我々に一番使用しやすいような具合に、配置されている。こういう日常生活空間の秩序づけの原理をハイデッガーが「手もと存在性」(Zuhandenheit) としていることは皆様ご存じであろうと思います。「手もとにあること」(Zuhanden-sein)、つまり道具として最も有効に使用さるべく個々の物がそれぞれに位置を割り与えられている、ということ。我々の日常生活空間の中では、種々様々な物が、この原理に基づいて、一つの全体的秩序組織に組み込まれ組み合わされている、という考えであります。この意味で、我々の日常生活空間は、一つのコスモスである、と言うことができます。もっとも、もう少し具体的に考えるなら、家庭生活の空間、「家」、をコスモスたらしめているものは、決して「手もと存在性」の原理だけではなく、むしろその他いろいろな原理の複合的働きであると考えるほうが正しいかも知れませんが、それはここでは第一義的な問題ではありません。どんな原理の働きにせよ、とにかく現実に、「家」がひとつのコスモスであるということがご理解いただければ、それで充分です。大小様々な形で考えられるコスモスの中で、家というような日常生活の秩序空間は、いわばいちばん低いレベルの、いちばん小さな形のコスモスでありますが、有意味的存在秩序であるという点では、世界とか大宇宙とかいう巨大なコスモスと、根本構造において少しも違うところがない、ということを、ここで確認しておいていただきたいだけのことであります。

そもそも人間は、本性上、存在の無秩序、無意味、混乱、には長く堪えられないものであるとよく言われます。事実、太古以来、人間は自分および自分を取り巻く存在の原初的無秩序を、なんらかの形で有意味的な秩序体に作り上げて、それを己れの生存の場としてまいりました。しかし、こうして作り上げた存在秩序を、今お話しましたような意味で「コスモス」として覚知し、それの内的構造を分析し、それの意義を理性的に探究するということを始めたのは、西洋では古代ギリシャの思想家たちであります。東洋の側でも、これに相応する知的努力が、儒教をはじめとしていろいろな形で古くからなされておりますが、東洋思想のことは後まわしにいたしまして、ここでは古代ギリシャ文化に淵源する西洋的概念としてのコスモスと、それに対立するカオスとの意味内容を、もう少しこのまま追って行きたいと存じます。

今さらこと新しく申し上げるまでもないことですが、「コスモス」も、それの対極に立つ「カオス」も、ともに言語的にはギリシャ語であります。考察を進めていく手がかりとして、簡単にこれら二つの言葉の、ギリシャ語における原義を調べてみたいと思います。説明の便宜上、カオスのほうから始めます。

「カオス」(χάος) の語根「カ」(χα-) は、もともと何かがパックリ口を大きく開けた状態を意味します。人が欠伸をするとき大きく口を開ける (χαίνω, χάσκω)、そんな感じです。大きく開いた空洞、空隙。イメージとしては、中が暗くて、覗きこんでも、そこに何があるのか、さだかでない、

無形、不分明な、底の知れない広い深い穴。思想化して言うなら、全く捉えどころのない、原初の質料的マッスであり、混沌とした存在の原初的あり方です。

これに対するコスモスのほうは、先刻もちょっと申しましたが、きちんと整理のついた存在の状態。ここでは存在は、不分明無限定のマッスではありません。至るところに分割線が引かれ、無数のものが、それぞれ他から独立して存立し、しかもそれらが一定の全体構造をなすように組み合わされ、配列されている。プラトンもアリストテレスも、「コスモス」の意味を明確に理解させるために、τάξις（タクシス）という別の言葉を同義語的にこれと組み合わせて使っていますが、「タクシス」とは整列、行列、整理、規律正しさ、というような意味でありまして、それをもってしても、古代ギリシャの思想家たちがコスモスをどのようなものとして考えていたかがわかります。

だが、それだけではありません。もう一つ非常に大切なことがある。それは、ギリシャ語の「コスモス」には美、美しさ、という意味が、原義の重要な一部として含まれていた、ということです。今日でも化粧品のことをcosmeticなどと申しますが、「コスモス」には美化されたもの、美しく飾られたもの、というような含意があります。従って、この「秩序《コスモス》」は、ただの秩序ではなくて、美しい秩序、美しく作りなされ配置された存在の秩序。ピタゴラスの宇宙調和の観念に典型的な形で現われているような美的感覚が、そこに働いている。つまり、この場合、美とは主として調和とか均斉とか規則正しさとかいうものの生み出す美感なのであります。

しかし、注意すべきことは、ここで「美しい」とか「美的」とかいう存在感覚、あるいは体験的事態、の奥底には、文化人類学の見地から見て、より根源的な存在感覚、すなわち普通「聖」(sacred)という語によって言語化されている感覚、ルドルフ・オットーのいわゆるNuminose「ヌーメン的なもの」の体験がひそんでいる、ということであります。すなわち、ギリシャ人によって「美的空間」として体験されたものは、より根源的には「ヌーメン的空間」であったということです。ですから、コスモスは、その最も原初的な形態においては、たんに美しい存在秩序であるのではなくて、一つの「ヌーメン的空間」であり、この意味で、一種の宗教的存在体験の所産であると言わなければなりません。

互いに異質的な無数のものが整然と配列されて美しい調和を保つ。こう言いますと、なんとなく長閑な存在風景であるかのように響きますけれど、実は、そこに現成している存在秩序は、その底に異常な緊張をかくしている。その空間全体に漲る存在緊張の力によって、はじめて事物相互間の均衡が保たれ、そこに一見美しい秩序が成立するのでありまして、このように存在を一つの秩序体系に作り上げる緊張の力の充実を人が感知するとき、それを宗教学の用語法で「ヌーメン的」体験とか「聖」体験とか呼ぶのであります。

無定形、無記的で、均質的な空間の、濃霧のような限りない拡がりのただ中に、突然、それとは全く質を異にする特殊な空間、異常な実在性の衝迫力に充たされた空間が生起してくることがある。

存在深層の圧倒的なエネルギーが極度に高まったこの特殊空間の体験、それが「ヌーメン的空間」生起の体験であり、それがコスモスの最も原初的、かつ最も根源的な形なのであります。

この意味での「ヌーメン的空間」の成立の基本型を例証する話は、世界中いろいろな民族の神話や説話に出てまいりますが、なんと言っても『旧約聖書』「創世記」二十八章に物語られているヤコブの夢などがその典型的なものであろうかと思います。旅に出たヤコブが、ある場所まで来たとき、ちょうど日が暮れたので、そこにあった石を枕にして眠ります。彼は不思議な夢を見る。先端が天まで届く高い梯が地上に立っていて、天使たちがそれを昇り下りしていた。そして彼は自分を祝福する神の声を聞く。この夢の強烈なヌーメン的性質がヤコブを震撼させます。目を覚ました彼は、この場所こそ「天の門」であるに違いないと考えて、自分が枕としていた石を立てて柱とし、それに膏《あぶら》を注いで聖別し、その場所を「神の家《ベート・エール》」(Beth-El) と名づけた、というのであります。

すなわち、ヤコブのこの夢体験を通じて、聖なる石を中心とする一つの「ヌーメン的空間」、つまり非常に原初的形でのコスモスが成立したわけです。この石の柱が、ヤコブの夢のヴィジョンに現われた梯の、現実世界における象徴的代替物であることは言うまでもありませんが、これがまた文化人類学などのいわゆる「宇宙軸」(axis mundi)——全存在エネルギーの最初の凝結点、最初の存在結節——であることも明らかでありまして、より哲学的な言い方をしますなら、これを存在分節の原点として、そのまわりに「世界」あるいはコスモスが、存在分節のシステムとして出現してくる、というわけであります。

さて、今お話しましたヤコブの説話は、「ヌーメン的空間」としてのコスモス成立の普遍的範型を例示するものとして大変興味深いものですが、この説話やその他これに類似する多くの説話に語られているコスモスは、比較的小規模なコスモスであります。勿論、小規模とは言いましても、最初にお話したような、家庭生活の存在秩序の場としての「家」よりは遥かに大規模ではありますけれど、それでもとにかく局所的であることは否定できません。しかし、この同じ範型《モデル》を最大規模まで引きのばし拡大しますと、そこにいわゆる宇宙開闢、宇宙生成、または神による天地創造というような壮大なナラティヴが展開してまいります。これもまた、いろいろな民族の神話に多くの具体例を見出すことができるものでありまして、人類の原初的思惟形態であるミュトス的思惟のレベルでは、ほとんど必ず出てくる一般的なテーマであります。そして、このような最大規模の形でコスモスの成立が構想されるとき、それに対立するカオスが、一体どんな宇宙論的役割を負わされることになるかということが、当然、重要な問題となって起ってきます。二三の例を挙げてみましょう。

　なんといっても、「コスモス」「カオス」はギリシャ語なのですから、まず最初に古代ギリシャの神話を取り上げることにします。いちばん重要な最古の基礎文献は、ホメーロスとならんでギリシャ文学史の冒頭に出てくるヘーシオドス、特に彼の『神々の生誕』(*Θεογονία*)——よく『神統記』などとも訳されておりますが——と題する神話的長篇叙事詩であります。この作品の最初の部分に、宇宙生成の第一段階が次のように描かれております。「まず最初にカオスが生じた。それに続いて

胸はば広き大地《ガイア》（γαῖα）が生れた。……そしてガイアが生み出した最初のものが、己れの身と同じ広さの、星々きらめく天《ウーラノス》であった」と。

あまり簡略な叙述で、これだけでは大した情報も得られませんが、要するに、宇宙生成のそもそもの始めに生じたのはカオスであった、というのです。ここではカオスは、先にご説明申し上げたこの語の原義そのままに、「空隙」、つまり茫漠として無形無物のからの空間、ということであって、まだ後世で支配的となる「混沌」とか無秩序とかいう意味ではない。そのことはアリストテレスの証言でわかります。すなわちアリストテレスは、『自然学』の一節で、この箇所でのカオスは、万物が成立するために用意された空虚な場所だ、と明言しているのです。およそ何か物が存在するためには、まず場所《コーラー》（χώρα）がなくてはならない。そしてその場所自体は空虚でなくてはならない。そういう空虚な場所が、ヘーシオドスの語る「カオス」の意味である、とアリストテレスは言っております。もっとも、こう合理的に解釈されてしまうと、せっかくのヘーシオドスの神話的詩的イメージの力強さがすっかり消えてしまいますが、とにかくカオスの中に大地が生じ、それに合わせて天が出来、続いて万物が次々に生れていって、ついに世界、すなわちコスモスとしての存在秩序が成立するというヘーシオドスの考えの筋道だけは、はっきりわかります。

ところが、同じくカオスからのコスモスの出現でも、これが『旧約聖書』の宇宙開闢、すなわち神の天地創造のミュトスなどになりますと、全体像がずっと深みを増し、非常にドラマティックな

様相を帯びてきます。「創世記」のテクストはあまりに有名で、今さら引用するまでもないでしょう。とにかく、天地創造という神の行為は、要するに、全く無定形な原初の空間の秩序づけなのでありまして、宇宙空間が、まだ宇宙空間としてコスモス的に秩序づけられていないもとのあり方を、聖書は、見渡すかぎり荒涼として一物の影もない空間のひろがり（tōhū wā-vōhū）というイメージで描いております。また、この原初の空間のひろがりは、どこにもまだ凝り固ったところのない、全体的に混沌として漂い浮動する、暗い、底知れぬ水のマッス（tĕhōm）としても描かれています。「暗黒が底知れぬ水を覆い、神の息吹きがその水面を風のように飄々《ひょうひょう》と吹き渡っていた」と。これが「創世記」の筆者のヴィジョンに現われた天地創造以前のカオスのあり方であったのです。そして、この根源的存在の混沌の中から、「光あれ！」という神の言葉をきっかけとして天と地が現われ、そこに秩序づけられた存在世界、コスモス、が現出してきます。

すでにお気づきになられたことと思いますが、ここではカオスは、さきほどのヘーシオドスの場合とは違いまして、もはやただの空虚、からっぽの空間、ではない。「水」のイメージが示唆しておりますように、空虚ではなくて、まだ一定の形を取っていない、そしてどこにも一定の形をもったもののない、そういう意味での暗い無の空間です。漠々として果てしなく続き、深い水のように漂い流れる無定形の質料のひろがりです。こういうふうに形象されたカオスが、哲学的に言うなら、存在の根源的無秩序性、無意味性をあらわしていることは明らかですし、またそのような無秩序性、無意味性のただ中から、神の創造的言葉の力によって現われてくる天地、すなわちコスモス、が存

在の有意味的秩序構造であることも明らかであろうと思います。

今述べました「創世記」の天地創造譚とよく似た性質のコスモス生成思想を、我々は古代中国の神話にも、日本神話にも見出します。

日本神話と言えば、先ず『古事記』と『日本書紀』が最も基本的なテクストですが、ここでは都合上、『日本書紀』のほうを取り上げて、その所説をごく手短に検討してみることにいたしましょう。ここでもまた、始めに混沌（カオス）があって、その根源的存在無秩序から次第に秩序ある存在の形が生れてくる、そういうプロセスとしてコスモス成立が叙述されております。『日本書紀』巻一、冒頭の一節です。

「その昔、天と地とがまだ互いに分離せず、陰陽もまだ分れていなかったころ、まるで卵の中身のように全てが渾沌として形をなしておらず、一面に暗く漂っていた。だが実はそこには何ものかの兆《きざし》がひそんでいたのだった。やがて、その清く明るい部分が上の方にたなびき渡って天となり、重く濁った部分が凝りかたまって地となった。……こうして天が先ず成立し、後れて大地が定まり、その後で神がその中に誕生した。」

ご承知のように、この文章は、元来『淮南子』その他の中国の古典から、いろいろな神話素を取

ってきて一つに綴り合わせたものでありまして、真正の日本神話思想ではありませんけれど、とにかく『日本書紀』の編者の立場としては、天地生成に関する古代日本のミュトス的思惟の理論的背景をなすものではあったのです。

そして、この中国起源の序文に続いて、今度は日本古来の天地開闢伝承が提示されます。それによりますと、天地開闢の初め、大地は混沌として漂い、まるで水面に浮ぶ脂のようだった――一説では、水に浮ぶ魚のごとくであった、あるいは、水に漂うクラゲのごとくであった。そこに突然、一つのものが出現したのである。その形は葦の芽のようであった。と、大体こんなふうに書かれております。つまり「創世記」の天地創造譚の場合と同じく――と言っても、ここには創造神なるものはいないので、全てが自然発生的に起るわけですが――存在世界現出の前に、原初の混沌が想定されている。その混沌の一点が凝りかたまり、それを原点として秩序ある存在世界、つまりコスモス、が成立していく、という構想であります。混沌として揺れ動く質料のマッスのただ中から最初に現われる葦の芽のようなもの、それが前にお話ししましたヤコブの説話に出てくる石の柱に、象徴機能的に該当するものであることは申すまでもありません。すなわち、この葦の芽は、文化人類学のいわゆる「宇宙軸」であり、それを原点として、そのまわりに展開するコスモスは、当然、「ヌーメン的空間」としての存在秩序であるはずです。

「創世記」の天地創造説話にせよ、日本神話の語る天地の自然発生観にせよ、その他これに類す

る他の多くの宇宙生成ミュトスにせよ、カオスがコスモス成立に先行する状態として描かれていることに注目する必要があります。すなわちカオスは、存在がコスモスとして生起する以前の原初の浮動的無定形状態、つまり簡単に言えば、秩序以前の無秩序であり、そういう意味でコスモスに対立しているだけのことでありまして、特にコスモスに敵対する無秩序ではない。ただ、コスモス成立の前に、いわばそれの成立する場所として、根源的無秩序があった、ということにすぎません。

しかし、いったんコスモスが成立してしまうと、今度はそれに対立するカオスもその性格を変えはじめます。当然のことですが、カオスは、もはや秩序以前の無秩序というだけではすまなくなり、もっと積極的にコスモスの秩序に対立し、対抗し、敵対する無秩序になってくるのです。すなわち、カオスは、コスモスによって駆逐され、遠くに追い払われ、外側からコスモスを取り巻く敵意にみちた周辺領域となるのでありまして、もしコスモスが光であるとすればカオスは闇、コスモスが善ならカオスは悪、コスモスが有意味性、合理性の世界であるなら、カオスは無意味性、非合理性の世界です。

つまり、こういう性格を帯びたカオスの出現によって、人間の存在空間は二つの領域に分れるというわけです、内と外と。内側は人間にとって、生存の安全が一応保証されたところ、安全圏。外側は未知の世界、闇の国、人間の支配を越える異界（不気味なよそものの世界）なのでありまして、神話形成的《ミュートポイオス》（μυθοποιός——プラトン）想像力は、しばしばこれを地下の神々、悪鬼、妖怪、ありとあらゆる魔性のものどもの棲息する場所として形象化します。要するに、内なるコスモスの秩序構

造を破壊し、その安全性を奪おうとする危険きわまりない力を孕んだ領域です。コスモスという存在秩序空間の成立によって、いわば外に締め出された原初的無秩序性が、今度は逆に外側から闖入して来て、いつなんどき内なる平安を乱すかわからない。それによってコスモスは、絶えずその存立を脅かされることになるのであります。

コスモスを尊重し、それをこよなく愛した古代ギリシャ人は、カオスを憎み怖れた、とよく言われますが、事実、ギリシャ人ばかりでなく、このような形でミュトス的に形象化されたカオスにたいして言い知れぬ恐怖を抱くのが人の常であるように思われます。カオスによる存在の秩序構造の破壊、存在のカオス化、を人が体験するとき、それが実存的にいかに恐ろしいものであるかということを、サルトルがその初期の名作『嘔吐《ノゼ》』の中で、実に生々しく描き出していることは、皆様ご存じであろうと思います。カオスにたいするこの実存的恐怖は、虚無の恐怖、存在が無化される(存在無化の)恐怖、死の恐怖なのであります。

存在秩序への反逆、存在の有意味的構造にたいする暴力的破壊への志向性。コスモスに対するこのような攻撃的、否定的エネルギーに変成したカオスを、私は特に「アンチコスモス」という名で呼びたいと思います。コスモスの崩壊をねらうアンチコスモス。なぜそんな特別の名称を使うのかと申しますと、こういう意味でのカオスが、人類の思想史において、善きにつけ悪しきにつけ、きわめて重要な働きをすることになるからであります。

アンチコスモスとしてのカオスが、どのようなものであるか、その性格を具体的な形で理解するために、ここでちょっと立ちどまって、カオスの対極として措定されたコスモスが、存在秩序であるという基本命題の哲学的意味を考えなおしておきたいと思います。

コスモスが、根本的には有意味的存在秩序であるということは、私が今日のこの話の最初から繰り返し申し述べてきたところであります。すなわち、様々に異なる事物事象（つまり無数の意味単位）が、多重多層的に組み込み組み込まれて、一つの秩序ある統合体として形象化された存在構造――それがコスモスである、ということです。このことが、一体、何を意味するのか、またどんなことを示唆しているのか、その問題をもう少し詳しく考えてみる必要がありそうです。

前にもちょっと触れましたが、内部に全く区別のない、分割されていない、いわばのっぺりした一枚の布のような形で表象される原初的存在経験のひろがり――それが要するにカオスと呼ばれる存在状態なのでありますが――そういうひろがりの表面に、次から次、無数の線（境界線、区劃線、識別線）を引いて、大小様々な分割領域を作り出していくこと、いわゆる存在分節の操作、は人間意識の表層・深層を通じて根源的いとなみの一つであります。どこにも割れ目、裂け目のない原初的存在リアリティを無数の独立単位に分けていく。それらの境界線について、先ず注意すべきことは、それらがいずれも有意味的であるということです。どこかに線を引いて、その場所を他から区別するからには、なんらかの意味をそこに認めるわけでありまして、無意味な境界線、分節線などというものは始めからあり得ない。すなわち、存在分節は、本性上、すべて意味分節でなければな

らないわけであります。

意味分節は数限りない意味単位を生み出し、生み出された意味単位の多くは言語化され、「名」によって固定され、それを人間の意識が様々な事物事象、すなわちものとこととして認知していく。しかし、この点に関連して、人間意識の働きには、もう一つの注目に価する特徴がある。それは、生み出された意味単位を――言語化されたものも、まだ言語化されていないものも含めて――そのままバラバラに放っておかないで、必ずそれらを相互に結び合わせ、大なり小なり一つの全体的整合構造に仕立て上げる、ということです。そして、このように組み立てられた存在の意味分節的全体の整合構造が、すなわちコスモスと呼ばれるものなのであります。

ところで、こういうふうに無数に分れ、四方八方に散乱する個々別々の意味単位が、多重多層的に連結し合い、互いに組み込み組み込まれながら一つの統合体を作り出すというからには、それらすべての要素を有機的な整合性に向って纏め上げていく強力な集束原理のようなものの作用を想定しないわけにはまいりません。勿論、コスモスは論理的構造体ではない。しかし、そこに何か広い意味での論理的な力が働いていなければ、様々に分節された存在が、全体的に整然たる意味連関の網目構造を形成するということは考えられません。どうしてもそこに普遍的理法といったもの――西洋哲学史の伝統で言えば「ロゴス」ということになるでしょうが――宇宙的理法なりロゴスなり、とにかくそういうものの統合力が想定されなければならない。こう考えて来ますと、コスモスなるものは、そういう宇宙的なロゴス、あるいは理法、の根源的エネルギーの自己表現として現成した

有意味的存在秩序であると言わざるを得ないのであります。

東洋でも西洋でも、多くの第一級の思想家が、そういうふうに考えております。東洋のほうは後まわしにいたしまして、西洋では先ずプラトン。今私は、コスモス形成の基本原理として「ロゴス」という語を使いましたが、プラトンは、そのかわりに、「ヌース」（*νοῦς*）という語を使う。いずれにしても意味はこの場合、大同小異です。「ヌース」は理性、あるいは知性という意味なのですから。

プラトンにとっても、存在世界は、全体として、一つのコスモス、すなわち秩序構造です。時間の都合で詳しいことは申し上げられませんけれど、とにかく全存在世界は、天体の整然たる運行に典型的な形で現われておりますように、一つの巨大な秩序をなしている。存在世界そのものも、またそこにある一切のものも、みな一定不変の永遠の秩序を保って存在し機能している。そして、この全宇宙的秩序を成り立たせているものはヌース、すなわち神的理性（あるいは知性）である、という考えであります。アリストテレスの『自然学』に註釈した六世紀の新プラトン主義者シンプリキオスが、*ὁ κοσμοποιὸς νοῦς*「コスモス形成者ヌース」という注目すべき表現を使っておりますが、これこそまさにプラトンのコスモス観なのです。要するにプラトンは、存在世界の根本構造そのものの中に宇宙的理法の働きを見ている、と言ってよろしいかと思います。

ついでながら、こういう意味でのロゴスまたはヌースに相当するような概念が、東洋思想の側に

もいろいろあります。例えば古代インドの「リタ」(ṛta) など、その代表的なものの一つです。リタというのは、インドでは、ヴェーダ時代に既に重要な働きをしている大変古い概念であります。リタは、第一次的には、天体の運行、季節の移りなど、自然界を整然と秩序づける宇宙的存在理法でありまして、これがまた同時に人間世界でも、その倫理性、道徳生活、を厳格に規制する基本的理法として働くと考えられている。つまり存在世界は、自然界であれ人間界であれ、一つの全体的秩序構造(コスモス)なのであり、およそこのような普遍的秩序が成立しているからには、その底に厳然として宇宙的法則の支配があるはずだという考えでありまして、これがプラトンの、ヌースに支配されたコスモスというのと同類の存在観であることは明らかでありましょう。

古代中国の思想界にも、これと同類の考え方が強靱な伝統として深く根づいています。わけても特に純粋な形でこの思想傾向が具現しているのは、御承知の通り、孔子に源を発する儒教の伝統です。儒教の精神は徹底したコスモス肯定。いや、ほとんどコスモス信仰といってもいいようなもので、その根本理念は、一口で言うなら、全存在世界は永遠不変の宇宙的理法に従って存立し、機能しており、そういう意味での「聖なる空間」、秩序体である、ということであります。

儒教では、こういう宇宙理法は「道」(「天道」「天」) と呼ばれ、後世になるともっと哲学化されて「理」と呼ばれるようになる。「理」は普通、「すじみち」「ことわり」などと訳され、物事の本質的本然的あり方、いわゆる条理、道理、つまりギリシャ語の「ロゴス」に相応する意味をあらわ

す言葉ですが、その原義は、大理石などの美しい斑紋、その表面に通っている細かい筋、木材の断面に見られる木目《もくめ》、あや、というような意味であります。

「理」という語の、この語源的意味は、先刻お話した存在の意味分節理論の見地から見て、非常に興味深いものです。と申しますのは、存在には、もともと永遠不変の分節線、境界線が無数に引かれているという思想を、それが示唆しているからであります。存在をこういうふうに見る考え方は、前述の無境界説（存在の表面に縦横に引かれた境界線は、たんなる見せかけの分割であって、本当は実在しないもの、窮極的には幻想の所産である、という考え方）に真っ正面から衝突します。存在無境界論は、「理」を根幹とする儒教的コスモス論と対立して、東洋思想をいわば二分する一大思想潮流でありまして、老荘思想をはじめ、大乗仏教の空哲学、ヴェーダーンタの「マーヤー」論などに代表されるアンチコスモス的思惟の根源であります。

しかし、この問題につきましては、後でもっと詳しくお話することになりますので、ここでは儒教のコスモス論に話題を戻します。儒教思想によりますと、存在世界それ自体は勿論、世界を構成する一切の個別的存在者、天地万物、のすべてを通じて、一つの絶対的な理法が貫流しているのであって、この絶対的な理法こそが、存在をコスモスとして現成させているのであります。従って、人間世界も、当然、その支配下にあるものと考えられるわけです。つまり、天理・即・人理である、あるいは、あらねばならない。少くとも、そういうところを目指しつつ、天理に従って生きていくことこそ、「君子」（儒教的意味での理想的人間）の理念でなければならない、と考えるのでありま

す。

儒教倫理の原則として、古来、三綱五教ということが説かれていることは皆様ご存じであろうと思います。三綱とは、君臣・父子・夫婦の関係を支配する永遠不変の、「理《ことわり》」であり、五教とは、人間の五つの根本的なあり方である父・母・兄・弟・子のそれぞれが、それぞれの「理」、すなわち父は義、母は慈、兄は友、弟は恭、子は孝という原則、に従って、それから逸脱しないように行動しなければならないという教え。それがすなわち天道に従って生きるということ。天道に背くことは、すなわち人道に背くこと。要するに徹底したコスモス至上主義であり、徹底したアンチ・カオス主義であります。

有意味的存在秩序としてのコスモスは、いわば存在が人間に向ける親しげな顔です。先に私はコスモスについて、安全圏という言葉を使いました。同じような意味でボルノウは、「幸福な空間」という表現を使っています。すべてが、きちんと整理され秩序づけられている明るい空間。この空間の内部に、人はやすらぎを見出し、くつろぎを享受する。ここでは、その秩序構造を支えている規律、規範、掟《おきて》（ギリシャ語で言えば「ノモス」νόμος）を守っているかぎり、人は安全です。今お話した儒教の、あの厳格に組織立てられたアンチ・カオス主義は、より一般的に、コスモスのこの安全性を侵害されまいとする人間の意志と希求のあらわれと考えていいでしょう。

しかしながら、このような形で実現され護持されたコスモスが、果してどこまでも「幸福な空

間」であり得るかどうか。人間は、元来、矛盾的存在です。反逆精神というものもある。するな、と言われれば、かえってしたくなる。コスモスの中におとなしくしていれば安全だとわかっていても、その安全そのものが煩わしくなって、つい外に飛び出したいという烈しい衝動に駆られもする。しかも、それだけではありません。秩序構造としてのコスモスは、本性上、一つの閉じられた世界であり、自己閉鎖的記号体系としてのみコスモスであり得るのでありまして、秩序構造が完璧であればあるほど、それが、その中に生存する人間にとって、彼の思想と行動の自由を束縛し、個人としての主体性を抑圧する権力装置、暴力的な管理機構と感じられることにもなるのです。四方からびっしり塗り込められ、窓も出口もない密室のような統制システムの中に我慢してはいられない、というわけで。

もともと、人間は合理的秩序を愛すると同時に、逆説的に無秩序、非合理性への抑えがたい衝動をもっている。自分を閉じ込める一切の枠づけを破壊し、それを乗り越えて、「彼方」へ逃走しようとする。たとえ「彼方」という未知の世界が、どれほど危険に満ちたものであろうとも。

この意味では、エクスタシーは決してシャマニズムだけに特有な現象ではありません。エクスタシー、エクスタシス、自己の枠を超出すること、さらに日常的存在秩序そのものの枠を超出しようとする欲動。このように理解された脱自性は、人間誰でも実存の深みに秘めている情熱です。カオスへの情熱、ということもできるでしょう。さきほど私はカオスの恐怖について語りました。だが、カオスは恐ろしいだけではありません。底なし沼のような存在の深みに人を誘いこむカオスは、恐

ろしいだけにかえって蠱惑《こわく》的でもあるのです。

これまでのところ、私はコスモスとカオスの関係を、内と外という二項対立形式で説明してまいりました。コスモスは内、カオスは外。内は秩序、外は無秩序。有意味的存在秩序としてのコスモスが成立すると、そのまわりをぐるっと外側から取り巻いてカオスの空間がひろがる、という図式です。すなわちロゴス的に秩序づけられた、明るい既知の世界の彼方に、非合理的で無限定な暗黒の未知の世界がある。カオスがアンチコスモス的に、コスモスに敵対する力として了解される場合でも、あくまでそれは外から内に侵入して来て、コスモスの支配を乱し破壊しようとするものと考えられるわけであります。

しかし、ここまで来て翻って考えなおしてみますと、この内外二項対立的図式を、どうしても訂正せざるを得ないことに気づきます。つまり、アンチコスモスは、外部からコスモスに迫って来る非合理性、不条理性の力ではなくて、コスモス空間そのものの中に構造的に組み込まれている破壊力だった、ということです。すなわち、存在秩序それ自体が自己破壊的であり、自分自身を自分の内部から、内発的に破壊するというダイナミックな自己矛盾的性格をもつものであったのです。

コスモスの構造自体の奥底にひそんで、そのロゴス的秩序を内面から崩壊させようとするカオス(すなわちアンチコスモス)の恐ろしさを痛感し、それを強烈な形で文学的に表現した一群の人々が、古典時代のギリシャに現われました。世に有名なアイスキュロス、ソポクレース、エウリピデ

ースなど、ギリシャ悲劇の作家たちです。面白いことにこの三人は、ちょうど先刻お話したプラトンが、コスモスをヌース（宇宙的、神的知性）という概念によってロゴス的に根拠づけようとしていた時代——と言っても、正確にはプラトンより少し前の時代からですが——とにかく、同じアテナイの都で、人間存在のアンチコスモス的深層を演劇化していたのでした。

この点につきましては、ギリシャ悲劇が、もともとディオニュソス神の祭礼と起源的に深い関わりをもっていたことを憶起しなければなりません。ニーチェが鮮烈なイメージで描き出しておりますように、ディオニュソスはエクスタシーの神だったのです。存在における不条理的なものへの情熱を人々の胸にかき立て、人々をカオスの狂乱に誘いこむ神。閉ざされたロゴス的意味空間としての日常的存在秩序をこわし、己れを閉じこめるコスモスの壁を突き破ってその向う側に脱出しようとする人間の内的衝動を象徴的に形象化する神。ディオニュソスは存在解体の神だったのです。

ここでギリシャ悲劇の内容を、今お話したような角度から、多少なりとも具体的に分析してみることができたらと思うのですが、残念ながら時間がありません。とにかく、それはもう凄惨な事件の連続です。憎悪、怨恨、怨念、愛欲、嫉妬、呪い……。不義密通、近親相姦、様々な裏切り。理性の制御力を圧倒する激情の渦巻く中で、宗教的タブーが次々に破られ、法律をはじめとする社会的、人道的掟が次々に犯されていく。実に凄まじい狂乱の世界が、我々の目の前に展開します。

様々な局面をもつあの豊富なギリシャ神話の中から、よくもまあ、これほど陰惨な説話を選び出してきたものと驚きますが、勿論、そこには全体を支配する思想構造的イデーが一貫して働いてい

るのであります。

第一に、これらの、まことに血腥いテーマが、すべてノモス（すなわちコスモスの自己防御体制）に対するカオスの叛乱として、すなわちアンチコスモスの破壊的エネルギーの噴出として意義づけられていること。第二に、アンチコスモスが、コスモスの秩序構造それ自体の内部から湧き起る自己破壊的な動きであるというふうに構想されていること。そして第三に、存在秩序なるものが、表面的にはいかに整然たる姿を示していても、その奥には常に無秩序への情熱の嵐が吹き荒れていて、コスモスは、それによって、いつなん時、カオスに逆転するかわからないような、実に危ういバランスを保った存在状況であること。これらの三点を通じて、ギリシャ悲劇は存在における反ロゴス性の根深さを物語り、コスモスに対抗するアンチコスモスのエネルギーのすさまじさを生々しい形で見せつける。ここに我々は、ギリシャ悲劇の思想性を——その全部とは申しませんが、少くともその重要な一面を——見ることができるのではないかと思います。

なお、ついでながら、さきほどコスモスの自己防御体制としてのノモスということをちょっと申しましたが、悲劇にかぎらず一般に古代ギリシャでは、コスモスの存在秩序の基盤として「ノモス」（νόμος）なるものを考えるのが普通です。ノモスは「ピュシス」（φύσις）の対概念。ピュシスが自然発生的、つまり、ひとりでにそうなる状態であるのに反して、人間が共同生活の必要上、人為的に設定した取りきめを意味します。具体的には法律、律法、掟をはじめ、歴史的伝統的な慣習や社会的文化的制度など。アンチコスモスがコスモス的秩序構造にたいする破壊的エネルギーである

とすれば、コスモスの側にも、それに対する自己防御の強力な備え（アンチ・カオス的体制）がなければならない。カオスの攻撃に対して、コスモスの秩序を秩序として護持する機構、それがノモスなのであります。すなわちギリシャ悲劇に描かれているアンチコスモスの動きは、いずれもノモスに対する反逆として理解されます。ノモスが厳格にその遵守を義務づける規律に敢えて違反し、それを破る行為は、とりもなおさずコスモスの構造秩序に対する破壊行為なのです。

しかしながら、考えてみれば、こういう形でのコスモスとアンチコスモスの相剋は、いつの時代、どの社会にも見られる普遍的現象でありまして、決して古代ギリシャ文化史に特有の事態ではありません。コスモスの秩序体制がバランスをくずして、例えば警察国家とか、度を過ごした管理社会などに見られるように露骨な高圧的勢力となって働きだす場合は勿論ですが、そうでない普通の状態でも、ただそこに人為的制度（ノモス）によってがっしり固められた秩序構造があるということだけで、それを堪えがたい抑圧のシステムと感じる人々がいる。そういう人々にとって、コスモスは人間実存を統制し圧迫し、自由を剝奪する暴力体系なのでありまして、それに反抗しようとする気持が、当然、起ってくるわけです。そして、こういう見方をもう一歩進めれば、アンチコスモスは、程度の差こそあれ、人間誰もが心の底に秘めている本然的衝迫であるという観察にまで一般化されることになるだろうと思います。

ともあれ、コスモスが大小様々な規模、いろいろなレベルで成立するのに応じて、それへの反抗

としてのアンチコスモスの現われ方も種々様々です。激越な革命への情熱として現われることもあるでしょう。アナキズム、ニヒリズム、反律法主義、反道徳主義として現われることもあるでしょう。宗教的には神への反逆、無神論、芸術的には反現実主義的文学や美術、等々。形も規模もいろいろですが、いずれも既成の有意味的存在秩序にたいする反逆であり、アンチコスモスの自己表現であるという点では同じです。もっとも、それらアンチコスモスのすべての表現形態について語ることは私の意図するところではございませんし、またそんな能力も私にはありません。ただ私はここで、こういう一般的性格をもつアンチコスモスが、現代の西洋哲学においてどんな形を取って現われているかを一瞥し、そこから翻って、それとの関連において、東洋哲学の伝統が、この問題をどう取り扱ってきたかということを少しく考察してみたいと思うのであります。

西洋哲学史の上で、アンチコスモスが本格的に活躍するのは——大変大ざっぱな言い方になりますが——大体、ニーチェから後のことであります。元来ニーチェがディオニュソス的精神を体現する思想家であったことは、この点で実に多くのことを示唆しております。存在秩序のエクスタティックな破壊という、いかにもディオニュソス的な形で、ニーチェは人間意識の深層にひそむアンチコスモスへの衝動に哲学的表現を与えました。それ以来、この特異な思惟タイプは、西洋哲学史のいろいろな所に、様々な形で姿を現わすようになる。わけても、大戦後、全世界的流行となった実存主義、そして今日では現代思想の最前線、前衛的思想領域、において、それは決定的な役割を果すに至ります。

現代思想の最前線とか前衛的領域とかの表現で、私はいわゆるポスト・モダンの思想界を考えているわけなのですが、それを代表する思想家たち、特にデリダとドゥルーズ＝ガタリは著しく、というより、根本的にアンチコスモス的です。そして彼らの哲学のこのアンチコスモス性は、現代という時代そのもののアンチコスモス的性格を如実に反映している。その点に、これらの思想家が現代哲学の最前線であると見做される所以があると思われます。

現代はカオスの時代だとよく人が言います。ノマディズムの時代だ、とも。要するに、存在秩序解体の時代、ということです。事実、既成の存在秩序、従来我々が慣れ親しんできた意味単位の組み込み組織が、我々の目の前で急速に壊れていく。いわゆる「非日常」を求める人の数が激増してオカルティズムが流行し、人間生活の至るところに非合理的なるものへの欲動が姿を現わす。このような一般的時代風潮に乗って、純粋に哲学的な思惟のレベルでも、アンチコスモスの精神が、より根源的に、徹底的に、存在解体を行いはじめたのです。ジャック・デリダの「解体」思想が、まさにそれです。

我々の経験的世界は様々なものから成っている。我々はそれらのものを、現に我々の目の前に実在しているものと思いこんで、それらと関わって生きている。だが実は、とデリダは言うのです、ものはどこにも現前していない（つまり、実在していない）。我々がものと思いこんでいるのは、本当はものの「痕跡」にすぎない、と。ものの痕跡であるということは、もの自体ではなくて、不

在のものを指し示す記号であるということです。デリダによれば、本当の存在現前は、「終末の日」まで「繰り延べ」られていく。しかも終末の到来それ自体が限りなく繰り延べられていくというのですから、結局、人はいつまでも、どこまでも、存在の影というか存在の蛻《もぬけ》の殻というか、とにかく実在するものではなくて、ものの代替物（ものの記号）が刻々に織り出していく記号テクストの「沙漠」を彷徨い続ける、というわけです。こうして、いわゆる「現実」を構成する事物事象は、ことごとく実体的凝固性を奪われて、浮遊する記号の群れになってしまう。

この点では、ドゥルーズ＝ガタリの「リゾーム」理論にしても同様です。あらゆるものを観念的に、微視的なレベルに引き下ろして眺めるドゥルーズとガタリにとって、自己同一的に固定されたものは何一つこの世界には実在しない。表面的にはいかにも中身の充実した固形的《ソリッド》な物体のごとく見えるものも、実は密集する無数の意味粒子のざわめきにすぎないのであって、結局、存在世界全体が、ちょうど壊れたセトモノの粉々にくだけ散った大小様々、不規則な形の無数の破片の不定形な組み込み状態のようなものになってしまう。要するに、存在が、また原初のカオスに引き戻されてしまうのです。

この見地から見て、ドゥルーズ＝ガタリが存在世界の樹木的構造を執拗に否定していく立場を取っている事実は、注目に価すると思います。樹木——大地にがっしり根を下ろし、天に向って立ち、四方八方に大枝を伸ばし小枝を張り、葉をつけ、実をみのらせる生命の有機体。この二人の思想家によれば、このように表象された樹木こそ、ギリシャ以来西洋哲学の存在観を支配してきた基本的考

え方なのですが——そしてそれが、デリダにおいては西洋思想の「ロゴス中心主義」(logocentrisme)と呼ばれるものであるのですが——今や、この思想が真っ正面から否定されるのです。

前に「ヌーメン的空間」としてのコスモスのミュトス的・宗教体験的成立についてお話した時、コスモスが、例えばヤコブの夢の説話に出てくるように、一つの中心軸を起点としてそのまわりに拡がる存在秩序空間であることを指摘いたしました。その宇宙的中心軸は、ヤコブの場合には石柱の形で象徴的に表象されていたのですが、それはまた、大地から天に向って垂直に伸びる山や木のようなものによっても象徴されます。山は宇宙の中心にそびえ立つ聖山、木は天と地の間をつなぐ聖なる樹木、文化記号学のいわゆる「宇宙樹」です。このことを考え合わせてみますと、存在の樹木的構造性を否定することによって、ドゥルーズ＝ガタリは、コスモスそのものの存立の根拠を否定したということになるのでありましょう。

これは、まぎれもなく一つのアンチコスモス的哲学であり、存在の「ロゴス中心的」秩序に対する思想的反逆です。太い、がっしりした根と幹に支えられた樹木のイメージを存在世界に見るかわりに、そこにただ旺盛な雑草の繁茂を見ること。要するに、デリダの「解体」思想も、ドゥルーズ＝ガタリの「リゾーム」思想も、ともに現代の精神的風土を特徴づけるカオスへの情熱、すなわち存在における根源的に非合理的なるものへの志向性、の自己表現にほかなりません。

コスモスとカオスの対立関係をめぐって西洋哲学の提起する問題を、以上のような形で捉えた上で、今度は、それらの問題を東洋哲学ではどう考えてきたかということに考察の方向を転じてみたいと存じます。

この点で先ず目をひくことは、東洋哲学の——全部とは申しませんが——主流は、昔から伝統的にアンチコスモス的立場（存在解体的立場）を取ってきた、ということであります。すなわち「空」とか「無」とかいう根源的否定概念を存在世界そのものの構造の中に導入し、それをコスモスの原点に据えることによって、逆にコスモスを根柢から破壊してしまおう、とそれはします。この存在解体は、その第一段階として、我々が通常「現実」と呼んでいる経験世界の存在の仮象性（仮の、すなわち、いつわりの、現われであること）をあばき出し、経験世界およびそこにある一切の存在者が、第一義的には実在性の根拠を欠くものであることを指摘することから始まります。要するに「現実」の非現実性を主張するのでありまして、そのために多くの思想家が「夢」とか「幻」とかいう比喩を使います。一見、ごく平凡なイメージのように思われるかもしれませんが、これが東洋哲学では特別の存在論的重要性をもって機能することになりますので、少し詳しく分析してみましょう。

先ず「夢」のイメージを実際にそういう意味で使用した例ですが、例は至るところに見出されます。すぐ我々の頭に浮んで来るのは「荘周胡蝶の夢」ですけれど、これはあまりにも有名ですから、

取り上げないことにして、何か別の例を。同じ『荘子』(第二)の一節で、次のようなことが言われております。

夢を見ている人、その当人は自分が夢を見ているのだということに気づいていない。だから大まじめで、自分の見た夢を夢占いにかけたりする。実は夢占いの夢を見ているわけだ。本当は、人生そのもの、存在それ自体が、一つの大きな夢(「大夢」)なのである。生きるということ、この世に存在すること自体が、夢みるということなのである。ところが、人間は、普通、自分が目覚めているものと信じこんでいる。本当はすべてが夢の中の出来事であるのに。みんなが夢を見ている。貴方は夢を見ているのだ、と現に貴方に言っているこの私自身も夢を見ているのだ、と荘子は言います。存在そのものが夢であることを悟るためには、大いなる目覚め(「大覚」)の体験がなくてはならない。だが、そんな体験はごくごく稀にしか起らない、と荘子は付け加えております。

問題は、この「大覚」の内容であるわけですが、その話は後にまわすとして、ここで注意しておきたいのは、これと根本的には全く同じ思想を、ほとんど同じ言葉で、中国以外の国々の多くの思想家が繰り返し語っていることです。この執拗な繰り返しには、それだけの根拠があるに相違ありません。

例えばスーフィズムの代表的哲学者、イブヌ・ル・アラビー。「(この世では)人はみんな眠っている。死んではじめて目を覚ます」という有名な聖伝承《ハディース》(イスラームの預言者ムハンマドが言ったこととして伝承されている言葉)がある。このハディースを独自な形で展開しつつ、イブヌ・ル・

アラビーはこう言います。「この世界は幻影であって、真の意味で実在するものではない。これを存在幻想《ハヤール》(khayāl) という。経験的世界を、自立的に存在する実在であると考えるのは、存在幻想の働きにすぎない。……だいいち、今こうして私の言葉を聴いている貴方自身というものが、一つの存在幻想なのだ。そして、貴方が貴方の主体とは区別された客体的対象であると考えているものも、実はことごとく存在幻想である。だから、いわゆる存在世界は、端から端まで全部、幻想の中での幻想なのである。」(『叡知の台座』*Fuṣūṣ al-Ḥikam*)

人は通常、睡眠中のある特殊な心象経験だけを「夢」と呼んでいる。だが実は、人生そのもの、存在そのもの、が一つの夢なのである、とイブヌ・ル・アラビーは申します。そして、さきほどの荘子の言葉を憶い出させるような表現でこう言うのです、「現世は、その全体がそっくりそのまま、忘却の眠り(事の真相を忘れ果てた状態)なのであって、人が現世というこの存在の夢から目覚めるのは、彼が現世に死ぬ時、すなわち彼が己れの我を消去する時だ」と。

同様にヒンドゥー哲学でも、例えばシャンカラの師(ゴーヴィンダ)の師ガウダパーダの作と伝えられる『マーンドゥーキヤ頌』(*Māṇḍūkya-Kārikā*) には、次のようなことが言われております。「人が夢の中で友人たちと会談する。が、目覚めれば、誰とも話などしていなかったことを知る。夢の中で何かを摑む。が、目覚めて見れば、手の中には何もない。このように、夢の中で見たもの、経験したこと、には実在性がない。しかし、実を言えば、目の覚めている時の経験も、これと全く同

じく無実体的なのである」(大意)。要するに、経験世界全体が、その無実体性において、夢の世界のごときものである、というのでありまして、荘子やイブヌ・ル・アラビーの説くところといささかも異なるところがありません。

勿論、この点では、大乗仏教も同様でありまして、経典の至るところで、世界は夢にたとえられている。例は枚挙にいとまありません。人生は一場の夢、などと言いますと、人間存在、あるいは、より一般的に存在、のはかなさを意味すると取るのが普通です。事実、仏教のお経にも、この種の表現がそういう意味で使われている場合が数えきれないほどある。哲学としては、しかし、「はかない」ということの意味をもう少し掘り下げて考えてみなければならないのです。すなわち、存在の「はかなさ」という言葉の通俗的、情緒的な意味の奥に、哲学的な意味を探らなくてはならない。そしてそこにこそ、いわゆる「東洋的無」の哲学の真髄を把握するための大切な鍵がひそんでいるのだと私は思います。

「存在は夢である」という、東洋思想史の至るところに見出されるこの命題。哲学的に、それは一体どういう意味なのでしょうか。それをよく考えてみることが必要です。

何よりも先ず第一に、「存在は夢」という命題が、東洋哲学的な存在解体の宣言であるということに注意したいと思います。言い換えますと、これがすなわち哲学的なアンチコスモスの東洋的表現形態である、ということです。そして、それの第一段階が、経験世界の事物事象の実在性の否定なのであります。それを「夢」という比喩で言い表わします。ある一つのものが、本質的にそのも

のである――例えば、花は本質的に花である――ということは、たんに存在の表層的事態であって、深層まで掘り下げて見れば、「本質」と呼ばれるに価するような一定不変の存在論的中核などありはしない。しかし、ものに本質がないということは、いろいろな事物を互いに区別する境界線が、第一義的には実在しないということです。

今ここにAとBという二つのものがあるとしますと、AはAであり、BはBであって（同一律）、両者はそれぞれそれ自体で独立に存在しており、AとBとの間には本質的に決定された区別の線が引かれていて両者の混同を許さない（矛盾律）。そう考えるのが我々の常識です。このような常識的存在論を、今私が問題としている型の東洋哲学は、たんなる表層的存在論であるとして否定してしまう。存在の深層に目のひらけた人から見れば、すべての存在境界線は人間の分別意識――イブヌ・ル・アラビーのいわゆる「存在幻想」、仏教のいわゆる「妄念」――の所産であって、本当に実在するものではない。つまり、第一義的には存在していない事物事象相互の境界線を、第二義的認識の次元で実在するものと思いこみ、しかもそれを第一義的認識と混同し、そこに作り出されるものの幻想を、そのまま第一義的存在リアリティの真相であると考える、それを「夢」と言うのであります。

ヴェーダーンタ哲学のシャンカラのように、「夢」のかわりに「マーヤー」という概念を使う人もありますが、考え方は根本的に同じです。この世で人が経験する一切の事物事象は、ちょうど奇術師が、見物人の目の前に繰り出して見せる虚妄の事物事象、幻影《マーヤー》のごときものである、とシャン

カラは言います。この世界には様々なものがある。というのは、実は、ただあるように見えるだけなのだ、と言うのです。人は自分のまわりに種々様々な、無数の、互いに異なるものを見る。しかし、第一義的には、異なる事物を見ているのではない。どの場合でも、どんなものを見るにしても、実は同じ一つのブラフマンを見ているだけである。なぜなら真の意味である（存在する）のは、シャンカラによれば、ただブラフマンだけなのですから。

　ブラフマンだけしか存在していない。しかし、とシャンカラは言います。その唯一絶対の実在であるブラフマンを、人間の不完全な認識能力は、直接にその純粋一者性（絶対無差別性）において見ることができない。マーヤーを通して間接的に眺めるために、元来どこにも区別のない存在リアリティが、様々に区別され分節された多くのものとしてのみ見えるのである、と。

　ミュトス的形象としては、マーヤーは絶対者ブラフマンが、自己の上に繰りひろげて自己をいつわりの姿で見せる宇宙的幻想の煙幕。人間の側から言えば、人間意識の根源的無知、すなわち存在リアリティをそのように細かく分割された形でしか見ることのできない人間意識の根本的欠陥構造ということになるでしょう。とにかく、我々が普通に経験する存在の諸相は、すべて我々の意識の所産であり、経験的世界は文字通り現象的（つまり、仮の現われの）世界であって、我々はみんなそれと気づかずに夢幻の世界に生きている、ということになるのであります。あらゆるものはmāyāmaya（マーヤー的、「幻」的）である、とシャンカラは言っています。

　ところで、存在リアリティ（唯一のブラフマン）を、数限りない現象、つまり見せかけ、に作り

なしていくこの事物識別的迷妄が、私が前にお話しました人間意識の「意味」分節機能に根本的な関わりをもつものであることは申すまでもありません。換言すると、我々の意識の深層領域に貯えられ、かつ刻々に新しく形成されていく無数の意味単位、まるでアミーバーのように伸び縮みし浮動して止まぬ根源的意味単位が、意識表層に投影されると、あたかも固定した不動のものであるかのごとき幻影を我々に抱かせる。特に意味が言語的に凝結した場合はなおさらのこと。要するに、我々の目の前に存在世界として展開しているのは、実は存在の表層的光景にすぎないのであって、深層的には、様々に異なる度合において凝結した無数の意味単位の拡がりが、そこにあるだけのことなのであります。

しかしながら、「夢」すなわち、今申し述べました経験的現実の非現実化、は東洋哲学的存在解体の第一段にすぎません。解体操作はもっと先に進みます。と言いますのは、すべての存在境界線が「意味幻想」であり、見せかけの区分であるとすれば、存在の深層体験においては、すべてのものは表層的な固定性、実体的凝固性を失って、互いに浸透し、混交し、渾融して、結局、全体が限りなく浮動する無定形、無差別、無限定のマッスの中に姿を没していくはずだからであります。事物相互間を隔てる「本質」的区別と考えられているものが、実は意味的「幻想」だったということである以上、すべてのものそれぞれを、それぞれのものとして固定していた輪郭線は消えて、存在の分節態は非分節態に向って限りなく近づいていく。まだ全体がすっかり無に帰してしまったわけではない。たしかにものは、ものらしきものとして残存している。だが、それらの間に本当の区別

がない。シャンカラの言い方を借りるなら、それらは「存在していながら存在していない」(bhavanti na bhavanti ca) というわけで、実に微妙な状態です。荘子が「渾沌」(huntun) と呼ぶのは、まさしくこのような存在境位なのであります。

しかし勿論、すべてのもの相互間の境界線が実在しないというからには、「渾沌」は、さらにもう一段解体されて、窮極的には「無」に帰着してしまうはずです。シャンカラにおいて、「有相のブラフマン」(saguṇa-Brahman すなわち、様々な限定の相の下に現われるブラフマン) が、窮極的に「無相のブラフマン」(nirguṇa-Brahman すなわち、内的分割のまったくない、無分節の、つまり「無」としての、ブラフマン) に帰着するとされるように。東洋哲学的存在解体の、これが最終段階であることは、ほとんど言わずして明らかでありましょう。

こうして、「有」(存在) は「無」であるという、東洋哲学のきわめて特徴的な命題が成立します。「有」は「無」である――もう少し敷衍して申しますなら、個々別々のものとして現象している存在的多者の真相 (=深層) は、絶対無分節的存在リアリティ、すなわち絶対的一者である、ということ。我々が経験的世界で出合う存在の分節態は、存在の絶対的無分節態 (「一者」あるいは「無」) の表層的事態にすぎない。この場合、「一者」が「多者」になると考えるにせよ (インド哲学では、これを pariṇāma-vāda「転変説」と称します)、「一者」が「多者」として現われる、「多者」のように見えると考えるにせよ (vivarta-vāda「仮現説」)、いずれにしても、「有」は「有」であることの

極限において「無」である、ということです。別の言い方をするなら、「有」を存在の表層にのみ認め、深層には「無」を見る、のでありまして、これが東洋哲学的存在解体の根本的な特徴でありま す。そして、この点において、東洋哲学と西洋哲学との根本的な違いの一つが、ゆくりなくも露呈します。

ギリシャ時代からこのかた、西洋哲学の主流は、デリダが言う通り、根本的に「ロゴス中心主義」的でありました。ロゴスは「有」の原理であって、「無」――東洋哲学の説くような根源的「無」――はそこに入りこむ余地はありません。

西洋哲学は、古代以来、孜々《しし》として「有」を追求して来ました。先に述べましたように、ニーチェあたりから、そして特に現代のポスト・モダン的思想家において、ようやく「有」の解体が本格的に始まったのです。これに反して、東洋の哲学伝統の主流は、始めから「無」中心的です。先刻ちょっと申しましたように、「有」を存在の表層に認め、深層に「無」を見る考え方です。西洋思想では、「有」の論理的否定としての「無」ではない「無」（つまりいわゆる東洋的「無」）は、多くの場合「虚無」として体験され、「死」を意味します。ところが東洋では、「無」こそ生命の根源であり、存在の根源であって、「有」がかえって「死」なのです。

こう言いますと、すぐ『荘子』の「のっぺらぼう」の寓話を憶い出される方が多いと思います。例の「渾沌《こんとん》、七竅《きょう》に死す」の名称で世に知られたミュトス。目も鼻も口も耳もない、つまり顔に

「七つの穴」のあいていない、のっぺらぼうの帝王、その名は「渾沌」。これに同情した隣国の二人の帝王が、「渾沌」の顔に人なみの七つの穴を開けてやろうと決意します。二人は鑿《のみ》をふるって、七日がかりで穴を掘っていく。ついに七日目、七つの穴が見事に掘りあけられる。ところが、それと同時に「渾沌」はパタリと息絶えてしまった、という話。

「七つの穴」がきちんとあいているのが普通の人間の顔です。すなわち、表層意識の鏡に映る存在には意味分節の秩序がある。だが、「渾沌」の顔には一つも穴がない。意味分節が全然起っていない。完全に未分節の境位。だからこそ「渾沌」は、第一義的意味において、生きているのです。それに「七つの穴」をあけて普通の人間の顔に仕立て上げる。意味分節が起って、感覚的存在世界が生起する。すなわち、有意味的に分別された存在秩序(コスモス)の成立です。ところが、コスモスが成立するとともに、存在リアリティは、根源的生命を失って屍と化してしまう。存在分節は存在そのものの「死」であるという思想が、ここにはっきり打ち出されています。言い換えれば、存在の根源的真相(=深層)は、「渾沌」であり「無」であって、有意味的に分節された多者の世界は、人間意識の妄念(イブヌ・ル・アラビーのいわゆる「存在幻想」、シャンカラのいわゆる「マーヤー」)のベールが生み出す存在のいつわりの姿であるにすぎないということでありまして、東洋哲学の立場から見た存在解体の必要あるいは必然性が、ここに認められるのであります。

しかし、それよりもっと重要なことは、東洋哲学の思惟が、今述べましたような存在深層の「無」

の覚知に止まってしまわないで、さらにその先に向って、建設的な一歩を進めるところにあります。すなわち、存在解体の極限において現成した「無」を、今度は逆に「有」の根源として、「有」の新しい起点として考えなおすのであります。このような思考の歩みの基には、「無」は「無」であるまさにそのことによって「有」である、あるいは、「無」は「無」でありきることにおいて、かえって「有」の限りなき充実である、という考えが伏在しています。

そして、およそこういう考え方が可能であるのは、さきほど申しましたように、東洋哲学の「無」が、「虚無」ではないからなのであります。「虚無」ではない。「虚無」ではなくて、一切の存在分節以前ということです。もう少し詳しく言うなら、主・客の区別をはじめとする一切の意味分節に先立つ存在未発の状態、根源的未分節の境位における存在リアリティそのもの、つまり存在（および意識）のゼロ・ポイント。それを「無」というのです。

『老子』の「無名」という表現を使ったら、もっとわかりやすいかも知れません。「無名」、一切の名の出現以前、つまりコトバ以前、意味生起以前です。「無名」――そこにはまだ何ものの名もない、XをXとして固定するコトバもない、意味形象もない。要するに、何ものもない。何ものでもない。そういう意味での、それは「無」なのです。

しかし「無」は一転すれば、たちまち「有名」（様々に異なる名の成立する存在次元）として展開する。老子の語る「橐籥《たくやく》」（宇宙的ふいご）の比喩が示しておりますように、天地の間にひろがる巨大な鞴《ふいご》、その中には一物の影もない、だからこそ、かえってあらゆるものがそこから出てくる。

それ自体が絶対無限定、無分節だからこそ、どうにでも自己限定し、何にでも自己分節していくことができる。始めから何かに限定されていれば、何にでもなり得る自由はないわけでして、「無」であってこそ、はじめて「有」の充実であり得るのであります。

こういう次第で、アンチコスモス的存在解体のプロセスの極限において現成した「無」は、ここで方向を逆転して、「有」の始点となり、「有」的世界の原点となって、存在創造的に働きはじめます。「無」の自己分節のエネルギーは四方八方に拡散して、様々な「有」の形を現出し、限りなく多彩な存在世界を展開してゆく。「無名」の根源から「有名」の世界が生起する。まさに新しいコスモスの成立です。

こうして新しく成立したコスモスは、明らかに中心、つまり座標原点をもっており、それを始源としてそのまわりに展開する存在秩序であるという点で、デリダが解体を企てた西洋思想の伝統的な「ロゴス中心的」存在秩序と、表面的には、まったく同じ構造を示しております。しかし、このコスモスの原点が「無」であるということにおいて、両者の間には根本的な違いが出てくるのです。西洋思想の特徴をなす(と、デリダの言う)「ロゴス中心」的コスモス、すなわち「有」中心的コスモスに対して、今私が問題としている東洋思想のコスモスは、たしかに中心点をもってはいますが、それが「無」であることによって、「無」中心的→無中心的、である。有るのに無い、無いのに有る、という東洋的思惟特有の自己矛盾的事態が、ここに現成しています。

もともと「無」(無分節的一者)であるものの自己限定的展開(意味分節的多者)、あるいは仮現(「マーヤー」的現われ)ですから、経験的「有」は「有」でありながら「無」です。ということは、すなわち、ここに成立するコスモスは、コスモスでありながらしかも非コスモスであるということ、別の言葉で言えば、このコスモスは、始めから既に内的に解体されている、ということであります。これが東洋哲学の存在解体の真相であり、「無」と「有」のこのパラドクシカルな相関性の上に成立する「解体されたコスモス」(秩序を解かれた存在秩序)という一見奇妙な観念のうちに、我々は、東洋哲学におけるアンチコスモスの独自な表現を見ることができるのであります。

以上、私は東洋思想の「無」的性格を強調し過ぎるくらい強調いたしました。だからといって、東洋はアンチコスモス、西洋はコスモス、というふうに単純な二項対立にすべてを還元してしまおうというわけではございません。既に申し述べましたように、コスモス/アンチコスモスという西洋的概念に該当する思想的事態は、東洋にも歴然と存在しております。ただ、客観的事態としては、たとえ同じであっても、どこに焦点を定めるか、どんな角度から問題にアプローチするか、によって、著しく違う思想的結果がそこから出てくる、ということを私は強調したかったのであります。

この講演の冒頭で私は、コスモスとカオスの対立をめぐって問題を先ず西洋哲学に提起してもらい、提出された問題を、今度は東洋哲学の立場から考察するという道を取って見るつもりだと申し

ました。この目的を実現するために私は、伝統的東洋哲学を顕著に特徴づける「無」(あるいは「空」)の思想を存在解体という形で解釈しなおし、さらにそれをアンチコスモス的思惟の一つの表現形態として分析してみようといたしました。それが、今日の私の主要なテーマであったわけでございます。

アンチコスモス、存在解体。なぜ解体するのか。始めにもちょっと申しましたが、人間は、なんらかの形での有意味的存在秩序なしには生存できない。コスモスとは、それほどまでに人間にとって大切なもの。それをなぜ解体するのか。この問いにたいして、東洋の解体主義的哲学は、一体、どう答えるでありましょうか。大変複雑で、そう簡単に見通しの立てられるような問題ではありませんが、少くとも次のことだけは確認しておく必要があると思います。

東洋哲学の立場から見ますと、我々の自然的意識の見る世界、そしてそれに基づく常識的な、あるいはロゴス的な、存在観には根源的な誤りがある。仏教ではそれを「無明」(根源的無知 avidyā)と呼ぶわけですが、それは常識的人間が、経験的事物を純粋に「有」的に、つまり客観的対象として、すなわちAはどこまでもAであるというような動きのとれない形で実在するものと思っている、ということです。しかも人は、普通、自分がその中で生きているコスモスを、そのような、実体的に凝固した無数の事物からなる一つの実体体系であると思っている。それが常識にとってのコスモスなのであります。だが、そういう形で表象されたコスモス空間(存在秩序)には、どこにも抜け道がない。だからこそ、彼にはコスモスが、堪えがたい抑圧のシステムとも見えてくるのでありま

す。

このようなコスモス観にたいして、東洋哲学は、おそらくこう主張するだろうと思います。たしかに、「有」がどこまでも「有」であるのであれば、そういうことになるでもあろう。しかし、「有」が窮極においては「無」であり、経験世界で我々の出合うすべてのものが、実は「無」を内に抱く存在者（「無」的「有」）であり、要するに絶対無分節者がそのまま意味的に分節されたものであることを我々が悟る時、そこに自由への「開け」ができる。その時、世界（コスモス的存在秩序）は、実体的に凝り固まった、動きのとれない構造体であることをやめて、無限に開け行く自由の空間となる、と。なぜなら、一々のものが、それぞれ意味の結晶であり、そして意味なるものが人間意識の深層に淵源する柔軟な存在分節の型であるとすれば、「無」を体験することによって一度徹底的に解体され、そこから甦った新しい主体性――一定の分節体系に縛りつけられない融通無礙な意識、「柔軟心」――に対応して、限りなく柔軟なコスモス（限りなく内的組み替えを許すダイナミックな秩序構造）が、おのずからそこに拓けてくるであろうから、であります。

東西の哲学的叡知を融合した形で、新しい時代の新しい多元的世界文化パラダイムを構想する必要が各方面で痛感されつつある今日の思想状況において、もし東洋哲学に果すべきなにがしかの積極的役割があるとすれば、それはまさに、東洋的「無」の哲学が、今お話したような、内的に解体された、アンチコスモス的なコスモス、「柔軟なコスモス」の成立を考えることを可能にするとい

うところから出発する、新しい「柔軟心」の思想的展開であるのではなかろうか、と私は思います。

（『思想』一九八七年三月）

風景

千古一輪月――鎌倉の月は美しい。

「千古一輪月」とは、寒山詩に歌われている

寒山頂上月輪孤
照見晴空一物無

というような禅者の澄みきった心境の形象化であろうが、事実、鎌倉の空に照る月の清冽《れつ》な輝きには、「心法は無形、随処に清浄、十方に透って万法一如」といった趣がある。

思いなしであるかもしれない、が、それにしても、そんな想念を心に喚起する何かがあることは

たしかだ。一体、それは何だろう。

もちろん、まず考えられるのは、この地特有の自然的風土の性格である。だがそれと同時に、いやそれにもまして、鎌倉という歴史的な場所《トポス》の文化的風土の作用を考えるべきではないかと思う。十二世紀末葉以来、この地には禅的精神性の長い伝統がある。それの生み出した文化価値の蓄積が、時の経過とともに質化して、独自の思索的文化風土を形成してきた。人を思索の深みに誘いこむような重厚な精神文化的気《い》——それは、おそらく鎌倉に住む人が肌で感じることのできる一種の文化パラダイムとでもいうべきものなのではなかろうか。

私が東洋の哲学伝統の言語理論的読み直しというようなことを、自分の学問的主題として考えはじめたのは、この地に移り住んでからのことだったと思う。たんなる偶然なのだろうか。


家を新築して、東京の杉並から移って来たのは、一九六八年だったから、もうかれこれ二十年近くも前のことである。だが、私がこの地の四季を連続して味わうようになったのは、考えてみれば、ほんのここ二、三年のことだ。外国の大学と研究所中心の生活が一九五九年から七九年初めまで続いたので、実際に鎌倉の家で暮らしたのは、その期間中は毎年夏休みの二、三カ月に限られていたし、その後も、長い外国生活の後遺症とでもいうのか、何やかやと国外に出る機会が多かった。

こんな次第で、私はまだ鎌倉の風光を、本当には、ほとんど知っていない。それに、読んだり書

いたりするには、昼間より夜のほうが、私にはいい。従って、真夜中が仕事の時間、夜明けから真昼時までが睡眠の時間、というわけで、それがもうほぼ五十年来の習慣となっている。こんな生活のリズムが外出や散歩などに向かないことはいうまでもない。むろん、たまたま所要で山を下り、鎌倉市内に出掛けることはあるが、本格的な鎌倉散策といえるような風流なものではない。

だがそれでも、ここに住んでいるだけで、いつのまにか、この風土が発散する雰囲気のようなものを、ごく自然に楽しめるようになった。日暮れ時、近くのポストに郵便を出しに行くのが日課のようになっているのだが、そんな時、遠景の小山のシルエットや、深々と静もる谷《やと》の暗さに、ふと心が向かう。真冬の晴れた夕方、西空に全姿を刻み出す紅の富士を、書斎の窓から眺めて時を忘れたりもする。木々を濡《ぬ》らす春の雨や、遥かな海を渡り、峰々を越えて吹きよせてくる風の咆哮《ほうこう》、寺の鐘の音……それらのいずれもが、私の心の耳に、何ごとかをじかに語りかけてくる文化的風土の声なのだ。

鎌倉の自然は、幾世紀にもわたってそこにいとなまれてきた人間生活の濃密な精神性と不可分の一体をなしている。それが風景のどの断片にも、一瞬一瞬の独自性となって息づいている。もっとも、ポストモダン風にいえば、切り取られた現実空間としての風景は、この意味では、どれ一つとしてコピーではありえないのであって、一つ一つが、例外なく、オリジナルであるのは当然のこと

なのだが。

今ここに現前する現在という時間的・空間的極点、を生きる実存的意識の充溢《じゅういつ》の中に、かつてこの同じ空間に生きた人々の経験の総体を巻きこみながら、ただ一回限り生起する、そして果てしなく広がる、意味イメージの空間が、瞬間から瞬間へと非連続の連続として現成していく。鎌倉の自然の歴史性には、そういうことを痛切に感じさせる何かがある。この特異な風土を、自分の思索の気的場所《トポス》として、私はこよなく大切に思っている。

近代日本の生んだ東洋的思想家、西田幾多郎や鈴木大拙、の思索の場となったこの地に住み、これらのすぐれた二人の先覚に思いをいたしながら、東洋思想に関する書物を読んだり書いたりすることになっためぐり合わせに、私は、いまのところ、大いに満足している。

（『月刊　かながわ』一九八七年四月）

『図書』「私の三冊」への回答

(1)『善の研究』(西田幾多郎)
本書の中心主題「純粋経験」は、いわゆる西田哲学の原点である。自己の行くべき道を模索しつつあった若き日の思索の記録。その思索のみずみずしさが読む人の心を撃つ。

(2)『旧約聖書　創世記』(関根正雄訳)
表面的には神話的ナラティヴ文学として興味深い読み物である『創世記』も、そのテクスト構成は文献学的に困難な問題に満ちている。本書はこの点において、現代旧約学の第一人者による第一級の学問的労作である。

(3)『中世の文学伝統』(風巻景次郎)
日本文学史の決定的に重要な一時期、「中世」、への斬新なアプローチを通じて、文学だけでなく、より広く、日本精神史の思想的理解のために新しい地平を拓く。

(『図書』一九八七年五月)

いま、なぜ、「西田哲学」か

「西田哲学」を推薦することは難しい。推薦の必要などないからである。戦前・戦中・戦後を通じて、かなりの浮沈はあったにせよ、この哲学への関心は日本の知識人の間に根強く存続してきた。そして今日、日本だけでなく、欧米でも「西田哲学」の人気は著しく高まりつつあるという。

東洋的自覚の根源的主体性を実存の深みに秘めつつ、西洋哲学の概念機構を自在に操作して思索した独創的哲学者。西洋に向って自己を開いたポスト明治日本にあって、西と東の思想的交流点を、パイオニアとして、力動的に彼は生きた。近代的日本哲学の生起点である西田幾多郎の思想は新しい東洋哲学の様々な方向への展開の可能性を示唆する。彼の思索の軌跡をもう一度、批判的に辿りなおしてみるべき時が、今、来ているのではないか、と私は思う。

（『西田幾多郎全集』内容見本、一九八七年九月）

下村先生の「主著」

「著作集」が、いよいよ世に出ることになった。待望久しい出版物。私自身も、以前、何遍かお勧めしたことがある。が、そのたびに先生のお答えは同じだった。

「私はまだ主著を書いていない。主著のない著作集なんて……」そんなときの先生の屈託のない笑顔に圧倒されて、私はそれ以上何も言えなかった。

だが、それにしても、主著がない、とは、一体、どういうことなのか。ルネサンス的人文主義の精神を実存的に生きてこられた先生のような思想家にあっては、数理哲学など、いわゆる本格的研究から随筆、随想の端に至るまで、全体が一つの無限に開けた世界を構成しているのであって、全体そのものが、だから、そっくり主著なのだとも考えられるのではなかろうか。

でも先生ご自身は、こともなげに、こう言われるのだ。私はこれから主著を書かなくてはならない、現在はそれの準備をしているところ、と。企画されている主著の題目は「精神史としての科学

史」とか。ルネサンスを中心に、広く西欧の思想と芸術について多年研鑽を積んでこられた先生の、学問と思索の集大成として、それは大きな意義をもつ業績となるのだろう。しかし、この主著が、先生の知的活動の完結点になるだろうとは、とうてい私には思えない。

自分は天才的万能人の未完結性につきせぬ魅力を感じる、と先生は言う。先生の処女作が「ライプニッツ」だったことは、この点で実に興味深い。芸術にせよ学問にせよ、一つのシステムが、これで完結したという閉止線をついにどこにも引くことのなかった天才レオナルドと、同じルネサンス精神を後代に生きたもうひとりの天才ライプニッツとは、まさにその故に、先生の終始かわらぬ情熱なのである。

ルネサンス的人間像を根底的に特徴づける「普遍的人間」の理念。イスラーム哲学の「完璧な人《インサーン・カーミル》」や、ロシアの詩人プーシュキンの「全　人《フセチェロヴェーク》」などにも通じる一つの宇宙的な人間理念。そのような意味でのルネサンス的普遍性を、悠々と追求しておられる先生の姿が私を魅惑する。こういう広大な展望のうちに見えてくるであろう世界思想パラダイムの多極的普遍性こそ、現代の日本の哲学が、これから探究してゆかなくてはならない第一義的な課題である、と私は信じる。

日本の哲学者、下村寅太郎――私にとって先生は、日本的な文人文化伝統の、現代におけるたぐいまれな体現者であるばかりでなく、さらにそれを、ルネサンス的精神の活力によって、現代日本の思想風土のなかに、独自の普遍性をもった形で、発展させることのできる、ほとんど唯一の貴重

な存在なのである。

自分の本当の主著を書くのだ、今が自分の正念場だ、と言いきる八十五歳の哲学者。その気概の烈しさに私は感嘆する。加うるに、先生の筆は近来ますます雄渾、心はいよいよ若く、みずみずしい。「著作集」出版完了の後、そして現在進行中の「主著」が完成した後、さらにどんな作品がどんな形で生れてくるのか、実に楽しみである。切に御長寿をいのる。

（『下村寅太郎著作集』内容見本、一九八八年二月）

禅的意識のフィールド構造

本稿の原テクストは、一九六九年度の私のエラノス講演《The Structure of Selfhood in Zen Buddhism》(*Eranos-Jahrbuch* XXXVIII, 1971, Zürich)であって、禅における主体性の特殊なあり方の分析解明を主題とする。私がエラノスの講演者の列に加わったのは一九六七年のことだから、この学会との私の関連から言えば、ごく初期の講演である。そこに述べられている思想の要点だけは今日でもまだいささかも変ってはいないものの、とにかく今読みなおしてみると、欠陥ばかり目立つ。この機会を利して、できるかぎりそれらの欠陥を訂正し、補足しようとつとめた。だが、結局は、原テクストの忠実な翻訳でもなく、さればといって完全な書きなおしでもなく、中途半端なところに留ることになってしまった。読者の御寛恕を請う次第である。

さて、その年のエラノス学会の綜合テーマは《Sinn und Wandlungen des Menschenbildes》――英語では《The Image of Man》と簡略化されていた――で、要するに様々に異なる文化パラダイム、いろいろな学問領域の枠付けの中で、「人間」の根源的イマージュがどう変って現われてくるか、またそれらのイ

マージュが、それぞれの文化枠の中でどのような史的変転を示すか、ということが、主催者側から提出された問題であった。私のほかに参加者は、スイスのヘルムート・ヤーコブゾーン(Helmuth Jacobsohn 古代エジプト宗教思想)、イスラエルのサンブルスキー(Schmuel Sambursky 原子物理学)、フランスのアンリ・コルバン(Henry Corbin イスラーム学)、同じくフランスのジルベール・ジュラン(Gilbert Durand 比較社会学)、ドイツのベンツ(Ernst Benz 宗教学)、イスラエルのゲルショム・ショーレム(Gershom Scholem ユダヤ神秘主義)、アメリカのヒルマン(James Hillman ユング心理学)、スイスのポルトマン(Adolf Portmann 生物学)、オランダのクウィスペル(Gilles Quispel グノーシス)の九人で、「人間」イマージュの種々相が多彩な形で論議された。私自身は禅を選んだ。

中国から日本にかけて、数世紀にわたる禅思想の発展史のなかで、私は特に「人間」イマージュの実存的ダイナミクスを最も鋭い形で提示する(と私の考える)臨済の「人《にん》」に焦点を合わせつつ、このきわめて特徴ある臨済的人間イマージュ(「赤肉団上、無位真人」)の活潑潑地たる働きの深部に伏在して、そのメカニズムを操るところの——そして、実は、臨済だけでなく、全ての禅的精神現象に構造的に通底するところの——意識のフィールド性を論究してみようと考えたのである。

たまたまエラノスでは、私が参加する数年前に、鈴木大拙翁が招かれて二年連続で禅について講演されていた。聴衆は多大の感銘を受けたらしく、禅にたいする異常な関心が昂まっていた。しかし、翁の話を聴いた人々の大部分は、煙に巻かれたような感じで、本当はよくわからなかったのだ、という。わからないが、何か深いものがそこにある、あるに違いない、と感じた、と。そこのところを、なんとか説き明かしてはもらえないだろうか、という要求も出されていた。上記のような論題を私が選んだ、それが一つの理由。だが、たんにそれだけのことではなかった。少くとも私にとっては、東西文化パラダイムに関わる興味ある事態がそこにあった。その辺の事情を簡単に説明した上で、本題に入ることにしよう。

一　「我の自覚」――問題の所在

今から振り返ると、もうひと昔前の古い話だが、「我の自覚」という概念が日本の哲学界を騒然たらしめたことがあった。「我の自覚」――この場合の「我」とは、言うまでもなくデカルト的コギトの「我」を意味した。この概念が、西洋哲学なるものを学び始めたその頃の日本人にとって、どうしてそれほどまでに重大な問題を惹き起したのか。簡単に言ってしまえば、デカルト的「我」が、思想史的に、近代の始点として理解されたからである。

　西洋的「我の自覚」が、本当はデカルトを越して遠くアウグスティヌスにまで遡るものであるにしても、とにかくデカルト的「我」の発見、「我」意識の自証、から西洋の近代哲学が始まるということは、大ざっぱな見方をするかぎり、思想史的事実であると言わざるを得ない。ということは、すなわち裏側から見れば、「我」の自覚を欠く、あるいは「我」の自覚の曖昧な、東洋の伝統的思想の非近代性、前近代性を指摘することでもある。滔々たる世界の近代化の波に乗って、近代世界に仲間入りするためには、日本の哲学は、先ず何よりも「我」の自覚をもたなくてはならない、というわけだったのである。そこに当時の日本哲学の直面した焦眉の問題があった。

　ここでデカルト的「我」の自覚とは、第一義的には個の自覚ということである。そして個の自覚とは、人間が自分の個的存在性を、その主体性の先端において覚知すること。要するに個的実存と

しての自我の主体的確立を意味する。そして、このような意味での自我、人間的主体性、の問題がデカルト以来、西洋哲学の基本的問題として、近代哲学の全発展過程を支配してきたこともまた事実である。

個的「我」の自覚、一切の他者・他己を徹底的に排除していくところにはじめて成立する自己のアイデンティティ。そこに、近代的人間の主体性を特徴づける絶対自律性が、直証的確実性をもって覚知されるはずである。もしそうとすれば、西洋哲学のこのような近代的「我」の自覚の見地から見て、日本の、あるいは東洋一般の、主体性の捉え方が、著しく前近代的と感じられたことも当然でなければならない。

茫洋として捉えどころもないような東洋的「我」。いわゆる我執の跋扈する実生活の次元は別として、少し深いところまでいくと「我」などというものが有るのか無いのかすら問題になってくるような「我」。そう言えば、確かに「我」に関する伝統的東洋思想の一般的傾向としては、個的主体を確立するよりは、むしろ個我的自己を消去することの重要性が強調されてきた。自と他、自我と他我との間の境界線すら曖昧で、ともすれば両者が融合してしまいそうな「我」は、自主独立的、自律的主体性としての「我」ではあり得ない。

とはいえ、東洋でも、無論、「我」の問題が重要視されてこなかったというわけではない。それどころか、例えば古代インドにおけるブラフマンとアートマンの窮極的相互同定というテーゼ一つだけ取ってみても、「我」すなわち人間的主体性がいかに東洋思想の中心問題であったかがわかる。

仏教もまたそのとおり。わけても、本論の主題である禅にいたっては、徹頭徹尾、実存的主体性が関心の焦点なのであって、「我」の真相開顕の課題をよそにしては禅そのものも無い、といってもよいほどである。ただ、その「真の自己」の探求が、上述の西洋的近代性の立場から見ると、全体的に著しく非近代的・前近代的な形で行われてきた、ということであるにすぎない。そして、その前近代的性格とは、今も一言したとおり、東洋の精神的伝統における「我」の観念が、漠然として無限定的であって、くっきりした輪郭をもたず、特に禅などでは自我と他我との区別も明確でない（少くとも表面的には、そのように見える）ということ。要するに「自我」――独立自立的な個我意識として、他者あるいは世界に対立し対抗する自己完結的「我」のアイデンティティが確立されていないということにある。

私は、どちらが良いとか悪いとか言っているのではない。ただ、「我」探求の方向が、そして「我」の定立の形が、この点では、西と東とまるで違っているという事実を指摘したいだけのことだ。西方では近代ヒューマニズム的人間像確立の基となったデカルト的「我」が、東方では、「傲物高心の者は我《が》、壮《さかん》なり」（大珠慧海）というように我執の源として否定される。道元の有名な言葉を引用するまでもなく、ここでは「我を忘れる」こと、つまり自我意識を無化することこそ、真の自己の自覚に至る第一歩とされる。主体性は、その極限的形態においては、主体性そのものを否定し脱却し、「脱我的主体性」として働きだす。それが道元のいわゆる「我を忘れる」ということだ。「脱我的主体性」の働きの場には、いわゆる「我」の意識はない。「物我一如」などという表現によ

く現われているように、我と物との間に明確な境界線は引かれない。我と物との区別が不定であれば、無論、「我」そのものの観念も不定になる。それが近代性の欠如として感じられるのは当然でなければならない。確かに、ある意味からすれば（すなわち、デカルト的「我」を近代性の始点とする立場に立つかぎり）このような東洋的「我」の捉え方は前近代的と言わざるを得ない。

だが、ここでもう一歩立ち入って考えてみれば、事態は見かけほど単純でも簡単でもなさそうだということになってくる。だいいち、当の西洋の内部で、近代はその史的発展の過程において、何回か深刻な危機を繰り返したあげく、ついに「終焉」に達してしまったことを我々は知っている。そして、終焉に達した西洋の近代文化が、今やポスト・モダン的解体の道を急速に走りつつあること、もまた。モダンからポスト・モダンにわたるこの数百年の間に、個我の自覚としての西洋的主体性の観念は、思いもかけなかったような変転を経験した。西洋的「我の自覚」のこの変転の全道程を、現代アメリカの代表的ポスト・モダニスト哲学者、マーク・テイラー（Mark C. Taylor）が、その主著『さまよう』の中で、実に鮮明に描き出している。ついでながら、テイラーには、『さまよう』以前に、同じ問題をやや違う角度から追求した『自己への旅路・ヘーゲルとキルケゴール』（*Journeys to Selfhood : Hegel & Kierkegaard*, U. C. P., 1980）という著書がある。もって近代的人間主体の運命にたいする彼の関心の根深さを知るに足る。

今、かなり複雑に錯綜する線を辿るテイラーの所論の筋書きを、ここで再現する余裕は、勿論、

ない。ただこれから本論に述べようとする東洋、あるいは禅に特有の「我」の自覚ときわだった対照を示す若干の論点をごく単純な形で考察しなおすことによって、禅意識のフィールド構造をよりよく理解するための、いわば地均しをしておきたい。

デカルトが個的実存の基礎としての「我」の観念を樹立し、それによって西洋哲学史の近代を拓いた時、事はすこぶる簡単であるかのように見えた。あたかも神中心的な中世的世界像は解体され、今まですべてを支配してきた神に代って人間が存在世界の支配者の位置についた、かのように。絶対超越的他者としての神のイマージュは消え、その空席に人間主体の自主独立性が据えられた。人間の自律性の自覚。それは数世紀を越えて現代のオルタイザー的「神の死」の観念に直結する。

だがはたして神は本当に死んだのだろうか。無神論的ヒューマニズムは確実な根拠を獲得したのであろうか。そうでないことは、近代思想のその後の発展によって如実に示された。いや、神が死に、死んだ神に代って人間が主権者となったという考え方自体に内蔵されている根源的矛盾は、すでにデカルト自身の思想においてあますところなく暴露されていたのだ。要するに、主権が神から人間の手に移ったということは、人間の側の一種の主観的幻想にすぎなかったのであって、実は、すべてが、神的コンテクストあるいは神学的思想風土の内部での出来事にすぎなかったのである、神の退陣も、人間の自律性の確立も。

皮肉なことにデカルトは、コギト的「我」の存在を直証的確実性において証明した後、それに基

づいて、神の存在を証明した。皮肉なことにと言うのは、神の存在が証明されれば、当然、人間主体の自主独立性は否定されざるを得ないからである。神が存在するかぎり、人間は神との相依相関においてのみ存立できるのであって、事態は従来のごとく神の独裁ではないにしても、二つの主権の並立である。並立は対立となり、結局は、またもとのとおり神が絶対主権者になってしまう。その場合、昔の状勢との違いは、今まで顕在的だった神が、一応、背後に退いて姿を隠した、というだけのこと。顕在的であれ、隠在的であれ、神の存在が人間の自律性を脅かすことには少しも違いはない。しかもこの場合、神は絶対超越的他者として、他者性一般の代表である。自律的「我」が、一切の他者性の排除においてはじめて成立し得るものであることについては、前に一言した。

神との関連において、始めからデカルト的自我観念に内在していたこの根源的矛盾は、時とともに尖鋭化し、近代哲学の史的発展がカント、ヘーゲルを経てニーチェに達する頃には、完全に危機的状況に落ち込んでいく。要するに、いったん手に入れた（と人々が思った）「我」の主権を守り通すためには、どうしても神が主権の座から曳きずり下ろされなければならない、ということだ。神が排除されなければならない。「奴隷の叛乱」が起る。もともと「主体」をあらわすsubject（subjectum）という語は、文字通りには「下に投げつけられたもの」（＝「奴隷」）を意味した。神の絶対超越的他者性が喚起する実存的恐怖から脱却するために、「奴隷」たちは蜂起する。蜂起して彼らは己れの主人、神を殺そうとする。「神殺し」は、フロイト的深層心理学のコンテクストでは「父親殺し」である。

だが、とテイラーは言う、皮肉なことに、人間が神を殺し、神が死ぬ時、人間は自滅し、人間的主体性も死ぬ。「神だけが死ぬのではない。自己もまた死滅する」と。この結論がどこまで正しいか、私は知らない。またこうしてポスト・モダン的状況に進み入った西洋的「我」のイマージュが、今後どのような方向に進み、どのような形で自己のアポリアを解決することになるのか、それも私には予想できない。それに、だいいち、今テイラーに従って略述したような自我論が、西洋近代の自我論のすべてではないし、また唯一の史的発展形態でもない。しかしとにかく、デカルト的「我」の自覚が、少くともこのような方向に展開する可能性をもっていたということ自体、この型の自我論を特徴づけるための有力な手がかりになるのではなかろうか。

が、いずれにしても、それは本論の直接関知するところではない。本論への直接の関わりは、ここに素描した西洋的「我」の近代哲学的イマージュが、以下の諸節で問題となる禅的主体性のイマージュにたいして、興味深い対照を示すであろうということだけである。

神の居る世界像においては——その神が全システムの中心を占めているにせよ、周辺地域に追いやられているにせよ、またそれが顕在的神であるにせよ隠在的神であるにせよ——人間は純粋に、完全に独立に自分ではあり得ない。人がそれを意識するとしないとにかかわらず、そこでは「我」は窮極的には神という絶対他者の鏡に映った自分である。要するに imago Dei なのであって、その意味では根源的に自己疎外された形での自分なのである。そこに西洋の近代的「我」にとっての深

刻な問題があった。
それでは、神の居ない世界——神が人間によって殺されたり、ことさらに追い払われることによって居なくなった（ように見える）世界ではなしに、始めから神が居る必要のない世界——そういう東洋的世界像の全体的コンテクストの中では、「我」の自律性の問題は、一体どうなっているのだろうか。

絶対主権者である神が存在しないからには、人間は無条件に自由であり自律的であるはずだと考えられるかもしれない。だが、このような安易な解答で満足してはいられないことは、「我」という観念の成り立ちを反省してみればすぐ明らかになる。臨済の説く「随所に主となる」という人間の自由自律性は、こんな簡単な意味での自由自律性ではないのだ。

先に述べた imago Dei としての西洋的「我」意識の場合、「我」は神という絶対他者の鏡面に映った自分の姿を基として成立するものであった。この意味で、「我」は鏡像であり、いわば神の影、「影法師」、である。これに反して仏教的世界像においては、確かに他者としての神は居ない。だがこの場合には、自分自身が他者としての働きをする。他者としての自分が鏡となって自分を映す、その原初的鏡像が「我」の意識を生む。もしそうとすれば、テイラーの説くナルシシズムと異なるところはない。そしてナルシサスは自殺する。

しかし、禅本来の立場からすれば、このような形で成立する「我の自覚」は真の「我の自覚」ではない、ということに注意すべきである。むしろこのような鏡像的（すなわち対自的）「我」の真

性を否定するところからこそ、禅の「我」論は始まるのだ。

経験的意識の鏡面に現われてくるような自己を、禅は真の自己でない自己、虚構の「我」、として否定する。真の自己は、まさしくそのような鏡像的自己が否定されつくし、滅尽したところにはじめて現成する。そういう意味で、先ず鏡像的「我」が完全に払拭されなければならない、対他的鏡像はいうまでもなく、対自的鏡像も。だが、鏡像だけを消し去ることはできない。鏡面に映る「我」の姿をあますところなく消し去るためには、それを映し出す鏡そのものを粉砕してしまうことが必要である。「身心脱落」――そこからすべてが始まるのだ。

「身心脱落」とは、先ず何よりもさきに、人間主体の自我的構造の解体である。映される自己（鏡像）も映す自己（鏡）もともに払拭されてしまうこと、要するにいわゆる自我が徹底的に無化されることである。鏡中無一物、鏡もまた無。だが、こうして解体された実存的主体の自我構造は、構造解体の否定性、消極性にそのまま止ってしまいはしない。自己の無い、従って勿論他己も無い、この空無の空間（「廓然無聖」「不識」）が、構造解体の次の段階で、そのまま逆に自己構造化して、真の自己、「我」の自覚として甦るのである。「清風匝《そう》地、何の極まりか有らん」――さわやかな風が限りなき宇宙をあまねく吹き渡る。「身心脱落」の境位で否定しつくされた自己が、ただちに「脱落身心」的主体性として肯定されるのだ。この第二の境位において、「自性」の枠付けを脱け出た無「自性」的、あるいは脱「自性」的主体性が、通常の経験的現実の世界で機能する時、それはフィールド構造という名にふさわしい特殊な内的構造を露呈する。それがどのような構造であるか

を分析することが、本論全体のテーマである。

今から約三十年前、私が日本を離れて外国の大学に籍を移した頃、人間的主体性のあり方についての禅の立場に、多くの知識人たちの関心が向きつつあることを私は発見した。みんなが鈴木大拙の著作を読んでいた。この人たちが禅の立場をどう理解したかは別として、神と人という二つの主体性の鏡映関係から生起する理論的葛藤が直接に指向する方向——今ではそれが、解体的であるにせよ構築的であるにせよ、いわゆるポスト・モダニズム的思想展開であることが明らかになったのだが——を離れて、何か全く別の方向に、「我」のあり方にたいする全く新しいアプローチを模索しようとする人たちであった。わけても、一九六九年度のエラノス講演の聴衆の間にはそういう関心が非常に顕著だった。禅をよく知っているわけではない、しかしそこに何か自分たちの内心の要求に呼応するものがありそうだと感じて、禅独特の「我」の把握の仕方に強い関心を、少くとも旺盛な知的好奇心を、抱く人々、そんな人々にたいして、私は禅の「我」観を説き明かさなければならなかった。この目的が私の論述のスタイルをおのずから決定した。本稿を通貫する思考方法が、終始テクスト解釈的であるのもそのためである。

元来、禅は説明を嫌い、己れが解釈されることに烈しく反撥する。禅は本質的に言語を超えた体験的事実であるのに、およそ説明とか解釈とかいうものは徹頭徹尾言語的な操作だからである、と。

だから禅を言葉で説明し解釈することは、どんなにそれが見事に行われようとも、所詮は第二義門に堕した作業にすぎない、と。もとより私はそれを否定しはしない。ただここで一言しておきたいのは、禅にたいするこのような禅自身の言い分は、あくまで宗教的実践道としての禅の立場表明であって、禅を取り扱う哲学者にはおのずからそれとは違う言い分がある、ということである。禅本来の立場から見て第二義門であるものこそ、哲学にとっては第一義門なのであり、禅自身が第一義門とするものは、哲学的にはたかだか思想の前ロゴス的準備段階であり、思考のための素材であり、第二義門であるにすぎない。禅は体験であることは否定すべくもないが、体験だけが禅なのではない。

他面、東洋哲学の諸伝統を、新時代の要請に応ずる形で組みなおそうと志す人間にとって、禅の限りなく豊饒な思想的可能性は、無視するにはあまりに魅力的でありすぎる。すでに高度に思想化され、精緻を極めた体系にまで哲学化されて現代に伝えられてきた他の大乗仏教諸派には見られないみずみずしい精神的創造力が禅には今なお潑剌と生きているのだから。それをどう哲学化していくかということに、私はつきせぬ「テクスト（読み）の悦楽」を感じる。「テクスト」という語を、その原義に引き戻して考える時、——text の語源 texō, texere はラテン語で「織る」の意。text = texture——禅的エクリチュールは実に多彩な意味形象の図柄を我々の前に織り出して見せるのであって、それをどう読みほぐしていくか、そこに一つの興味深い現代思想の課題を私は見る。

およそこのような主旨に基づいて、私は以下、禅の根源的主体性のフィールド構造を、可能な限界までロゴス化してみようと思う。

二　主・客対立の認識メカニズムを解体する

禅は、簡単に言えば、真の自己（「我」）を、その根源性において捉え、それをそのままに現実的経験の世界に機能させようとする人間のいとなみである。だから主体性ということが始めから最も重要な問題であった。「直指人心《じきしにんしん》、見性成仏《けんしょうじょうぶつ》」とは、真の自己の覚知を意味する。

だが、主体にたいする関心は、客体にたいする関心と表裏一体である。もともと主・客は、本性上、相互相関的概念であって、もし客体を定立しないなら、主体なるものは考える必要もないし、考えることすらできない。主が客に対立し、客が主に対立することは必然的なのである。ことさらに指摘するまでもないごく当り前のことだ。しかし、この一見平凡きわまりないところから、禅のすべてが始まるのである。

主・客の必然的相関関係のプロブレマティークを明確な言葉で提示したものの一つに、禅思想史最初期の作品、哲学詩『信心銘』がある。その一節に曰く、「能は境に随って滅し、境は能を逐《お》って沈む。境は能に由って境たり、能は境に由って能たり。両段を知らんと欲せば、元《もと》是れ一空。一

空、両に同じ、斉《ひと》しく万象を含む」。

この一節の前半は簡単だ。「主体（能）は客体（境）がなくなるとともになくなり、客体の方も主体が消滅すればそれにつれて消え去る。主体があるからこそ、それに対して客体は客体なのであり、反対に客体があるからこそ、それに対して主体は主体として定立されるのである」と。まさに主・客の必然的相互依存性（「縁起」性）を説いてすこぶる明快。問題はそれに続く後半である。曰く、「今、私は主・客（能・境）を二項対立的な形で語ったが、これらの二項が本来何であるのか、と究めてみれば、両者は（縁起的にのみ、すなわち、相互の純関係性においてのみ存立するという意味で）もともと同じ一つの空である。同じ一つの空ではあるけれども、（つまり、それ自体としてはなんらの実体的差別性をもってはいないけれども）、しかもまた同時に、（それ自体に本具する縁起的機能を通じて、非実体的差別性を現成し、主・客二項に自己分岐する。この意味で）一空は、互いに対立するところのこれら二項と自体的に完全に同定されるのであって、従ってまた、ありとあらゆる事物事象が、例外なく、本有的に含まれているとも言い得るのである」と。禅の立場から見た主・客関係の著しくダイナミックな可塑性が、ここに示唆されている。

今、この問題の詳細に入ることはできない。それこそ本稿全体の論究すべき課題なのだから。だが、話の糸口をつけるためにも、次のことだけは指摘しておきたい。

先ず、主・客という認識論的対立二項が、本来、「空」であるということ。それは、右に引用した一節の前半に明言されているとおり、主と客とが完全に相関的、相互依存的であって、両者それ

それが本質的に無「自性」的であること、言い換えれば、主も客も、独立した実体性をもった存在者ではない、ということを意味する。

次に、現実的には主・客両端に分れて機能している「空」が、その主・客的機能面において、そのまま、全存在世界の顕現・現成である、ということ。全く内部分節のない「一空」が、即、参差《しんし》たる現象的存在の差別界なのである。普通、「空」とか「無」とかいうと、我々はなんとなく形而上的超越性を考えがちであるが、そういう超越性は、ここではっきり否定されている。そしてこのような非超越的意味に理解された「空」(あるいは「無」)を、禅は大乗仏教哲学の伝統に従って、「心《しん》」(「心性」「心法」)という術語で表現するのである。それをまた「自己」ともいう(臨済の「人《にん》」も同じ)。そういう形で禅は人間の真の自己、「我」、主体性、の在処を考えるのである。主・客的二項対立の構成要素としての主を真の主体性とは考えない。

だから、禅本来の考え方からすれば、主・客対立における主だけを切り出して、それをどこまで追求して行っても、人は「本来の面目」に出逢うことはない。主・客対立における主ではなく、主・客の対立そのものを包み込む全体構造、すなわち「空→主・客→存在世界」全体の自覚が真の主体性なのであり、それがいわゆる「父母未生以前本来の面目」なのである。「那箇是自己」(那箇《なこ》か是れ自己、どれが汝の真の自己か)という雲門禅師の問いが、「尽大地《じんだいち》」、すなわち経験的世界の森羅万象の全て、が汝の真の自己である、という答を喚び起す、喚び起さざるを得ない、のはこの故である(『碧巌録』第八十七則)。全存在世界がすなわち「自己」、という。一見、いわゆる汎神論の

ようだが、それとは根本的に異なる。そのことは今まで述べてきたところからだけでも推察されると思うが、いずれにせよ、論述の進行につれて、次第にもっと明確になっていくであろう。

認識的事態における主体と客体との相関性、相互依存性は、なにも禅独特の見解ではない。そのこと自体としては、むしろ、いつどこにでも見られる常識的な見解である。特に、見方により、見る人によって同じ一つの物がいろいろに変って見えるというような形では、主・客の相関性に異議を唱える人は少い。日常的なものの考え方ばかりでなく、専門の哲学の領域でも、日常的思惟を基礎にして哲学する人々は、この意味での主・客相関性を事物認識の不確実性の論拠として使う。例えばバートランド・ラッセルの《*Problems of Philosophy*》(『哲学の諸問題』)。彼は言う。日常生活で我々はよく「机の色」などという表現を使う、「色」colour に定冠詞を付けて。つまり、どこでも、誰にとっても、机には一つのきまった色があるものと決めこんでいるのだ。だが、ちょっと反省してみれば、事実は決してそうではないということがわかる。これが机の色である、と言えるような一定の色はどこにもない。見る角度が変れば、机の色は変る。人が二人いれば、必ず見る角度が違う。「それに全く同一の角度から見るにしても、自然光によるか人為的照明によるかで違って見えるはずだし、その人が色盲であるか、青眼鏡をかけているかによっても色は違ってくる。それどころか暗闇の中ならなんの色も現われはしない」と。しごく当り前の話で、禅者であろうと誰であろうと、否定する人は恐らくいないだろう。だが、そんなことが問題なのではない。私がここで、わざわざ

このような文章を引用したのは、禅の問題とする主・客相関性が、これとは全く似て非なるものであることを際立たせたいからである。

禅もよく、一見、ラッセルと同じような形で主体と客体との相関性を問題にする。確かに、主体のあり方いかんによって、客体（すなわち物）が変って見える。しかし、と禅は付け加える、主体のあり方によって物がどんなに変った姿を現わそうとも、その主体が客体と対立するような主体であるかぎり、物の真相は現われてこない。主体を対客体的な認識主体のままにしておいて、どれほどその視角を変え、視点を移し、外的状態を変えてみても、物は絶対にその真相を顕わしはしない。存在をしてその真相を露呈させるためには、主体の立場を同一平面上であちこち移すのではなく、一挙に、いわば垂直に転向させせなければならない。言い換えるならば、主体が普通の意味での主体であることをやめなくてはならない。

主体が普通の意味での主体であることをやめるとは、ここでは、対客体的認識主体が、前述のごとく、「一空→主・客→世界」を己れの全体領域として現成するという形での脱自的主体に転成することを意味する。

「ある僧、（興善惟寛に）問う、道は何処にか在る。師曰く、只だ目前に在り。曰く、我、なんぞ見ざる。師曰く、汝、我有《が》るが故に見ず」（『伝燈録』七）。存在の日常的経験に様々な形で客体認知的に機能する主体を一挙に消去することによって、そこに現成する新たな主体性を、禅は「無心」と呼ぶ。「無心」とはたんに心が無い、つまり一切の意識活動の無い、いわば死んだような心の状

態を意味するのではない。主・客対立そのものの本源的空・無性の覚知であるというところから「無心」と呼ぶだけのことである。だから、前述の「心」という語の了解の仕方によっては、「無心」と「心」とが完全な同義語として区別なく使われることも少くない。

いずれにもせよ、「無心」的主体においては、主・客対立的認識の根本的特徴である「分別」作用は払拭され尽して影もない。それがここでの「無」の一番大切な意味である。「分別」については後にあらためて主題的に述べる機会があろう。要するに、簡略して言えば、仏教術語としての「分別」は、現代の哲学的意味論で説く存在分節のこと。つまり本来、どこにも切れ目、裂け目のない存在リアリティ――それを禅では「無縫塔」などという（全宇宙、是れただ「箇の無縫塔」――慧忠国師）――に、コトバの意味の指示する区分、区劃に従って縦横に切れ目を入れ、その一つひとつを本質的に独立した事物事象として定立することである。従って、そういう意味での「分別」作用を停止した心（「無心」）は、呆然自失して一物も見ない空虚な心ではない。「無心」にはそれ独特の次元における強烈な作用があるのだ。換言すれば、「無心」とは心の無ではなくて、「無心」という一種独特の意識機能なのである。「縦《ほしいまま》に観て写し出す飛禽の跡」（雪竇《せっちょう》）。一切は無「分別」的境位を経た上で、あらためて無分節的、超分節的全体性において見なおされ分節しなおされており、「非思量」的に思い尽されている。但し、それが具体的にどのような意識構造であるかを理解するためには、もっと迂遠な分析的解明の道を通過する必要があろう。

問題の核心は、「無心」と呼ばれる脱自的主体の実際に機能する場所が、通常の見聞覚知の当処であるということである。右の説明でもわかるとおり、勿論、「無心」は通常の見聞覚知を超絶してはいる。が、見聞覚知を離れて、全く別の次元で働くわけではない。見聞覚知を超えた「無心」が生きて働く場所は、まさに見聞覚知のほかにはないのだ。「但《ただ》、見聞覚知の処においてのみ本心（＝「無心」の働き）を認む。しかも本心は見聞覚知に属せず、また見聞覚知を離れず」（黄檗『伝心法要』）。

認識論的コンテクストにおいて「無心」とか「無」とかいう言葉を聞くと、多くの人はすぐ主客合一とか主客未分ということを考えがちである。「未だ主もなく客もない」。勿論、こういう意味での主客未分も禅意識形成の一局面ではある。が、禅本来の立場からすれば、それはたんに一局面であって全てではない。ましてや禅意識の絶対的極所でもないし、根源でもない。それに、主客未分、「未だ主もなく客もない」といっても、普通いわゆる神秘主義で問題となる主客未分とは、禅の「無心」的主体性はその内実も意義づけも微妙に違っている。

禅にとって遥かに重要なのは、神秘主義的な主客未分そのものではなくて、主客未分に当るような状態を一契機として、主客をいわば上から包みこむような形で現成する全体的意識フィールドであり、そういう全体的意識フィールドの活作用なのである。確かに主も客も一度は無化される。その意味では、主客未分を云々することもできよう。だが本当の問題は、一度無化され、解体された

主・客関係が今度は全体フィールド的に甦って、経験的現実として働く、その働き方なのである。そしてその働きの場所は、先に引いた黄檗希運の言葉にあったとおり、ただ見聞覚知の現場のみ、である。

こう考えてみると、「無心」とはいっても、この名で呼ばれる禅意識は、いわゆる主客未分の忘我的状態とは程遠いことを我々は知る。なぜなら、それは見聞覚知の現場で躍動する心なのだから。具体的現実の事物を、それははっきり観ている。ただその観方が、普通の主・客対立的認識構造のそれとは根本的に違うだけのことだ。では、どこがどう違うのか。

「山河不在鏡中観」、山河は鏡中の観に在らず、と雪竇が言っている。鏡の表面に映った山河は本物の山河ではない。自然の風景を映す鏡像が、どんなに本当の自然とそっくりでも、それはじかに見られた自然とは違う、というのだ。無論、「鏡」という比喩をどう取るかにもよるのだが、少くともここでは「鏡」は、始めから私が話題にしてきた主・客対立関係における「主」を比喩的に指示している。主体(私)が客体(山河)を見る。外的相互連関性において成立している主体が己れの認識対象として、己れの前に立つ山河を見る。そういう認識関係における主体を「鏡」に譬えるのだ。その上で、「鏡」に映った対象としての事物は、事物の真相ではあり得ない、という。この意味での鏡像を、夢の中に現われる事物の姿に譬える人もある。南泉普願の「南泉一株花」。『碧巌録』第四十則。世に有名な公案である。

ある時、陸亘《りくこう》という唐朝の役人が、南泉和尚を訪ねて会話していた。陸亘は学識ある人だ。ふと、彼はこんなことを言った。肇《じょう》法師（『肇論』の著者、格義仏教の大立物）の言葉に、「天地と我と同根。万物我と一体（天地与我同根、万物与我一体）」とありますが、実に驚嘆すべき発言だと思います。（しかしどうも未だその深意が摑めないでおります）、と。この時、南泉は庭前に咲く花を指して、「世間一般の人がこの一株の花を見る見方は、まるで夢の中で見ているかのようだ」と言ったと伝えられる。「時の人、この一株の花を見ること夢の如くに相似たり（時人見此一株花、如夢相似）」。

いわゆる現実の世界に咲いている現実の花。世人の目に映るこの花は、まるで夢の中に咲く花のようなものだ、というのである。南泉はここで、先刻から私が問題としている主・客対立的認識関係における鏡像的「客」のあり方（現われ方）を言っているのである。主・客対立的関係において、「主」（私）が見る「客」（花）は、私から離れて、私の向う側に、独立して存在する一個の客観的対象である。そのような形で認識された花は、花の真相を表わしてはいない。あたかも夢に見た花が花の真相を表わしていないように。つまり、この場合、私は花を直接、じかに、見ていないということだ。だからこそ、「天地我と同根、万物我と一体」という肇法師の言葉が、素晴しいとは思うものの、同時になんとなくそらぞらしく響きもするのである。

日常的な主・客対立関係における存在認識を決定的に特徴づけるものは言語である。この認識次元では、あらゆる事物事象の一つひとつが「名」をもっているのであって、「名」のないものは存

在しないに等しい。逆に言えば、およそ存在するものは、全て「名」の喚起する「意味」によってがっしり固定されているということ。このような状況において、「意味」は一々の事物事象の「本質」として把握される。「本質」という語に当るものを仏教では一般に「自性」(svabhāva) と呼ぶ。例えば花は花の「自性」によって花である。花は、「花」という名を帯びることによって、この名の意味によって本質規定されて動きのとれないものとなる。花という語の意味が決定する一定の存在範囲があって、花はその範囲を出ることができない(つまり、「花」が「鳥」になることはできない)。反対に、また、異物がこの範囲に侵入してくることもできない(つまり、「鳥」が「花」という名を帯びることはできない)。あくまで「花は花」。ここに、いわゆる同一律が成立する。

主・客対立の作り出す事物認識の場は、こうして同一律の全面的支配の下にある。「花は花」、あるいはより一般的に「AはA」。同一律の支配する世界においては、すべての物が、それぞれに自閉的である。いや、物だけではない、物をそのように同一律的に見る主体そのものも、また同一律の支配下にある。だから例えば「私が花を見る」という場合、見る主体である「私」も、見られる客体である「花」も、ともにそれぞれがそれぞれの「自性」に固着して自閉的である。互いに相手に対して自らを閉ざした「私」と「花」とが向い合う。勿論、互いに外在的であり他者である。この相互的他者性は、主と客のそれぞれに本来的に内在する(と想定されている)「自性」に由来する。

およそこのような認識の現場において見られた「花」を、南泉は「夢の中で見る花」と言ったの

だった。明らかに、常識の見方とは正反対である。常識の見方では、主・客間の相互他者関係において成立するところの、有「自性」的な花、すなわち「自性」(「本質」、花性)によって己れ自身に固定された花こそ、唯一の現実の「花」であるのだから。

ということはすなわち、禅は、一切の事物事象が無「自性」であるとする、ということにほかならない。そして無「自性」性こそが存在の真相だ、というのである。主体も無「自性」、客体も無「自性」。一切の「本質」的固着性は、ここにはない。限りなき存在柔軟性をもって、すべてがすべてに向って開けている。「私が花を見る」。ここでは「私」と「花」とは互いに他ではない。両者の関係は融通無礙。「私」と「花」との区別がないわけではない。区別はあるが、それが自閉的自己同定の(つまり同一律的な)区別ではないのである。だから、「私が花を見る」という認識的事態が、そのまま全体を挙げて「花」(全宇宙、是れ一株の花)、でもあり得るし、かと思えば、そのまま全体を挙げて「私」でもあり得る(全宇宙、是れ一箇の自己)。また、明歴々として「私が花を見る」でもあり得る。まさに「天地と我と同根、万物我と一体」である。そしてこのような認識風景が、前述の「無心」的主体性の視野に現成する全体フィールドそのものなのである。

「無心」の意識論、存在論を以上のように理解しておいて、試みに『碧巌録』第四十六則「鏡清雨滴声」を読んでみよう。ちなみに、この会話の主人公、鏡清道怤《きょうせいどうふ》は八世紀後半から九世紀初めにかけて活躍した禅匠で、雪峰義存の嗣。

「鏡清、僧に問う、門外これ什麼《なん》の声ぞ。僧云く、雨滴声《うてきせい》。清云く、衆生、顛倒し、己れに迷って物を逐《お》う。」

雨が降っている、その雨だれの音を、ただ雨だれの音、と思ってそう答えた僧に向って、「衆生、顛倒し、己れに迷って物を逐う」と言う。ここで鏡清の言う「己れ」と「物」が、それぞれ主・客対立的認識構造における主体であり客体であることは言うまでもない。雨だれの音を聞く僧と、彼によって聞かれる雨だれの音とは、互いに外在的他者である。それぞれが、「自性」固定的な自己同一性によって相手から切り離されている。世人は大抵このような顛倒した見方をする、お前もそのとおりだ、と鏡清は僧に言うのだ。

もしこの僧が、主・客対立的立場でなく、主・客対立をそのまま包み込んだ「無心」的主体性の見地に立って事態に対処していたとすれば、たとえ表面的には全く同じく「雨滴声」と答えたにしても、彼は鏡清からこんな否定的批判を受けることはなかったであろう。「無心」的主体性の立場で聞く「雨滴声」、それは客観的外界の現象として主体に対立する雨の音ではなく、主も客もともに捲きこんだ渾然たる全体フィールドそのものが、たまたま一極限定的に「雨」として現成している、その「雨滴声」である。十方世界、ただ雨だれの音。天地一杯のこの雨の音が、すなわち「父母未生以前本来の面目」としての「我」そのものの姿なのである。

「山河、自己、寧《なん》ぞ等差あらんや。為什麼《なんとしてか》、却って渾《すべ》て両辺に成り去る」と圜悟克勤《えんごこくごん》が問いかける（『碧巌録』第六十則「垂示」）。自然の事物（山や川）と我々の主体との間には、本来（つまり、両者がそれぞれ無「自性」的に開けているかぎり）なんの差別もありはしない（「天地と我と同根、万物我と一体」）。それがなぜ、客観的な対象界と認識主体という二項対立形式になってしまうのか、と圜悟禅師は言うのだ。

客観的な対象界と認識主体とを二つに分断し、さらに客観的対象界を、無数の事物事象に分割して相互に対立させるものが、この次元の存在を根本的に支配するコトバの意味分節作用であることは、前に書いた。AはそのA性（「本質」）の故にどこまでもAである。もし我々が、AをAたらしめているA性を、本来的には言語的意味の喚起する虚像であるとして否定し去るなら、AはAであることに固執し停滞することを止めて、そこに自由の境位が拓かれるであろう。

『臨済録』の一節に言う、「道流、錯ることなかれ（君たち、間違ってはいけない）。世出世の諸法は（世間も出世間もひっくるめて一切の存在者は）、皆な自性なく、亦た生性《しょうしょう》無し（本質もないし、またそれの現象形態も本物ではない）。但《た》だ空名有るのみにして、名字も亦た空なり。伱《なんじ》、祇麼《しも》に他の閑名《かんみょう》を認めて実と為す（ところが君たちは、そんな空虚な名前をありがたがって実だと思っている）。大いに錯り了れり」と。コトバによって支配される主・客対立的認識の世界にある一切の事物は、全て無「自性」。ただあるものは空名のみ。「唯有空名。幻花空花、不労把捉」

（「幻花空花、把捉を労せず」の一句は、先に触れた『信心銘』からの引用）。

繰り返すようだが、禅的主体としての「無心」とは、心が無い、心が働かない、ということを意味しない。何ものにも縛られない心を自在に働かせながら、存在世界に処していくことを「無心」というのだ。ここで何ものにも縛られないとは、すでに述べたところから明らかであるように、事物事象の（本当は実在しない）「自性」なるものを、実と間違えてそれに凝住固着することがない、ということにほかならない。古来、禅のテキストによく引用される『金剛経』の一句、「応無所住《おうむしょじゅう》而生其心《にしょうごしん》」がそのことを、この上もなく簡潔に、かつ適確に表現している。「応《まさ》に住するところ無くして、而《しか》も其の心を生ずべし。」六祖慧能はこの一句を聞いて悟ったと伝えられている。要するに、どこにも、何ものにも凝住固着することなしに（無所住）、しかも（心の一切の働きを停止してしまうのでなく）、「無住」のままで心を起し、自在に働かせていくべきである、ということ。サンスクリットの原文では、

Evam apratiṣṭhitaṃ cittam utpādayitavyaṃ
Yan na kvacit-pratiṣṭhitaṃ cittam utpādayitavyam
（かくのごとく、固着せぬ心が起さるべきである。何かに固着したような心は一切起されるべきではない）

となっている。「固着した心」(pratiṣṭhitaṃ cittam)——何に固着するのか。勿論、ものの「自性」に、あるいは、「自性」をもつものに、である。前述のとおり、例えばハナという語に対応する意味形象を存在論的「本質」(すなわち「自性」)と誤認して、そこに主体から独立した客観的なものとしての「花」を認めること。普通なら、心を起せば——この場合「心」は主・客対立的認識構造における「主」を意味する——心はたちまち対象にひっかかってしまう。実体化された言語的意味形象の葛藤の中に捲きこまれて動きがとれなくなる。つまり、心は一処に固定され、一物に固着して、無分節性の自由を失う。「応無所住……」とは、存在の本源的無分節性の自由を保ちながら、しかも存在分節し、存在分節しながら、しかもその分節態に縛られない、そのような形で心を働かせていくべきである、というのだ。これが「無心」的主体の本来のあり方である。

このような「無心」的主体の働きの特異性を、いかにも禅らしい鮮烈なイマージュに写して、趙州は「急水上打毬子」(急水上に毬子《きゅうす》を打す、急流の上で毬《まり》をつく)と言っている。流れて止まぬ激流はいわゆる対象界、一瞬も停止せぬ毬の動きは心の動き。まさに摩拏羅《まやら》尊者の偈として伝えられる「心随万境転、転処実能幽」(心は万境に随って転ず。転ずるところ実によく幽なり)という境位である。

ここで「転ずるところ幽」であり得るのは、すべてが転じつつしかも転じないところがあるからである。趙州の「急水」は流れ流れてしかも流れない。分節が無化されて無分節となり、その無分

節が無分節のままに自己分節する。それを「転ずるところ実によく幽」というのである。同一律は一たん否定されて（無）矛盾律が犯されるが、このようにして一たん否定された同一律は、またもとの同一律に戻る。（A＝A）→（A＝non-A）→（A゛＝A゛）。この最後の境位を、通俗的表現で、「柳は緑、花は紅」などと言う。より詳しく、この同一律変転の全プロセスを叙したものとしては、青《せい》原惟信《げんいしん》の世に有名な述懐がある。

「老僧三十年前、未だ禅に参ぜざる時、山を見るに是れ山、水を見るに是れ水。後来、親しく知識（奥義をきわめた禅匠）に見《まみ》えて箇の入処（いささか悟るところ）有るに至るに及んで、山を見るに是れ山にあらず、水を見るに是れ水にあらず。而今、箇の休歇の処を得て、依然として山を見るに祇《た》だ是れ山、水を見るに祇だ是れ水なり。」

蛇足ながら、最初の「山は山」は主・客対立の認識的事態、「山は山にあらず」は、成立直後の（あるいは成立して間もない）「無心」的主体性の見る緊迫感に充ちた事態、二度目の「山は山」は、時が経つとともに、やや余裕のできた「無心」的主体の自由な働きを特徴づける存在の非分節的分節の事態。

我々の普通の理解では、人が何か（例えば「一株の花」）を認識することは、意識の鏡に対象としての「花」の姿が映ることとして形象される。前にも言ったように、この場合、主と客とは互いに他である。しかるに、主と客とがともに自閉的であることを止めて、脱自的に己れを開いて互いに向き合う時、そこに面々相対する二つの明鏡に譬えられるような事態が生起する。禅的な表現では、これを「人、花を見る」↔「花、人を見る」という。ここでは人は確かに花を見ている。決して花も何も見ないのではない。だが、それが同時に、花が人を見ることでもあるのだ。互いに相手を映し合う二つの鏡の間には、いずれが主、いずれが客とも区別し難い一つの「幽なる」空間の限りない深みがひらけていく。渺々として言葉にし難いこの「無心」的存在認識の風光を、宏智正覚《わんししょうがく》禅師の『坐禅箴』が次のように、見事に描き出す。

「……事に触れずして知り（自分の外に客観的対象を見ることなくして認識し）、縁に対せずして照す（外境に対立することなくして、しかも了々と存在界を照明する）。事に触れずして知る、その知おのずから微なり。縁に対せずして照らす、その照おのずから妙なり。その知おのずから微、曾て分別（差別）の思なし。その照おのずから妙、曾て毫忽の兆なし。曾て分別の思なし、その知、偶なくして奇なり（対立するものはない）。曾て毫忽の兆なし、その照、取なくして了す。

水清くして底に徹す、魚行いて遅遅たり。

空闊くして涯《かぎ》りなし、鳥飛んで杳杳たり。」

宏智のこの『坐禅箴』をモデルとした道元の『坐禅箴』では、最後の二句が「水清くして地に徹す、魚行いて魚に似たり。空闊くして天に透る、鳥飛んで鳥の如し」となっている。無「自性」的に分節された魚は、魚であるよりも魚に似ているのであり、鳥は鳥のごとく飛ぶのである。

「夫れ心月孤明にして、光、万象を呑む。光、境を照すに非ず、境また存するに非ず。光境ともに亡ず。また是れ何物ぞ。」（盤山宝積《ほうしゃく》）

三 「我、花を見る」

主・客対立的主体の構成する世界、と「無心」的主体に開示される世界と。上来、私はこれら二つの存在認識のあり方を対照的に、すなわち両者の根本的差違性に焦点を合わせつつ、描いてきた、あたかも両者が互いに全く異質的であり、離絶しているかのごとくに。しかしまた同時に私は、両者が実は互いに無関係なのではない、ということをも、叙述の途中で、機会あるごとに示唆してきた。互いに無関係どころか、本当は、両者の間には、ほとんど相互同定的ともいうべき緊密な連関

があるのだ。そのことは、「山は山」という単純な「自性」的同一律の次元から、「山は山にあらず」という矛盾命題の定立を経て、ふたたび「山は山」の同一律に戻ることから見ても明らかであろう。全体を通して見れば、「自性」的同一律が、「自性」の撥無によって非「自性」的同一律となって現われるという、同一律の根本的な内的変質のプロセスにすぎないのである。要するに、「無心」の視座が導入されることによって、主・客対立的認識構造自体が、意外な様相を呈示するに至る、ということでもあるのだ。以下、私は差違性から連関性に問題の中心を移しつつ、両認識次元がどういう形で結びついているかを考察し、次にそれに基づいて、本稿の題目とした禅意識のフィールド構造を解明する方向に論を進めたい。これまで、最初から、私は「フィールド」とか「フィールド構造」とかいう表現を何回も使ってきた。しかし、「フィールド」という語で自分が何を意味しようとしているのか、については、まだほとんど一言も説明していない。

この目的を追求するための分析操作として、私はここに佐藤通次氏（『仏教哲理』理想社）によって案出されたきわめて有効な範式的表記法の使用を試みてみようと思う。周知のように佐藤氏は元来ドイツ語学・ドイツ文学の専門家であって、氏の提案による範式《フォーミュラ》が、仏教学の専門家や宗門の人々の間でどう評価されているのか、寡聞にして私は知らない。しかし、それはとにかく、私見によるかぎり、氏の範式表記法は、他に類例を見ない、すぐれたものである。但し、この範式を本稿のコンテクストで実際に借用するに当っては、必要に応じてかなり自由な形で細部を改変しなければ

ばならないであろう。さらに、記号表記の内的な読みそのものが、本稿でここまでに説明してきた私自身の禅にたいする了解の仕方に終始することは言うまでもない。

佐藤氏の範式も、日常的な感覚・知覚的認識主体の存在理解と、脱日常的な「悟り」の覚的主体の存在理解とを、一応、互いに根本的に異なる存在開顕の二つの地平として峻別し、前者をローマ字の小文字、後者を大文字で表記する。具体的に例示してみよう。

今、私の目の前に一輪の花が咲いている。私はそれを見る、「我、花を見る」（ちなみに佐藤氏自身は「花」のかわりに「これ」という代名詞を使う。その方がいろいろな点から見て正確度が高いし、便利でもあるけれども、ここでは私は前述の「南泉一株花」の公案にちなんで「花」とする）。あの公案の僧のように、私は今、庭前に咲く花を見ている。この場合、「私」は感覚・知覚的認識主体であり、「花」は「私」の外に実在する客観的対象である。「私」と「花」とは、ともにそれぞれ有「自性」的に独立して、互いに他である。前に詳しく説明したとおり、両者の関係は純然たる外的関係であって、内面的な結びつきではない。このような主・客対立的認識状況を、範型的には全部小文字を使って i see flower という形で表記し（この際、英文法の定冠詞、不定冠詞の別は一切考慮しない）、それをもう一段抽象化し一般化して s→o とする。s は subject「主体」、o は object「客体」（対象）の略字。これに対して、大文字の I SEE FLOWER は、「無心」的認識の事態を表わす。すなわち I は「無心」的主体、あるいは脱自的主体。SEE は「無心」的覚知（仏教的術

語ではprajñā「般若」の知)、すなわち前述の「住する所なき心」(apratiṣṭhitaṃ cittam)。FLOWERは、そのような心の非固着的働きによって、無分節的に分節される存在の本源的顕現形態としての「花」。

「我、花を見る」という認識経験の命題を、このようにi see flower—I SEE FLOWER、小文字大文字二様の記号で表記してみると、大文字の方が禅の特徴的見方を表わしていることは一見して明らかであろう。しかしそれよりもっと特徴的なのは、小文字で表記された事態(i see flower)の裏側には大文字表記の事態(I SEE FLOWER)が伏在していること、と言うよりむしろ、i see flowerの全体を、I SEE FLOWERのSEEが貫流しているということである。つまりSEEを通じてi see flowerとI SEE FLOWERとは密接に連関し、交流し合っているのである。もっとも、前「無心」的な、普通人の普通の認識経験としてのi see flowerの次元では、そこに働くSEEが経験の表面には全く現われていないのであるけれども。

日常的、感覚知覚の奥に伏在して、全体の認識機構を支配しているこのSEEを、昔の禅者は「心」とか「心法(心のリアリティ)」とか呼んだ。臨済が言っている、「心法は無形、十方に通貫す。眼に在りては見と曰《い》い、耳に在りては聞と曰い、鼻に在りては香を嗅ぎ、口に在りては談論し、手に在りては執捉し、足に在りては運奔《うんぽん》す。本《もと》、是れ一精明《しょうみょう》(もともと一つの無実体の自照性)、分かれて六和合《りくわごう》(六つの身体的知覚器官)となる」と。この「心法」を、根源的一心という意味で、臨済はまた「心地《しんじ》」とも呼ぶ。曰く、「山僧が説法、什麼《なん》の法をか説く。心地の法を説く(説心地法)。便ち能く凡に入り聖に入り、浄に入り穢《え》に入り、真に入り俗に入る」。それ自体としては全く

内的分節をもたないこの無差別の根源意識（「宇宙意識」とでもいうべき生命の創造力）は、あらゆる存在の次元に、限りない差別の世界を作り出しながら永遠、無始無終の自己分節を続けていく。「我、花を見る」（i see flower）が、このようなSEEの活潑潑地たる自己分節機能の現われの具体的な場所であることは言うまでもない。

そして、もしi see flowerの全体を、こういう意味でのSEEが貫流しているとすれば、それは、当然、私が現に花を見ているというこのささやかな認識事態を構成する契機としての「我」（小文字のi）の内部にも「花」（小文字のflower）の内部にも働いていると考えなくてはならない。すなわち、小文字の「我」の背後にはSEEがあり、小文字の「花」の背後にもSEEがある。このような姿において把握された「我」「花」は、日常的経験意識に現われる「我」「花」とは微妙に、しかし根本的に、違う。この違いを記号化するために、我々は（SEE→）iおよび（SEE→）fという表記法を使い、さらに抽象化を進めて、これを（SEE→）s→（SEE→）oとする。この場合、小文字の「エス」はsubject（主体）の略、「オウ」はobject（客体）の略。なお、SEEが括弧に入れてあるのは、日常的存在認識の次元ではSEEの働きが表面に顕われていない、つまりまだ気づかれていない、ことを表わす。括弧が取り払われ、SEEが顕在化すれば（すなわち覚知されれば）iはIとなり、flowerはFLOWERとなる。この場合、FLOWERはflowerに対し、Iはiに対してメタ記号的位置を占める。

先に私は、禅意識の構造的展開過程の中間において、必然的に（無）矛盾律の否定が起ることを指摘した。すなわちA＝A（「山は山」あるいは「花は花」）がA＝non-A（「山は山にあらず」あるいは、「花は花にあらず」）に転成するということ。今ここに導入した括弧づけのSEEは、まさにその事態を表示する。例えば（SEE→）fは、「花」がもはや「花」として自立自足できないということ、つまり「花」の「自性」喪失を表わす。「自性」的分節態であることをやめた「花」はもはや「花」ではない（A＝non-A）。だが、それはまた、（SEE→）fという形で、つまり「自性」的には「花」であることをやめた非「自性」的「花」として、メタ記号的に、もとの同一律的形姿（A＝A）に還帰するのである。

第一次的な記号flowerに対してFLOWERがそれのメタ記号、同様にiに対してIがそれのメタ記号であるとすれば、第一次的な記号的事態i see flower全体に対してI SEE FLOWERはメタ記号的事態を表わすということになろう。なお、ここで記号（的事態）というのは、例えば「花」という語が花という対象を同一律的に意味するという場合のように、コトバが、有「自性」的に分節され固定されたものやことを指示対象としてもつような存在認識の次元を指す。これに対してメタ記号（的事態）とは、コトバが、言語本来の意味分節機能を越えて、上に述べたような形で第二次的に、非分節的に、働く場合を指す。

「我、花を見る」という一見単純きわまる認識命題も、このように考えてみると実は次頁〔二九一頁〕の図に示すごとき複雑な内部構造を含んでいることを我々は知る。この図は、（SEE→）sの周囲に主体

的領域が、(SEE→)○の周囲に客体的領域が成立し、それらすべてを包む全体がSEEそれ自体の領域として現成することを示す。そして、こういう形で現成するSEEの全体的領域が、禅的意識の生きて働く姿なのである。そして、「一切心」とか「三界唯心」とかいう一見唯心論的な標語の意味の、それが禅的解釈でもある。

決して「心」「心法」などという名の超越的実体(絶対者)がどこかに存在していて、それが宇宙万物を自分の中から創り出す、あるいは上から支配する、というようなことではない。先に引用した臨済の、「心法」に関する文章がそれをよく証している。その時、一言したように、禅自身はむしろ、全宇宙に遍満し全てを貫いて流動する一種の生命エネルギーの創造力のようなものを考えているのである。この宇宙的創造力が、人間の主体性として働く姿、それを「心」「心法」などというのだ。「活潑潑地にして、ただ是れ根株なし」と臨済が言っている。瞬時も休むことなく、生々躍動している、がしかしそこにはなんらの実体性もない、と。

先刻から問題にしてきたSEEとは、本来、およそこうしたものである。「偏界蔵《かく》さず、全機独露」(圜悟)。それは十方世界に充ち満ちて、至るところ、己れの全体を露にしつつ「明歴々、露堂々」と機能している。山となって聳え、川となって流れ、「我」となってそれら全てを眺めている。それ自体は無形無相、絶対無限定でありながら、あらゆる事物事象の形姿を取って現われる。

この意味でのSEEを、禅はよく、「光」に譬える。「人人、自ら光明有るなり。(但し)看る時、見えず、暗昏昏」(雲門)。先に引用した『坐禅箴』の一節には、「縁に対せずして照らす、その照、

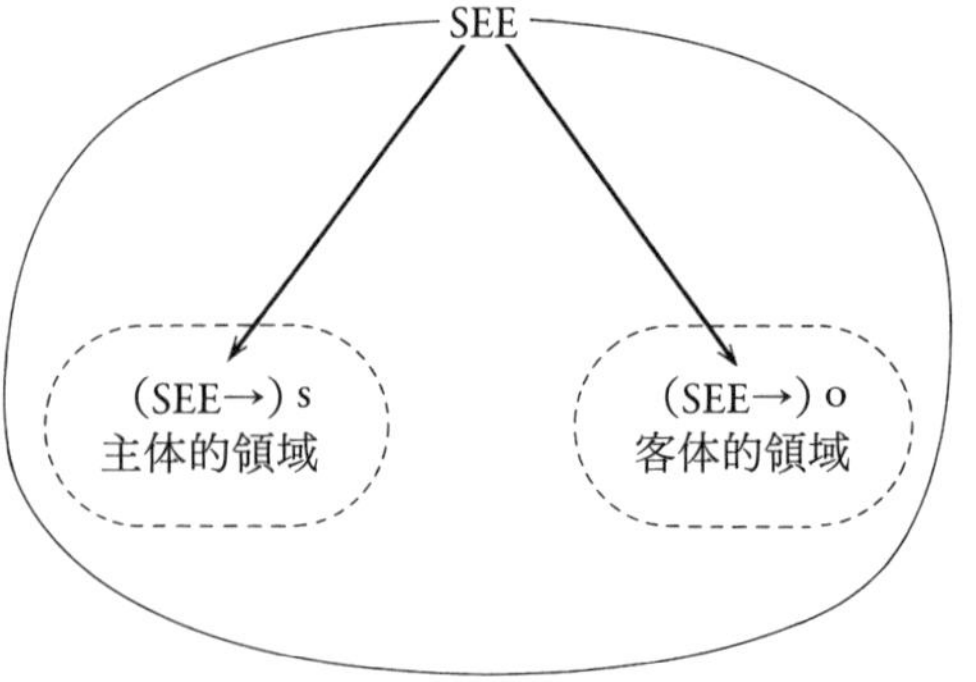

おのずから妙なり」とあった。純粋機能としてのSEEの本源的自照性をよく言い表わしている。

以上のように考えてくると、上に掲げた図の示すSEEの全体領域の、ダイナミックな創造的柔軟性がやや明らかになると思う。純粋自照的SEEの照らし出す全領域として、それは主体的でもないし客体的でもない。が、主体的でもあり得るし、客体的でもあり得る。始めに言ったように、もし人がこれを「主客未分」とか、「未だ主もなく客もない」というような形で描出するならば、少くとも禅本来の立場からすれば、誤りを犯すことになる。主客未分なのではない。そこには主も客もある。ただ全体の力のバランスのいかんによって、主だけが表に現われることもあり、客だけが表に現われることもある。かと思うと、主も客も、ともに表面から姿を消し、全領域が空々寂々として無一物の姿を取ることもあるというだけのことだ。SEEが自照的に照らし出す意識論的・存在論的全体領域の構造を、次にいささか解明してみよう。

四　時間軸と無時間軸との交叉点で

法眼文益《ほうげんもんえき》といえば、九世紀末から十世紀中葉に現われ、その著しい哲学性によって、禅思想史の流れを大きく変えた重要な人物だが、この人には世に知られた「三界唯心」と題する哲学的な頌があって、今我々が論題としつつある SEE の構造に深く関わる思想がそこに述べられている。その大意は次のとおり。「全宇宙はただ一つの心。存在するものは、ことごとく、ただ一つの識。全てはただ識のみであり、あらゆるものは一つの心である故にこそ、眼が様々な声を聞き取り、耳が様々な色を見分けることができるのだ。もし色が耳に入らぬようならば、どうして声が眼に触れることがあり得よう」。だがしかし、宇宙に遍満するこの「心」は涯しなく広漠として、限りなき可能性を内蔵する故に、たまたま色が眼に応じ、声が耳に応ずることもある。そんな時、「心」の深みから、いわゆる経験界が現起してくるのだ。法眼の言葉は続く、「しかし、たまたま眼が色に適応し、耳が声に適応する時、一切の事物事象が分別され認知される。一切のものがこのようにして分別的に認知されないならば、どうして夢幻のごとき存在の姿が現われてこよう。だがしかし、これらすべての山々、川、大地の中で、一体、何が変化し、何が変化しないのか」。「何が変化し、何が変化しないのか」という。変るもの（存在の時間的秩序）と変らぬもの（存在の無時間的秩序）とが同時に、そして見分けがたく融合して、成立するのだ。ここに SEE の具

体的顕現様式の、一見奇妙な二重性がある。一瞬一瞬に遷流して止まぬ「事」的経験の世界と、永遠不易の「理」的経験の世界とが、SEEの働きの中に同時現成する。記号的事態の中に、それを通じて、それと一体となって、メタ記号的事態が具体化する。言い換えれば、意識の時間軸と無時間軸とが交叉するところ、その都度その都度の「いま、ここ」の一点、がSEE現成の唯一のトポスなのである。

無時間的現在（＝現前）性と、フィジカルな時空的現象性。この二つが合致して同時に生起するところにでなければ、SEEは絶対に具現しない。古来有名な禅の文句、詩歌、絵画などが、非常に多くの場合、まるで自然界の客観的描写であるかのごとき観を呈するのはこの故である。禅の書物によく引かれて問題となる夾山善会《かっさんぜんね》の風景詩がその一例。

猿は子を抱いて青嶂の後に帰り
鳥は草を銜んで碧巌の前に落つ

この詩は、「如何なるか是れ夾山の境」というある人の質問にたいする夾山禅師の答であることに注意する必要がある。この問いが、禅師が現に住んでいる夾山の風景を訊ねるのではないことは、禅の自己表現の形式に多少とも親しんでいる人にとっては自明のことである。夾山の山奥に隠棲しているあなたの現在の内的境位は如何なるものか、と問うているのだ。

とはいえ、ここに描かれた自然は、決して内的境位のメタファではない。本当の自然描写である。ただ、その風景を観る禅師の目がSEEの目なのである。子を抱いて青嶂の奥に帰っていく猿も、花を嘴にくわえて碧巌の前に降りる鳥も、ここに描かれている全ての出来事を、この目は、存在の幽邃な無時間的事態の、時間的存在次元への「現前」として見ているのである。しかし、言葉の表面には、出来事の時間的、感覚的側面しか現われていない。先刻話題にした、哲学的思考の鋭さで世に知られたあの法眼文益すら、夾山のこの詩について、うかつにも、わしは三十年もの長い間、これを自然描写だとばかり思ってきた（「我、三十年来、錯って境の会《え》をなせり」）と告白しているほどである。いずれにしても、この種の自然描写の禅哲学的な意味は、それを意識フィールド内に正確に位置づけることによって始めて明らかになるであろう。だが、それは次節の主題であって、ここでは論じない。論述の現コンテクストにおいて、一番大切な点は、本節の最初から強調してきたこと、すなわち、先の臨済からの引用文で「心法」と呼ばれた「宇宙的自己」が、具体的な人間個人個人の個的自己を通じてのみ本来の機能を発揮できるということである。

「心法、形無くして十方に通貫し、目前に現用す。」
「心法は無形、十方に通貫す。眼に在りては見と曰い、耳に在りては聞と曰い……。」（前出）

要するに、先に使った範式的表示法で言うなら、主体的には（大文字の）Iは（小文字の）iを

通じてのみ働くということであり、それに対応して客体的には、存在の無時間的事態は必ずフィジカルな時間的事態の形を取って現実化する、ということである。有名な龐《ほう》居士（龐蘊《ほうおん》）の言葉「好雪片片、別処に落ちず」（『碧巌録』第四十二則）がそれを見事に言い表わしている。

「好雪片片不落別処」。降りしきる雪を見ながら龐居士が言う、素晴しい雪、ひらひらと舞い下りつつ、しかもどこにも落ちはしない、と。しんしんと雪が降っている。外的自然の現象としては、確かに雪のひとひら、ひとひらが大地に向って落ちてくる。だが、前に詳しく説明したように、無時間的な「心」のメタ記号的風景としては、尽乾坤、白一色の世界、全宇宙が雪そのもの。全宇宙を挙げて雪であるような状況において、雪はどこにも落ちるべき場所をもたない。およそ動きは、いかなる動きであっても、ただ相対的な世界においてのみ起る。いわゆる参照軸の外在しないところで動きを云々することは無意味である。それでもなお降る雪を考えるというのであれば、すべての雪片が（つまり「心」そのものが）それら自身の場所（「心」）に向って落ちる、とでも言うほかはないだろう。「心」が「心」に向って落ちる、それは何ものも、どこにも落ちない、ということと同じである。だが、他面、現実の感性的経験としては、確かに雪は降っている。現実に地上に落ちていく雪の片々を別にしては、どこにも落ちない雪というものは現成し得ないのである。

意識・存在のこの相互矛盾的二次元性を、龐居士はこの上もなく簡潔な形で表現している。すなわち、「好雪片片」の四字で時間的、感性的動の側面を、そして「不落別処」の四字で無時間的静の側面を。

これと全く同性質の事態を、もっと丁寧に言い表わした別の例がある。黄龍慧南《おうりょうえなん》の言葉（『語録』続補）がそれである。曰く、

「春雨淋漓として、宵に連なり曙に徹す。点点無私にして、別処に落ちず。且《しば》らく道《い》え、什麼《いずれ》の処にか落つ。自ら云く、汝の眼睛を滴破し、爾の鼻孔を浸爛す。」

雪にかわって今度は降り続く春雨。ここでもまた降りしきる雨が「別処に落ちず」と言われている。その理論的根拠は、龐居士の「雪」の場合と全く同じ。SEE の開示する宇宙的意識の地平では、全宇宙そのものが「雨」（大文字の RAIN）なのであって、それは何処にも落ちようがない。が同時に、もうひとつの経験次元で、雨（小文字の rain）は、最も具体的に、個的人間の身体を濡らして降りそそいでいる、という。無時間的「静」の次元だけでは SEE は現成しない。時間的「動」の場において、それとの緊密な機能的連結において、はじめて SEE がそのフィールド性を全顕現するのである。

五　禅意識のフィールド構造

「心法無形、十方に通貫す」と臨済は言った。しかし、それ自体では全く無形（不可視、不可触）

であるこの「心法」——上来、私はそれをSEEとして表記してきた——が、「十方に通貫」して働く場所は、個的人間の眼であり、耳であり、鼻、口、手、足などの身体的器官であった。すなわち、「無心」的主体（大文字のI——それの本源的機能性がSEEである）が現成する時、この主体は、有形・可視的な経験的主体（小文字のi）の具体性を通じて、それを通じてのみ、自己を機能的に顕現するのである。いわば「無心」的主体が、「有心」的主体と協同して作り出す意識・存在的機能磁場がSEEである、とも考えられよう。

だから、「無心」的主体とは、普通の意味では、つまり主・客対立的認識機構における「主」という意味では、決して主体ではない。前にも言ったように、それは、経験的世界で働く主・客対立機構を、いわばすっぽり包みこんで、それを上から（あるいは裏から）支配し、自由自在に操作する「何か」なのである。「棚頭《ほうとう》に傀儡を弄するを看取せよ。抽牽《ちゅうけん》都来《とらい》、裏《うち》に人《にん》あり」（舞台の上であやつり人形が様々に動作する、その動きをよく観察してみるがいい。人形たちが動くのは、みんな上から糸で引いている人が裏に居るのだ）と臨済は言う。「光影《こうよう》を弄する底《てい》の人、是れ諸仏の本源」とも。臨済が、インド系仏教の形而上学的匂いのする「心」「心法」の代りに、しばしば、より中国的な「人《にん》」という語をSEEに当てたことは前にも書いたとおりである。そういう非常に特殊な意味で、「無心」的主体（SEE）は主体（I）なのである。

そして、これもまた前に指摘したことだが、こうして「無心」的主体の全体的機能フィールドに取り込まれた主・客対立的主と客とは、ともに無「自性」化されて、もともとそれらを経験的次元

において根本的に特徴づけていた相互対立性を奪われ、「固着することなき心」（「無住心」）によって見られた「固着することなき（無「自性」的）」主および客として、互いに限りなく柔軟な「無礙」状態に入る。この境位での主と客との、この柔軟な無礙性こそ、これから述べようとする「無心」的意識のフィールド構造成立を可能にするものである。なぜなら、無「自性」的に成立する主と、無「自性」的に成立する客とは、もはや実体的に対立する主・客ではなくて、互いに純粋機能的相互依存性において成立する——と言うより、それ自体が純粋機能性そのものであるような——主と客であって、両者の相互流通を妨げる実体性は全然そこに存在していないからである。

　このような境位に立って見れば、我々が通常、最も具体的で最も原初的、と考えている「我」と「物」（主と客、認識主体と認識対象）は、実は、ある種の第二次的操作によって、存在経験の根源的所与から抽出されたものといわなければならない。原初的なのは、いわゆる現実ではない。本当に原初的なのは、いわゆる現実、すなわち感性的に認知可能な（つまり「自性」固着的な）実体的主・客の作り出す世界、の深層に伏在してフィジカルな経験の表面には現われない非「自性」的主・客の世界、すなわち主と客とがともに非固着的で、両者の間をわかつ分割線が微妙に流動的であるような、そんな意識・存在の全体的領野なのである。この全体領域が、能動的部分領域と受動的部分領域とに分割され、それぞれが自立する実体として把握される時、そこにいわゆる主・客が生起する。

　であるから、逆に言うと、表面的には自立して、互いに他者として対立する主・客も、深層にお

いては、それぞれがSEEの全領域の自己顕示（「全機独露」）なのである。両者いずれも同じSEEの全体を挙げての顕現形態である故に、両者は互いに流通し合う。

今、この特殊な事態を、「私は此れを見る」という単純な命題を例として、その内部構造を、先に導入した範式で表記してみよう。これを普通の認識経験の命題だとすれば、全部小文字で i see this と表記されるわけであるが、現に問題としている「無心」的主体の活躍する次元では、当然、全部大文字の I SEE THIS に変る。この場合、I SEE THIS は無分節的 SEE が、無「自性」的に自己分節することによって開展する機能フィールドを表わす。従って主体 I も、客体 THIS も、ともに同じ I SEE THIS 全体を内に含み、それぞれがそれぞれの形での全フィールドの顕現である。すなわち、I は実は I（＝I SEE THIS）であり、THIS は（I SEE THIS＝）THIS である。

だから、この境位で私が「私」と言う時、勿論、「私」という語は経験的主体としての「私」（小文字の i）を意味しない。私がここで意味するのは、I SEE THIS 全領域そっくりそのままの、自己収約的現実化としての私（大文字の I）である。確かに、それは現に「私」として顕現し機能してはいる。だがこの「私」は、共通のフィールドである I SEE THIS を通じていつでも自由に、たちどころに「此れ」（THIS）に転成し得るだけの内的能力をそなえた「私」なのである。

この「無心」的主体・客体の著しくダイナミックな相関性を次の説話が明快な形で提示する。説話の主人公は、中国禅思想史の黄金時代を代表する禅匠、馬祖道一《ばそどういつ》（七〇九―七八八）と百丈懐《ひゃくじょうえ》海《かい》

（七二〇―八一四）の二人。後に禅界の最高峰の一人となる百丈は、この時点ではまだ馬祖に師事する若者として登場する。この説話は公案史の上でもきわめて重要な位置を占める有名なもので、『碧巌録』では「百丈野鴨子」（第五十三則）と題して古来多くの人々に親しまれてきた。『馬祖語録』にも、（百丈惟政、政上座、を主人公として）ほとんど同じ形で記録されている。


馬大師《ば》、百丈と行く次《ついで》、野鴨子の飛び過ぐるを見る。

大師云く、是れ什麼《なん》ぞ。（『語録』所載のテクストには「大師問う、身辺什麼《なに》物ぞ」今、すぐそこに居たのは何物だ、とある。この種の問いは、禅の慣習としては、眼前に現在する事物の「何」〈小文字〉を問うことを通じて、SEE そのものの「何」〈大文字〉を志向する。百丈は、無論、それに気づかない。）

丈云く、野鴨子。

大師云く、什麼処《いずこ》に去るや。

丈云く、飛び過ぎ去れり。

大師、遂に百丈の鼻頭を扭《ねじ》る（いきなり鼻をつかんでねじり上げた）。丈、忍痛の声を作《な》す。

大師云く、何ぞ曾て飛び去らん（全然、飛び去ってなんかいないではないか。『語録』「猶《な》お這裏《ここ》に在り、何ぞ曾て飛び過ぎん」）。ここに至って、百丈は豁然として大悟した、と伝えられる。

この説話の第一の中心点は自分のすぐそばを野鴨が飛び去るのを眺めている年若い百丈である。この時の彼の見ている野鴨は、それを見ている彼とは独立に存立している一個の客体。我々の使ってきた表記法では小文字で書かれるべき野鴨、すなわち「自性」固着的な認識対象であって、見ている百丈も、当然、「自性」固着的な、（小文字）の「我」でなければならない。だが彼は馬祖に鼻を扭り上げられて痛いと感じた瞬間、忽然として、野鴨が彼の「心」から独立に存立している有「自性」的対象ではなかったことに気づく。空の彼方に飛び去ったものと思っていた野鴨が、実はまだ彼のもとに居ること、いや、彼の「自己」そのものであったこと、を彼は悟る。

全体的意識・存在フィールドの客体的側面（それを野鴨が具現する）が、突然、同じ意識・存在フィールドの主体的側面（百丈自身がそれを具現する）の方に急傾斜し、客が主に転向する体験的現場を、この説話は生々と描いている。全体的フィールドのダイナミクスが、ここに如実に提示される。

勿論この主・客転換が、これとは全く逆方向を取ることもあり得る。すなわちフィールドの強調点（現成点）が、主から客に移る場合だ。世に知られた趙州「庭前の柏樹子」の公案がそれの典型的な例。この公案は、今読んだ「野鴨子」よりもっと有名である。但し「野鴨子」とは違って、この場合は、主体から客体への転向の動的プロセスについては一切語られていない。ただ転向の結果だけが投げ出されている。あるいは、始めから転向など全くなく、じかに客体が現成したのだとも

考えることができよう。但しこの場合でも、本来なら主体としても現成し得るものがここでは特に客体として現成したということではある。とにかくI SEE THISという全フィールドが、THISの一点となって我々の眼前に屹立するのである。

「趙州、因《ちな》みに僧問う、如何なるか是れ祖師西来の意。州云く、庭前の柏樹子《はくじゅし》。」（『無門関』第三十七則）

ある時、ある僧が趙州に問いかける、「如何是祖師西来意」と。禅の始祖達磨がインドから中国へやって来たことの真意は、ということこの問い、禅のレトリックに多少とも親しんでいる人なら、これが、禅の真精神は何かという意味の質問であることを知っている。それにたいして趙州はただ一言、「庭前柏樹子」（庭の柏の樹！）と答える。『無門関』所載の公案としてはこれですべてがおしまいだが、『趙州録』の方のテクストでは、これに続きがあって、この答を得た僧は趙州に抗議して言う、「和尚、境を将《も》って人に示すなかれ」（そんな外界の事物をもち出してごまかしなさるな）と。その続き、「師云く、我、境を将って人に示さず（わしは外的自然の話などしているわけではない）。（僧）云く、如何なるか是れ祖師西来の意（と同じ質問を繰り返す）。師云く、庭前の柏樹子（と同じ答を繰り返す）」。

この説話の内的メカニズムは、前の「野鴨子」のそれと全く同じ。ただ違うところは、フィールド全体に充満する創造的生命のエネルギーが正反対の方向、つまり客体性の方向に傾き流れているだけのこと。「我、境を将って示さず」という趙州の発言は、この点についてまことに示唆的だ。「境」とは外的自然界の事物ということであるから。すなわち、この発言は、趙州の意味する「柏樹」が、決して自然界の（「自性」固着的）柏の樹ではないことを明示する。この「柏樹」の中には同じフィールドの主体性の側面（非「自性」固着的な「我」）が内部構造的に組み込まれているのだ。「野鴨」の場合には、全フィールド（I SEE THIS）が、「我」の側に凝集して現われていた、I（＝I SEE THIS）という形で。趙州の「柏樹子」においては、同じフィールド（I SEE THIS）に遍満するエネルギーがTHISの側に、（I SEE THIS＝）THISという形で凝集して現われている。やや誇張した言い方をするなら、この「柏樹」は、宇宙的柏樹なのであり、それの永遠・無時間的現在・現前が、時間的、現象的次元で、「いま、ここ」に、具体的な形で具現しているのである。華厳哲学的には、まさに「理事無礙」の境位、「一塵飛んで、無限の空全体が曇り、一鹿《ママ》落ちて、全大地が覆われる」（牛頭《ごず》法融）という次第である。

以上の考察によって我々は、禅思想においては意識・存在の根源的リアリティが、動的で伸縮自由な一種のフィールドとして考想されていることを知る。「主体」「客体」を二つの磁極とし、両者の間に流れる意識・存在的緊張のエネルギーの振幅のうちにおのずから形成される不可視のフィー

ルド。

このフィールドの両極をなす「主体」「客体」が、普通の意味での主・客ではなく、一方は全フィールド（I SEE THIS）を挙げての「我」であり、他方もまた全フィールド（I SEE THIS）を挙げての「此れ」であることは、すでに明らかであろう。両極のいずれの側にエネルギーが流れようとも、フィールドそれ自身にはなんの加増も欠少も起らない。ただ、両極間の力のバランスの、その都度生起し現成する具体的な場所が、純粋主体性の極点から純粋客体性の極点まで、フィールド全体を通して絶えず動いているだけのことである。この内的可動性が、フィールドに、四つの主要な現成形態を与える。

意識・存在フィールドにとっての四つの主要な現成形態、それを定型化し、体系化したものに、古来、臨済の「四料簡《しりょうけん》」として知られるものがある。「四料簡」とは、物事を判定的に分類するための四つの基準というような意味。この名称は『臨済録』の中には見出されないので、臨済自身の命名か否かはさだかでないが、思想内容そのものは、この上もなく明晰な形でテクスト上に打ち出されている。曰く、

有る時は奪人《だつにん》不《ふ》奪境《だつきょう》。
有る時は奪境《だっきょう》不《ふ》奪人《だつにん》。

有る時は人境倶奪《にんきょうぐだつ》。
有る時は人境倶不奪《にんきょうぐふだつ》。

これらは、SEE の「全機」発現の四つの基本型、言い換えれば、「無心」的主体が「有心」的主・客対立の現場を借りて作り出す意識・存在フィールドの四つの基本的な機能形態である。第一の「奪人不奪境」は全フィールドが客体（「境」）になりきってしまって主体（「人」）が完全に姿を消してしまう場合。第二の「奪境不奪人」は勿論それの正反対で、全フィールドの力がそっくり「人」の方に移ってしまった場合。第三の「人境倶奪」は「人」も「境」もともにその顕現性を消去されて、全フィールドがいわば空無の場所と化して現われている場合。第四の「人境倶不奪」は、主と客とがともに、並んで現われている場合。「人」（主）「境」（客）を両極とするこれら四つの基本的な全体発現形態の力動的な相互関係のうちに、意識・存在フィールドの根源的柔軟性が看取される。

「四料簡」の意味については、師家が己れの指導下にある学人の境位の深度を計る基準であるとか、師家が学人を悟りにまで導いていくための四つの手段であるとか、いう説がかなりひろく行われてきたが、私は取らない。勿論、第二次的にそういう実践上の目的でも使われてきたであろうことは否定しないけれども。とにかく第一次的には、「四料簡」の四項の間に段階的な差違があるというようなことは、とうてい信じられない。

「四料簡」を、上述のごとく、SEE の全機発現の基本型として考察する時、禅の問題とする意識・存在の「メタ記号的次元」×「記号的次元」的フィールド構造は、およそ次のような体系的叙述を許すであろう、と思う。ここでは、上記臨済自身の「四料簡」の順序をくずし、「人境倶奪」を出発点とする。あくまで叙述の便宜上のことであって、いわゆる「主客未分」とか「無」とかいう境位に優先的あるいは支配的位置を与えるわけではない。

㈠「人境倶奪」　フィールド全体がそのまま完全な安定性を得て、しかもどこにも特に目立つ中心点がない場合。フィールドがその全体を挙げて絶対普遍的な自照性と化す。「光、境を照すに非ず、境また存するに非ず。光境倶に亡ず。また是れ何物ぞ」（盤山宝積）。主・客が無くなってしまう、というのではない。ただ「我」（I）も「此れ」（THIS）も、ともに意識・存在フィールドの表面には姿を見せないということ。I SEE THIS が、そういう形で自己否定的に自己顕現しているのだ。禅はこの状態を指して「無」「無一物」などという。「廓然として一物も無し、光明十方を照らす」(葉県帰省《せっけんきせい》)。

㈡「奪境不奪人」　今述べた「人境倶奪」は無の世界。微動だにするものなく、永遠の静謐が支配していた。だが、時とすると、この無と沈黙のただ中から、忽然として眩いばかりの「我」の意識が生起してくる。今まで全フィールドを満遍なく満たしていた生命エネルギーが、静から動の状

態に転じつつ、フィールドの主体的側面に向って奔出する。フィールドは、またその全体を挙げて「主体」となり、それまであらゆるところに拡散していたエネルギーは、了々自照する「我」の一点に凝縮する。全宇宙、ことごとく「我」。他の何物も視界にはない。「百丈、独坐大雄峯」。高々たる孤峯頂上に全身を現わす「我」である。この時、人は「万法と侶《とも》ならざるもの」であって、「箇箇、壁立《へきりゅう》千仞」、何人も何物もこれに寄りつくことはできない。

(三)「奪人不奪境」　ある時は反対に、全フィールドに遍満するエネルギーが「客体」的側面に流集し、孤立する個体の形を取って現われる。前述、趙州の「庭前柏樹子」はその典型的な例。「人」は表面から完全に姿を消し、全フィールドが「境」だけとなる。またその同じ「境」が、個物の形に凝縮するかわりに、広大な自然の風景となって開展することも、しばしば、ある。第四節において、論及するところのあった夾山善会の詩句、「猿は子を抱いて……」は、まさしくその一例である。

禅にはこの種の自然描写が多い。このような自然描写は、たんなる自然描写ではない。勿論、第一義的には自然の風景を描いてはいる。が、同時に、表には見えない形で、「心」を描いてもいる。I SEE THIS の「客体」極である THIS しか表面に現われていないので、あたかも純客観的な外的自然の描写のように見えはするが、実はその THIS が全フィールド（I SEE THIS）の挙体顕現である故に、当然「主体」極としての「我」（I）もそこに在るのだ。「秋深く天気爽か、万象ともに沈沈、

月瑩《あきらか》にして池塘は静か、風清く松檜陰《かげ》る」という、表面的には自然の事物事象の列挙にすぎないかのごとく見える言句にたいして、圜悟克勤が、「頭頭《ずず》（これらの物の一つひとつ）外物に非ず、一一本来心なり」（『語録』八）と言っていることを見ても、そのことは明白である。ここで圜悟のいわゆる「本来心」が何を意味するかは、言わずして明らかであろう。

これと全く同じことを、もっと遥かに詩的な風景描写について、環渓惟一《かんけいいいつ》（南宋末期の禅匠）が述べている。「秋風地を捲き、秋水天に連なる。千山影痩せ、万木蕭然たり。漁笛数声江上の月、樵歌一曲嶺頭の烟——諸人、恁麼《いんも》の告報を聞いて、切に忌む、境の話の会《え》をなすことを（これを外的自然の描写だと理解しては、絶対に、いけない）。既に境の会をなさず、畢竟、作麼生《そもさん》か会せん。仏身法界に充満して、普く一切衆生の前に現ず」。要するに「心境一如」なのであって、たんなる「境」ではないということ。ただ、その「心境一如」（SEE = I SEE THIS）的フィールドの現成形態としては、「心」を消し、「境」のみとして現われている、ということなのである。

㈣「人境倶不奪」　フィールド全体のバランスが、「主体」極にも「客体」極にも傾くことなく、しかも両者それぞれの本来の位置を占めて完全顕現する状態、それが「人境倶不奪」である。すなわち I SEE THIS の両極である I と THIS とが、全く同じ重みをもって表面に現われている。顕在化したこの I SEE THIS を i see this と誤読すれば、「もとの日常底」に還帰した、ということになろう。それがいわゆる「柳は緑、花は紅」の世界である。

この世界には「我」が居る、「我」に対面する「此れ」もある。だが内部構造的には、それが普通の主・客対立ではなくて、最初に述べたとおり、主・客対立を包み込んだ「無心」的主体の自己顕現なのである。「如何なるか是れ祖師西来の意」(例によって例のごとき問い)と質問された虚堂智愚《きどうちぐ》が答えて言った、「山深くして過客無く、終日猿の啼くを聴く」——深山の庵を訪れて来る客とてなく、ただ私は終日猿の啼く声を聴いている、と。ここに浮び上ってくる「主体」と「客体」とが、「尽大地是れ汝が自己」(雪峯義存)、「尽十方世界是れ爾《なんじ》の心」(長沙景岑)、「山河大地日月星辰、総べて汝の心を出でず。三千世界は都来《すべて》是れ汝が箇の自己なり」(黄檗希運)などという場合の我であり自然であることは言うまでもない。

この種の我とこの種の自然との、全フィールド顕現的対面は、例えば雪竇重顕の「春山乱青を畳み、春水虚碧を漾《ただよ》わす。寥寥たる天地の間、(我)独り立ちて望む、何んぞ極まらん」というような極度に詩的な形象で描かれる場合が非常に多い。が、それとは正反対に、「私は花を見る」のごとく日常的な形で現われることも少くない。要するに、I SEE THIS の自己表現としては、どちらの形も内容的に全く同じことなのである。

以上、臨済の「四料簡」を略述した。「無心」的主体の拓く意識・存在の全領域は、これら四つの基本的顕現形態の間を自由に移行しつつ、その都度その都度の「いま、ここ」に現成する。四つ

のうちのどの形を取って現われようとも、同じ一つのSEEがそこにある。「法身は無相（SEEそのものにはきまった一つの形があるわけではない）物に応じて形《あら》わる。般若は無知（無心的主体性の知——I SEE——は、それ自体の固着的対象をもっているわけではない）縁に対して照らす。青青たる翠竹、鬱鬱たる黄花、手に信《まか》せて拈じ来れば、随処に顕現す」（宏智正覚）。表面に現われているものが「我れ、此れを見る」であっても、「我」だけであっても、「此れ」だけであっても、いや、そこに「我」も「此れ」も無くとも、全ては「随処に顕現」する「無心」的主体性の姿なのである。「無心」的主体性の、このようなあり方を、私はそれの「フィールド構造」と呼ぶ。

禅的意識・存在のこのフィールド性を、生きた生身の人間を通じて働くそれの機能現場で捉えて、臨済は「人」という形でイマージュ化した。「人《にん》」、より詳しくは、「無位の真人《しんにん》」。

「赤肉団《しゃくにくだんじょう》上に一無位の真人有り。常に汝等諸人の面門より出入す。未だ証拠せざる者は、看よ看よ。」

「真人」が「無位」であると言われていることについては、今さら多言を必要としないであろう。それ自体は絶対無限定（無固着的）であるSEEの、フィールド的自由無礙な柔軟性を、それは意味している。

なお、この引用箇所における「真人」の描写を見て、人はよく「内なる人」を云々したり、『新

約』のパウロ的体験を引き合いに出したりするが、勿論、それは比喩的イマージュとしてのみ正しいのであって、臨済の真意は、我々のこの身心的からだ（赤肉団）の中にもうひとりの霊的、あるいは純精神的な人が宿っていて、それが我々の身心機能を支配している、というようなことでは決してない。ただ、「内面的人間」というこの比喩的イマージュの長所は、それによってSEEが実際に機能するのは必ず具体的個別人間（この人）においてであるということをよく示唆するところにある。この一事を別にすれば、「無位の真人」は、前に引用した、同じ臨済の文章に出てくる（より抽象的、より形而上学的な）「心法」といささかも異なるところはない。「心法無形、通貫十方。在眼曰見、在耳曰聞、在鼻齅香、在口談論、在手執捉、在足運奔。本是一精明、分為六和合」。「心法」は個々人の感覚器官を通じてのみ具体的に機能する。それが、「人《にん》」的メタファ系統の言説では、「常に汝等諸人の面門より出入」する「無位の真人」として形象化されるのである。

臨済の「人」は、「無心」的主体性の開示する意識・存在リアリティのフィールド構造が、個々の人間を通じて実存体験的に生きられなければならないということを強調する。

（『思想』一九八八年八月）

『ロシア的人間』後記

誰でも経験する、経験し得る、ごく普通のことであるのかもしれないが、自分が何十年も前に書いた書物を読み返すことは人を複雑な気持にさせるものだ。まるで古ぼけた鏡に自分の顔を映して、それをじっとのぞきこむような。たしかに私自身の顔であるにはちがいない。だが、その顔は実に奇妙な具合に若やいでいて（当然のことだ）、しかもそれが、今ならとても口にしないような、よくこんなことを言ったものだと思うような、言葉を平気で喋り立てている。気恥かしい、そら恐ろしい、それでいて楽しくないこともない。憶えば、ものごころついて以来、本を読み本を書くこと以外にはこれといって何もしてこなかった私の、それが若い日の自分とのほとんど唯一の再会の機会なのである。長い歳月をへだてて、自分のかつてあった姿を、いわば外から眺めること。さまざまな形象が、入り乱れつつ、忘却の闇の底から立ち昇ってくるのを眺める不思議な感動がそこにある。

この本が一応正式に本の形で弘文堂から出版されたのは一九五三年の早春である。しかし実際は、

それより約五年前、創設されて間もない慶応義塾大学の通信教育部の教科書として印刷され、一部の人々に読まれていた。だから、今から数えればもう四十年以上も前の旧著ということになる。

大学を卒業したての未熟な若者が、要するに自分だけのために書いた私記であるにすぎない。学問とはどういうものであるべきかもよくわかっていなかった。ただロシア語を学び、始めてロシア文学に触れた感激を、ひたすら文字に写しとめようと夢中になっていた。だがそれだけに、私個人にとっては、実になつかしい青春の日々の記録ではある。


本書はその後、一九七八年、北洋社によって再刊された。その北洋社版の「後記」に、私はこう書いている。「……学生時代以来、十九世紀ロシア文学は私の情熱だった。ロシア文学との出遇いは私を異常な精神的体験とヴィジョンの世界の中に曳きこんだ。本書は、そのような世界の興奮の奔流の中に巻きこまれてゆく感激を、自分自身のなまの言葉で、そのままじかにぶちまけたものだ。この意味で、これは私の『学問以前』であり、もう二度と書けない作品である。

今から憶えば、ロシア文学にたいするこの烈しい主体的関わりも、結局、私にとって、自己形成途上に通過した一時期にすぎなかった。時たま必要あってクラチコフスキーのような卓抜したソ連東洋学の研究書を繙いたりする以外には、ロシア語で書かれたものを読むことすらなくなってしまった今日この頃では、トルストイもドストイェフスキーも遠い地平の彼方に過ぎ去った若き日の情熱にすぎない。だが、あの頃は、本当にロシア文学に夢中になっていた。そしてそれが、たしかに

私の魂を根底から震撼させ、人生にたいする私の見方を変えさせ、実存の深層にひそむ未知の次元を開示して見せた。この意味で、十九世紀のロシア文学の諸作品は、どんな専門的哲学書にもできないような形で、私に生きた哲学を、というより哲学を生きるとはどんなことであるかを教えた。今となってみれば、ただそれだけのことだった。だが、それだけでいいのだ。」

ペレストロイカという新しい文化理念の導入によって、今、ロシアはその面貌を変えつつある。おそらくこれからのロシアは、新しい文化パターンの創出に向って大きく旋回していくことだろう。だが私が本書で描き出そうとした、ロシア人の魂の奥底にひそむ根源的人間性だけは、そうたやすくは変らないだろう。いや、むしろこのロシア的主体性は、西ヨーロッパ的ヒューマニズムとはまったく違った、ロシア独特の、大地に根ざした巨大な「哲学的人間学」として展開していくのではなかろうか、と思う。そして、この「哲学的人間学」は、危機的様相を急速に強めつつある現在の、そして今後の、世界文化的状況の中で、重大な役割を果たすことになるのではなかろうか、と。こう考えれば私のこの旧著の再刊にも、なにがしかの意義が認められるのではなかろうか、というのが私のひそかな願いである。

久しく絶版になっていた本書が、今度、中公文庫の一冊として新しい形で再び世に出ることになったのは、もともと、「中央公論」の現編集長、平林孝氏の勧めによる。同氏の好意を有難く思う。

また、このような稚く拙い書物のために、貴重な時間をさいて解説執筆の労を取って下さった袴田茂樹氏にたいし、この機会に心からなる謝意を表したい。

一九八八年十一月

鎌倉の寓居にて

著　者

(『ロシア的人間』一九八八年十二月)

『マホメット』「学術文庫」版まえがき

今から振りかえってみると、茫漠とした遠い時間の彼方の出来事であるかのようでもあり、かと思うとまた、つい昨日の事のような気もする。昭和二十七年、弘文堂刊行の叢書「アテネ文庫」の一冊として、私は『マホメット』を書いた。今回の講談社「学術文庫」版は、その本を可能なかぎり忠実に再現したものである。

本書は、もう一度、今から十年前、人文書院刊の単行本『イスラーム生誕』の第一部として、装を改めて世に出たが、その時は、いささか考えるところあって、私は当時の自分の表現形態や思想傾向に合わせて、字句を訂正し、また叙述の内容もかなり改変した。しかしこのたび「学術文庫」に入れられるのを機として、もう一度全部もとの姿に戻し、「アテネ文庫」の原形に復帰させることにした。多くの欠陥はあるにしても、およそ原本なるものには、原本だけに特有の味わいと面白さがある、と信じるようになったからである。

とまれ、この形での『マホメット』は、今から四十年近くも前の作品。若い日の私の胸中に渦巻いていたアラビア沙漠の浪漫を、なんの制約もなく、ただ奔放に形象化したような、私自身にとっ

てよなく懐かしい書物である。

弘文堂の「アテネ文庫」。こういっても今の若い人たちは全然知らないだろうし、年輩の人々の記憶の圏内にもほとんど残っていないのではないかと思う。だが、あの頃の知的エリートのあいだでは非常に人気のある叢書だった。文庫本としてはこれ以上縮められないような小形、胸ポケットに入れて歩いても全く膨らみも見えないほどの薄さ。一冊ずつにしてみれば、文字どおりの小冊子。それでいて内容はなかなか高い水準で、戦後ようやく軌道に乗りだした新しい日本の知的文化の再建に少からぬ貢献をしたものだ。

この叢書のなかには、西谷啓治教授の『ロシアの虚無主義』をはじめとして、私自身の愛読書の数も多かった。だから、マホメットについて何か書いてみないかという勧めが編集部から来たとき、私は躊躇なしに引き受けて、一気呵成に書きあげたのだった。ひとつには、主題的に言っても、旧約聖書の預言者たちを含めて、一般にセム民族の宗教意識について、わけてもセム的預言現象の中核をなす憑依的主体性と、それをトポスとしてそこに生起する特異なコトバ現象、神言下降（いわゆる「啓示」）の構造について、強い学問的関心を抱いていたということもあった。が、それよりも、その頃の私としては、なんといっても、自分が情熱を傾けて勉強しつつあった前イスラーム時代（「無道時代」）の詩歌と、イスラームとの否定的・肯定的関連の深さについて考え、かつ語る機会が到来したということが最大の魅力だった。

こういう次第で、このマホメット伝の、いちばん顕著な特徴は、マホメット（より正しい発音に近づけるならムハンマド）というアラビアの預言者の興した人格一神教的宗教運動を、定石どおり、イスラームそのものの発祥の叙述から始めるかわりに、それを、それに先行する時代の文化状況との関係において説き起したというところにある。

マホメット出現に先立つ前イスラーム的異教時代、それを古典的イスラーム学自体の術語でジャーヒリーヤ（Jahiliyah）と呼ぶ。訳して「無道時代」。マホメットのもたらした聖典『コーラン』の教える律法秩序、つまり神の意志に基く、神与の正しい「道」（ものの見方、人間の生き方）を人々がまだ全然知らなかった時代、という意味である。

理窟から言えば、無道時代はイスラーム誕生以前の、過去に向って果てしなく続く悠久の時間を指すはずだが、事実上、具体的には文献的な制限があって、無道時代の歴史はイスラームの始点からせいぜい百五十年ぐらいまでしか遡れない。だが、それにしても、なんという豊富な、充実した百五十年であることか。異常な詩的精神の昂揚の時代。比類を絶する第一級の詩人たちが輩出して妍を競う。絢爛たる沙漠抒情の饗宴。古典時代のイスラームの学者たちの努力によって、多くの作品が現在まで伝えられてきている。

勿論、それらの作品を我々は、詩的鑑賞の対象として楽しむこともできる。しかしまた、それらを、純粋にアラブ的、沙漠的な人生観、存在感覚、世界像、の自己表現として思想的に読むことに

よって、イスラーム以前の、イスラームの宗教文化とはまるで違った、アラビア沙漠独特の文化パラダイムを、そこから抽出することもできる。そのような前イスラーム的文化パラダイムとの鋭角的対比においてのみ、それに対する解体的立場として自己を主張したイスラーム文化の根源と深層とを、我々は探り出すことができるであろう。なぜなら、イスラームは、まさしく無道時代的文化ミリューの真っ只中から、それに対する激烈な革命的意義を担って生れ出た宗教文化だからである。

およそこのような立場、このような見所から、このマホメット伝は書かれたのであった。無道時代からイスラームへの根源的な文化史的転換、それを私の稚い筆が、しかも極度に限られた紙面の枠内で、どこまで描き出すことができたか、それは私自身にはわからないし、また私が自分で判定を下すべき事柄でもない。

この旧著を、「学術文庫」の一冊として再刊するにあたり、現在日本のイスラーム学界の第一線に立って注目すべき業績をあげつつある牧野信也君が、懇切な「解説」を書いてくれた。同君の好意にたいして、心からなる感謝をここに表明したい。それからまた、本書のこの形での刊行に並々ならぬ熱意を示された「学術文庫」の宇田川眞人氏の尽力にたいしても。

平成元年二月

鎌倉にて

井筒俊彦

(『マホメット』一九八九年五月)

『コスモスとアンチコスモス』後記

現代世界の歴史的・文化的状況を記述する文章を読んでいると、「カオスの時代」という表現によく出会う。無論、「カオス」的であるということ（だけ）で記述しきるには、現代の世界文化の機構は、あまりにも複雑すぎる。それは誰にもわかっている。が、その反面、確として依拠するに足る形質的固定性が何処にも見当らないような世界、そんな世界のまっただ中に投げ出され、何者とも得体の知れぬ力によって刻々に己れの存在を脅かされる不安を現に生きつつある、という緊迫した実感が我々にはある。

人間生活のあらゆる分野、あらゆる次元で、全てのものが混迷し浮遊し、諸事象間の境界が、あるいは取り払われ、あるいは目まぐるしく揺れ動いて、容易に行方を見定めがたい、この時代。「カオス」という語の意味し示唆するところには、ある種の生々しい感触があるのだ。

しかし、「カオスの時代」とは、もう少し厳密に言えば、たんに「カオス」の支配する時代というだけのことではなくて、「カオス」と「コスモス」との対立が特に目立って激化した時代という

ことを意味する。ギリシャの昔以来、「カオス」は常に必ず、「コスモス」の相反概念として、それとの密接不離な敵対関係においてのみ、有意義的に機能してきた。

だが、それだけではない。本源的にギリシャ的な存在感覚——同じく「カオス」と訳されるにしても、古代中国、『荘子』の「渾沌」はこれとは本質的に別系統の、似て非なるものだ——に由来するこの二項対立的思考モデルに依って考えるかぎり、我々は「カオス」と「コスモス」との間に、もう一つ、前者を統御し後者を保持する第三の力として、「ノモス」という媒介項を、当然、措定しなければならないはずである。つまり、「カオス」—「コスモス」という二項対立的概念を使うかわりに、むしろ「カオス・ノモス・コスモス」という三項一体的構造体をこそ、我々の時代的シチュエーションを分析的に了解するための、より有効なキーターム群（キーコンセプト群）として活用すべきなのである。

だが、それにしても、この三項一体的キーターム群の中で、現代では「カオス」だけが暴走して、あたかもそれが独一的に我々の生存を支配しているかのごとき印象を与えがちであることも、また否定すべからざる事実である。

「カオス」をめぐるこの現代的特異事態は、勿論、さまざまに異なる説明を許容するであろうが、なんといっても先ず第一に指摘されなければならないのは、「カオス」あるいは「カオス的なもの」が最近、とみに異常な攻撃的性格を帯びはじめたということであって、まさにそのことが、現代を「カオスの時代」として特徴づけることを正当化する少くとも一つの決定的に重要な根拠になって

いるのだ、と思う。

このような事態にかんがみ、私は本書で、「カオス」を「アンチコスモス」と読みかえてみた。そういう積極的否定性、すなわち反「コスモス」的攻撃力への読みかえにおいてのみ、「カオス」なるものの真に現代的な側面が露呈されると信じるからである。

もともと、古代ギリシャの原初的神話形象として成立した時点での「カオス」は——それに相応する『旧約』「創世記」の世界創造譚でも同様だが——そこから「コスモス」と呼ばれる美しい世界秩序が生れ出てくる存在の無定形的・無限定的混沌状態として構想されていた。だが今では、「カオス」はすっかりその面貌を変えた。もはや「カオス」は、原初の受動性にとどまってはいない。むしろ、「アンチコスモス」とこそ呼ばれるにふさわしい劇烈な破壊性の顔を我々に向けている。

事はたんに実践的生の諸分野だけの問題ではない。宗教的・哲学的思惟の、内的集定を中核とする領域でも、少くともその前衛的な周辺地帯では、いわゆるポストモダンの思想家たちが、西欧的哲学ロゴスの数世紀にわたる構築物に対して、徹底的な脱中心主義的解体工作による一挙破壊を企てている。ここで脱中心主義とは、要するに、西欧の伝統的な諸哲学体系からそのロゴス的中心軸を引き抜くことによって、それらの観念的「コスモス」組織を、全体的に「カオス」化してしまおうとすることだ。この種の思想的企画をどう価値づけるかは別問題として、また、人がそれを好む

と好まざるとにかかわりなく、事実上、「カオス」は明らかに、「アンチコスモス」の名にふさわしい巨大な攻撃的エネルギーとして、今日の我々の思想動向を、暴力的に揺り動かしている。

本書に集められた諸論攷は、顕在的には、いずれも東洋哲学の伝統のあれこれの側面を主題とする。一見、今述べた現代の思想的状況とは関連がないかのように思われるかもしれないが、隠在的には、どの論文も、「コスモス」「アンチコスモス」「ノモス」のいずれか一つ、あるいは相互相関性におけるそれら、の問題性を方法論的に意識しつつ、特にその観点から、東洋哲学の諸相を主題化してみようと試みたものである。その意味では、いずれも現代思想の先端的プロブレマティークに、直接間接につながるであろうと私は考えている。

前著『意味の深みへ』と同じく、本書の諸篇は、これまでに私が海外で、または国内でおこなった公開講演の記録である――、ただし全部、最近の『思想』誌上に発表したときの新しい形で。再発表の時点から、今こうして一巻の書物の形で世に送り出すに至るまで、長期にわたるその全行程を通じて、『思想』編集の合庭惇氏の全面的な理解と無条件的支持の下に仕事を進めることができた。深い感謝の念をここに明記して、結語としたい。

平成元年五月

鎌倉にて

著　者

（『コスモスとアンチコスモス』一九八九年七月）

解題

『井筒俊彦全集』第九巻には、一九八五年七月から一九八九年七月にかけて発表された著作を収める。

一九八五年、井筒は、「事事無礙・理理無礙——存在解体のあと」を『思想』の七月号・九月号に発表するが、これにはシリーズ名「東洋哲学のために」が冠されていた。

その後、同じシリーズ名を添えて、「創造不断——東洋的時間意識の元型」（一九八六年三月号・四月号）、「コスモスとアンティ・コスモス——東洋哲学の立場から」（一九八七年三月号）、「禅的意識のフィールド構造」（一九八八年八月号）の三篇が発表され、やはり『思想』に掲載された「イスマイル派「暗殺団」——アラムート城砦のミュトスと思想」（一九八六年七月号・八月号）とともに、一九八九年七月刊行の『コスモスとアンチコスモス』（岩波書店）にまとめられる。

一九八五年十一月、「三田時代——サルトル哲学との出合い」を『三田文学』に発表。

一九八六年一月、対談・鼎談六篇を収めた『叡知の台座』（岩波書店）が刊行される。

一九八六年四月、エラノス会議で交流のあったミルチャ・エリアーデが世を去る。井筒は「エリアーデ哀悼——「インド体験」をめぐって」を『ユリイカ』（同年九月号）に寄稿し、回想をまじえつつこの宗教学者を論じている。

一九八七年一月、「「気づく」——詩と哲学の起点」を『思想』に発表。この小篇

は井筒の生前には単行本に収録されていない。

この時期、井筒は四つの著作集・全集の内容見本に推薦文を寄せている――『西谷啓治著作集』(創文社、一九八六年九月)、『プロティノス全集』(中央公論社、一九八六年十一月)、『西田幾多郎全集』(岩波書店、一九八七年九月)、『下村寅太郎著作集』(みすず書房、一九八八年二月)。

また文庫本として再刊された旧著『ロシア的人間』(中公文庫、一九八八年十二月)と『マホメット』(講談社学術文庫、一九八九年五月)のために、井筒は新たに後書きを書いている。

*

一九八八年に刊行が開始された『岩波講座 東洋思想』の編集委員に、井筒は、長尾雅人、福永光司らとともに名を連ねており、『講座』全体の意図を「編纂の立場から」(内容見本、一九八七年十二月)で説明している。またその第二巻『ユダヤ思想 2』(一九八八年一月)に「中世ユダヤ哲学史」を、第四巻『イスラーム思想 2』(一九八八年十月)には「言語現象としての「啓示」」と「アヴィセンナ・ガザーリー・アヴェロエス「崩落」論争――『哲学の崩落』(Destructio philosophorum)と『崩落の崩落』(Destructio destructionis)をめぐって」を執筆した。

これらの文章が執筆・発表された時期は本巻収録作品のそれと重なる。本来なら本巻に収めるべきところであるが紙数の関係でそれはむずかしく、かといって二つの巻に分載するなら『岩波講座 東洋思想』という大きな枠組みが見えにくくなる。

そこで、当初の計画からは逸脱するが、『講座』関連の文章はすべて第十巻にまわすことにした。読者諸氏のお恕しを乞う次第である。

事事無礙・理理無礙——存在解体のあと

A　「東洋哲学のために 1　事事無礙・理理無礙(上)——存在解体のあと」『思想』第七三三号、岩波書店、一九八五年七月／「東洋哲学のために 2　事事無礙・理理無礙(下)——存在解体のあと」『思想』第七三五号、岩波書店、同年九月

B　『コスモスとアンチコスモス』岩波書店、一九八九年七月（底本はA）

C　『井筒俊彦著作集』第九巻、中央公論社、一九九二年八月（底本はB）

C版を底本に用いた。

「東洋哲学のために」というシリーズ名を冠して上篇が『思想』（A版）に掲載されたとき、前書きは次の段落ではじまっていた（B・C版で削除）。

> 断続的にではあるが、これからしばらくのあいだ、本誌の紙面を借りて、東洋哲学、東洋思想に関する欧米での公開講演の記録を日本語に移し、それを機として、自分の思想的過去を考えなおし、「書き」なおしてみたいと思う。

その後、同じシリーズ名「東洋哲学のために」を添えて、「創造不断——東洋的時間意識の元型」（一九八六年三月号・四月号）、「コスモスとアンティ・コスモス——東洋哲学の立場から」（一九八七年三月号）、「禅的意識のフィールド構造」（一九八八年八月号）が『思想』に掲載された（いずれも本巻収録）。ただし「コスモスとアンティ・コスモス」は「欧米での公開講演」ではなく、日本で行われた日本語の講演を「書き」なおしたものである。

前書き（本巻五頁）に記されているように、第一部「「理事無礙」から「事事無礙」へ」は、一九七六年にロンドンで開催されたイスラーム・フェスティヴァルで行なわれた講演 "Mutual Interpenetration of All Things"（未刊）に、第二部「「理理無礙」から「事事無礙」へ」は、一九八〇年のエラノス講演 "The Nexus

of Ontological Events: A Buddhist View of Reality" (*Eranos-Jahrbuch*, Vol. 49/1980, Insel Verlag, Frankfurt am Main, 1981; Toshihiko Izutsu, *The Structure of Oriental Philosophy*, Vol. 2, Keio University Press, Tokyo, 2008) にもとづいている。

ロンドン講演は、当時『思想』の編集長だった合庭惇が聴講している（「テヘランから鎌倉へ」本全集第六巻月報）。

A・B版の「ゾロアスタ」はC版では「ゾロアスター」に変更された。

A版の「関係（性）」の多くがB・C版では「関連（性）」に変更された。すなわち、「全体的関係性→全体的関連」（四五頁九行）、「関係性そのもの→相互関連性そのもの」（四五頁一〇行）、「相互関係的でしかあり得ない。関係といっても→相互関連的でしかあり得ない。関連あるいは関係といっても」（四五頁一〇—一一行）、「関係し合う、そういう全体的関係性の網が→関連し合う、そういう全体的関連性の網が」（四五頁一二行）、「関係の網→相互関連の網」（四六頁四行）、「純粋相互関係性→純粋相互関連性」（四六頁一〇行）、「全体的関係性→全体的相互関連性」（四七頁八行）、「存在の純粋関係性→「事」的存在の根源的関連性」（四九頁一四—一五行）、「存在のこの関係性→存在のこの流動的関連性」（五二頁五行）、「存在連関→存在関連」（五二頁一〇行）。

その他、A版とB・C版の主な異同を「A版→B・C版」の形式で以下に列挙する。ただし、句読点、送り仮名、漢字・片仮名表記にかかわるものは挙げない（以下同様）。

・「好きでもない私ではあるが」→「好きでもないが」（三頁一行）
・「私自身が参加していた数年前までのエラノスでは」→「私自身が参加した頃のエラノスでは」（四頁六行）
・「アレクサンドリアで」→「アレクサンドリア、ローマで」（一一頁四行）
・「私は、今、中国における」→「今、私は中国における」（一三頁一五行）
・「(Ibn al-'Arabī または Ibn 'Arabī, 1165–1240)」（B・

C版で加筆、一五頁一行）
・「華厳のいわゆる「事」」→「日常的・浅層的な「事」」（二一頁一三行）
・「今度は、実体性を奪われたまま」→「実体性を奪われたまま」（三三頁一二行）
・「「無」的真実在」→「「無」的真実性」（三七頁九行）
・「通路は塞がれている」→「通路が塞がれている」（四一頁七行）
・「ダイナミックに異る」→「力動的に異なる」（五七頁四行）
・「一個の人格神ではありますが」→「一個の人格神でありますが」（六一頁一一行）
・「数年前、書きました『イスラーム哲学の原像』（岩波新書）という小冊子のなかに」→「数年前、『イスラーム哲学の原像』（岩波新書）という小冊子のなかで」（六二頁九―一〇行）
・「幾つもの異なるレベル」→「幾つも異なるレベル」（六二頁一三行）
・「その時起る」→「その時現成する」（六四頁一五―一六行）
・「「神の気息」「神的慈悲の息吹き」」→「「神の息吹き」「神的慈悲の気息」」（六六頁七―八行）
・「この次元の神」→「この次元での神」（七二頁一行）
・「多を内にひそめた一」→「多を内にひめた一」（七二頁二行）
・「神自身に露わになった」→「神自身に顕《あらわ》になった」（七五頁九行）
・「第一次「性起」は「理」の第二階層に入ります」→「先刻お話した第二次的「性起」の段階に入ります」（八〇頁四―五行）
・「互いに独立に存立するだけではなく」→「互いに独立に存在するだけではなく」（九六頁四行）
・「長い時間、つまらない私の話におつきあい下さいましたことを、心から感謝します。」（B・C版で削除、九六頁末尾）

河合隼雄は、『明恵　夢を生きる』（京都松柏社、一九八七年）の「第七章　事事無礙」で、『思想』掲載の「事事無礙・理理無礙(上)――存在解体のあと」（A版）を図もふくめて引用しながら「華厳の世界

と明恵の夢との関連」（同書、二八四頁）を論じている。

なお、「プラパンチャのこの働きは、人が空を覚知する時にのみ消滅する」の出典は『中論』十八、五」とされているが（本巻二九頁）、これに対応する漢訳原文は「業煩悩非実、入空戯論滅」（『中論』巻三「観法品第十八」）と思われる（飯島孝良氏のご教示による）。

三田時代——サルトル哲学との出合い

A 『三田文学』第六四巻一九八五年秋季号、三田文学会、一九八五年十一月

B 『読むと書く——井筒俊彦エッセイ集』慶應義塾大学出版会、二〇〇九年十月（底本はA）

A版を底本に用いた。

本作品で最初の出会いが語られるサルトルに対して、井筒は終生共感と関心を寄せつづけた。サルトルに触れた文章には以下のものがある——『露西亜文学』の第一章と第六章、『ロシア的人間』の「序」と第八章（一九五一年および一九五三年、本全集第三巻）、*Language and Magic: Studies in the Magical Function of Speech* (Keio Institute of Philological Studies, Tokyo, 1956; Keio University Press, Tokyo, 2011, ch. 6), "The Structure of Selfhood in Zen Buddhism" (*Eranos-Jahrbuch*, Vol. 38/1969, Rhein-Verlag, Zürich, 1972; Toshihiko Izutsu, *The Structure of Oriental Philosophy*, Vol. 1, Keio University Press, Tokyo, 2008, p. 107)、『意識と本質』の第I章と第VII章（一九八三年、本全集第六巻）、『コーランを読む』の第八章（一九八三年、第七巻）、「コスモスとアンチコスモス——東洋哲学の立場から」（一九八七年、本巻、三一三頁）、「思想と芸術〔安岡章太郎との対談〕」（一九八八年、第十巻）。

白井浩司訳『嘔吐』は一九四七年二月に青磁社から刊行された。「この翻訳の一部は、かつて戦前「文化評論」誌〔甲鳥書林、一九四〇年六月・七月〕に載ったが、雑誌が廃刊を命ぜられるとともに、原

稿は篁《ママ》底に眠るを余儀なくされた」（訳者「あとがき」、原文は旧字旧仮名）。白井の「年譜（回想記風に）」によると、一九三八年六月、当時慶應義塾大学文学部フランス文学科の一年生だった彼は、刊行されたばかりの原著を丸善で入手している（『藝文研究』四四号〈白井浩司教授記念論文集〉、慶應義塾大学藝文学会、一九八二年）。

森有正の「手もとにある」と噂されていた『存在と虚無』は、一九四三年、独軍占領下のパリで刊行された。後年、関根正雄は「拙宅で井筒さんと森有正氏をひき合わせ」ている（「井筒俊彦氏のこと」中央公論社版『井筒俊彦著作集』第一巻月報）。

『叡知の台座』まえがき

A　『叡知の台座——井筒俊彦対談集』岩波書店、一九八六年一月

B　『井筒俊彦著作集』別巻、中央公論社、一九九三年八月（底本はA）

A版を底本に用いた。

井筒の生前唯一の対談・鼎談集である『叡知の台座』（A版）には、「I　文学と思想の深層〈遠藤周作〉」（一九八五年、本全集第八巻）、「II　東西の哲学〈今道友信〉」（一九七八年、第五巻）、「III　イスラーム文明の現代的意義〈伊東俊太郎〉」（一九八一年、第六巻）、「IV　神秘主義の根本構造〈上田閑照、大沼忠弘〉」（一九八〇年、第六巻）、「V　スーフィズムとミスティシズム〈H・ランドルト〉」（一九八四年、第八巻）、「VI　ユング心理学と東洋思想〈J・ヒルマン、河合隼雄〉」（一九八三年、第八巻）が収録されていた。

カバーの表紙側折り返しには次の惹句が印刷されている。

イスラーム学の精髄、神秘主義の本質、東西対話の可能性、ユング心理学と東洋思想、そして東洋哲学の新地平と、もっともアクチュアルな思想的課題を、さらには、自己の学問形成や参禅体験など青春の日々を、碩学・井筒俊彦が内外の客を迎

えて語る知の饗宴。対話と共感の場は知的創造の場となり、語りだされたコトバは新たな意味を帯びる。

創造不断――東洋的時間意識の元型

A 「東洋哲学のために 3 創造不断――東洋的時間意識の元型(上)――イブヌ・ル・アラビーの「新創造」について」『思想』第七四一号、岩波書店、一九八六年三月／「東洋哲学のために 4 創造不断――東洋的時間意識の元型(下)――道元の「有時」について」『思想』第七四二号、岩波書店、同年四月

B 『コスモスとアンチコスモス』岩波書店、一九八九年七月（底本はA）

C 『井筒俊彦著作集』第九巻、中央公論社、一九九二年八月（底本はB）

C版を底本に用いた。

前書き（本巻一一〇頁）に記されているように、第一部「イブヌ・ル・アラビーの「新創造」について」は、一九七二年にテヘラン大学で行われた公開講演「新創造」("The Concept of Perpetual Creation in Islamic Mysticism and Zen Buddhism," *Mélanges offerts à Henri Corbin*, ed. S. H. Nasr, Iranian Academy of Philosophy, Tehran, 1977)に、第二部「道元の「有時」について」は、一九七八年のエラノス講演 "The Field Structure of Time in Zen Buddhism" (*Eranos-Jahrbuch*, Vol. 47/1978, Insel Verlag, Frankfurt am Main, 1981; Toshihiko Izutsu, *The Structure of Oriental Philosophy*, Vol. 2, Keio University Press, Tokyo, 2008)にもとづいている。

A版とB・C版の主な異同を以下に列挙する。

・「時間意識の元型的構造」→「時間意識の元型的構成」（一〇九頁一六行）
・「異常な比喩的言語」→「異常な比喩言語」（一一二頁一二―一三行）
・「『華厳経』の存在ヴィジョンの哲学化」→「『華厳

経』の存在ヴィジョンの哲学」（一一二頁一三行）
・「「酔言《シャタハート》」」→「「酔言」または「泥酔妄語」(shaṭaḥāt)」」（一三五頁一一—一二行）
・「消極的意味の無ではなくて」→「消極的意味の無ではなく」（一三八頁九行）
・「己れを識る人は神を識る」→「己れを識る者は神を識る」（一四一頁一一行）
・「考えに入れて」→「念頭において」（一五三頁八行）
・「互いにぶつかり合い、排除し合い」→「互いにぶつかり合い」（一五五頁八行）
・「互いに極似した」→「互いに酷似した」（一五八頁一四—一五行）
・「さきに書いた小論、「事事無礙・理理無礙」（『思想』一九八五年、七号・九号）で」→「さきの小論、「事事無礙・理理無礙」で」（一六二頁一三—一四行）

　なお、「概念化する」（一一二頁一四行）は、A・B版では「概念化す」となっていた。

イスマイル派「暗殺団」——アラムート城砦のミュトスと思想

A　『思想』第七四五号(上)／第七四六号(下)、岩波書店、一九八六年七月／同年八月

B　『コスモスとアンチコスモス』岩波書店、一九八九年七月（底本はA）

C　『井筒俊彦著作集』第九巻、中央公論社、一九九二年八月（底本はB）

C版を底本に用いた。

　前書き（本巻一八六頁）に記されているように、「イスマイル派「暗殺団」」は一九八六年五月十二日に日本学士院例会で行なわれた研究報告をもとにしている。同じ『思想』誌上に発表された「事事無礙・理理無礙」や「創造不断」（いずれも本巻）とは異なり、「東洋哲学のために」というシリーズ名は添えられていない。執筆当時、井筒はこれを別系列の著述と考えていたのかもしれない。

　前書きに「一九八四年の早春、ロンドンのイスマ

イル研究所に招かれ、三カ月の講義を頼まれた……第二部は、その時自由に閲覧を許された数々の貴重な古文献に拠るところが多い」（本巻一八七―一八八頁）と記されているが、この講義については、ヘルマン・ランドルトの回想を読むことができる（「井筒俊彦を回想して」野元晋訳、本全集第七巻月報）。

A版とB・C版の主な異同を以下に列挙する。

・「去る五月一二日（一九八六年）」→「一九八六年五月十二日」（一八六頁一行）
・「一昨年（一九八四年）の早春」→「一九八四年の早春」（一八七頁一七行）
・「「暗殺団」」→「「暗殺団《アサシーニ》」（assassini）」（一八八頁六行）
・「イスマイル派的な秩序《コスモス》に対するアンチコスモスのトポス、」（B・C版で加筆、二一七頁一一行）
・「前回申し上げました」→「前に申し上げました」（二三一頁二行）

なお、「(一)クーニー、(二)カダル」（二六一頁八行）は、すべての版で「(一)カダル、(二)クーニー」となっているが、これでは図表（同頁左上）に合致しない。本文にも名前が挙げられているハインツ・ハルムの記述（Heinz Halm, "The Cosmology of the pre-Fatimid Ismāʿīliyya", *Mediaeval Ismaʿili History and Thought*, ed. Farhad Daftary, Cambridge University Press, Cambridge, 1996, p. 77）を参照して修正した。

エリアーデ哀悼――「インド体験」をめぐって

A　『ユリイカ』一九八六年九月号、青土社、一九八六年九月
B　『読むと書く――井筒俊彦エッセイ集』慶應義塾大学出版会、二〇〇九年十月（底本はA）

A版を底本に用いた。

初出掲載誌『ユリイカ』一九八六年九月号（A版）は、同年四月二十二日に亡くなったミルチャ・エリ

アーデを特集しており、井筒の「エリアーデ哀悼」の他に、中村元、前田耕作、村上陽一郎、若桑みどり、久米博、中沢新一らの回想や論考が掲載された。

本文中に触れられているエリアーデの『シャマニズム――脱魂の古代的テクニーク』から、井筒は「シャーマンとは、人間の魂の専門家だ」という言葉を、『イスラーム哲学の原像』の第一部・第一回講演・第Ⅷ章（本全集第五巻、四三三頁）と『意識と本質』第Ⅷ章（第六巻、一八九頁）で引用している。

『西谷啓治著作集』推薦

A『西谷啓治著作集』〔第一期〕内容見本、創文社、一九八六年九月

B『西谷啓治著作集』〔第二期〕内容見本、創文社、一九九〇年五月

C『読むと書く――井筒俊彦エッセイ集』慶應義塾大学出版会、二〇〇九年十月（底本はA）

A版を底本に用いた。

下村寅太郎、井筒、上田閑照（掲載順、以下同様）が推薦文を寄せている。

『西谷啓治著作集』は、第一期十三巻（一九八六年十月―一九八七年十月）完結後、第二期十三巻（一九九〇年六月―一九九五年八月）が刊行された。第二期内容見本（B版）には井筒の推薦文の後半（本全集本巻二八三頁二行以下）を抄録しているが、「東洋的文人《ママ》パラダイム」が「東洋的パラダイム」に改められている。本全集では「東洋的文化パラダイム」の誤記・誤植と判断し、修正した。

井筒は、西谷の『ロシアの虚無主義』（アテネ文庫、弘文堂、一九四九年）を、『マホメット』執筆当時の愛読書の一つに挙げている（「『マホメット』「学術文庫」版まえがき」本巻）。

今道友信は、井筒との対談で「ハワイの東西哲学者会議〔一九六九年〕というのにも出席したんでございますが、そのときに日本からは井筒先生とか、西谷啓治先生、野田又夫先生、中村元先生、加藤周一さん、そういう方々がいらして……」と述べてい

る（「東西の哲学」、本全集第五巻）。

「開かれた精神」の思想家

A　『プロティノス全集』内容見本、中央公論社、一九八六年十一月

B　『読むと書く――井筒俊彦エッセイ集』慶應義塾大学出版会、二〇〇九年十月（底本はA）

A版を底本に用いた。

井筒、辻邦生、藤沢令夫の三人が推薦文を寄せている。

「気づく」――詩と哲学の起点

A　『思想』第七五一号、岩波書店、一九八七年一月

B　『読むと書く――井筒俊彦エッセイ集』慶應義塾大学出版会、二〇〇九年十月（底本はA）

A版を底本に用いた。

『思想』（A版）巻頭のコーナー「思想の言葉」に掲載された。

『みすず』読書アンケート（一九八六年）への回答

A　『みすず』第三一三号、みすず書房、一九八七年一月

A版を底本に用いた。

井筒が挙げた本のなかに中沢新一と丸山圭三郎の著作があるが、一九八一年度のアンケート回答（本全集第七巻）にはラマ・ケツンサンポと中沢の共著『虹の階梯』がふくまれ、一九八三年度の回答（第八巻）は中沢の『チベットのモーツァルト』と丸山の『ソシュールの思想』であった。

コスモスとアンチコスモス——東洋哲学の立場から

A　「東洋哲学のために5　コスモスとアンティ・コスモス——東洋哲学の立場から」『思想』第七五三号、岩波書店、一九八七年三月
B　『コスモスとアンチコスモス』岩波書店、一九八九年七月（底本はA）
C　『井筒俊彦著作集』第九巻、中央公論社、一九九二年八月（底本はB）

C版を底本に用いた。

前書き（本巻二九三頁）に記されているように、天理国際シンポジウム'86「コスモス・生命・宗教——ヒューマニズムを超えて」（天理大学主催）の一環として、一九八六年十二月十三日、都ホテル大阪で開催された公開講演会における井筒の講演「コスモスとアンティ・コスモス」の筆録ないしは講演原稿にもとづいている。

「東洋哲学のために」のシリーズ名を添えて『思想』に掲載された他の諸作品が「欧米での公開講演の記録を日本語に移し」たものであったのに対して、この講演はもともと日本語でなされている。前書きには「時間上の制限のために、会場では、あらかじめ用意しておいた原稿の約三分の一を省略せざるを得なかった。ここではそれを、全部もとのままの形に復元して発表する」と記されているが（本巻二九三頁）、本巻の附録CDに聴けばわかるように、すくなくとも実際になされた講演を基準にするかぎり、「もとのまま」とは言いがたい。『思想』への掲載にさいして、省略箇所が復元されたばかりでなく、全篇にわたってすっかり書き改められている。

『思想』（A版）では、「アンチコスモス」はすべて「アンティ・コスモス」と表記されていた。またC版の「ギリシャ」、「ドゥルーズ」は、A・B版では「ギリシア」、「ドルーズ」となっていた。

さらに、C版（本全集）の三三一頁六行では、出典「（『叡知の台座』*Fuṣūṣ al-Ḥikam*）」は引用文の末尾に添えられているが、A・B版では、引用文の直前に「（以下、彼の主著『叡知の台座』Fuṣūṣ al-Ḥikam から

の引用)」(同頁一行)と記されていた。

A版とB・C版の主な異同を以下に列挙する。

・「突き落してしまうことではなく」(二九七頁一〇行)→「突き落してしまうことでなく」

・「コスモスではありますが」(三〇二頁一五行)→「コスモスでありますが」

・「表層・深層を通じての根源的いとなみ」→「表層・深層を通じて根源的いとなみ」(三一四頁一三行)

・「がっしり守り固められた」→「がっしり固められた」(三二四頁一〇行)

・「所以のものがある」→「所以がある」(三二六頁五行)

・「自立的に存立する実在」→「自立的に存在する実在」(三三一頁二行)

・「余地がありません」→「余地はありません」(三三七頁七行)

・「大変粗雑な考えを粗雑な形で長々と述べましたことをお詫びいたします。御静聴を深く感謝いたします。」(B・C版で削除、三四四頁末尾)

風　景

A　『月刊かながわ』神奈川県・県民部広報係、一九八七年四月

A版を底本に用いた。

「神奈川と私」というコーナーに掲載された。

『図書』「私の三冊」への回答

A　『図書』第四五四号〔特集「私の三冊」〕、岩波書店、一九八七年五月

B　『読むと書く——井筒俊彦エッセイ集』、慶應義塾大学出版会、二〇〇九年十月(底本はA)

A版を底本に用いた。

『図書』(A版)は、岩波文庫創刊六十年を記念して発行された臨時増刊号。「今までにお読みになっ

た岩波文庫のうち、今日なお心に残る書物は何でしょうか、あるいはぜひとも他の人びとにも勧めたいと思われる書物は何でしょうか」というアンケートへの「三百通をこえる回答」に全ページが宛てられ、巻末には書名索引が附されている。

二冊目に挙げられた『旧約聖書　創世記』の訳者・関根正雄は井筒の旧友であり、一九三七年頃、二人は小辻節三のヘブライ語講習会で知りあった（「文学と思想の深層〔遠藤周作との対談〕」本全集第八巻、三二八頁／関根正雄「井筒俊彦氏のこと」中央公論社版『井筒俊彦著作集』第一巻月報）。

なお、二人の回答者が井筒訳『コーラン』を「私の三冊」の一冊に挙げている。板垣雄三は「神の言葉たるコーランだけは奇跡だと、〔イスラームの〕信者らはいう。井筒訳は、メッカ商人の言語世界におきた奇跡の精巧なシミュレーターだ」と、そして矢野暢は「奇蹟的な名訳」と評している。

いま、なぜ、「西田哲学」か

A　『西田幾多郎全集』〔第四次〕内容見本、岩波書店、一九八七年九月

A版を底本に用いた。

井筒とD・A・ディルワースの推薦文の他、下村寅太郎の「編者のことば」が掲載されている。また上田閑照編『西田哲学語彙集』が「本全集完結時に刊行の予定」として紹介されているが、これはついに刊行されなかった。

下村先生の「主著」

A　『下村寅太郎著作集』内容見本、みすず書房（同社刊『みすず』三二五号〔一九八八年二月〕の巻末に掲載）

A版を底本に用いた。単品としての内容見本は参照しえなかった。

「一九八八年二月」の日付をもつ「刊行者のことば」につづいて、L・アルムブルスター、彌永昌吉、井筒、澤柳大五郎、西谷啓治、佐々木力、吉田光の「推薦のことば」が掲載されている。

なお、下村寅太郎は、『井筒俊彦著作集』の内容見本（中央公論社、一九九一年八月）に推薦文「遠大深邃な東洋思想」を寄せている。

禅的意識のフィールド構造

A 「東洋哲学のために６ 禅的意識のフィールド構造」『思想』第七七〇号、岩波書店、一九八八年八月

B 『コスモスとアンチコスモス』岩波書店、一九八九年七月（底本はA）

C 『井筒俊彦著作集』第九巻、中央公論社、一九九二年八月（底本はB）

C版を底本に用いた。

前書き（本巻三五四頁）に記されているように、一九六九年のエラノス講演 "The Structure of Selfhood in Zen Buddhism" (*Eranos-Jahrbuch*, Vol. 38/1969, Rhein-Verlag, Zürich, 1972; Toshihiko Izutsu, *The Structure of Oriental Philosophy*, Vol. 1, Keio University Press, Tokyo, 2008) にもとづいている。

A版とB・C版の主な異同を以下に列挙する。

・「(Henry Corbin イスラーム思想史)」→「(Henry Corbin イスラーム学)」（三五五頁四行）
・「object の略」→「object（客体）の略」（三八八頁一二行）
・「「私は花を見る」式のごとく」→「「私は花を見る」のごとく」（四〇九頁一一行）

なお、「一塵飛んで、無限の空全体が曇り、一鹿落ちて、全大地が覆われる」（牛頭法融）の「鹿」の字は誤りと思われる（本巻四〇三頁）。『景徳伝燈録』巻四には「夫一塵飛而翳天、一芥墮而覆地」とある。おそらく「塵」と「芥」が混同され、「塵」とすべきところを「鹿」と誤記したのであろう（飯

島孝良氏のご教示による）。

『ロシア的人間』後記

A　『ロシア的人間』中公文庫、中央公論社、一九八八年十二月（巻末に袴田茂樹による解説「『ロシア文学的人間』と読み替えて」）

B　『井筒俊彦全集』第三巻、中央公論社、一九九二年六月（底本はA）

B版を底本に用いた。

一九五三年に弘文堂から刊行された『ロシア的人間——近代ロシア文学史』（本全集第三巻）は、旧字旧仮名を新字新仮名に改め、さらに日本語表現に手を加えた上で、一九七八年十月、北洋社から再刊された。そのさいに執筆された「北洋社版『ロシア的人間』後記——新版発刊にさいして」は本全集第五巻に収められている。中公文庫版は、北洋社版を底本にして刊行された。

『マホメット』「学術文庫」版まえがき

A　『マホメット』講談社学術文庫、講談社、一九八九年五月（巻末に牧野信也による「解説」）

A版を底本に用いた。

『マホメット』（本全集第三巻）が辿った運命はいささか複雑である。一九五二年に弘文堂のアテネ文庫の一冊として刊行されたこの作品は、一九七九年、旧字旧仮名を新字新仮名に改め、さらに多くの改訂をほどこした上で、『イスラーム生誕』（人文書院）の第一部「ムハンマド伝」として再刊された。一九八九年の学術文庫版について、井筒は「もう一度全部もとの姿に戻し、「アテネ文庫」の原形に復帰させることにした」（本巻四一六頁）と述べているが、実際には「原形」とはかなり違うものになっている（第三巻解題、五六九頁）。

さらに一九九〇年には、「ムハンマド伝」（改訂版）をふくむ『イスラーム生誕』も中公文庫として再刊され、新たに「文庫版後記」（第十巻）が附された。

『コスモスとアンチコスモス』後記

A 『コスモスとアンチコスモス』岩波書店、一九八九年七月

B 『井筒俊彦著作集』第九巻、中央公論社、一九九二年八月（底本はA）

B版を底本に用いた。

岩波版の単行本（A版）は、カバーと扉に副題「東洋哲学のために」が印刷されており、「I 事事無礙・理理無礙――存在解体のあと」、「II 創造不断――東洋的時間意識の元型」、「III コスモスとアンチコスモス――東洋哲学の立場から」、「IV イスマイル派「暗殺団」――アラムート城砦のミュトスと思想」、「V 禅的意識のフィールド構造」の五篇から構成されている（いずれも本巻に収録）。『思想』掲載時、「イスマイル派「暗殺団」」を除く四篇は、シリーズ名「東洋哲学のために」が題名に添えられていた。

「イスマイル派「暗殺団」」を単行本（A版）に収録するにあたって、井筒は「イスマイル派的な秩序《コスモス》に対するアンチコスモスのトポス」（二一七頁一一行）という一句を書き加えている。「東洋哲学のために」の四篇と「イスマイル派「暗殺団」」を『コスモスとアンチコスモス』という全体に統合するには、そのような加筆が必要であり、また有効であるとの判断があったのかもしれない。

A版カバーの裏表紙側には次の惹句が印刷されている。

新しい「知」の地平をもとめて、多くのひとが彷徨する現代の思想世界。古い東洋の叡知は、この状況に積極的に寄与しうるだろうか。老荘・華厳・道元・禅そしてインドやイスラームの伝統的な思想にロゴスの光をあて、現代思想への水路をきり拓く東西の哲学対話、海外での講演を新たな構想のもとに書き下ろした刺激的な思索。

一九九二年五月、『中央公論』誌上に連載が開始

された新シリーズ「東洋哲学覚書」は、第一篇「意識の形而上学——『大乗起信論』の哲学」（本全集第十巻）が三回の不定期連載で完結したところで、著者の死により中絶した。残されたメモによれば、すくなくともさらに五、六篇は書き継がれる予定であったらしい（井筒豊子「あとがきに代えて」、第十巻）。時代と地域とを異にする東洋の諸思想を統一的な視点から論じ、各篇を有機的連関をそなえた全体として構成するという点で、「東洋哲学のために」（『コスモスとアンチコスモス』）は「東洋哲学覚書」の先駆をなすものと見ることができよう。

*

附録ＣＤ

コスモスとアンティ・コスモス——東洋哲学の立場から

天理国際シンポジウム’86「コスモス・生命・宗教——ヒューマニズムを超えて」（天理大学主催）の一環として、一九八六年十二月十三日、都ホテル大阪で開催された公開講演会における井筒講演の録音。ジョゼフ・ニーダム（「人間生命の宇宙的環境」、午前十一時—正午）の後、井筒（午後一時半—二時半）、ウィルフレッド・Ｃ・スミス（「二十一世紀——世俗的か宗教的か」、午後二時五十分—三時五十分）の三人が講演を行なった。

井筒の講演、そしてシンポジウムそのものについて、当時、シンポジウム事務局次長を務めていた澤井義次・天理大学教授が「井筒俊彦先生ご夫妻との思い出」（本巻月報）で回想している。

「コスモスとアンティ・コスモス」の筆録ないしは講演原稿もふくめて、シンポジウムの記録は『天理国際シンポジウム’86　コスモス・生命・宗教——ヒューマニズムを超えて』（天理大学出版部、一九八八年一月）にまとめられた。

執筆　木下雄介

修正表　明らかな誤植以外の修正箇所は左にまとめた。なお、備考欄の版については本巻解題を参照のこと。

頁	行	本巻	底本	備考
4	18	はっきり出てくる	はっきりと出てくる	A版とB版を採用した。
10	11	蓮華蔵世界海	蓮華蔵世界	A版とB版を採用した。
25	9	「理事無礙」も「事事無礙」	「理事無礙」と「事事無礙」	A版とB版を採用した。
27	14	隅から隅	隈から隅	A版とB版を採用した。
38	14	無差別不分であるごとくに	無差別不分であるごとく	A版とB版を採用した。
114	5	そして、宇宙的生命	そして宇宙的生命	A版とB版を採用した。
121	7	本来的、根源的	本来的、本源的	A版とB版を採用した。
126	9	バクル	バルク	A版とB版を採用した。
129	17	…目前を流れ行く	…目前を流れていく	A版とB版を採用した。
132	4	もとの「無」に、	もとの「無」に	A版とB版を採用した。
138	8	神以前	神以前	A版とB版を採用した。
159	7	だが、二つの「種子」が	だが、二つの「種子」は	A版とB版を採用した。
162	8	そのことは	このことは	A版とB版を採用した。
165	5	一つのもの…一切のもの	一つのもの…一切のもの	A版とB版を採用した。
170	14	考えてはいけない	考えていけない	A版とB版を採用した。
172	2	おのずからにして	おのずからして	A版とB版を採用した。

174	3	さきあり、のちあり、	さきあり、のちあり。	A版とB版を採用した。
178	9	二面	一面	A版とB版を採用した。
182	5	われを	われを	A版とB版を採用した。
206	1	ダイラム地帯	ダイラム地方	A版とB版を採用した。
209	1	信徒	信者	A版とB版を採用した。
213	15	岩山のあたり	岩山あたり	A版とB版を採用した。
215	図	「聖」域	「聖」城	A版を採用した。
218	14	Aを起点とし、	Aを起点として、	A版とB版を採用した。
235	16	そんな「ワラーヤ」	こんな「ワラーヤ」	A版とB版を採用した。
237	7	多くの人々が彼のまわりに	多くの人々がまわりに	A版とB版を採用した。
238	9	祝福します、一度目は…	祝福します。一度目は…	A版とB版を採用した。
246	17	ナッジャール（Najjār）	ナッジャート（Najjāt）	
261	8	（一）クーニー、（二）カダル	（一）カダル、（二）クーニー	本巻解題参照。
283	4	東洋的文化パラダイム	東洋的文人パラダイム	本巻解題参照。
304	1	不分明な、	不分明、	A版とB版を採用した。
309	15	質料	質量	
311	4	この中国起源	その中国起源	A版とB版を採用した。
337	16	渾沌《こんどん》	渾沌《こんとん》	A版とB版を採用した。

342	7	一体、どう答える	一体どう答える	A版とB版を採用した。
380	14	起されるべき	起さるべき	A版とB版を採用した。
383	11	縁に対せずして照す	縁に対せずして照る	A版とB版を採用した。
384	2	道元の『座禅箴』	道元の『座禅儀』	
388	3	SEE の活潑潑地	SEE 活潑潑地	A版とB版を採用した。
389	9	メタ記号	メタの記号	A版とB版を採用した。
390	13	露堂々	露常々	A版とB版を採用した。
395	3	『碧巌録』第四十二則	『碧巌録』第四十三則	

附　記

本巻では、各外国語の校閲に際して、飯島孝良、加藤喜市、髙井啓介、中村鐵太郎、山本芳久各氏の協力を仰いだ。

律法　217, 233–234, 237, 239, 248, 260, 262, 265, 323 ‖ ―・即・イスラーム　265 | ―廃棄　232–233 | イスラームの―的構造　263 |『コーラン』の教える―秩序　418 | 新―を告知する人〔ナーティク〕　262 | 反―祭典；―廃棄の大祭典；イスラーム―完全廃棄…宗教的儀式　234, 238–239 | 反―主義　229, 231–233, 247, 265, 325
理法　315, 317 ‖ ―界　42, 72, 78, 87 | 宇宙（的）―；宇宙的存在―　315–317 | 絶対的な―　318 | 普遍的―　315
龍樹；ナーガールジュナ　27, 29, 48 ‖ プラパンチャ　29 |『中論』　29
流出論〔→発出論〕　75, 251 ‖ プロティノスの―　16
理理無礙　6–7, 60, 67, 70, 80–81, 83–84, 90–93, 95 ‖ ―→「事事無礙」　7, 15, 59 | ―→「理事無礙」　91
臨済　33, 355, 369, 387, 390, 394, 396–397, 404, 406, 409–411 ‖ ―の説く「随所に主となる」　363 | ―の「人」；―的人間イマージュ　355, 369, 410–411 |「四料簡」　404–406, 409 |『臨済録』　33, 379, 404
ルネサンス　352 ‖ ―（的）精神；―的人文主義の精神　351–352 | ―的人間像〔普遍的人間〕　352 | ―的普遍性　352
霊性　201, 208, 212, 235, 261 ‖ ―（の）エネルギー；霊的エネルギー　235 | ―（的）実体（群）　259 | ―的アダム；霊的アダム　199, 258 | ―的階位　261 | ―的秘義の保管者〔アサース, ワシー〕　263 | ―の受肉者　235 | 宇宙的―の地上的仮現〔イマーム〕　200 | 神的―　195, 197, 231
レオナルド・ダ・ヴィンチ　352
レバノン　246
蓮華蔵世界海　10, 285
老子　19, 297, 339 ‖ 橐籥；（宇宙的）鞴〔ふいご〕　34, 36, 297, 339 | 無名　339–340 | 老荘思想〔哲学〕　266, 318 |『老子』　19–20, 34, 36, 339
ローマ　11
ロゴス　102, 244, 295, 315–317, 321, 337, 342 ‖ ―化；―的に根拠づけ　322, 367 | ―中心主義（的存在秩序）；―的中心軸　296, 328, 337, 423 | ―中心的存在秩序；存在の―中心的秩序；―中心的コスモス　328, 340 | ―的意味空間　322 | ―的（存在）秩序　295, 321 | 思想の前―的準備段階　366 | 西欧的哲学―　423 | 存在における反―性　323 | ディア・―；二分岐的―　102
ロシア　352, 414 ‖ ―語　413 | ―人の魂；―的主体性　414 | ―文学　413–414
ロンドン　5–6, 187

ワ　行

宏智正覚　383–384, 410 ‖『坐禅箴』　383–384, 390

作成　木下雄介

ユダヤ ‖ ─教におけるシナイ山　215 │ ─(教) 神秘主義 ; ─教のカッバーラー　4, 14, 256, 355 │ ─哲学 ; イスラーム・─教的スコラ哲学　14, 50
ユング, カール　273 ‖ ─ (の深層) 心理学　274, 355
ヨーガ　268–270, 275–278, 284 ‖ ─研究 ; ─ (の理論と実践との) 学習〔エリアーデ〕 267–269, 275, 280 │ ─体験 (の構造) 276, 278 │ ─による観想意識現成　277 │ ─の密儀宗教的「入門」儀式　278 │ ─は「聖」なるもののインド的体験形態　269 │ ハタ・─　268 │ パタンジャリの古典 (的) ─ (哲学)　268
『ヨーガ・スートラ』 187, 268
ヨーロッパ　4, 97, 99, 187, 190, 224, 267, 270–271, 273–274, 277, 291–292, 296, 414 ‖ ─語 (化); ─の様々な俗語　212, 222 │ ─思想　100 │ ─精神史的問題状況　271 │ ─中世の神学思想　67 │ ─的意識の危機 ; 近代的─意識の危機〔エリアーデ〕 271, 275, 277 │ ─的一元論的価値システム　271 │ ─哲学　291–292 │ ─の科学技術文化パラダイム　271 │ ─の新思潮　97–98 │ ─の東洋学界　260 │ 現代─の前衛的思想フロント　296 │ 二十世紀─の知的風土　273
預言者 (ムハンマド)　75, 193–198, 201, 227, 231, 235, 260–264, 330, 417–418 ‖ ─観　262 │ ─的啓示以前の啓示　75 │ ─的宗教　262
読み ‖ ─替え　60–61, 96, 130 │ ─なおし; ─の試み　3, 5 │ 意味論的に─なおす　28

ラ　行

ラーヒジー, ムハンマド　131–133 ‖ 本質的可能性　130–133 │『〈秘教の花園〉註解』 131
ライプニッツ, ゴットフリート・ヴィルヘルム　8, 352 ‖『モナドロギー』 8–9
ラカン, ジャック　100 ‖『エクリ』 100
ラシードッディーン　234, 238 ‖『年代記総集』 234
ラッセル, バートランド　370–371 ‖『哲学の諸問題』 370
ラテン ‖ ─語　212, 366 │ ─名 ; ─的くずれ　191 │ エルサレムの─王国　212
ラマサル (城)　227
ラマダーン月　234, 238 ‖ ─の断食　239
理〔→事〕 ‖ ─が「事」に自己分節　46 │ ─ (と)「事」(の, との) 関係　40, 48, 92 │ ─的一者　78, 81 │ ─と─の間の関係　94 │ ─と─の間の無礙関係　6 │ ─の (分節) 構造　92 │ ─の「事」的顕現 [分節]〔性起〕 39, 81 │ ─の [的] 存在エネルギー　39, 46 │ ─は挙体的にのみ「性起」 40 │ 個的─相互間の関係〔理理無礙〕 81 │ 個別的─　80, 92 │「事」は─の感覚・知覚的「鏡像」 92 │ 存在の─的次元 [レベル]　85, 94 │ 分節的─　79, 87–89 │ 無分節的 [の] ─ ; ─的無分節者　79, 86–88 │ 無分節的 [唯一絶対の] ─の自己分節　44, 80
陸亘　375
理事無礙　6–7, 18, 20, 25, 40–41, 44, 48–49, 59–60, 81, 91, 403 ‖ ─→「事事無礙」 6–7, 59, 91 │ ─法界　42
理性〔→知性 ; →ヌース〕 120, 126, 230, 303, 316, 322 ‖ ─の向う側の領域　119–120 │ ─の領域　119–120 │ 純─的思惟 (次元)　128 │ 神的─　316

無垢識　31
無礙〔→時時無礙；→事事無礙；→理事無礙；→理理無礙〕　58, 81, 91–92, 398 ‖ —関係　6, 81 | —境　26 | —心　26 | （相互）—性　70, 398 | 自由—；自在—　20, 40, 167, 410 | 心境—　26 | 融通—；円融—　54–55, 58, 70, 164–165, 343, 377
無時間〔→時間；→非時間〕　75, 114, 122, 151–154, 167, 394–395 ‖ —性　114, 127, 151–155 | —的空間性；—性の空間　123, 127 | —的現在性［現在・現前］　393, 403 | —的静　395–396 | 存在の—的秩序　392 |「同時炳現」の空間性・—性　114
矛盾 ‖ —命題；東洋哲学特有の自己—的命題；東洋的思惟特有の自己—的事態　297, 340, 385 |（無）—律　333, 382, 389
無心　371–374, 377, 380, 385, 398 ‖ —的主体（性）　372–373, 377–378, 381–382, 384, 386, 397, 399, 405, 409–411 | —的（存在）認識；—的覚知　383, 386 | 前—的　387
無神論　99, 325 ‖ —的ヒューマニズム　360
ムスタアリー〔ムスタンシルの息子〕　204
ムスタンシル〔カリフ〕　204
無道時代　417–419 ‖ —的文化ミリュー　419
ムハンマド〔→マホメット；→預言者〕　193–196, 201, 231, 330, 418
ムハンマド〔ブズルグウミードの息子〕　236–237, 239
ムハンマド〔第二のハサンの息子〕　241–244, 247 ‖ —のイマーム論　245
無分節（者）　32, 36–37, 39, 41, 57, 72–74, 77, 79, 297, 336, 340, 381–382, 387, 399 ‖（絶対的）—態　80, 336 | —的・超分節的全体性　372 |（絶対）—的一者　139, 341 | —の存在エネルギー　37 | —の存在深層　69 | —の［的］「理」；「理」的—　44, 79, 86–88 | —性の自由　381 | 現象的多者の自己—化　139 | 絶対—（者）　36, 38–39, 55, 63, 69, 74, 79, 92, 138, 147, 297, 336, 343 | 絶対—的存在リアリティ　297, 336
無名〔老子〕　339–340
無門慧開　103 ‖『無門関』　402
メタ記号　388–389 ‖ —的事態　389, 393 | 意識・存在の—的次元　406 | 無時間的な「心」の—的風景　395
メッカ　83, 203, 238 ‖ —襲撃　203 | —巡礼　234 | —の聖性否定　238
メルロー＝ポンティ, モーリス　100
モスクワ・タルトゥ学派　213
モッラー・サドラー　129–131, 133 ‖ 実体運動　130, 133 |『存在認識の道』　129
森有正　98
モンゴル ‖ —期のイラン　234 | —人［軍］　218, 221, 249 | 蒙古草原　218
モンフェッラ侯コンラド　212

ヤ　行

ヤーコブゾーン, ヘルムート　355
薬山惟儼　153
ヤコブ　306, 328 ‖ —の夢；—のこの夢体験；—の説話　306–307, 311, 328
唯識 ‖ —　28, 156–161, 169, 290 | —的深層意識論；—の深層意識的存在・時間論　100, 156 | —哲学　28, 30, 157–158, 161 | —派　27–29, 276 | 万法—　28, 33

法蔵　5–6, 13–14, 26–27, 42, 53–54, 167 ‖ —とイブヌ・ル・アラビーとの思想構造的パラレリズム　6 | —の華厳哲学　7, 53 | —の存在論　59 | 時は法と相離れず　161 |『五教章』　161, 169
ホータン→于闐
北洋社　413
ポスト（・）モダン　291, 300, 347, 359 ‖ —的解体　359 | —的状況　362 | —哲学　296 | —の［的］思想家；—の思想界　326, 337, 423 | ポスト・モダニズム的思想展開　365
仏　22, 41, 58, 173, 177, 180 ‖ 光の—　12, 15
ホメーロス　307
ホラーサーン地方　238
ボルトマン，アドルフ　4, 355
ボルノウ，オットー・フリードリヒ　302, 319
本質　17, 43, 114, 131–132, 136, 288, 290, 317, 332–333, 335, 365, 369, 372, 376–377, 379, 381 ‖ —規定　376 | —決定　275 | —的可能性　130–133 | —的固着性　377 | —的相互否定　17 | プラトン・アリストテレス的—直観　288

マ　行

マーヤー　333–334, 338 ‖ —的現われ〔仮現〕　341 | シャンカラの—説；ヴェーダーンタの—論　296, 318
マカレミー（Makaremi），S. N.　246
牧野信也　419
マッジョーレ（湖畔）　3, 267
摩拏羅尊者　381
マホメット〔→ムハンマド〕　417–418 ‖ この—伝〔井筒俊彦『マホメット』〕　418–419
マルコ・ポーロ　220–221, 223 ‖『東方見聞録』　220
丸善　98
丸山圭三郎　291–292 ‖『フェティシズムと快楽』　291
マンダラ　151, 155 ‖ 一切「同時炳現」的—；万象「同時炳現」の非時間—　179, 183 | 根源的非時間—　178 | 金剛界—の時間的構図法　155 | 胎蔵—　113, 151, 154–155 | 非時間（的，性の）—空間　176, 178, 183
万葉時代　288–289
『三田文学』　97, 100
ミュトス　187, 198, 213, 251, 254–258, 337 ‖ —形成的意識　251 | —的形象　334 | —的思惟　307 | —的に形象化されたカオス　313 | 宇宙論（的）—；宇宙生成論の［的］—　188, 211, 229, 249–251, 254, 265 | コスモスの—的・宗教体験的成立　328 | 古代日本の—的思惟〔『日本書紀』〕　311 |「荘周胡蝶の夢」の—　296 | 天地創造の—〔『旧約聖書』〕　308
妙有　19, 35, 37, 63, 72, 76, 78–79 ‖ 真空—　34, 78, 176
無　18, 22, 31, 33–37, 44, 63–65, 72–74, 76–79, 87, 94, 99, 114, 127, 129–132, 138–139, 152–153, 296–298, 329, 336–343, 369, 372–373, 406 ‖ —体験　152 | —的「有」　343 |「アラヤ識」の—化　30 | 意識—化　64 | 神的—　64, 87 | 存在—化　35, 64, 73, 297 | 東洋的—（の哲学）；東洋哲学の—；東洋思想の—的性格　298, 337, 339, 341, 343
無一物　18, 34, 391, 406 ‖ 鏡中—　364 | 絶対—　152–153
ムーサー〔ジャアファル・サーディクの息子〕　201–202
無去来　181, 184 ‖ —の相　175, 181, 184

── 8, 13–14
フッサール, エトムント 273–275 ‖ ─の現象学 274
仏陀 112
父母未生以前本来の面目 369, 378
フラーグー 221
ブライヤー (Bryer), D. R. W. 246
プラトン 102, 257, 284, 295, 304, 312, 316–317, 322 ‖ ─・アリストテレス的「本質直観」 288 | ─・グノーシスのいわゆる「デーミウルゴス」 257 | ─哲学の対話的──対談的──性格 102 | ─のコスモス観 316 |『ティーマイオス』 257
ブラフマン 39, 334, 336, 357 ‖ 有相の─ 336 | 無相の─ 336
ブラン, ジャン 4
フランス 355 ‖ ─語 190 | ─(の) 東洋学 220
フロイト, ジークムント 273–275 ‖ ─的深層心理学 361 | ─のこの「内面への道」 273
プロヴァンス (地方) ‖ ─の吟遊詩人の恋愛詩 225
プロティノス 8–12, 14–15, 52, 284–285 ‖ ─と華厳 ; ─が華厳の影響 10–12, 14 | ─の思想の著しい東洋的性格 284 | ─の流出論 16 |『エ(ン)ネアデス』;『全集』(*Plotini Opera*) 9–11, 52, 285
文化 ‖ 異─間のコミュニケーション 283 | 人類─の一元論的統合主義 298 | 世界─(の, 的) 状況 ; 現代の世界─の機構 298, 300, 414, 421 | 多元論的─相対主義 ; 多元的世界─パラダイム 298, 343
文化記号論 [学] 213–215, 328 ‖ ─的トポロジー [構造] 186–187, 212–213
文化人類学 278, 305–306, 311
文人 207 ‖ ─哲学者〔西谷啓治〕 283 | 日本的な─文化伝統〔下村寅太郎〕 352
分節〔→意味分節 ; →自己分節 ; →存在分節 ; →無分節〕 32, 36, 38–41, 55, 63, 69, 71, 74, 79, 95, 297, 315, 334, 338, 343, 372, 381, 384, 387, 389 ‖ ─以前 [直前] ; (絶対的) 未─ 40, 63, 71–72 | ─可能性 36 | ─線 314, 318 | ─体系 343 | ─的「理」 79, 87–89 | (有) ─分節態 80, 335–336, 381 |「元型」的─ 69 | 根源的「一」者の…特殊─ 86 |「自性」的─態 389 | 事物 (の) ─ 40, 69 | 第一次的─ 77, 92 | 第二次的─態 92 | 透明─ 69–70 | 内的 [内部] ─ 79, 369, 388 | 非─態 ; 非─的 (分節) 335, 382, 389 | (絶対的, 根源的) 未─ 63, 297, 338–339 |「理」[「事」] の─構造 92 |「理」の「事」的─ 81
分別 17, 21, 23–24, 26–27, 29, 31–32, 36, 38, 48, 338, 372, 383, 392 ‖ ─意識 ; 存在─的意識 24, 27, 31, 333 | ─心 26–27 | 意味的─機能 296 | 存在論的無─ 36 | 無─ (智) ; 絶対的無─ 31, 73
ヘーゲル, ゲオルク・ヴィルヘルム・フリードリヒ 361
ヘーシオドス 294, 307–309 ‖『神々の生誕』;『神統記』 307
『碧巌録』→圜悟克勤
ヘブライ語 137
ペルシア語 122, 131, 239
ベンツ, エルンスト 11, 355
法位 129, 148–149, 163, 165, 171, 174
法眼文益 392, 394 ‖「三界唯心」 392
龐居士〔龐蘊〕 395–396 ‖ 好雪片片 395